U0469075

Writing of Analysis Report on
Investment Value of Listed Company

上市公司投资价值分析报告撰写教程

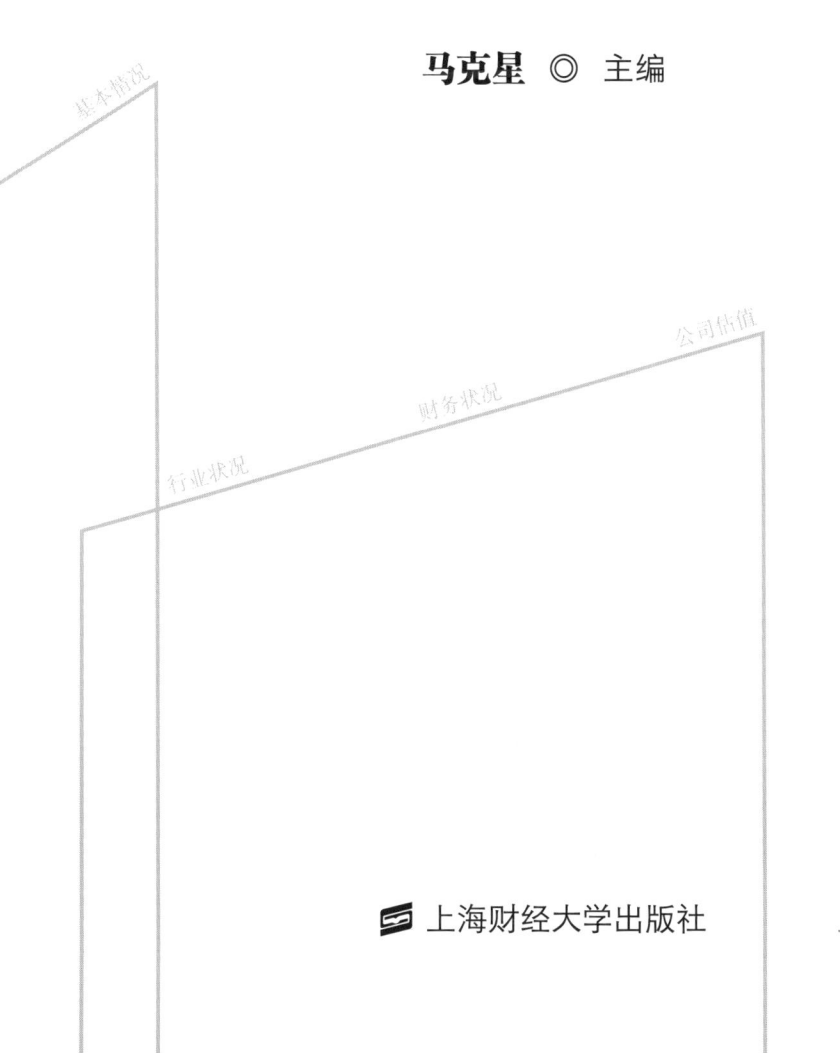

马克星 ◎ 主编

上海财经大学出版社

图书在版编目(CIP)数据

上市公司投资价值分析报告撰写教程/马克星主编.—上海:上海财经大学出版社,2023.3
ISBN 978-7-5642-4114-8/F·4114

Ⅰ.①上… Ⅱ.①马… Ⅲ.①上市公司-投资分析-会计报告-写作-教材 Ⅳ.①F276.6②H152.3

中国版本图书馆 CIP 数据核字(2022)第 256642 号

□ 责任编辑　袁　敏
□ 封面设计　贺加贝

上市公司投资价值分析报告撰写教程
马克星　主编

上海财经大学出版社出版发行
(上海市中山北一路 369 号　邮编 200083)
网　　址:http://www.sufep.com
电子邮箱:webmaster@sufep.com
全国新华书店经销
江苏苏中印刷有限公司印刷装订
2023 年 3 月第 1 版　2023 年 3 月第 1 次印刷

787mm×1092mm　1/16　19.75 印张(插页:2)　386 千字
定价:79.00 元

前　言

投资价值是投资对象预期的未来收益的价值,如何准确分析上市公司内在投资价值是广大投资者、公司管理者以及政府部门需要关注的重要课题。准确分析上市公司的价值绝非易事,有机构成的经济实体公司不单单是账面资产的组合,还有技术专利、企业家精神、管理与文化等软实力,因此,上市公司投资价值分析必须基于多个维度综合展开,以获得全面可靠的分析结果。上市公司投资价值分析报告能够通过深入研究某一具体上市公司经营管理、发展环境、行业前景、财务状况、价值估算等,来获得反映上市公司未来收益的各方面指标,得出指导投资与否的科学、客观结论,为公司管理层、投资者、政府部门等诸多报告使用者提供重要的决策参考。笔者结合上市公司投资价值分析报告撰写的教学经验,借鉴已有的财务分析、企业价值评估、行业分析等研究成果,撰写本书。

本书共分为9章,分为六大部分:第一部分是第一章,为本书的绪论;第二部分是第二章,介绍上市公司基本情况分析;第三部分为第三章,介绍上市公司所属行业分析;第四部分为第四章和第五章,介绍上市公司财务状况分析;第五部分为第六章至第八章,介绍上市公司价值评估方法;第六部分为第九章,介绍投资建议与风险提示。

第一章"绪论",介绍上市公司投资价值分析的功能、分析思路、分析方法及分析报告撰写要求;第二章"上市公司基本情况分析",讲述上市公司基本情况分析的内容和方法,深入讲解如何分析公司的组织架构、资本结构、经营管理水平、产品竞争能力以及发展前景等;第三章"上市公司所属行业分析",介绍行业分析的重点和工具,包括行业分类、行业周期性理论、行业竞争格局分析以及行业发展趋势分析等;第四章"上市公司财务状况分析——上市公司财务会计报表",介绍资产负债表、利润表、现金流量表和所有者权益变动四大会计报表,为上市公司财务状况分析奠定基础;第五章"上市公司财务状况分析——财务状况分析方法",讲解公司偿债能力、营运能力、盈利能力和发展能力,以及沃尔比重评分法和杜邦财务分析法两种财务综合分析法;第六章"上市公司价值评估——绝对估值法",总体介绍绝对估值法的原理、基本公式和优缺点,重点讲解股利折现模型和自由现金流折现模型;第七章"上市公司价值评估——相对估值法",介绍相对估值法的定义、原理、优缺点以及基本步骤,并讲解市盈率(PE)估值法、市净率(PB)估值法、企业价值/息税前利润(EV/EBIT)倍数法等具体估值方法和应用;第八章"上市公司价值评估——其他估值法",介绍绝对估值法和相对估值法之外的估值方法,包括联合估值法、实物期权定价模型、剩余收益估值模型和经济增加值估值模型;第九章"投资建议与风险提示",介绍如何对上市公司做出总结性判断,得出最终的投资决策。

本书有以下几个特点:第一,系统性,本书的结构安排遵循上市公司基本情况、所属行业状况、公司财务状况、公司估值和报告结论五大板块,全书内容构成完整的上市公司投资价值分析报告;第二,实用性,本书聚焦于各板块中上市公司价值发现的分析方法,应用性强,培养学生动手、动脑和理论联系实际的能力;第三,简洁性,本书以方法讲述和应用为主,简化了相关理论内容,同时为了便于读者掌握重点和把握整体内容,在每章结束后均设有"本章小结"板块。

"世界上没有两片完全相同的树叶",上市公司也是如此。不同公司在业务类型、所属行业、发展阶段等诸多方面均可能存在不同特征,本书虽然力求实用性,但也无法完全深入具体上市公司层面,而只能对上市公司投资价值分析报告的基本框架、常用分析方法和撰写规范等进行讲解说明。读者在具体撰写某一上市公司投资价值分析报告时,还需要将本书所讲述的方法、内容与上市公司具体实际相结合,将上市公司的具体特征融入报告之中。

本书可作为投资学专业、金融与证券专业和资产评估专业等本科生的教材,也可以作为从事相关专业工作人员的参考书,希望本书能够帮助读者更加清晰地了解上市公司投资价值分析报告撰写的内容和方法。同时,由于笔者学识与水平有限,书中难免有错误与不足之处,恳请广大读者能在使用过程中提出宝贵的意见和建议。

马克星
2022年12月

目录 Contents

第一章　绪论 ………………………………………………………………（1）
　第一节　上市公司投资价值分析的功能 …………………………………（1）
　　一、上市公司投资价值分析的专业性 …………………………………（1）
　　二、上市公司投资价值分析报告的使用 ………………………………（2）
　第二节　上市公司投资价值分析报告撰写要求 …………………………（7）
　　一、撰写者个人能力要求 ………………………………………………（7）
　　二、撰写者职业道德要求 ………………………………………………（8）
　　三、使用数据要求 ………………………………………………………（9）
　　四、报告行文要求 ………………………………………………………（11）
　第三节　上市公司投资价值分析报告撰写基本思路 ……………………（12）
　第四节　上市公司投资价值分析报告撰写常用研究方法 ………………（13）
　　一、历史资料研究法 ……………………………………………………（13）
　　二、调查研究法 …………………………………………………………（13）
　　三、归纳与演绎法 ………………………………………………………（14）
　　四、比较分析法 …………………………………………………………（14）
　　五、比率分析法 …………………………………………………………（16）
　　六、数理统计法 …………………………………………………………（16）
　本章小结 ……………………………………………………………………（16）
　复习思考题 …………………………………………………………………（17）

第二章　上市公司基本情况分析 …………………………………………（18）
　第一节　公司情况介绍 ……………………………………………………（18）
　　一、公司基本信息 ………………………………………………………（18）
　　二、公司性质 ……………………………………………………………（19）
　　三、公司业务 ……………………………………………………………（22）
　　四、公司规模 ……………………………………………………………（24）
　　五、所属行业 ……………………………………………………………（27）

第二节　公司股本股权分析……………………………………（27）
　　一、股本结构分析………………………………………………（28）
　　二、股权结构分析………………………………………………（29）
　　三、股东持股分析………………………………………………（43）
第三节　公司经营能力分析……………………………………（49）
　　一、法人治理结构………………………………………………（49）
　　二、管理人员和普通员工素质…………………………………（51）
　　三、公司经营管理………………………………………………（53）
第四节　公司产品分析…………………………………………（65）
　　一、产品竞争能力………………………………………………（65）
　　二、产品市场占有率……………………………………………（66）
　　三、产品品牌战略………………………………………………（67）
第五节　公司发展前景分析……………………………………（70）
　　一、经济区位……………………………………………………（70）
　　二、公司竞争战略………………………………………………（73）
　　三、募集资金投向………………………………………………（74）
　　四、重点研发项目………………………………………………（78）
第六节　公司重大事项…………………………………………（79）
　　一、重大事项概念………………………………………………（79）
　　二、重大事项的类别……………………………………………（80）
本章小结……………………………………………………………（84）
复习思考题…………………………………………………………（84）

第三章　上市公司所属行业分析……………………………（86）
第一节　行业和行业分析………………………………………（86）
　　一、行业的概念…………………………………………………（86）
　　二、行业分类标准………………………………………………（87）
　　三、行业分析……………………………………………………（101）
第二节　行业的周期性分析……………………………………（103）
　　一、行业的经济周期……………………………………………（103）
　　二、行业的生命周期……………………………………………（106）
第三节　行业竞争格局分析……………………………………（110）
　　一、行业的市场结构……………………………………………（110）
　　二、行业内部竞争结构…………………………………………（115）

三、目标公司的行业地位 ……………………………………………… (122)
　第四节　行业发展趋势分析 ……………………………………………… (123)
　　一、行业总趋势判断 ……………………………………………………… (123)
　　二、行业驱动因素变动分析 ……………………………………………… (124)
　　三、行业发展趋势预测 …………………………………………………… (125)
　本章小结 ……………………………………………………………………… (125)
　复习思考题 …………………………………………………………………… (126)

第四章　上市公司财务状况分析——上市公司财务会计报表 …………… (127)
　第一节　财务报表分析的目的 …………………………………………… (127)
　　一、评价公司的财务状况 ………………………………………………… (127)
　　二、评估公司的资产管理水平 …………………………………………… (128)
　　三、评价公司的获利能力 ………………………………………………… (128)
　　四、评价公司的发展趋势 ………………………………………………… (128)
　第二节　资产负债表 ……………………………………………………… (128)
　　一、资产负债表的概念及功能 …………………………………………… (128)
　　二、资产负债表的内容 …………………………………………………… (129)
　第三节　利润表 …………………………………………………………… (131)
　　一、利润表的概念及功能 ………………………………………………… (131)
　　二、利润表的内容 ………………………………………………………… (132)
　第四节　现金流量表 ……………………………………………………… (134)
　　一、现金流量表的概念及功能 …………………………………………… (134)
　　二、现金流量表的内容 …………………………………………………… (136)
　第五节　所有者权益变动表 ……………………………………………… (139)
　　一、所有者权益变动表的概念及功能 …………………………………… (139)
　　二、所有者权益变动表的内容 …………………………………………… (140)
　第六节　财务报表的质量特征与粉饰 …………………………………… (145)
　　一、财务报表的质量特征 ………………………………………………… (145)
　　二、财务报表的粉饰 ……………………………………………………… (148)
　本章小结 ……………………………………………………………………… (154)
　复习思考题 …………………………………………………………………… (156)

第五章　上市公司财务状况分析——财务状况分析方法 ………………… (157)
　第一节　偿债能力分析 …………………………………………………… (157)

一、偿债能力分析相关概念 …………………………………… (157)
　　二、偿债能力分析的作用 ……………………………………… (158)
　　三、偿债能力分析指标 ………………………………………… (159)
第二节　营运能力分析 ……………………………………………… (166)
　　一、营运能力分析相关概念 …………………………………… (166)
　　二、营运能力分析的作用 ……………………………………… (167)
　　三、营运能力分析指标 ………………………………………… (168)
第三节　盈利能力分析 ……………………………………………… (176)
　　一、盈利能力分析相关概念 …………………………………… (176)
　　二、盈利能力分析的作用 ……………………………………… (176)
　　三、盈利能力分析指标 ………………………………………… (177)
第四节　发展能力分析 ……………………………………………… (185)
　　一、发展能力分析相关概念 …………………………………… (185)
　　二、发展能力分析的作用 ……………………………………… (186)
　　三、发展能力分析指标 ………………………………………… (187)
第五节　综合分析法 ………………………………………………… (197)
　　一、沃尔比重评分法 …………………………………………… (197)
　　二、杜邦财务分析法 …………………………………………… (201)
本章小结 ……………………………………………………………… (207)
复习思考题 …………………………………………………………… (211)

第六章　上市公司价值评估——绝对估值法 …………………… (212)
第一节　上市公司价值的评估方法 ………………………………… (212)
　　一、公司估值 …………………………………………………… (212)
　　二、估值模型 …………………………………………………… (213)
第二节　绝对估值法概述 …………………………………………… (215)
　　一、绝对估值法的原理 ………………………………………… (215)
　　二、绝对估值法的基本公式 …………………………………… (216)
　　三、绝对估值法的优缺点 ……………………………………… (217)
第三节　股利折现模型 ……………………………………………… (218)
　　一、股利折现模型的基本形式 ………………………………… (218)
　　二、零增长模型 ………………………………………………… (219)
　　三、不变增长模型 ……………………………………………… (220)

四、可变增长模型 ……………………………………………………………… (221)
　　五、股利折现模型的评价 ………………………………………………………… (226)
第四节　自由现金流折现模型 …………………………………………………………… (228)
　　一、自由现金流 …………………………………………………………………… (228)
　　二、自由现金流折现模型的步骤 ………………………………………………… (229)
　　三、自由现金流折现模型的适用场合 …………………………………………… (233)
　　四、自由现金流折现模型的主要类型 …………………………………………… (234)
本章小结 …………………………………………………………………………………… (239)
复习思考题 ………………………………………………………………………………… (242)

第七章　上市公司价值评估——相对估值法 ……………………………………… (243)
第一节　相对估值法概述 ………………………………………………………………… (243)
　　一、相对估值法的定义 …………………………………………………………… (243)
　　二、相对估值法的原理 …………………………………………………………… (244)
　　三、相对估值法的优缺点 ………………………………………………………… (244)
第二节　相对估值法的步骤 ……………………………………………………………… (245)
　　一、选择可比公司 ………………………………………………………………… (245)
　　二、确定适用于目标公司的可比指标 …………………………………………… (246)
　　三、计算目标公司的可比指标值 ………………………………………………… (246)
　　四、计算目标公司的价值 ………………………………………………………… (247)
第三节　相对估值具体方法 ……………………………………………………………… (247)
　　一、市盈率倍数法 ………………………………………………………………… (247)
　　二、市净率倍数法 ………………………………………………………………… (249)
　　三、市销率倍数法 ………………………………………………………………… (250)
　　四、市现率倍数法 ………………………………………………………………… (251)
　　五、PEG 比率法 …………………………………………………………………… (251)
　　六、企业价值/息税前利润(EV/EBIT)倍数法 ………………………………… (253)
　　七、企业价值/息税折旧摊销前利润(EV/EBITDA)倍数法 …………………… (254)
第四节　相对估值法应用举例 …………………………………………………………… (257)
　　一、估价对象概述 ………………………………………………………………… (257)
　　二、估值过程 ……………………………………………………………………… (257)
本章小结 …………………………………………………………………………………… (259)
复习思考题 ………………………………………………………………………………… (260)

第八章　上市公司价值评估——其他估值法 (261)

第一节　联合估值法 (261)
　　一、联合估值法的含义 (261)
　　二、联合估值法的思想 (261)
　　三、基于 FCFF 折现模型与市净率倍数法的联合估价方法 (262)
　　四、联合估值法的评价 (263)

第二节　实物期权定价模型 (263)
　　一、实物期权 (263)
　　二、实物期权定价模型概述 (264)
　　三、常用的实物期权定价模型 (265)
　　四、实物期权定价模型的评价 (275)

第三节　剩余收益估值模型 (277)
　　一、剩余收益 (277)
　　二、剩余收益估值模型 (278)
　　三、剩余收益估值模型的评价 (284)

第四节　经济增加值估值模型 (285)
　　一、经济增加值 (285)
　　二、经济增加值估值模型 (287)
　　三、经济增加值估值模型的评价 (290)

　　本章小结 (292)
　　复习思考题 (294)

第九章　投资建议与风险提示 (295)

第一节　投资建议 (295)
　　一、股价趋势 (295)
　　二、投资评级 (296)

第二节　主要风险提示 (298)
　　一、风险分类 (298)
　　二、风险内容 (300)

　　本章小结 (300)
　　复习思考题 (301)

参考文献 (302)

第一章 绪 论

公司以营利为目的,运用各种生产要素,向市场提供商品或服务,有机构成的经济实体公司不单单是账面资产的组合,还有技术专利、企业家精神、管理与文化等软实力。因此,上市公司投资价值分析必须基于多个维度综合展开,以获得全面可靠的分析结果。本章作为全书内容的概览,第一节介绍上市公司投资价值分析的功能,上市公司投资价值分析报告是公司内部和外部使用者制定决策的重要依据;第二节指出上市公司投资价值分析报告撰写要求,包括对撰写者个人能力和职业道德的要求、报告数据和行文要求;第三节是上市公司投资价值的分析思路,概述报告的主体内容;第四节对上市公司投资价值分析报告撰写常用方法提供一个概览。

第一节 上市公司投资价值分析的功能

一、上市公司投资价值分析的专业性

(一)上市公司投资价值

投资是经济主体(国家、企业和个人)以获得未来货币增值或收益为目的,预先垫付一定量的货币与实物,经营某项资产的行为。投资价值就是投资对象预期的未来收益的价值。上市公司投资价值是指国家、集体或个人等投资主体,将资金直接或间接地投入上市公司的经营和管理等活动中,期望能够获得的未来资产增值或收益。

(二)上市公司投资价值分析

上市公司投资价值分析是投资者确定目标上市公司投资与否的重要依据,主要对上市公司的基本情况、经营管理、发展环境、行业前景、财务状况、价值估算等进行分析研究,获得反映上市公司未来收益的各方面指标,得出指导投资与否的科学、客观的结论。

在日常生活中,小到在菜市场买几个西红柿,大到在商场购买一件家用电器,消费者都会对其价值进行估计,或是货比三家,或是根据个人经验,最多再咨询内行的朋友,通常并不需要专业分析。上市公司投资价值分析则不同,其专业性表现为:第一,上市公司投资价值分析通常需要由专业机构和专业人员完成;第二,上市公司投资价值分析给出的是专业投资意见,供报告的使用者进行决策参考;第三,上市公司投资价

值分析使用科学的分析方法和可靠的数据资料，经过严谨的分析、测算和评价，得出科学、客观的结论。

证券市场不是完全有效的，需要对上市公司投资价值进行专业分析。根据有效证券市场理论，强有效市场需要满足四个必备条件：信息公开的有效性、信息获得的有效性、信息判断的有效性和投资行为的有效性。我国在有关信息披露的法律规范制定上成果显著，根据我国《证券法》《公开发行证券的公司信息披露编报规则》等法律法规，上市公司一个会计年度内至少两次向公众提供定期报告，并对重大事件进行及时的临时披露。但近几年大牌企业频繁被爆出存在信息披露违规的现象，如辅仁药业信息披露违规、华泽钴镍涉及多项信息披露违规惨遭退市以及瑞幸咖啡自爆财务造假等，意味着上市公司信息披露仍存在着财务信息虚假披露、严重误导性陈述、重大事项遗漏披露以及定期报告披露不及时等质量问题。根据中国证监会数据，2020年全年新增立案调查案件282件，其中信息披露立案案件84件，约占总立案数的29.79%（如图1-1所示）。在市场信息不对称的情况下，投资者很难对上市公司投资价值作出有效分析，因而需要专业机构和专业人员进行信息的搜集、鉴别和整理，使用专业分析工具"替代"投资者进行分析，为投资者提供专业客观的分析报告。

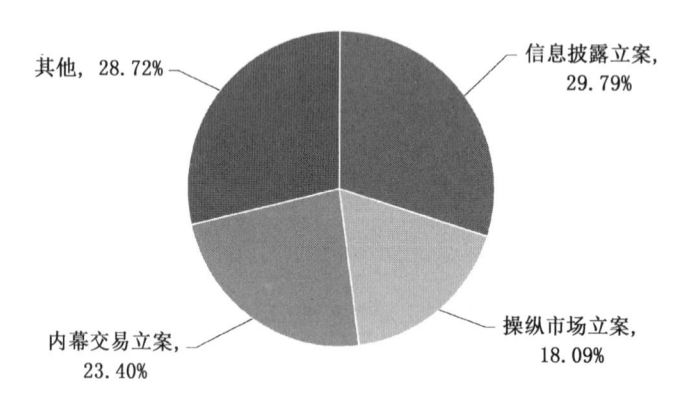

图1-1　2020年中国证监会新增立案案件情况

二、上市公司投资价值分析报告的使用

（一）上市公司投资价值分析报告的使用者

上市公司投资价值分析报告是上市公司内部和外部使用者制定与公司相关的决策的基础。公司内部使用者主要是公司的管理层和员工；公司外部使用者主要是投资者（包括股东和潜在投资者）、债权人、供应商、客户、政府部门以及市场中介机构等。上市公司投资价值分析报告是一个重要的决策辅助工具，为报告使用者提供了一个全面、系统、客观的全要素评价体系和综合分析平台。

1. 公司管理层

公司管理层受董事会的委托负责公司的日常经营管理。公司管理层是公司发展运营的关键,为提高管理层的工作效率,许多公司都会制定绩效考核方案。管理层为完成其考核绩效,必须将公司的各类资源有效配置于公司效用最大化的领域。上市公司投资价值分析报告可以对公司的各种管理决策以及未来收益等进行自我诊断和预测,辅助管理层发现公司在战略管理、行业竞争、财务决策等方面的优势和劣势,及时发现公司经营特定环节中的问题,并采取补救措施。

2. 公司员工

员工与公司是合作伙伴关系,员工是公司发展的基础,公司是员工施展才能的平台。公司员工通常与公司存在长久、持续的关系,公司状况直接关系到员工工作岗位的稳定性、工作环境的安全性、收入和福利的持续性和增长性。通过上市公司投资价值分析报告,员工可以了解到公司当前的经营状况和未来的发展前景,进而对自我职业发展做出更好的规划和决策。

3. 投资者

投资者包括已经是公司股东的投资者和潜在投资者。为降低投资者的投资失误和风险,投资活动必须建立一套系统科学的、适合相应投资活动特点的分析评价理论和方法。上市公司投资价值分析吸纳了国际上投资项目分析评价的理论和方法,利用丰富的资料和数据,对上市公司的价值进行全方位的分析评价,是投资者选择上市公司时非常关键的一个步骤。一份好的上市公司投资价值分析报告将会使投资者更快、更好地了解上市公司,评估上市公司有无投资价值以及相关的风险大小,进而辅助投资者做出投资决策。

4. 债权人

上市公司资金通常包括股权资本和债权资本两个来源途径,适度的债权资本有利于发挥财务杠杆效应,获得超额回报。债权人是为公司提供债权资本的银行、其他金融金钩以及债券持有人等。债权人关注的是对公司贷款的风险,公司只有在具备足够偿还能力的情况下,才能够保证及时、足额地偿本付息。上市公司投资价值分析报告在一定程度上可以满足债权人对上市公司经营、信用、风险及偿债能力分析和诊断的需要。

5. 供应商和客户

供应商和客户分别是公司的上游和下游,上市公司投资价值分析报告为供应商和客户提供了解上市公司的便捷途径。供应商为公司提供原材料等资源,在商业合作中,公司与供应商经常会形成商业信用关系,公司以延期付款或分期付款等形式使用供应商的资源,此时,供应商必须对公司的经营、风险和信用能力进行分析判断。

客户购买公司的商品和服务,关注的是公司的售后事宜和公司连续经营并稳定提供商品和服务的能力,需要对公司的商业模式、产品创新能力和市场竞争能力等进行分析判断。

6. 政府部门

宏观经济由无数微观经济主体构成,上市公司是众多微观主体中的重要一员,是政府宏观经济管理和调控的对象。政府通过上市公司投资价值分析报告可以获得上市公司基本经营状况、发展战略、所在行业的发展前景及自身地位、公司负债率和盈利能力等一系列信息。在进行宏观经济管理和调控时,这些信息可以起到重要作用,如产业部门可以根据这些信息制定区域产业发展方向、确定重点扶持对象等产业政策,税务部门和市场监督管理部门可以借此了解公司经营的合法合规性等。

7. 市场中介机构

市场中介机构包括证券公司、会计师事务所、资产评估机构、律师事务所和证券信用评级机构等,在资本市场中,中介机构担负着连接市场各方、盘活全局、促进金融服务实体经济的重任。上市公司投资价值分析中的部分或全部数据、信息及相关分析,是中介机构业务开展的重要参考和借鉴。

(二)上市公司投资价值分析报告的类型

根据分析内容,上市公司投资价值分析报告可分为全面报告和专题报告;根据研究目的的不同,上市公司投资价值分析报告可分为投资咨询型报告和学术研究型报告。本书的目的是全面讲述上市公司投资价值分析报告的撰写方法,因此着重介绍全面报告和学术研究型报告的撰写。

1. 根据分析内容划分

(1)全面报告:当上市公司投资价值分析人员首次接触某个上市公司时,应当撰写全面报告,从上市公司基本情况分析、所在行业分析、财务分析和公司估值等多个维度入手分析其投资价值。

(2)专题报告:当上市公司年报、半年报等定期报告发布,或者披露重大事件,或者宏观环境发生较大变动时,通常需要撰写专题报告,分析事件发生对上市公司投资价值的影响。

2. 根据研究目的划分

(1)投资咨询型报告:以证券公司、投资银行等机构为主,帮助报告使用者准确把握所关注上市公司的发展趋势和潜力,为报告使用者提供决策参考。报告内容相对简洁明了、中心突出,不同机构的关注重点往往不同,撰写风格也不尽相同。

(2)学术研究型报告:以高校、学术研究机构等为主,报告关注研究方法的创新和实践、公司运营和发展规律以及社会经济运行特征、问题和应对建议。报告内容需进行详细论证,多用于教学及学术研究。

(三)注意事项

上市公司投资价值分析报告中的信息或所表达观点不构成所述上市公司股票买卖的出价、询价或对任何人的个人推荐,报告内容仅供报告使用者参考,不能仅依靠报告而取代行使独立判断。除非法律法规有明确规定,分析报告不对因使用该报告内容而引致的损失负任何责任。

拓展阅读

瑞幸咖啡"自爆"22亿元财务造假

看似前景可期,但为何财务造假?

瑞幸咖啡公告显示,董事会已成立特别委员会,负责监督对截至去年(2019年)12月的合并财务报表的审计过程中的某些问题进行的内部调查。瑞幸披露的初步调查信息称,从2019年第二季度开始,相关人员从事了不当行为,包括捏造交易。而从2019年第二季度到第四季度,与虚假交易相关的总销售金额约为22亿元人民币。

作为国内第一家与星巴克叫板的企业,瑞幸咖啡发展速度堪称"神速",截至2019年年底,直营门店数达到4 507家。这意味着瑞幸咖啡完成了2019年开店4 500家的目标,门店数也超过了星巴克,成为中国市场第一大咖啡连锁品牌。

扩张的同时,瑞幸咖啡还单独分拆小鹿茶经营,发力无人零售……不断融资用于扩张的瑞幸咖啡看似前景可期,但为何却要进行财务造假呢?

斯葵迩文化发展有限公司创始人张宏认为,在咖啡行业里,快速扩张的店铺不太被看好,因为实际上店铺的成本仍然高企。设备、人员、房租是咖啡店最大的一块投入,盲目扩张过程中,需要大量资金才能够填补上。

为何主动"自我引爆"丑闻?

此次财务造假事件,堪称对瑞幸咖啡史无前例的一次重击。北京时间4月2日晚间,美股开盘后,瑞幸咖啡触发6次熔断,收盘时股价跌幅达75.57%。次日,瑞幸咖啡股价又大跌15.94%,股价仅为5.38美元,总市值降至13.55亿美元。

其实,今年年初,做空机构——浑水——就曾发布报告做空瑞幸咖啡,直指其商业模式的漏洞,瑞幸咖啡股价因此一度下跌超10%,一些律师事务所于是启动针对瑞幸的集体诉讼程序。有消息称,瑞幸咖啡在集体诉讼截止日期前主动"自我引爆",有可能是为了自保,避免破产清算。

另一方面,在瑞幸"自爆"之前,大多数中概股已披露年报,瑞幸咖啡的年报迟迟未发布。有报道认为,浑水做空报告引起了负责瑞幸咖啡审计工作的安永华明会计师事务所的警觉,安永指派了多达十几人的反舞弊团队介入,发现了舞弊事实。不过,目前安永方面未证实该行动。在多方压力下,瑞幸咖啡不得不"自爆"来减轻损失。

理论经济学博士后刘安表示,瑞幸咖啡"自爆"涉嫌造假可能更多是无奈之举,如果造假属实,公司必然会遭到美国证券交易委员会(SEC)的天价监管处罚,从交易所退市也难以避免,甚至面临破产的危险。

最坏的结果是什么?

瑞幸咖啡如果被坐实财务造假,已经出现的挤兑式消费让瑞幸咖啡的App后台崩溃,来自上下游的压力,也会让现金流吃紧,更多的后果体现在资本层面。业内人士指出,本次瑞幸咖啡"自爆"造假22亿元,与此前被做空一事形成连锁反应。接下来,瑞幸咖啡可能面临投资者的集体诉讼以及美国证券交易委员会(SEC)的巨额罚单。

刘安表示,就瑞幸咖啡涉嫌造假的事情可能的法律后果,可以参考2001年美国安然公司丑闻的案例,如果造假的事实情节属实的话,首先公司必然会遭到美国证券交易委员会行政执法天价的监管罚单,包括从交易所退市也将难以避免,后果将会导致公司破产。

刘安认为,公司的董事会成员和高管将面临美国司法部启动的证券欺诈刑事调查和起诉,或有牢狱之灾,如果说他们不能达成刑事和解的话,面临的将是最高不超过25年的监禁刑期。符合条件的公司股东和投资者,将很有可能向公司的董事、高管以及造假的欺诈行为,发生期间的投行、律师、会计师等专业服务机构提起证券的民事集团诉讼,索求巨额的赔偿。

关于瑞幸咖啡涉嫌造假的国内投资者在国内提起诉讼的可能性,刘安表示:"我个人理解按照《证券法》修订之后有关规定,如果说造假的行为持续到3月1日以后,而且国内的投资者因此而遭到损失的话,在国内提起民事诉讼值得尝试。"

上述投行人士表示:"我个人原来判断可能是一个极小概率会像安然一样罚到破产,包括中介、普华永道和安永可能都会有一些麻烦,这个涉及信用风险的问题,确实是一个企业诚信、信用的问题,挺麻烦的。"

——资料来源:瑞幸咖啡自爆22亿财务造假[N].潍坊晚报,2020—04—06(A15).

第二节　上市公司投资价值分析报告撰写要求

一、撰写者个人能力要求

(一)信息资料收集能力

信息资料收集是所有工作顺利开展并进行的重要前提。上市公司投资价值分析报告的撰写涉及上市公司经营、财务及所在行业的大量数据信息,掌握资料信息收集技巧和方法能缩短资料收集时间和提高资料信息质量。在资料收集过程中,还需要对资料信息的真实性做出判断,去伪存真,确保数据的可靠性。例如,同一数据在不同的网站或咨询机构可能存在不一致的情况,这时候便需要通过数据的原始出处查询、相关数据比对印证等方式对资料信息进行辨别,并建立可靠的数据来源渠道,使后续资料收集工作达到事半功倍的效果。

(二)资料整理与分析能力

信息资料往往分散在不同的网站、年鉴和报告中,在资料收集完成后,需要对资料进行整理和分析。在资料收集整理过程中,撰写者基于研究目的不断搭建和完善上市公司投资价值分析报告的逻辑框架,增强资料收集整理的针对性,使分散的信息资料逐渐体系化,以符合分析需要。在资料信息收集整理完成后,应根据拟定的分析框架,使用专业的分析方法开展系统分析,通过对比公司及所在行业过去与现在的表现,预测未来趋势,并考察外部环境的变化及其影响,形成对上市公司的总体认识。

(三)规律发现与总结能力

资料总是在那里,不会说话。资料分析不限于"资料分析"本身,而是以"资料分析"为手段来理解、思考和判断资料背后的规律,因此,在有效积累资料信息之后,为了能够更好地使用这些信息,就需要进行规律的发现和总结。基于资料信息进行推演和分析,从中发现规律,迅速定位上市公司投资价值的关键属性和决定因素,形成专业的见解和结论,这离不开撰写者良好的规律发现与总结能力。规律发现与总结能力源于个人不断地学习和思考,并将知识更加系统化和深入化。

(四)学习和钻研能力

随着社会、经济的不断发展,新产业、新模式、新业态不断涌现,上市公司经营模式、战略、理念等也不断创新发展。上市公司投资价值分析报告撰写者必须具备很强的学习能力,才能紧随时代发展,正确认识和评价上市公司的经营管理。上市公司投资价值分析是逐步积累的过程,需要沉下心专注钻研上市公司及所在行业的知识和信息,体会并掌握其特征和细节,以探索和判断上市公司经营管理质量和发展潜力。

(五)细节处理能力

细节决定成败,上市公司投资价值分析报告既涉及宏观经济与行业大局,更关注上市公司经营管理细节。细节决定上市公司产品和服务品质的高下,进而决定其市场竞争力,更是其重要的利润来源途径。在上市公司投资价值分析报告撰写过程中,需要时刻关注公司细节,发现公司经营管理细节问题可能对其投资价值所造成的影响。

(六)沟通交流能力

沟通交流能力是个体在事实、情感、价值取向和意见观点等方面采用有效且适当的方法与对方进行沟通和交流的本领。沟通对任何一项工作都是极其重要的,日常工作中许多问题都是由于沟通交流不畅导致的。在上市公司投资价值分析报告的撰写过程中,通过网站、年鉴、报告等途径获得的资料信息经常不能满足分析需要,需要撰写者通过实地调研、访谈等方法获取更为准确的一手资料。如何在调研访谈中进行有效的沟通交流以获取重要信息,对上市公司投资价值分析报告撰写具有非常重要的影响。

二、撰写者职业道德要求

(一)独立诚信

独立诚信是指报告撰写者应当正直诚实,在报告撰写过程中秉承中立身份,作出判断和评价,不得利用自己的身份、地位和报告撰写中掌握的内幕信息为自己或他人谋取私利,不得在报告中提供存在重大遗漏、虚假信息和误导性陈述的投资分析、预测或建议。

(二)谨慎客观

谨慎客观是指报告撰写者应当依据充分细致的分析研究和完整翔实的信息资料,提出客观的投资分析、预测和建议,不得断章取义或篡改有关信息资料,以及因个人主观偏好影响投资价值分析、预测或建议。

(三)勤勉尽职

勤勉尽职是指报告撰写者应本着对报告使用者高度负责的精神,对与投资分析、预测及咨询服务相关的一切问题进行尽可能全面、详尽、深入的调查研究,不得出现重大遗漏与失误,从而向报告使用者提供具有高度专业见解的分析结论。

(四)公正公平

公正公平是指报告撰写者必须对其所提出的建议结论及推理过程的公正公平性

负责,不得在同一时点上就同一问题向不同报告使用者提供存在相反与矛盾意见的投资分析、预测或建议。

三、使用数据要求

(一)数据的可靠性

上市公司投资价值分析报告不得将无法认定真实性的数据用于报告的撰写。上市公司投资价值分析,数据是第一要素,数据的可靠性直接决定报告的有效性。数据可靠性要求在数据的生命周期内,所有数据都是完全的、一致的和准确的。上市公司投资价值分析报告所使用的数据信息,应有明确的信息和数据来源。

(二)数据的合法合规性

上市公司投资价值分析报告不得将无法确认来源合法合规性的数据用于报告的撰写。上市公司投资价值分析报告所使用的数据信息,主要是政府、企业公开信息、报告撰写者的调研数据以及购买数据公司数据。调研数据的使用必须获得受调查者的许可,使用购买数据,需要考虑数据出售方资质、数据来源合法性等多个方面。一般而言,大公司受到监管机关关注的可能性大,也有足够的资源完善其合规制度,数据购买方的合规压力相应较小。

(三)常用数据来源

上市公司投资价值分析报告主要用到上市公司经营数据、宏观及行业经济数据。数据的来源途径较多,其中有些为免费提供数据,有些为付费数据,本书列举几个常用数据来源以供读者参考使用。

1. 数据库

(1) Wind 金融数据库

Wind 已建成国内以金融证券数据为核心的大型金融工程和财经数据仓库。数据内容涵盖股票、基金、债券、外汇、保险、期货、金融衍生品、现货交易、宏观经济、财经新闻等领域,为金融机构、政府组织、企业、媒体提供准确、及时、完整的金融数据资讯。

(2) 国泰安(CSMAR)数据库

从学术研究的需求出发,借鉴芝加哥大学 CRSP、标准普尔 Compustat、纽约交易所 TAQ、I/B/E/S、Thomson 等国际知名数据库的专业标准,并结合中国实际国情开发的经济金融型数据库。CSMAR 数据库已涵盖因子研究、人物特征、绿色经济、股票、公司等 18 大系列,包含 130 多个数据库、4 000 多张表、4 万多个字段。

(3) 东方财富 Choice 金融终端数据库

Choice 金融终端是面向各类金融投资机构、研究机构和学术机构等不同类型机构用户的互联网大数据金融超级终端。数据涵盖股票、基金、债券、指数、商品、外汇和宏观行业等多项品种数据，实时推送各类公告、各类资讯数据和研究报告。Choice金融终端数据库提供权威、专业、完整的财经数据库，包括经济数据库、大宗商品数据库、证券数据库、固定收益数据库、高频数据库、资讯数据库、研报数据库、证券指标数据库、产业链数据库等。

(4) 巨潮财经数据库

深圳证券信息有限公司作为承担深交所中心数据库的维护和对公众披露上市公司信息处理单位，保证数据的准确是其首要任务。数据库内容涉及新闻、评论、上市公司基本面、交易统计、机构会员等多种信息，覆盖上市公司、券商、基金、债券等方面，包括文字、数据、图片、音频、视频、英文等各种表现形式。数据库信息及时、专业，能完整地反映证券信息的历史及现状情况，记录财务报表历史的变化及其字段间的关联关系。

(5) 同花顺 iFind 金融数据库

同花顺金融数据终端(iFind)是包含宏观经济、行业经济、海外经济、公司经营、金融商品、行情咨询、估值定价工具、数据运用工具等内容的综合金融数据平台。在保证数据全面、及时、准确、规范的前提下，产品将更加快捷、开放、个性、智能，旨在为高校金融研究机构、证券公司、基金公司、银行、期货公司、投资公司、媒体、政府部门及监管机构等，提供高度集成的股票、债券、期货、基金、宏观行业、新闻研报、产权交易、行情、分析工具等综合性金融服务。

(6) RESSET(锐思)金融研究数据库

RESSET(锐思)金融研究数据库主要供高校、金融研究机构和金融企业使用，包括股票、固定收益、基金、宏观、行业、港股、外汇、期货、黄金、国际经济金融等系列，覆盖范围广泛，历史数据全面，囊括经济、金融、会计实证与投资研究所需的绝大部分数据。标准更新频率为每月更新，数据来源可靠、知识背景全面、数据质量优异、衍生指标丰富、收益指标准确、历史数据完整、数据频度齐全、输出格式多样。

2. 网站

(1) 东方财富网

东方财富网是中国访问量最大、影响力最大的财经证券门户网站之一，致力于打造专业、权威、为用户着想的财经媒体。

(2) 巨潮资讯网

巨潮资讯网是中国证券监督管理委员会指定的上市公司信息披露网站，国内首家全面披露深沪上市公司公告信息和市场数据的大型证券专业网站。

(3) 上市公司官网

除法定披露信息外，上市公司官网还可以查询特定公司信息、了解公司最新动态，直接找到很多上市公司相关文件，如招股书、年报、季报等，信息量极大，关键数据极具价值，但时效性低、碎片化，需要汇总整理并做深度解读。

(4) 证券交易所网站

我国证券交易所是为证券集中交易提供场所和设施、组织和监督证券交易、实行自律管理的会员制法人。交易所网站能够提供最新的证券数据和最权威的政策资讯。

(5) 政府部门网站

政府相关部门网站，如国务院发展研究中心信息网、国家和各级地方政府统计局等，可以获得社会经济发展相关数据、国家和地方政府各类统计年鉴等大量宏观和行业发展数据。

(6) 行业协会网站

部分行业协会会定期发布行业发展数据，并对行业状况、未来发展等做分析研究，其发布的报告一般较为翔实、全面，可靠性强。

四、报告行文要求

(一) 突出投资要点，观点鲜明

报告内容抓住本质问题，围绕"投资价值"这一核心展开。上市公司投资价值分析报告的最重要功能是为报告使用者提供投资参考，报告应从上市公司基本情况、所在行业、公司财务、公司估值多个视角，实事求是地反映上市公司的投资价值。

(二) 图数文一致，尽量使用数字和图表

上市公司投资价值分析报告内容的表达可使用图片、表格和文字。在具体使用时，三者信息内容必须一致，不能出现相互矛盾的表述。在报告撰写过程中，文字表述应尽量结合数字和图表，以减少由于分析人员主观偏好而导致的分析失真，增强报告的客观性和可靠性。

(三) 行文准确、有序、简练

准确，要求报告的分析、观点符合报告的命题要求，不能离题；有序，要求报告的展开循序渐进，符合认识规律，符合常理；简练，文以简洁为贵，报告应选用简洁精炼的词语和短小精悍的句子，力求言简意赅，准确清晰地表达观点。

(四) 避免重复和口语化

上市公司投资价值分析报告要求专业客观，报告内容以客观分析为主。因此，在分析和观点表达上必须逻辑清晰、用词严谨，仅使用必要的修辞，杜绝过多的重复与过度的夸张。

> **拓展阅读**
>
> **蛊惑人心的 5 句股评语言**
>
> 1. 大盘"涨得令人发抖"、"将愤怒拉升"。传销式的口号,易煽动散户的情绪。
>
> 2."不看这点后悔一生"。大多数人后悔的是进入股市。
>
> 3. 走势将"令人目瞪口呆"、"惊天逆转"、"历史性转折"。噱头之语,博取眼球。
>
> 4."再不买就没机会了"。股市中永远有买卖机会。
>
> 5. 大盘"跌无可跌"、"底部已不远"、"股市中已遍地是黄金"。

第三节　上市公司投资价值分析报告撰写基本思路

上市公司投资价值分析,就是判断目标公司当前价值、经营状况及未来发展趋势。要达到这个目的,需要全面分析目标公司的经营特点、市场表现,寻找影响上市公司发展的关键因素,判断所在行业的整体趋势及对目标上市公司的影响,综合得出研究结论,进而为上市公司完善经营管理提供指导,为投资者决策提供参考依据。上市公司投资价值分析报告的主体内容可分为五大版块:公司基本情况、所属行业状况、公司财务状况、公司估值和报告结论(如图1-2所示)。

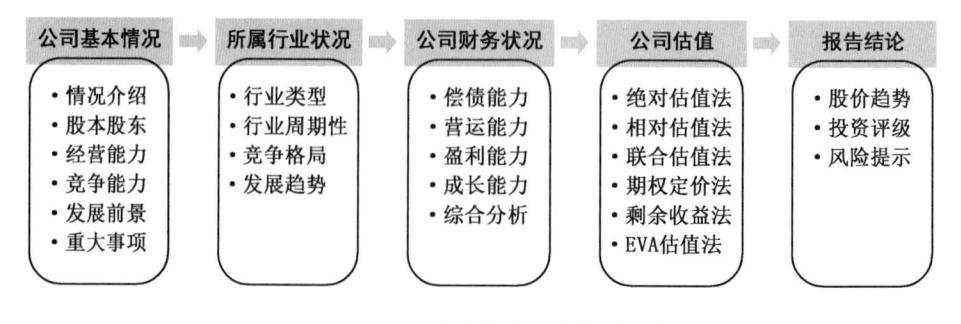

公司基本情况	所属行业状况	公司财务状况	公司估值	报告结论
・情况介绍 ・股本股东 ・经营能力 ・竞争能力 ・发展前景 ・重大事项	・行业类型 ・行业周期性 ・竞争格局 ・发展趋势	・偿债能力 ・营运能力 ・盈利能力 ・成长能力 ・综合分析	・绝对估值法 ・相对估值法 ・联合估值法 ・期权定价法 ・剩余收益法 ・EVA估值法	・股价趋势 ・投资评级 ・风险提示

图1-2　上市公司投资价值分析思路

公司基本情况包括上市公司情况介绍、股本股东分析、经营能力分析、竞争能力分析、发展前景分析和重大事项。通过公司基本情况分析,梳理总结上市公司日常经营管理相关因素对其投资价值的影响。

所属行业状况分析包括界定所在行业类型、行业周期性分析(经济周期和生命周期)、行业竞争格局分析和行业发展趋势分析。行业的兴衰很大程度上决定了公司的发展前景,影响着上市公司价值的持续稳定增长。

公司财务状况分析主要分析上市公司偿债、营运、盈利和成长能力,并对其进行综合分析。公司财务状况既能够反映上市公司当前的经营管理状况,也能够反映出上市公司未来的发展潜力状况,对上市公司投资价值的判断具有重要作用。

公司估值是对上市公司内在价值进行评估,并与当前市场价格进行比较,判断公司股票是低估还是高估。常用的估值方法有绝对估值法和相对估值法,相比之下,绝对估值法更具理论基础、更为精密严谨,而相对估值法计算简单直观,易于使用和表达。

报告结论,即投资建议与风险提示,主要包括股价趋势判断、投资评级和主要风险提示。报告结论是基于前述几个版块的分析,对上市公司做出总结性判断,为报告使用者提供简明扼要的结论和观点。

第四节 上市公司投资价值分析报告撰写常用研究方法

上市公司投资价值分析报告满足不同使用者的需求,由于诸多报告使用者对报告内容信息需求的差异,上市公司投资价值分析报告需要根据具体使用者的需求,采用不同的分析方法对相关信息进行加工整理。因此,上市公司投资价值分析报告撰写涉及方法多样,本节主要介绍一些大的、常用的方法类别,这些方法在具体撰写中的细化应用将在后续章节中详细讲述。

一、历史资料研究法

历史资料研究法是对历史资料进行深入研究,寻找事实和一般规律,然后根据这些信息去描述、分析和解释过去和当前的状况,也可以依据这种事实和规律对未来进行预测。历史资料研究法通常是按照历史发展顺序对过去的历史资料进行研究,因此又称纵向研究法,也被认为是比较研究法的一种形式。历史资料研究法省时、省事、省费用,不足之处是受到资料限制,很难主动提出问题并解决问题。

二、调查研究法

调查研究法是一种非常古老的研究方法,也是一种常用的方法,通过考察了解客观情况直接获取有关材料,并对这些材料进行分析。调查法不受时间和空间的限制,在描述性、解释性和探索性的研究中都可以运用。如图1-3所示,调查研究法可以通过实地调查、问卷调查、调研访谈等形式来获取直接调查数据(一手资料),也可利用他人收集的调查数据(二手资料)进行分析。调查研究法适合对一些相对复杂的问题进行研究时使用,方法的可靠性取决于研究者和访问者的调查技巧与经验。

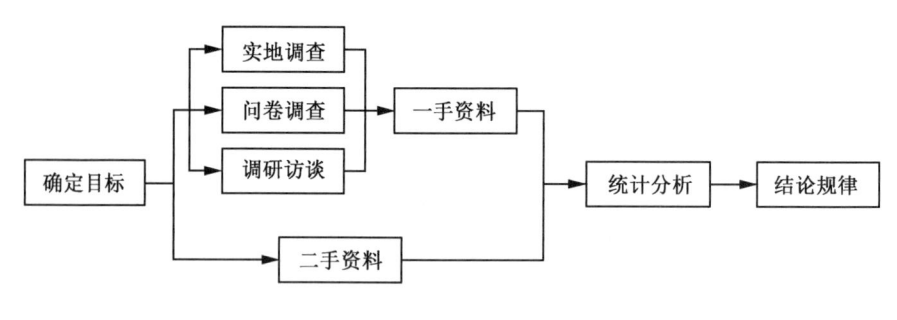

图1-3 调查研究法的基本流程

三、归纳与演绎法

归纳法从许多个别事例出发获得一个较为概括性的规律,是从个别到一般的认识方法;演绎法从既有的普遍性结论或一般性规律,推导检验个别性结论、模式是否存在,是从一般到个别的认识方法。简言之,演绎法是先推论后观察,归纳法是先观察再推论。

四、比较分析法

比较分析法是上市公司投资价值分析中最为常用的一种方法,将彼此联系的指标进行对比,确定指标之间的数量差异,用以评价公司的发展变化。比较分析法通过比较公司各类指标,可以发现公司的动态规律,为进一步找到导致变动的原因、评价公司经营活动提供方向。

需要注意的是,比较分析法所比较的指标可以是绝对数,也可以是相对数,但必须保证指标的可比性,即比较指标在指标内涵、计算方法、计价标准、时间范围等方面必须一致。另外,公司行业归类、公司规模、通货膨胀、公司会计政策等的不同都可能造成指标不可比。

其他分析方法可以比较分析法为基础,进行动态分析。根据分析目的的不同,比较分析法可分为如下几种形式:

(一)比较当期实际指标与预算(或目标)指标

许多上市公司实行预算管理体系,或者制定一定的经营目标,以规范和引导日常经营管理,也方便对公司经营绩效进行评价。在期末将当期实际经营成果指标与预算(或目标)指标进行比较,就可以说明该时期的经营是否达到预期,并通过比较分析发现产生差异的原因,帮助公司改善管理、提高生产绩效。

(二)比较当期指标与其历史水平

将当期实际指标与上期、前几期或历史最佳、平均水平等进行比较,关注当期与历史水平的差异,以了解公司的变化趋势。当发现一家公司某个指标状况在一段时期内持续恶化,就需引起特别关注,进而分析导致指标恶化的原因。

表1—1是建设银行2012—2020年营业收入情况。总体上,建设银行2020年的营业总收入比2019年增长7.13%,比2012年营业总收入增长了64.08%;趋势上,2012—2020年,建设银行营业总收入年平均增长6.45%,增长率变动呈U型,其中,2012—2016年增长率逐年减小,2016年增长率降至最低,2017—2020年,增长率逐年变大。

表1—1　　　　　　　　建设银行2012—2020年营业收入情况

年　份	2012	2013	2014	2015	2016	2017	2018	2019	2020
营业总收入(亿元)	4 607	5 086	5 705	6 052	6 051	6 217	6 589	7 056	7 559
比上一年的增长率(%)	—	10.40	12.17	6.08	−0.02	2.74	5.98	7.09	7.13
比2012年的增长率(%)	—	10.40	23.83	31.37	31.34	34.95	43.02	53.16	64.08

(三)比较本公司指标与国内外同行业公司指标

比较分析法还可以用于公司之间的横向比较。优秀不优秀,全靠同行衬托,同一个行业内,其他公司的经营绩效是评价本公司经营的良好指标。如果某个指标明显偏离同行业水平,就需要分析其原因。将公司实际财务指标同国内外同行业公司进行比较,可以有效评价公司经营状况,发现公司在行业中的地位,评价公司管理层的工作业绩。

表1—2是2020年中国四大国有银行的营业收入对比情况。营业收入规模方面,建设银行2020年营业收入在四大行中排名第二,收入增长方面,建设银行的增长率超过其他三家银行,整体状况较好。

表1—2　　　　　　2020年中国四大国有银行营业收入对比情况

	工商银行	建设银行	农业银行	中国银行
营业总收入(亿元)	8 827	7 559	6 580	5 655
比上一年的增长率(%)	3.19	7.13	4.89	2.97

五、比率分析法

比率分析法是通过计算两个指标之间的相对数(商值)来描述两个指标之间内在联系的分析方法。比率分析法是本书中公司财务状况分析最重要的研究方法,以同一期财务报表上若干重要项目的相关数据相互比较,求出比率,用以分析和评价公司的经营活动以及公司历史状况的一种方法,是财务分析最基本的工具。

公司财务管理中已经形成了对公司具有特定意义的比率,这些比率如同"标尺"一样,可以对公司财务状况进行"度量",也可以对不同公司或同一公司不同时期的状况进行比较。财务分析因目的不同而选择的财务比率也不尽相同,对于投资价值分析,主要是掌握和运用反映公司偿债能力、营运能力、盈利能力和发展能力的四大类财务比率。

六、数理统计法

数理统计法是研究从一定总体中随机抽取一部分作为样本,以概率论为基础,运用统计学的方法对数据进行分析、研究来推断和预测总体性质的一种有效方法(如图1—4所示)。随着对上市公司投资价值研究的深入,分析师已经不仅仅满足于使用直观分析和简单比较来分析上市公司投资价值,而是开始引入数理统计的方法。最常使用的数理统计法为相关分析、主成分分析和时间序列回归分析等。

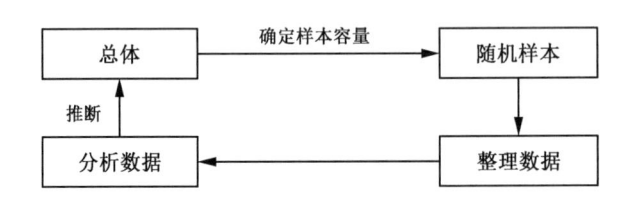

图1—4 数理统计法的基本流程图

本章小结

上市公司投资价值分析是投资者确定目标上市公司投资与否的重要依据,主要对上市公司基本情况、经营管理、发展环境、行业前景、财务状况、价值估算等进行分析研究,获得反映上市公司未来收益的各方面指标,得出指导投资与否的科学、客观结论。上市公司投资价值需要专业的分析才能得出科学、客观的结果。

上市公司投资价值分析报告是上市公司内部和外部使用者制定公司相关决策的

重要依据。内部使用者主要是公司的管理层和员工;公司外部使用者主要是投资者(包括股东和潜在投资者)、债权人、供应商、客户、政府部门以及市场中介机构等。

上市公司投资价值分析的专业性对其报告撰写提出了较高要求。第一,撰写者个人能力要求,报告撰写者需要具备信息资料收集能力、资料整理与分析能力、规律发现与总结能力、学习和钻研能力、细节处理能力和沟通交流能力;第二,报告撰写者需要具备独立诚信、谨慎客观、勤勉尽职、公正公平的职业精神;第三,报告使用数据必须具备可靠性和合法合规性;第四,报告行文要求突出投资要点,观点鲜明,图数文一致,尽量使用数字和图表,行文准确、有序、简练,避免重复和口语化。

上市公司投资价值分析报告的主体内容包括基本情况、所属行业状况、公司财务状况、公司估值和报告结论五大版块,从不同维度综合分析上市公司的投资价值。上市公司投资价值分析报告撰写常用方法包括历史资料研究法、调查研究法、归纳与演绎法、比较分析法、比率分析法和数理统计法等。

复习思考题

1. 上市公司投资价值分析的含义和作用是什么?
2. 上市公司投资价值为什么需要专业分析?
3. 上市公司投资价值分析报告的使用者有哪些?
4. 上市公司投资价值分析报告撰写的要求有哪些?
5. 上市公司投资价值分析报告的主体内容有哪些?
6. 上市公司投资价值分析报告撰写的常用方法有哪些?

第二章　上市公司基本情况分析

巴菲特曾说过，在投资的时候，要将自己看成是企业分析家，而不是市场分析师或经济分析师，更不是有价证券分析师。公司基本情况分析是投资价值分析中不可缺少的重要环节，通过公司基本情况分析，可以深入了解公司的组织架构、资本结构、经营管理水平、产品竞争能力以及发展前景等；通过与同类板块和行业公司的比较、与本行业平均水平的比较、与本公司历史数据的比较，可以判断公司的投资价值和股价变动趋势。本章讲述上市公司基本情况分析的内容和方法，第一节是公司情况介绍，主要介绍上市公司相对固定的一些属性和特点；第二节是公司股本股权分析，从股本股权设置角度概述公司基本情况；第三节重点分析公司的经营能力，聚焦于公司法人质量结构、人员素质和公司经营管理的理念、风格和战略；第四节对上市公司提供的产品或服务进行分析，探索产品或服务竞争力的来源和大小；第五节通过观察公司区位、竞争战略、募集资金投向和重点研发项目等，分析上市公司发展前景；第六节介绍上市公司可能遇到的重大事项。

第一节　公司情况介绍

一、公司基本信息

上市公司基本信息包括公司的成立时间、创立者和法人代表、注册地址、历史沿革、注册资金、董事会秘书、联系方式（电话、网址、邮箱等）、公司指定信息披露媒体、公司聘请的会计师事务所名称及办公地点等。表 2-1 是中国工商银行基本信息概况，在上市公司投资价值分析报告撰写中，可以根据报告类型和特征，有重点地选择介绍公司基本信息。

表 2-1　　　　　　　　　中国工商银行基本信息概况

公司名称	中国工商银行股份有限公司
英文名称	Industrial and Commercial Bank of China Limited
曾用名	—

续表

A股代码	601398	A股简称	工商银行
B股代码	—	B股简称	—
H股代码	1398	H股简称	工商银行
证券类别	上交所主板A股	所属东财行业	银行
上市交易所	上海证券交易所	所属证监会行业	金融业—货币金融服务
总经理	廖林	法人代表	陈四清
董秘	官学清	董事长	陈四清
证券事务代表	—	独立董事	梁定邦，杨绍信，沈思，胡祖六，Arnout Henricus Elisabeth Maria WELLINK（努特·韦林克）
联系电话	010－66106114	电子信箱	ir@icbc.com.cn
传真	010－66107571	公司网址	www.icbc.com.cn，www.icbc-ltd.com
办公地址	北京市西城区复兴门内大街55号	注册地址	北京市西城区复兴门内大街55号
区域	北京	邮政编码	100140
注册资本(元)	3 564亿元	工商登记	91100000100003962T
雇员人数	440 000	管理人员人数	32
律师事务所	北京市金杜律师事务所	会计师事务所	毕马威华振会计师事务所(特殊普通合伙)；毕马威会计师事务所
公司简介	中国工商银行股份有限公司成立于1984年1月1日。2005年10月28日，整体改制为股份有限公司。2006年10月27日……		
经营范围	办理人民币存款、贷款；同业拆借业务；国内外结算；办理票据承兑、贴现、转贴现；各类汇兑业务；代理资金清算；提供信用证服务及担保……		

资料来源：东方财富终端，2022年3月。

二、公司性质

上市公司都是股份有限公司，是以公司资本为股份所组成的公司，股东是以其认购的股份为限对公司承担责任的企业法人。《中华人民共和国公司法》(2018年修正本)规定，设立股份有限公司，应当有2人以上200人以下为发起人，其中须有半数以上的发起人在中国境内有住所。按照公司的所有制形式划分，上市公司可分为国有企业、集体企业、私营企业和外商投资企业。

(一)国有企业

1.全民所有制企业

全民所有制企业是狭义的国有企业，是全部生产资料和劳动成果归全体劳动者所有，或归代表全体劳动者利益的国家所有，依法自主经营、自负盈亏、独立核算的商品生产和经营单位。在计划经济体制下，我国的国有企业全部由国家直接经营。

1993年，十四届三中全会通过《中共中央关于建立社会主义市场经济体制若干问题的决定》，确立了建立按照"产权清晰、权责明确、政企分开、管理科学"现代企业制度的国有企业改革方向，使企业真正成为市场主体。随着国企改革推进，我国全民所有制企业不断改制为公司制企业，实现出资人所有权和企业法人财产权的分离，国有资本逐步向关系国家安全和国民经济命脉的重要行业和关键领域集中，影响力、控制力不断提升。

2.国有控股企业

全民所有制企业只是国有企业的一种，广义的国有企业还包括国家控股的股份有限公司、有限责任公司和国有独资公司。国有控股包括国有绝对控股和国有相对控股两种形式，国家统计局《关于统计上对公有和非公有控股经济的分类办法》（国统字〔2005〕79号）以法人企业作为分类对象，根据企业实收资本中某种经济成分的出资人实际出资情况进行分类，并按出资人对企业的控股程度，分为绝对控股和相对控股。根据第四次全国经济普查公报，2018年末，国有控股企业24.2万个，占全部企业的1.3%，从业人员占全部企业的15.7%，是国民经济发展的中坚力量。

（1）国有股权超过50%的绝对控股企业，因国有股权处于绝对控制地位，应属"国有公司、企业"范畴。绝对控股是指在企业的全部实收资本中，某种经济成分的出资人拥有的实收资本（股本）所占企业的全部实收资本（股本）的比例大于50%。投资双方各占50%，且未明确由谁绝对控股的企业，若其中一方为国有或集体的，一律按公有绝对控股经济处理；若投资双方分别为国有、集体的，则按国有绝对控股处理。

（2）国有股权处于相对控股的企业，如需纳入"国有公司、企业"范畴，须认真研究并提出具体的判断标准。相对控股是指在企业的全部实收资本中，某经济成分的出资人拥有的实收资本（股本）所占的比例虽未大于50%，但根据协议规定拥有企业的实际控制权（协议控股），或者相对大于其他任何一种经济成分的出资人所占比例（相对控股）。

（二）集体企业

集体企业，又称集体所有制企业，是指以生产资料的劳动群众集体所有制为基础，实行共同劳动，在分配形式上以按劳分配为主（部分企业实行按劳分配和按资分配相结合）的集体经济组织。我国集体企业是历史产物，在发展过程中有助于缓解当时相当严峻的就业压力，解决"短缺经济"条件下市场供给严重不足的矛盾。

集体企业经历了一个快速发展和持续收缩的历史过程。20世纪80年代初至90年代中期，是集体经济总量扩张最为迅速的时期。经过改革开放后一个时期的持续发展,到20世纪90年代中期,集体工业总产值已开始超过国有工业,并逐渐占据各种经济类型的首位。随着改革的深入和市场经济的发展,特别是党的十五大第一次把非公有制经济纳入我国基本经济制度,出现了一个集体企业在非国有经济中的比重迅速下降的过程。目前,我国集体企业已基本改制成股份合作制、有限公司、股份公司等公司形式,其规模在非国有经济中所占比重已经很低。

(三)私营企业

私营企业,是指自然人投资设立或由自然人控股,以雇佣劳动为基础的营利性经济组织。私营企业最早被限定为企业的全部资产属于私人所有的企业,如我国《私营企业暂行条例》(2018年已废止)规定,"私营企业是指企业资产属于私人所有,雇工8人以上的营利性经济组织"。

改革开放后,我国个体私营经济迅速发展,并且成为中国非国有经济的主体。《国务院关于城镇非农业个体经济若干政策性规定》(国发〔1981〕108号)的颁布实施,标志着中国个体私营经济发展的起步。1987年10月,党的十三大明确提出了社会主义初级阶段理论,进一步推动了中国个体私营经济发展,个体私营经济在波动中实现快速发展。1997年,党的十五大第一次把非公有制经济纳入我国基本经济制度,私营企业增长势头强劲,进入了个体私营企业的高速发展时期。根据第四次全国经济普查公报,2018年末,全国私营企业1 561.4万个,占全部企业法人单位的84.1%。

(四)外商投资企业

外商投资企业是指全部或者部分由外国投资者投资,依照中国法律在中国境内经登记注册设立的企业。根据第四次全国经济普查公报,2018年末,全国外商投资企业10.3万个,占全部企业法人单位的0.6%。

根据《中华人民共和国外商投资法》第十七条,外商投资企业可以依法通过公开发行股票、公司债券等证券和其他方式进行融资。外商投资企业包括中外合资经营企业、中外合作经营企业和外商独资企业。随着我国外商投资法律法规建设和投资环境改善,外商独资企业比重逐年上升,中外合资、合作企业的比重逐年递减。

(1)中外合资经营企业,是由外国企业、个人或其他经济组织与我国企业共同投资开办、共同管理、共担风险、共负盈亏的企业。它在法律上表现为股权式企业,即合资各方的各种投资或提供的合作条件必须以货币形式进行估价,按股本多少分配企业收益和承担责任,中外合资经营企业必须是中国法人。

(2)中外合作经营企业,是由外国企业、个人或其他经济组织与我国企业或其他经济组织共同投资或提供合作条件在中国境内举办,以合同形式规定双方权利和义务关系的企业。中外合作经营企业可以具备中国法人资格,也可以不具备。合作各方依照合同的约定进行收益或产品的分配,承担风险和亏损,并可依合同规定收回投资。

（3）外商独资企业指外国公司、其他经济组织或个人，依照中国法律在中国境内设立的全部资本由外国投资者投资的企业，外国投资者可以是一个外国投资者独资，也可以是若干外国投资者合资。

三、公司业务

公司业务主要是公司的经营范围及经营效果。在报告中，建议重点关注公司业务收入，通过公司各类业务收入规模和结构的年度变化，来反映公司的总体经营状况、主营业务发展和多元化经营状况。

（一）总体经营状况

营业收入可以反映公司的总体经营发展状况。营业收入是公司在生产经营活动中，因销售产品或提供劳务而取得的各项收入。与盈利指标相比，营业收入不容易受会计记账方法的影响，能更快一步地反映公司的盈利状况和变化趋势。

营业收入增长率是反映公司经营发展状况的核心指标之一，计算如公式 2—1 所示。

$$营业收入增长率 = \frac{当期营业收入 - 上期营业收入}{上期营业收入} \times 100\% \qquad (2-1)$$

A 公司 2012—2020 年营业收入及增长率如表 2—2 所示。当营业收入增长率大于零时，说明公司营业收入呈正增长，相对于前一会计期销售情况处于扩大状态，在销售毛利率等指标不变的情况下，最终盈利也会出现同比增长，特别是如果公司营业收入增长率呈稳定上升趋势，说明公司总体经营状况较好，公司正处于发展壮大之中；如果营业收入增长率小于零，说明公司营业收入呈负增长，公司的产品或服务可能存在问题，特别是如果营业收入增长率连续下降，则说明公司可能进入衰退。

表 2—2　　　　A 公司 2012—2020 年营业收入及增长率

年份	2012	2013	2014	2015	2016	2017	2018	2019	2020
营业收入（亿元）	397.00	449.50	457.00	447.00	518.50	505.70	488.90	603.50	739.40
营业收入增长率（%）	—	13.22	1.67	−2.19	16.00	−2.47	−3.32	23.44	22.52

（二）主营业务发展

公司营业可以进一步分为主营业务和其他业务。主营业务是指为公司完成其经营目标而从事的日常活动中的主要活动，可根据营业执照上规定的主要业务范围确定，其他业务收入是公司从事除主营业务以外的其他业务活动。

主营业务增长率是评价公司成长能力的主要指标之一，计算如公式 2—2 所示。A 公司 2012—2020 年主营业务收入及增长率如表 2—3 所示。

$$主营业务收入增长率 = \frac{当期主营业务收入 - 上期主营业务收入}{上期主营业务收入} \times 100\%$$

(2-2)

主营业务通常是公司现金流和利润的最主要来源,属于现金牛业务,公司为了保证可持续发展,一定要有增量的主营业务或产品。如果一家公司连续保持30%以上的主营业务收入增长率,可以认为这家公司具备成长性;如果主营业务收入增长率下滑幅度超过30%,说明公司主营业务大幅滑坡,公司的经营管理可能出现重大危机。由表2-3可知,A公司2012—2020年主营业务收入及增长率波动较大,总体经营情况可能存在问题。

表2-3　　　　　　A公司2012—2020年主营业务收入及增长率

年份	2012	2013	2014	2015	2016	2017	2018	2019	2020
营业收入(亿元)	394.06	447.09	454.82	446.97	518.22	453.19	487.67	603.10	738.63
营业收入增长率(%)	—	13.46	1.73	-1.73	15.94	-12.55	7.61	23.67	22.47

(三)多元化经营状况

多元化经营是公司重要的发展战略和投资决策,与公司价值息息相关。安索夫(Ansoff)于20世纪50年代提出多元化经营,它是指公司通过增加行业和产品差异性来扩大生产范围的一种经营战略。公司为了寻求业务之间的协同效应、赢取市场优势或者分散公司风险等目的,会选择开展多元化经营。同时,多元化经营的公司,同时涉足多个行业,每个行业都需要投入大量的资金和人力,在为公司发展提供新动力、新方向的同时,也会增加公司风险。

公司在确保主营业务稳定发展的同时,推进多元化经营,能够帮助公司化解被吞并威胁、增加发展空间和降低资产风险。在激烈的竞争环境中,固守一个产业,提供一种产品的经营模式已经不能适应形势的发展。上市公司通常会在年报中披露分行业营收金额,常用的公司多元化经营的度量方式有以下几种:

1. 公司主营业务收入涉及的行业数目

公司主营业务收入涉及的行业数目越大,代表公司多元化经营程度越高;反之,公司主营业务收入涉及的行业数目越小,代表公司多元化经营程度越低。

2. 公司各行业主营业务收入的赫芬达尔指数[①]

使用赫芬达尔指数度量公司多元化经营程度的计算公式为:

---

① 有些研究将赫芬达尔指数定义为:$HI = 1 - \sum_{i=1}^{n} P_i^2$。

$$HHI = \sum_{i=1}^{n} P_i^2 \qquad (2-3)$$

公式2—3中,P_i为主营业务所涉及的第i个行业收入占主营业务收入的比重,n为主营业务所涉及的行业个数。HHI指数越低,则表明公司业务越分散、多元化程度越高;反之,则多元化程度越低。专业化经营的公司,HHI指数等于1。

3. 公司各行业主营业务收入的熵指数

使用熵指数度量公司多元化经营程度的计算公式为:

$$EDI = \sum_{i=1}^{n} P_i \ln\left(\frac{1}{P_i}\right) \qquad (2-4)$$

公式2—4中,P_i为主营业务所涉及的第i个行业收入占主营业务收入的比重,n为主营业务所涉及的行业个数。EDI是度量公司经营多元化程度的正向指标,EDI数值越大,公司多元化程度就越高;反之,则越低。

A公司2012—2020年的主营业务收入分行业金额及多元化经营的计算结果如表2—4所示。

表2—4　A公司2012—2020年主营业务收入分行业金额及多元化经营结果

	年　份	2012	2013	2014	2015	2016	2017	2018	2019	2020
行业构成	行业1(亿元)	230.03	252.24	251.20	226.39	225.77	226.59	232.11	251.63	280.98
	行业2(亿元)	154.40	187.43	196.36	211.72	283.80	217.59	245.95	341.93	447.67
	行业3(亿元)	9.64	7.41	7.26	8.86	8.65	9.00	9.61	9.54	9.97
多元化度量	涉及行业数目	3	3	3	3	3	3	3	3	3
	赫芬达尔指数	0.4949	0.4943	0.4917	0.4813	0.4900	0.4809	0.4813	0.4958	0.5122
	熵指数	0.7721	0.7553	0.7566	0.7762	0.7601	0.7767	0.7759	0.7520	0.7293

四、公司规模

公司的生产经营存在规模经济和规模不经济现象。规模经济是指通过扩大生产规模而引起经济效益增加的现象。对于特定的生产技术,伴随着产量增加和规模扩大,公司通常经历着由规模经济到规模不经济的过程。

一般来说,在规模较小时,随着生产经营规模的增加,促进规模经济的因素占主导,公司的平均成本递减;当公司规模达到一定程度后,促使规模不经济的因素逐渐占据主导,从而抵消规模经济的积极影响,直至出现规模不经济。在这一过程中,公司生产经营平均成本表现为先降低再升高的U型曲线(如图2—1所示)。

公司规模扩张的过程,通常会对公司价值产生阶段性影响,出现"公司价值提升—公司价值顶峰—公司价值下降"的趋势。现实中可将公司划分为大、中、小、微型,但

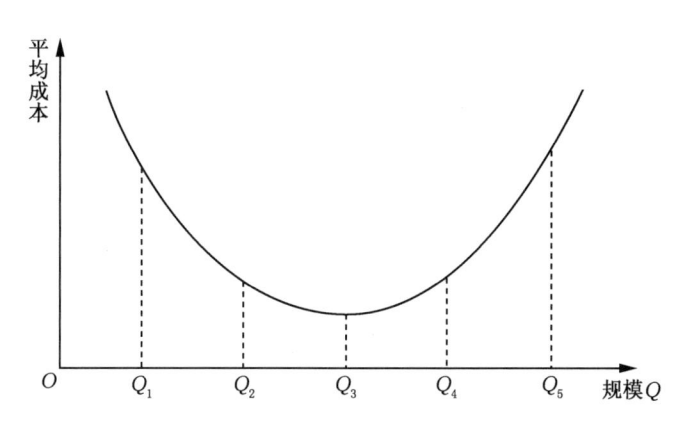

图 2—1 公司生产经营长期平均成本曲线

是，对于公司具体处于规模经济还是规模不经济，需要根据其实际规模和经营状况具体判断。

对公司规模类型的划分可参照国家统计局《关于印发〈统计上大中小微型企业划分办法(2017)〉的通知》及相关说明，划分标准如表 2—5 所示。根据划分办法，大型、中型和小型企业须同时满足所列指标的下限，否则下划一档；微型企业只需满足所列指标中的一项即可。

表 2—5　　　　　　　　　大、中、小、微型企业划分标准

行业名称	指标名称	计量单位	大型	中型	小型	微型
农、林、牧、渔业	营业收入(Y)	万元	$Y \geqslant 20\,000$	$500 \leqslant Y < 20\,000$	$50 \leqslant Y < 500$	$Y < 50$
工业*	从业人员(X)	人	$X \geqslant 1\,000$	$300 \leqslant X < 1\,000$	$20 \leqslant X < 300$	$X < 20$
	营业收入(Y)	万元	$Y \geqslant 40\,000$	$2\,000 \leqslant Y < 40\,000$	$300 \leqslant Y < 2\,000$	$Y < 300$
建筑业	营业收入(Y)	万元	$Y \geqslant 80\,000$	$6\,000 \leqslant Y < 80\,000$	$300 \leqslant Y < 6\,000$	$Y < 300$
	资产总额(Z)	万元	$Z \geqslant 80\,000$	$5\,000 \leqslant Z < 80\,000$	$300 \leqslant Z < 5\,000$	$Z < 300$
批发业	从业人员(X)	人	$X \geqslant 200$	$20 \leqslant X < 200$	$5 \leqslant X < 20$	$X < 5$
	营业收入(Y)	万元	$Y \geqslant 40\,000$	$5\,000 \leqslant Y < 40\,000$	$1\,000 \leqslant Y < 5\,000$	$Y < 1\,000$
零售业	从业人员(X)	人	$X \geqslant 300$	$50 \leqslant X < 300$	$10 \leqslant X < 50$	$X < 10$
	营业收入(Y)	万元	$Y \geqslant 20\,000$	$500 \leqslant Y < 20\,000$	$100 \leqslant Y < 500$	$Y < 100$
交通运输业*	从业人员(X)	人	$X \geqslant 1\,000$	$300 \leqslant X < 1\,000$	$20 \leqslant X < 300$	$X < 20$
	营业收入(Y)	万元	$Y \geqslant 30\,000$	$3\,000 \leqslant Y < 30\,000$	$200 \leqslant Y < 3\,000$	$Y < 200$
仓储业*	从业人员(X)	人	$X \geqslant 200$	$100 \leqslant X < 200$	$20 \leqslant X < 100$	$X < 20$
	营业收入(Y)	万元	$Y \geqslant 30\,000$	$1\,000 \leqslant Y < 30\,000$	$100 \leqslant Y < 1\,000$	$Y < 100$

续表

行业名称	指标名称	计量单位	大型	中型	小型	微型
邮政业	从业人员(X)	人	X≥1 000	300≤X<1 000	20≤X<300	X<20
	营业收入(Y)	万元	Y≥30 000	2 000≤Y<30 000	100≤Y<2 000	Y<100
住宿业	从业人员(X)	人	X≥300	100≤X<300	10≤X<100	X<10
	营业收入(Y)	万元	Y≥10 000	2 000≤Y<10 000	100≤Y<2 000	Y<100
餐饮业	从业人员(X)	人	X≥300	100≤X<300	10≤X<100	X<10
	营业收入(Y)	万元	Y≥10 000	2 000≤Y<10 000	100≤Y<2 000	Y<100
信息传输业*	从业人员(X)	人	X≥2 000	100≤X<2 000	10≤X<100	X<10
	营业收入(Y)	万元	Y≥100 000	1 000≤Y<100 000	100≤Y<1 000	Y<100
软件和信息技术服务业	从业人员(X)	人	X≥300	100≤X<300	10≤X<100	X<10
	营业收入(Y)	万元	Y≥10 000	1 000≤Y<10 000	50≤Y<1 000	Y<50
房地产开发经营	营业收入(Y)	万元	Y≥200 000	1 000≤Y<200 000	100≤Y<1 000	Y<100
	资产总额(Z)	万元	Z≥10 000	5 000≤Z<10 000	2 000≤Z<5 000	Z<2 000
物业管理	从业人员(X)	人	X≥1 000	300≤X<1 000	100≤X<300	X<100
	营业收入(Y)	万元	Y≥5 000	1 000≤Y<5 000	500≤Y<1 000	Y<500
租赁和商务服务业	从业人员(X)	人	X≥300	100≤X<300	10≤X<100	X<10
	资产总额(Z)	万元	Z≥120 000	8 000≤Z<120 000	100≤Z<8 000	Z<100
其他未列明行业*	从业人员(X)	人	X≥300	100≤X<300	10≤X<100	X<10

注:各行业的范围以《国民经济行业分类》(GB/T 4754—2017)为准,带 * 的项为行业组合类别。

拓展阅读

规模经济与规模不经济的原因

生产过程中,随着企业生产规模的扩大和产量的增加,生产存在着有利于节约成本的若干因素。这些因素包括:

(1)规模扩大有利于分工。在实际生产过程中,劳动并不是等质的,对不同的劳动者而言,不同的岗位意味着不同的生产率。而大规模生产便于进行细致的劳动分工,从而使得专业化水平得到提高,以致劳动生产率提高。

(2)规模扩大有利于更加充分地发挥已有技术的作用。在实际中,机器设备往往具有不可分割性,有些设备只有在较大的规模下才能得到使用,而这些大型设备往往又与更加先进的技术密不可分。

(3)随着规模扩大,企业更便于开展多级生产,也可以更为充分地开发和利用副产品。

(4)规模扩大可以降低营销和研发支出。对于一个企业而言,有时营销和研发支出在较长时期内是一笔固定支出。大规模的生产有利于分摊这些费用,从而降低平均成本。

(5)从事大规模生产的企业可以在生产要素购买、融资和产品销售方面获得更多的优势。

企业的生产规模也并非越大越好。对于特定的生产技术而言,企业规模的扩大也有使得成本增加的因素,导致生产出现不经济。造成规模不经济的原因主要包括:

(1)随着企业生产规模的扩大,组织系统越来越复杂,信息交流范围扩大,层次增多。相应地,信息传递的准确性和费用都会随之增加,管理难度加大,管理成本也会更高。同时,企业内部存在各种各样的委托—代理关系,不同经济当事人行为动机不完全相同。伴随着规模扩大,信息不完全越发严重,从而更加重了企业的成本负担。

(2)企业生产技术工艺上的相互依赖性随着企业规模的扩大而增加,导致局部意外事件影响的范围扩大,造成的损失也更大。

(3)企业规模越大,专业分工就越细致,但过细的分工会导致劳动者因工作单调而降低生产效率,从而增加成本。

——资料来源:《西方经济学》编写组. 西方经济学(上册)[M]. 北京:高等教育出版社,2019。

五、所属行业

根据《国民经济行业分类》(GB/T 4754—2017),行业是从事相同性质的经济活动的所有单位的集合,如餐饮行业、金融行业、电子制造行业等。不同行业所处生命周期、行业内竞争格局和未来发展趋势均不同。

本章中主要确定上市公司所属行业,不同行业分类标准和具体行业分析见本书第四章。

第二节 公司股本股权分析

上市公司股本结构是公司治理的重要因素,股权结构主要包括股权流通情况、大股东控制、管理层持股比例等,是公司治理结构的基础和重要组成。股本和股权结构对公司治理模式的选择、组织形式以及公司的成长都有重要的影响,因为所有权和控制权紧密联系,股权大小会直接影响对公司重大决策、重要人员任命的控制力。

一、股本结构分析

(一)股本结构构成

股本结构是指股本的各个构成比例关系,反映股本构成状态。分析上市公司的股本结构,可以发现上市公司的基本属性和其股本结构的变化趋势,有助于投资者更好地把握上市公司的基本面情况。上市公司的股本结构按股本所有者性质可分为国家股、法人股、外资股、职工股、社会公众股等几种类型。

根据能否在二级市场上交易流通,上市公司股票可分为有限售条件股份和无限售条件股份。有限售条件股份,是指股份持有人依照法律、法规或按承诺有转让限制的股份,即已获得上市流通权但是还没有符合上市流通条件的股份,通常对它们的上市流通时间有具体的规定。有限售条件股份主要包括因股权分置改革暂时锁定的股份,内部职工股,机构投资者配售股份,董事、监事、高级管理人员持有股份等。无限售条件股份即平常所说的流通股,也就是可以在二级市场上进行交易流通的股份。

从股本结构中,可以知道上市公司的总股本、无限售条件股份、有限售条件股份的数量,还可以计算出流通股占总股本的比重,即流通比率,计算如公式2-5所示:

$$流通比率=\frac{无限售条件的股份}{总股本} \qquad (2-5)$$

(二)股权分置改革

股权分置是指A股市场的上市公司股份按能否在证券交易所上市交易被区分为非流通股和流通股,是我国经济体制转轨过程中形成的特殊问题。通常非流通股主要由政府部门和法人持有,而流通股主要由国内的个人和机构持有。股权分置问题是我国证券市场建立初期,改革不配套和制度设计上的局限所形成的制度性缺陷。

根据中国证券监督管理委员会统计数据,截至2004年12月31日,我国上市公司的股份总额为7 149.43亿股,其中已流通股份总额为2 577.19亿股,未流通国有股、法人股和自然人股总额4 542.91亿股,已流通股份占股份总额的比例约为1/3,未流通股份占股份总额的比例约为2/3。由于股权分置,大股东有掠夺中小股东的强烈动机。

股权分置扭曲资本市场定价机制,制约资源配置功能的有效发挥;公司股价难以对大股东、管理层形成市场化的激励和约束,公司治理缺乏共同的利益基础;资本流动存在非流通股协议转让和流通股竞价交易两种价格,资本运营缺乏市场化操作基础。

股权分置不能适应资本市场改革开放和稳定发展的要求,必须通过股权分置改革,消除非流通股和流通股的流通制度差异。

上市公司股权分置改革,是通过非流通股股东和流通股股东之间的利益平衡协商机制,消除 A 股市场股份转让制度性差异的过程。2005 年 4 月 29 日,中国证券监督管理委员会发布《关于上市公司股权分置改革试点有关问题的通知》,股权分置改革试点工作宣布正式启动。试点期间发布的《关于上市公司股权分置改革试点有关问题的通知》和《关于做好第二批上市公司股权分置改革试点工作有关问题的通知》,规范了改革试点的基本操作流程。2009 年 9 月 4 日,中国证券监督管理委员会在总结试点阶段经验的基础上发布《上市公司股权分置改革管理办法》,对操作程序、改革方案、改革主体、中介机构、监管措施等内容以及部分文字作了修订,进一步完善相关的程序规范,明确政策导向。

解决股权分置的方向是要实现股份的全流通,使原非流通股份依法获得与流通股同样的可流通地位,并使其按照二级市场的全流通股价统一进行流通。2005 年我国开启了股权分置改革之后,大部分上市公司股票实现了自由流通,有效降低了非流通股份比例。目前股票只要上市,绝大多数都是全流通股票。

二、股权结构分析

股权结构是指不同投资主体持有公司股票数量的分布结构,反映了基于财产所有权基础的不同持股主体间的所有权结构。股权结构是公司治理结构的基础,公司治理结构则是股权结构的具体运行形式。

(一)控股股东与实际控制人

根据《中华人民共和国公司法》第二百一十六条,控股股东是指其出资额占有限责任公司资本总额 50% 以上或者其持有的股份占股份有限公司股本总额 50% 以上的股东;出资额或者持有股份的比例虽然不足 50%,但依其出资额或者持有的股份所享有的表决权已足以对股东会、股东大会的决议产生重大影响的股东。在上市公司的年报中,可以查找到上市公司的控股股东。

实际控制人,是指虽不是公司的股东,但通过投资关系、协议或者其他安排,能够实际支配公司行为的人。现实公司治理中,实际控制人可以是控股股东,也可以是控股股东的股东,甚至是除此之外的其他自然人、法人或其他组织。

若上市公司实际控制人不披露,则难以判断上市公司股权交易是否为关联交易,可能损害上市公司投资人的利益,为此,有必要说明上市公司实际控制人情况。在证监会新版上市公司年报准则中,要求披露公司实际控制人的情况,并以方框图及文字的形式披露公司与实际控制人之间的产权和控制关系;实际控制人应当披露到自然人、国有资产管理部门,或者股东之间达成某种协议或安排的其他机构或自然人,包括以信托方式形成实际控制的情况;如不存在实际控制人的情况,公司应当予以特别说明。

图2—2是大悦城控股集团有限公司与实际控制人之间的产权及控制关系的方框图,该公司控股股东为中粮集团有限公司,公司实际控制人为国务院国有资产监督管理委员会。

```
        国务院国有资产监督管理委员会
                    │100%
            中粮集团有限公司
              │100%        │
        中粮集团(香港)         │
          有限公司            │20%
              │100%          │
          明毅有限公司          │
              │49.28%        │
            大悦城控股集团股份有限公司
```

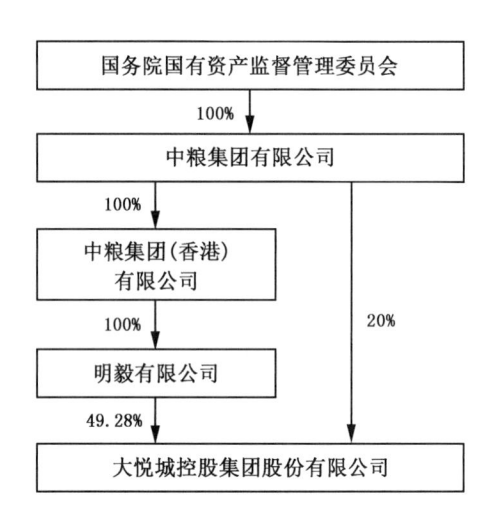

图2—2　大悦城产权及控制关系的方框图(截至2020年12月31日)

(二)同股同权

1. 概念与内涵

同股同权的股权结构是历史最悠久的股权制度,迄今为止,同股同权仍广泛应用于世界各国资本市场中。

我国资本市场长期坚持同股同权的原则。同股同权是指同一种股票不分类别,股票持有者平等地享有相同的投票权,即每股一票,《中华人民共和国公司法》第一百零三条规定,股东出席股东大会会议,所持每一股份有一表决权。但是,公司持有的本公司股份没有表决权。第四十二条规定,股东会会议由股东按照出资比例行使表决权;但是,公司章程另有规定的除外。

同股同权意味着"一股一权"、"一股一票"。每一股份均享有相同的投票权(表决权)和收益权,若两个股东持有相同数量的公司股票,则其投票权和收益权相同。在同股同权原则下,股东持有的股份数量直接决定了该股东对公司的控制权。

2. 股权集中度

在同股同权原则下,持股比例直接决定股东对公司的控制权。股权集中度是指公司股东因持股比例的不同所导致的股权集中还是分散的数量化指标,是衡量公司股权分布状态和公司稳定性的重要指标。

股权集中度的度量方式包括：①前 n 大股东持股比例(CR_n)，可以选用第一大股东持股比例(TOP1)、前三大股东持股比例(TOP3)、前五大股东持股比例(TOP5)和前十大股东持股比例(TOP10)；②股权制衡度(CN)，又称股权控制度，是公司被控制的其他股东持股比例与控股股东持股比例的比值；③Z 指数，是第一大股东与第二大股东持股份额的比值；(4)赫芬达尔指数，是公司前 n 大股东持股比例的平方和。

大股东通常拥有对公司的决策权和治理权。多数情况下，以第一大股东持股比例衡量公司股权集中状态和控股模式。[①] 根据表 2-6，通过第一大股东的持股比例，可将上市公司股权状况分为绝对控股、相对控股和分散的控股三种状态。

(1)绝对控股：股权高度集中，绝对控股股东一般拥有公司股份的 50% 以上，对公司拥有绝对控制权。

(2)相对控股：股权集中，第一大股东持股比例在 20%～50% 之间，公司拥有较大的相对控股股东，同时还拥有其他大股东。

(3)分散控股：股权分散，单个股东所持股份比例均在 20% 以下，相当数量的股东持股比例比较接近，由于不存在明显的大股东，所有权与经营权基本完全分离。

表 2-6　　　　　　　　　　公司股权集中度与控股模式

第一大股东持股比例	$CR_1<20\%$	$20\%\leqslant CR_1<50\%$	$CR_1\geqslant 50\%$
控股模式	分散控股	相对控股	绝对控股

股权集中度过高或过低各有利弊。股权集中度高的优势是控股股东有足够的控制权和激励主动监督公司的日常经营管理，确保股东利益最大化；弊端是控股股东基于自身利益可能迫使管理层做出有损中小股东利益的决策。股权结构分散的优势是提高股票的变现能力，股票持有者众多更容易形成活跃的股票市场，降低公司的资本成本，有利于公司整体利益的提升以及市场价值的提高；弊端是存在股东"搭便车"问题，股权分散的公司中，可能没有股东具有足够的动力来监督公司的经营管理，导致公司管理层只受到很少的监督或几乎没有任何监督，出现内部人控制问题。

从我国上市公司的现实情况看，规范的股权结构包括三层含义：①降低股权集中度，改变"一股独大"局面；②流通股股权适度集中，发展机构投资者、战略投资者，发挥他们在公司治理中的积极作用；③加大公司股权的流通性，使之成为源头活水，具有勃勃生机。

[①] 此处使用第一大股东持股比例作为定义股权集中度的标准，但是对于资本需求或者流通市值比较大的公司，需要考察前五大甚至是前十大股东持股比例才能衡量公司的股权集中度。

表2—7　　　　　　　　2015年和2019年万科前十大股权结构情况

2015年6月		2019年12月	
股东名称	持股比例	股东名称	持股比例
华润股份有限公司	14.89%	地铁集团	28.69%
HKSCC NOMINNEES LIMITED	11.90%	HKSCC NOMINNEES LIMITED	13.96%
国信证券—工商银行—国信金鹏分级1号集合资产管理计划	4.14%	香港中央结算有限公司	4.32%
GIC PRIVATE LIMITED	1.38%	国信证券—工商银行—国信金鹏分级1号集合资产管理计划	4.04%
刘元生	1.21%	钜盛华	3.57%
MERRILLL YNCH INTERNATIONAL	1.12%	安邦人寿保险股份有限公司—保守型投资组合	3.04%
中国人寿保险股份有限公司—分红—个人分红—005L—FH002深	0.87%	招商财富—招商银行—德赢1号专项资产管理计划	2.91%
万科企业股份有限公司工会委员会	0.61%	中央汇金资产管理有限责任公司	1.68%
中国人寿保险(集团)—传统—普通保险产品	0.57%	中国证券金融股份有限公司	1.17%
UBSAG	0.54%	中国人寿保险股份有限公司—分红—个人分红—005L—FH002深	0.86%

(三)同股不同权

1. 概念与内涵

同股不同权是与同股同权相对的概念,是指同一种股票被分为不同的类别,股票持有者根据所持股票种类不同享有不同的投票权,一类股票拥有数倍于其他类股票的投票权。其中,分为两类的称为双重股权结构,大于两类的称为多重股权结构。多重股权结构在实践中应用较少,本书重点讲述双重股权结构。

双重股权结构,又名二元股权结构,起源于1898年International Silver Company。股权融资具有财务压力小、资金使用期限长等优势,可在较短时间内扩大公司生产经营规模,增加公司经济实力。但股权融资会对创始人的股份进行稀释,当创始人的股份稀释到一定程度便可能引起股权争夺,对公司造成负面影响。双重股权结构可以较好地解决这一问题。

以最常见的AB股模式为例,不同于传统公司股票的"一股一权"原则,公司发行拥有不同投票权的普通股(一般称A类和B类)。A、B两类具有不同权能的股票取代了同股同权的股权结构,意味着股票份额所蕴含的投票权(表决权)和收益权脱离了"一股一权"原则主导下配比一致的形式。在每股股票所含收益权一致的前提下,B类股票(超级投票权股)一股多权,拥有数倍于 A 类股票的投票权(如表 2—8 所示)。结果就是 A 类股票持有者基本失去了对公司的治理权力,B 类股票持有者凭借少量份额的超级投票权股票就能够实现对公司的控制。

在美国股票市场中,双重股权结构多集中在传媒、互联网、制造业和高科技公司,如谷歌、高鹏、领英、脸书、《纽约时报》、《华盛顿邮报》、福特、惠普等国际大公司。2013年后,在纽交所和纳斯达克上市的中国互联网公司,半数以上采用了双重股权结构,如百度、京东、58同城、兰亭集势、拼多多等。

表 2—8　　　　　　　　　部分双重股权结构上市公司的表决权比例

公司名称	表决权比例
Google(谷歌)	1∶10
Facebook(脸书)	1∶10
Linkedin(领英)	1∶10
阿里巴巴	合伙人制度
百度	1∶10
京东商城	1∶20
唯品会	1∶10
360 金融	1∶20
58 同城	1∶10
小米	1∶10
拼多多	1∶10

拓展阅读

因为股权分配错误,乔布斯被赶出苹果公司

苹果的股权之路

1976 年 4 月 1 日,苹果创立,创始人股权分配为:乔布斯占比 45%,沃兹尼亚克 45%,韦恩 10%。乔布斯除了是 IT 天才外,还是一个有点商业头脑的人,对股权知识略有了解。乔布斯和沃兹尼亚克各占 45% 的股权,为避免以后两个人在重大问题上出现意见不一致,僵持不下,于是找到韦恩,给了他 10% 的股权。

苹果公司创立初期,缺少资金,没有稳定的投资,产品无法继续研究。1976年 8 月,马库拉以 9.1 万美元加入苹果公司,担任公司董事长职务。另外加了条

件:个人对苹果公司借款不超过25万美元的担保。这时乔布斯占26%,沃兹尼亚克占26%,马库拉占26%,预留股22%。

1977年,霍尔特加入,乔布斯占30%,沃兹尼亚克占30%,马库拉占30%,霍尔特占10%。这时苹果股份公司正式建立。重组完成后,马库拉认为有必要外聘一个有经验、能力强的人来担任苹果公司的CEO,于是请来美国国家半导体公司主管斯科特担任公司CEO。

1980年12月,苹果公司上市。乔布斯股份占比15%,第二大股东马库拉占比11.4%,第三大股东沃兹尼亚克占比6.5%。1981年,因为苹果公司财务陷入困境,资金周转困难,不得不大幅裁员。斯科特被迫辞去了CEO一职,马库拉改任总裁,乔布斯接任董事长。

乔布斯一直想自己出任总裁,但是没有人相信他做CEO的能力,于是乔布斯找到百事可乐的总裁斯卡列。1983年,百事可乐总裁斯卡利加入苹果,出任苹果CEO,年薪100万美元,另有业绩奖金和股票期权。

乔布斯被赶出苹果

自从斯卡利出任苹果CEO后,苹果的实际控制权掌握在乔布斯手里。但乔布斯的理念和当时的股东理念相悖,加上IBM推出了个人电脑,抢占了一部分市场份额,导致管理层将苹果业绩低迷的结果都怪罪到乔布斯身上。

1985年,苹果公司董事会决定让斯卡利全权掌握公司。斯卡利对苹果做出了一系列调整:除去乔布斯的董事长职务,对公司具体部门和重要事务不能进行任何直接的管理。此后,乔布斯作为苹果公司的股东,名存实亡。

1985年9月,乔布斯被迫向苹果公司董事会递交了辞呈。

乔布斯重回苹果公司

乔布斯离开苹果后,创办了NeXT公司,把公司办成了著名的皮克斯动画制作公司。即使新公司蒸蒸日上,但是乔布斯还是割舍不下对苹果的联系,还是保留着苹果的股票,这样他就能收到苹果发来的股东资料,如果愿意的话,还能参加每年的股东大会。

乔布斯离职后,苹果公司亏损情况愈发严重。1996年,阿米利欧接任了苹果CEO职位,但是在激烈的市场竞争下,苹果的市场份额从16%跌到了4%。而乔布斯创立的NeXT公司需要苹果的操作系统,所以在同年12月,苹果公司以3.775亿美元现金加150万股苹果公司股票买下NeXT公司,同时乔布斯被聘请回苹果公司,担任特别顾问。

在苹果经历连续5个季度的亏损后,董事会通知阿米利欧辞职。乔布斯临时接替苹果公司CEO一职,重新掌管苹果。在乔布斯重新回到苹果后,公司陆续推出了iPhone、iPhone 4、iPad……创造了几天销售100多万部手机的神话,此时乔布斯把苹果公司送上科技创新的巅峰。

——资料来源:https://www.sohu.com/a/278192646_100244828。

2.发展历史

(1)国外发展历史

双重股权结构是一种创新的公司股权制度,最早起源于20世纪20年代的美国资本市场,设立初衷是为了掌握公司控制权,防止恶意收购,但是长期限制AB股公司上市。其后,双重股权结构在理论上和实践中争议不断,甚至遭到反对。1988年,美国证券交易委员会(SEC)通过19C-4号规则,准许了不同投票权公司交易上市。豪厄尔(2017)将美国同股不同权制度的演化过程划分为早期阶段、被禁阶段、管制放松阶段和政策统一阶段四个阶段(如表2—9所示)。

表2—9　　　　　　　　美国同股不同权制度发展演化阶段

阶 段	时 间	特 点
早期阶段	1898—1926年	同股不同权以有投票权股票和无投票权股票形式出现,社会认同度低
被禁阶段	1926—1985年	同股不同权主要采取优先投票权和有限投票权形式,且不同交易所政策宽严不等
管制放松阶段	1985—1994年	同股不同权采取了优级投票权股票和次级投票权股票的形式,证券监管和交易所政策趋于一致
政策统一阶段	1994年至今	同股不同权成为商界普遍现象并取得了合法地位,但社会各界仍存在争议

双重股权结构背离了同股同权、一股一票的既有规则和传统观念,在理论和实践中争议不断,但在发达国家和新兴市场国家已被越来越多的公司和证券交易所接受,成为公司IPO采用的重要形式。根据美国证券价格研究中心(CRSP)报告,1988—2007年间在全美上市公司中,采用双重股权结构的上市公司占比约为7.2%。

目前,双重股权结构在加拿大、美国、丹麦、瑞士、挪威、芬兰、瑞典、墨西哥和巴西等国家较为普遍,而在英国、德国、法国、澳大利亚、南非和智利则不多见。

(2)国内发展历史

我国资本市场长期坚持同股同权的原则,近年来开始放松对双重股权结构公司上市的限制。

2014年,证监会与国务院先后颁布了《优先股试点办法》、《进一步支持文化企业发展的规定》等文件,意图在特殊行业探索同股不同权制度的建设。

2018年,我国香港地区正式发布主板上市规则第119次修订《新主板上市规则》,缓和"一股一权"要求,于4月30日起接受双重股权架构公司的上市申请,并制定一系列规则以规避该制度可能带来的不良影响。2018年7月9日,小米作为"同股不同权"第一股登陆香港主板市场。

2018年8月31日,中国证监会在回复《关于A股应加大对创新型企业上市的支持力度的提案》时表示,证监会正在推进公司法配套修改,拟考虑提出在继续坚持同股同权原则基础上,增加公司可以发行拥有不同表决权的普通股的法律安排的修改建议,满足初创企业维持控制权的要求。

2018年9月26日,国务院《关于推动创新创业高质量发展打造"双创"升级版的意见》(国发〔2018〕32号)提出,支持发展潜力好但尚未盈利的创新型企业上市或在新三板、区域性股权市场挂牌。推动完善公司法等法律法规和资本市场相关规则,允许科技企业实行"同股不同权"治理结构。

2019年3月1日,中国证监会《科创板上市公司持续监管办法(试行)》与上交所《上海证券交易所科创板股票上市规则》发布,按照科创板规则,AB股制度被称为表决权差异安排,即"特别表决权",宣告了我国内地正式引入同股不同权制度。

2019年4月17日,中国证监会《上市公司章程指引》第十五条规定,公司股份的发行,实行公开、公平、公正的原则,同种类的每一股份应当具有同等权利。对存在特别表决权股份上市公司的公司章程做出规定。

2019年9月27日,科创板上市委审议同意优刻得科技股份有限公司的科创板首发上市申请,首家具有特别表决权的科创板上市公司诞生,其科创板IPO前持股情况如表2—10所示,A类股表决权为B类股的5倍。

表2—10　优刻得科技股份有限公司股东持股状况(2019年3月17日)

序号	股东名称	持股比例	持股数(股)		
			总股数	其中:A类股份	其中:B类股份
1	季昕华	13.963 3%	50 831 173	50 831 173	0
2	莫显峰	6.435 7%	23 428 536	23 428 536	0
3	华琨	6.435 7%	23 428 536	23 428 536	0
4	筠联博珩	10.285 0%	37 440 660	0	37 440 660
5	元禾优云	10.176 8%	37 046 834	0	37 046 834

续表

序号	股东名称	持股比例	持股数(股)		
			总股数	其中:A类股份	其中:B类股份
6	甲子拾号	5.839 2%	21 256 422	0	21 256 422
7	中移资本	4.946 2%	18 005 895	0	18 005 895
8	嘉兴优亮	4.682 0%	17 043 874	0	17 043 874
9	嘉兴华亮	4.620 1%	16 818 672	0	16 818 672
10	西藏云显	3.737 1%	13 604 179	0	13 604 179

数据来源:http://finance.sina.com.cn/stock/relnews/cn/2019-10-08/doc-iicezzrr0858753.shtml。

2021年9月3日,北京证券交易所注册成立,《北京证券交易所股票上市规则(试行)》的公告2.1.5条规定,发行人具有表决权差异安排的,该安排应当平稳运行至少一个完整会计年度,且相关信息披露和公司治理应当符合中国证监会及全国股转公司相关规定,同时在第四节对存在特别表决权股份的上市公司做了具体规定。

3. 主要模式

公司创始人的控制权保护有助于维护公司管理层的稳定、发挥公司家精神、提高企业市场竞争力。卢庆华在《公司控制权》(第2版)一书中提出9种使用小股权控制公司的模式,分别为合伙企业模式、工会持股模式、AB股模式、超级AB股模式、双层架构模式、A股专用模式、阿里合伙人模式、一致行动模式、委托投票模式。其中,AB股模式和阿里合伙人模式是较为常见或受到广泛关注的双重股权结构模式。

(1)AB股模式——以京东商城为例

京东商城是中国一家综合购物平台,集团业务涉及电商、金融和物流三大板块,是中国电子商务领域受消费者欢迎和具有影响力的电子商务网站之一。京东诞生于1998年,并于2004年正式涉足电商领域。2014年5月,京东商城在美国纳斯达克证券交易所正式挂牌上市,开盘价21.75美元,较发行价19美元上涨14%,按开盘价计算,京东商城市值为297亿美元,可融资20.4亿美元,成为中国民营企业在美国最大的一单IPO。2015年,市场交易额达到4 627亿元,净收入达到1 813亿元。

在现代经济环境中,一个公司从初创到发展壮大直至上市,需要经历多轮融资。在这个融资和发展过程中,创始人的股权也不断稀释,京东的发展过程也不例外。表2—11是京东商城在纳斯达克上市前及紧随上市后的股权结构,从中可以看出,创始人刘强东的持股比例均在20%左右,并未达到绝对控股,而在实际公司经营中,刘强东却可以牢牢掌控公司的控制权。

表 2—11　　　　　　　　　　京东商城上市前后的股权结构

股东	上市前 普通股 数量（百万）	上市前 普通股 占比（%）	上市前 投票权 数量（百万）	上市前 投票权 占比（%）	上市后 A类（百万）	上市后 B类（百万）	上市后 合计（百万）	上市后 投票权（%）
刘强东	463.35	18.8	1 375	55.9	9	556	566	83.7
老虎环球基金	445.27	18.1	445.27	18.1	432	0	432	3.2
黄河投资（腾讯）	351.68	14.3	351.68	14.3	490	0	490	3.7
高瓴资本	318.96	13.0	318.96	13.0	309	0	309	2.3
俄罗斯DST	225.74	9.2	225.74	9.2	219	0	219	1.6
今日资本	191.89	7.8	191.89	7.8	186	0	186	1.4
红杉资本	39.82	1.6	39.82	1.6	40	0	40	0.3
总股本	2 458				2 760			

数据来源：http://www.iceo.com.cn/com2013/2014/0522/289860.shtml。

在上市之前,刘强东使用投票权委托或一致行动人规则掌握公司控制权。投票权委托指通过协议约定,某些股东将其投票权委托给其他特定股东行使；一致行动人指通过协议约定,某些股东就特定事项投票表决采取一致行动,当意见不一致时,某些股东跟随一致行动人投票。IPO前,创始人刘强东虽是第一大股东,但持有股份比例仅为18.8%,而第二大股东老虎环球基金和第三大股东黄河投资(腾讯)持有的股份分别达到18.1%和14.3%。但此时,有11家投资人将其投票权委托给刘强东行使,从而他掌控了京东51.2%的投票权。

在上市之后,刘强东通过发行AB股模式掌握了公司控制权。刘强东持有京东商城20.5%的股份,根据京东商城的上市招股说明书,京东商城的AB股模式设计如下：

①普通股分为A类和B类两类,刘强东持有B类股票,每1股拥有20票投票权,其他投资人持有A类股票,每1股拥有1票投票权。

②A类股票上市交易,B类股票不上市交易。

③A类股票任何时候均不可以转换为B类股票,B类股票可随时自由转换为A类股票。

④B类股票转让给非联属人士(直系或其控制的实体)时,自动转换成为A类股票。

⑤当刘强东不担任京东董事兼CEO或其他特定情况时,其持有的所有B类股票

自动转换为等量 A 类股票。

⑥A 类股票及 B 类股票就所有呈交股东投票的事项一并投票。普通决议,出席的简单多数通过;特殊决议,出席的 2/3 通过。

通过实施投票权 1∶20 的 AB 股模式,创始人刘强东以 20.5%的股份拥有京东 83.7%的投票权,牢牢掌控了京东的控制权。

(2)阿里合伙人模式——以阿里巴巴为例

1999 年,马云等创始人在浙江杭州创立阿里巴巴集团。目前,阿里巴巴及相关公司已发展成为涵盖电子商务、网上支付、B2B 网上交易市场、物流及云计算业务等庞大的企业集团,成为行业内的领军企业。

阿里巴巴在纽交所上市前经历了数轮融资(如表 2-12 所示),这为其做大做强提供了雄厚的资金支持,但同时创始人股份也不断稀释。2005 年第四轮融资,雅虎带来 10 亿美元的资金,获得 39%的股份,成为第一大股东,创始人团队持股降为 31.7%,但限于控制权协议,雅虎实际投票权仅为 35%。为从根源上解决控制权丧失的风险,2012 年马云回购了 21%的股份。

表 2-12　　　　　　　　　　　　阿里巴巴融资历程

融资轮数	融资规模	融资对象	融资时间
第一轮	500 万美元	高盛牵头,联合新加坡 TDF 基金、瑞典 AB 投资公司等	1999 年 10 月
第二轮	2 500 万美元	软银、富达、汇亚资金、新加坡 TDF 基金、瑞典 AB 投资等	2000 年
第三轮	8 200 万美元	软银、富达、新加坡 TDF 等	2004 年 2 月
第四轮	10 亿美元+雅虎中国	雅虎	2005 年 8 月
中国香港上市	15 亿美元	香港联交所上市	2007 年 11 月
第六轮	20 亿美元	美国银湖、俄罗斯 DST、新加坡淡马锡、中国云峰基金	2011 年 9 月
第七轮	43 亿美元	中投、中信资本、博裕资本、国开金融、美国银湖、俄罗斯 DST、新加坡淡马锡	2012 年 8 月
美国上市	220 亿美元	美国纽交所上市	2014 年 9 月

资料来源:https://www.360kuai.com/pc/9da66cc2eacebc711? cota。

2014 年 3 月,阿里巴巴向外界公布"合伙人制度"的具体内容和工作职能。阿里巴巴实施合伙人制度进行治理是股东与经营者之间达成的合作性契约,赋予阿里合伙人对董事会成员的提名权和任命,通过该制度,阿里合伙人完成了对董事会的控制,进而影响公司的经营发展。

2014年9月19日,阿里巴巴集团在纽约证券交易所正式挂牌上市,成为美股史上最大的IPO。由表2—13可知,上市前后,马云的持股比例分别为8.90%和7.80%,但通过"合伙人制度",创始人马云牢牢掌握阿里巴巴集团的控制权。

表2—13　　　　　　　　阿里巴巴上市前后主要股东持股情况

股东	马云	蔡崇信	雅虎	软银
上市前	8.90%	3.60%	22.60%	34.40%
上市后	7.80%	3.20%	15.56%	32.40%

合伙人制度是通过设立一层特殊权力机构对抗其他股东的权利并稳定创始人和管理层的控制权。阿里合伙人制度的组织架构主要包括三个重要机构,分别是合伙人委员会、董事会以及股东大会,制度的核心是"合伙人"拥有提名和任命半数以上董事会成员的权利,通过提名和任命权控制董事会,进而成为阿里巴巴集团的实际控制人,其主要制度设计框架如图2—3所示。

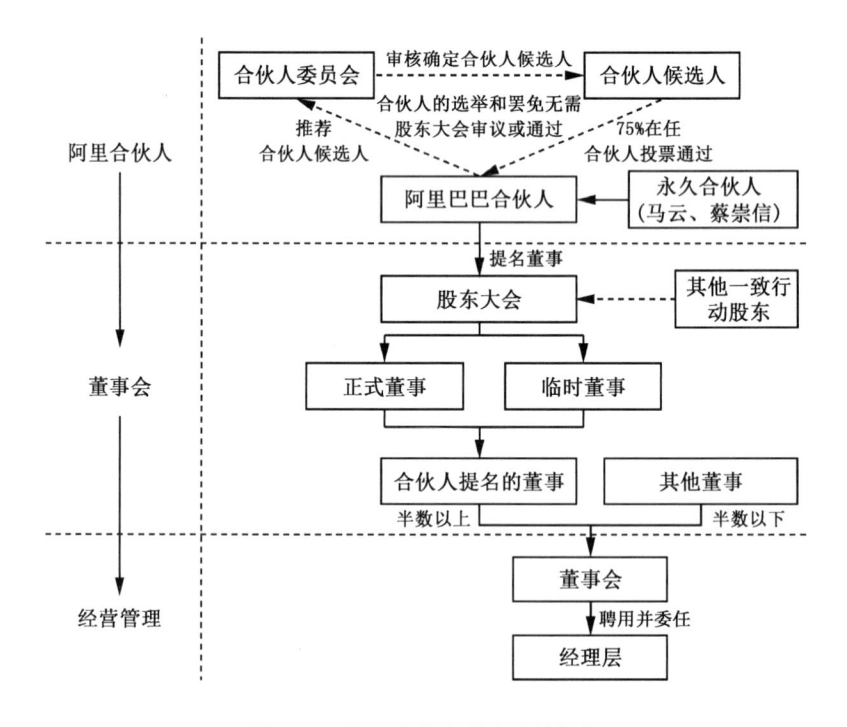

图2—3　阿里合伙人制度设计框架

阿里合伙人制度中的"合伙人",并不像合伙企业中的合伙人那样需要对企业的债务承担连带责任,而是指高度认同公司文化、加入公司至少5年的特定人士,实质上是一批资深高管。

阿里合伙人制度中的"合伙人"分为普通合伙人与永久合伙人。永久合伙人（目前只有马云和蔡崇信）可以一直拥有合伙人资格直至本人自愿退出、死亡、失去行为能力、免职，普通合伙人在60岁或雇佣合同终止时退出。

阿里普通合伙人的资格要求如下：

①必须在阿里巴巴集团、阿里巴巴集团的子公司或者密切相关的其他公司服务满5年。

②必须持有公司股份，且有限售要求。

③能够高度认同、传承企业文化，愿意为企业的使命、愿景、价值观倾尽全力。

④在公司发展中做出突出贡献。

满足以上条件的高层管理人员，由在任合伙人向合伙人委员会提名推荐，并由合伙人委员会审核同意其参加选举；成为候选人后将会由在任合伙人进行投票，在一人一票的基础上，超过75%的合伙人同意其加入，合伙人的选举和罢免无须经过股东大会审议或通过。

阿里合伙人退出原因如下：

①从阿里巴巴集团或者其关联公司离职；

②除永久合伙人外，年满60周岁；

③不再具备任职的资格；

④在任合伙人投票除名；

⑤死亡或丧失行为能力。

合伙人制度没有让合伙人手上的股份有更大的收益权，而是获得公司发展与管理的最终决定权。阿里合伙人制度规定：

①合伙人具有提名董事会人数一半以上的权利。如合伙人所提名的董事会人数无法达到董事会成员总数的一半时，合伙人具有任命额外董事的权利，保证董事会中有半数以上是由合伙人提名或任命，进而达到控制董事会的目的。

②如果股东大会对合伙人提名的董事不满意，那么合伙人具有提名新董事的权利，直至其提名人选加入董事会。

③如果董事会中有人离职，合伙人具有任命临时董事的权利，直至召开下一届股东大会，选举新的董事会成员。

4. 同股不同权的优势

双重股权结构出现与发展是市场竞争和选择的结果，与"一股一权"相比，双重股权结构主要有以下优势：

（1）化解融资需求与控制权稀释的相悖困境。传统"一股一权"模式下，多轮融资对股权的稀释效果往往减弱创始人（团队）或管理层的控制权，创始人（团队）或管理层在公司治理中面临被边缘化的危险。双重股权结构体现了对公司人力资本的尊重,拥有稳定控制权的创始人(团队)或管理层更注重公司的长期利益,创始人(团队)或管理层凭借少量份额的超级投票权股票就可以实现对公司的控制,从而规避控制权被稀释的风险,在实现股权融资获得大量资本满足公司发展需要的同时,又能保证控制权的稳定性。

(2)抵御恶意收购。传统"一股一权"模式下,尤其是上市公司股权较为分散时,容易受到恶意收购。恶意收购,又称敌意收购,是指收购公司在未经目标公司董事会允许所进行的收购活动。恶意收购的一个重要特点是双方强烈的对抗性,这种收购与反收购的对抗会消耗大量人力与物力,同时破坏公司经营与发展计划的连续性。双重股权结构下,创始人(团队)或管理层对公司具有绝对控制力,恶意收购很难威胁到创始人(团队)或管理层对公司的控制权。双重股权结构之所以流行于20世纪80年代的美国,与美国资本市场当时恶意收购泛滥有关。

(3)契合股东异质化的发展趋势。根据投资目的,上市公司的股东可分为投资性股东、投机性股东与经营性股东。投资性股东和投机性股东主要关注股票价值,不值得付出时间及资源行使其投票权以改善公司治理环境,这些股东对其权力的行使表现出一种"理性冷漠"(Shareholder Passivity)。上市公司决策权对他们而言无关紧要,不如转移到能够保持公司良好发展、实现股票价值上涨的经营性股东手中。因此,在股东需求异质化的背景下,双重股权结构使投票权的利用更有效率,同时为股东的投资提供更多的选择。

5.同股不同权的不足

双重股权结构在公司治理和资本市场发展中具有独特价值,发挥了重要作用。然而,双重股权结构既非完美无缺,实践中也非国际通例,其与生俱来的投票权(表决权)与收益权分离所导致的绝对控制权,制造了股东间的代理成本。在缺乏良好司法环境和成熟监管体系的制度背景下,可能造成不利影响,使公司治理陷入僵局:

(1)产生委托—代理问题,不利于股东利益保障。产生委托—代理问题的根本原因在于委托人与代理人的利益不一致,而双重股权结构的缺陷恰是违背现代企业的股东治理结构,加剧了实际控制人(超级投票权股票持有人)的道德风险和逆向选择,可能出现实际控制人为追求自身利益而损害普通投票权股票持有人利益的现象。

(2)控制权"封闭化",内外部监督机制失效。现代公司治理依赖于有效的监督机制。双重股权结构下,超级表决权以外的股票持有人无法对公司董事选举、重大投资决策、合并分立等重大事项产生实质性影响,内部监督机制失效;公司控制权市场是公司治理的重要外部监督机制,对公司治理产生有效的外部约束,然而,双重股权结构具有的不平等投票权将管理者与公司控制权市场完全隔离开来,为低效管理者提供了天然的保护。

三、股东持股分析

股东是公司组成与发展的基石。作为公司所有者,代表公司提高经营及决策水平,促进公司规范化、制度化建设的能力;作为投资者,股东享有经营收益分配、重大决策和选择管理者等权利,提高资源配置的总体效益。

(一)十大股东持股①

我国绝大多数上市公司采用的是"一股一票"的表决权制度,决议一般半数以上票数即可通过,小股东基本上没有能力改变公司的任何决议。因此,十大股东通常有较大的信息优势和影响公司决策的能力。

1. 十大股东的概念

如果上市公司没有限售流通股,十大流通股东和十大股东是相同的。目前,我国有许多上市公司股票还未实现全流通,这些公司的十大股东和十大流通股东可能有较大的不同:

(1)十大股东指的是总股本中拥有最多持股量的前十股东。十大股东通常代表对上市公司的控制权,在上市公司的重大决策、选择管理者等方面具有最大的话语权。十大股东出现变化时对上市公司的影响是巨大的,尤其是控股股东对上市公司股票的增持和减持,通常具有风向标的作用。

(2)十大流通股股东代表在二级市场中流通股最多持股量的股东,流通股股东持股变化,对股价的短期变动影响更加明显。因为限售流通股是无法在二级市场流通的,只有流通股东的股份可以随时在市场上买进卖出,通过股票供求等信号影响股票价格。

2. 十大股东持股变化的影响

上市公司的十大股东持股变化,对股价走势会产生一定影响。当然,这种影响的大小及方向需要根据上市公司实际经营状况(基本面)和十大股东持股变化动机进行具体分析。

一般来说,股票价格会有效反映消息面的情况,利好消息有利于股价上涨,反之亦然。相比一般投资者,十大股东通常有较大的信息优势。当十大股东中的股东增持股票时,表明该大股东看好该股票,预期未来股票价格会上涨,其大量买入可能会带动市场上投资者的买入,推动股价上涨;当十大股东中的股东减持股票时,说明大股东不看

---

① 对于股权集中度非常高的上市公司,十大股东中排名靠后的股东持股比例可能非常低。此时,重点关注前五大股东可能就已经满足了分析的需要。

好该股票,预期未来股票价格下跌,其减持卖出引起市场上投资者的卖出,甚至导致市场恐慌造成抛售股票,导致股票价格下跌。

但是,具有影响公司决策能力的大股东,其持股变动可能是由于融资需要、市场择机或者代理问题等更加复杂的原因。因此,当十大股东增持或减持股票时,市场上的投资者需要根据上市公司基本面、当前股价和股票实际交易等进行具体分析。例如,某基本面很好的公司股票价格长期低位徘徊,这时发布十大股东减持消息。此时,市场上出现大量投资者抛售上市公司股票,但市场上同时有承接盘不断购进该股票,股票价格调整后甚至出现小幅上升。这时候很可能是通过利空消息进行洗盘,收集市场筹码,为后市拉高减轻压力。

3. 关联关系

根据《中华人民共和国公司法》,关联关系是指公司控股股东、实际控制人、董事、监事、高级管理人员与其直接或者间接控制的企业之间的关系,以及可能导致公司利益转移的其他关系。但是,国家控股的公司之间不因为同受国家控股而具有关联关系。

大股东关联关系往往更容易达成合谋默契而非相互制衡约束。大股东通常拥有对上市公司的决策权和治理权,若十大股东之间相互关联,容易勾结起来形成利益集团。利益集团对公司的影响力越大,其在重大决策过程中的导向力、话语权就越强,对私有利益的诉求便会增加,出现股权制衡失效、监管软约束等问题。基于自身利益,利益集团甚至通过关联交易侵吞或"掏空"上市公司利益,严重损害其他股东的利益。

我国上市公司的股权相对集中。根据2020年我国上市公司数据,第一大股东持股占比平均为32.35%,超过50%的公司达602家,占上市公司的13.7%。这种单一控股股权结构,一方面提升了股东管理公司的积极性,降低委托—代理问题出现的可能性,另一方面导致大股东与前十大股东的其他股东勾结起来控制公司。

为防止大股东间的关联关系损害其他股东利益,我国在法律法规中对关联关系做出一定的限制。如新版上市公司年报准则中规定,上市公司前10名无限售流通股股东之间,以及前10名无限售流通股股东和前10名股东之间存在关联关系或属于《上市公司收购管理办法》规定的一致行动人的,应当予以说明。《中华人民共和国公司法》明确禁止关联交易,要求公司的控股股东、实际控制人、董事、监事、高级管理人员不得利用其关联关系损害公司利益,与上市公司董事会会议决议有关联关系的董事不得表决。

(二) 机构投资者持股

1. 我国机构投资者发展

机构投资者,指用自有资金或者从分散的公众手中筹集的资金专门进行有价证券投资活动的法人机构。券商、证券投资基金、社保基金、保险公司、QFII、企业年金、信托公司和财务公司等被定义为狭义的机构投资者;在狭义基础上,加上基金会、慈善机构甚至宗教组织等被定义为广义机构投资者。结合我国证券市场上机构投资者的状况,本书采用狭义机构投资者概念。与个人投资者相比,机构投资者具有以下几个特点:①投资资金规模化;②投资管理专业化;③投资结构组合化;④投资行为规范化。

为了鼓励机构投资者参与公司治理并发挥良好的外部监督作用,2004年国务院出台了《关于推进资本市场改革开放和稳定发展的若干意见》,明确提出鼓励合规资金入市;继续大力发展证券投资基金;支持保险资金以多种方式直接投资资本市场,逐步提高社会保障基金、企业补充养老基金、商业保险资金等投入资本市场的资金比例;要培养一批诚信、守法、专业的机构投资者,使基金管理公司和保险公司为主的机构投资者成为资本市场的主导力量。

如表2—14所示,我国证券市场的机构投资者队伍发展迅速,多元化方向发展趋势明显。目前,已形成包括证券投资基金、社保基金、证券公司、保险公司、信托公司、财务公司、QFII等专业化机构投资者,其中以证券投资基金为主体。

表2—14　　　　　机构投资者1998—2021年各年持股市值　　　　　(单位:亿元)

年份	基金持股	QFII持股	信托持股	社保基金持股	券商持股	保险持股	银行持股	财务持股	其他机构持股	总计
1998	15.95	0.00	0.00	0.00	0.00	0.00	0.00	0.00	0.00	15.95
1999	131.17	0.00	0.00	0.00	0.00	0.00	0.00	0.00	0.00	131.17
2000	428.72	0.00	0.00	0.00	0.00	0.00	0.00	0.00	0.00	428.72
2001	416.01	0.00	0.00	0.00	0.00	0.00	0.00	0.00	0.00	416.01
2002	506.28	0.00	0.00	0.00	0.00	0.00	0.00	0.00	0.00	506.28
2003	707.38	161.58	341.43	1.41	319.85	17.02	378.85	8.72	28 502.28	30 438.53
2004	1 291.91	41.06	280.80	31.95	329.69	4.43	451.48	6.26	28 438.84	30 876.42
2005	1 629.77	56.30	246.74	50.19	182.15	10.72	114.22	3.87	22 008.46	24 302.42
2006	2 269.79	356.26	222.80	214.60	421.81	289.49	72.72	8.43	38 779.92	42 635.82
2007	12 918.64	2 915.97	463.98	365.61	886.45	9 090.81	426.51	88.94	122 946.02	150 102.94
2008	12 645.05	2 217.04	460.57	98.22	1797.18	5 567.54	366.70	83.21	153 803.27	177 038.78
2009	16 152.99	2 146.70	628.92	198.68	1926.70	6 250.36	265.30	111.39	168 693.25	196 374.30
2010	13 740.91	1 896.70	726.54	617.99	617.22	5 806.96	158.83	123.32	155 514.77	179 203.24
2011	15 987.80	1 999.50	984.23	1052.05	955.20	5 461.21	229.30	182.93	192 892.78	219 744.99
2012	13 525.33	1 896.03	800.19	948.78	990.40	5 740.84	132.28	113.61	164 407.70	188 555.16
2013	12 664.62	1 723.60	1 040.90	956.95	1 152.42	5 204.52	80.00	89.67	149 262.72	172 175.39
2014	12 425.14	1 862.74	1 729.68	1 129.33	1 182.14	5 576.10	69.20	69.95	159 905.89	183 950.17
2015	23 050.01	3 234.29	5 094.86	2 709.06	3 458.75	12 263.43	51.15	81.09	347 517.63	397 460.26
2016	18 309.53	2 275.42	5 740.03	1 956.37	7 508.42	10 925.52	31.03	48.45	266 771.81	313 566.58
2017	19 893.99	2 354.47	8 085.40	2 189.39	9 641.27	13 205.28	93.90	54.78	323 370.69	378 889.16
2018	19138.56	2 431.41	6 461.37	1 968.22	9 835.73	11 470.02	180.19	30.44	317 566.16	369 082.11

续表

年份	基金持股	QFII持股	信托持股	社保基金持股	券商持股	保险持股	银行持股	财务持股	其他机构持股	总计
2019	22 099.83	2 496.61	4 935.11	1 722.16	9 790.41	13 909.85	491.14	37.41	346 473.15	401 955.66
2020	34 897.72	2 707.11	3 760.13	2 452.94	11 090.92	13 315.74	610.10	20.08	411 635.98	480 490.70
2021	59 571.76	3 969.20	3 455.29	2 052.26	12 527.74	15 558.65	645.50	29.46	500 033.59	597 843.45

注：(1)持股数据根据国泰安CSMAR数据库中的数据整理而来；(2)机构投资者持股市值为各年6月30日的时点数据；(3)其他机构持股中包含非金融类上市公司持股，通常不属于常见概念上的机构投资者。

机构投资者已经成为我国资本市场中不可忽视的力量。机构投资者已经在大部分上市公司中占据着前十大股东的地位，在资本市场上扮演着十分重要的角色。据中国证券投资基金业协会数据，截至2021年1月15日，境内专业机构（公募基金、社保基金、企业年金、保险机构、券商自营等）持有A股流通市值合计12.62万亿元，较2019年末增加4.42万亿元，持有A股流通市值占比18.44%，较2019年末上升2.02个百分点，处于近年来最高水平。

2. 机构投资者参与公司治理

引入机构投资者的最初目的是为了稳定股价。与中小投资者相比，机构投资者资金雄厚、信息渠道丰富、投资和研究团队实力强，掌握着信息优势和专业优势，其投资决策行为更加理性。机构投资者队伍的发展壮大很大程度上减少散户不理性的投资行为，是稳定股市的重要力量，对资本市场规模、微观结构和创新有重大影响。

机构投资者在我国资本市场上的地位不断提升，越来越多地参与到持股公司的治理中。机构投资者参与公司治理主要通过两个途径：①内部介入机制，机构投资者作为流通股的大股东，行使投票权来对公司经营方面的决策实施影响，对公司高管和核心股东起到一定的监督作用；②外部竞争机制，短期机构投资者可以借助"用脚投票"的策略向公司施压，长期机构投资者参与争夺公司控制权市场，从外部对公司治理造成压力，迫使管理层持续改善公司经营效率并减少自利行为。

持股比例较高的机构投资者通常是长期投资者。在成熟的资本市场，机构投资者既是"价值发现者"，也是"价值创造者"，相较于其他股东，机构投资者通常倾向于注重理性投资和长期投资，更加关注公司的可持续发展能力和长远发展前景。机构投资者有动机加入持股公司治理之中，参与公司决议，对公司信息披露、投资运营和盈余质量等方面进行有效监督。面对损害中小投资者利益的行为时，机构投资者选择向管理层施压，提高中小投资者的专业性，减少信息不对称，从而改善公司业绩表现。

机构投资者持股比例及变化在一定程度上反映了持股公司股价变动趋势。机构投资者在监督管理公司管理层行为和提高公司绩效方面的治理作用已经得到了广泛认可。一般来说，如果十大流通股东中有更多机构投资者介入，且机构持股比例较高，说明上市公司具有吸引机构投资者的良好资质,其股票可能会出现稳健的上涨情况。

(三)管理层与员工持股

1. 管理层持股

(1)委托—代理问题

委托—代理问题是指由于委托人和代理人的目标不一致,在信息不对称条件下,代理人有可能偏离委托人目标而委托人难以觉察和监督,从而导致委托人利益受损的现象。新古典经济学研究认为委托—代理理论建立在两个假设前提之上:一是委托人和代理人都是经济人,且两者之间存在利益冲突;二是委托人与代理人之间存在信息不对称,追求自身效用最大化,在缺乏有效监督机制的情况下,代理人可能利用自身信息优势做出对委托人不利的行为,从而引发逆向选择和道德风险。

现代公司所有权与经营权分离,上市公司股东和管理层是一个标准的委托—代理关系。现代公司的运营管理通常涉及股东、董事和管理层三个主体,三者的利益诉求不尽相同:

①股东。按照现代公司治理结构,上市公司的所有者是股东,股东对股份公司债务负有限责任,并凭持有股票享受股息和红利。股东(大)会是公司的权力机构,股东(大)会选举产生董事会,董事会对股东(大)会负责。

②董事会。根据《中华人民共和国公司法》第四章第三节,董事会是由董事组成的,对内掌管公司事务、对外代表公司的经营决策和业务执行机构。

③管理层。由于所有权与经营权分离,公司管理层成为日常经营活动的实际控制人,很多公司都是由专业的职业经理人进行日常经营管理。

当管理层是上市公司主要股东时候,管理层与股东之间不存在委托—代理问题,管理层的决策出发点主要是股东价值最大化,考虑公司长远发展规划与短期利润相结合;当管理层不是股东时,其利益诉求与股东是不一致的,管理层以公司短期利润最大化为出发点,追求更多的薪酬和权力。而由于信息不对称,股东无法判断管理层的决策是否符合股东权益最大化原则。

(2)股权激励机制

根据委托—代理理论,当委托人和代理人之间信息不对称给代理人带来的边际收益大于代理人努力从事本职工作的边际收益的条件下,委托人无论采取何种报酬机制都无法消除委托—代理问题。但提高代理人本职工作的提成,加大对不努力惩罚的力度,能够提高代理人的努力程度。

解决委托—代理问题最为有效的办法就是让管理层成为公司的所有者,减少公司内部代理冲突。股权激励机制是将管理层转变为上市公司股东,防止管理层短期行为的有效方法。根据《上市公司股权激励管理办法》,股权激励是指上市公司以本公司股票为标的,对其董事、高级管理人员及其他员工进行的长期性激励。

其中,管理层持股是针对公司日常运营负责的管理层人员以各种形式持有本公司股票的一种行为,解决了管理层只有控制权而无所有权的问题。管理层持股将管理层利益与公司股价挂钩,通过激发管理层主观能动性,使管理层和股东的利益追求趋于一致,进而使管理层在经营过程中更多地关心公司的长期价值。

2.员工持股

员工持股,是指为了吸引、保留和激励公司员工,通过让员工持有股票,使员工享有剩余索取权的利益分享机制和拥有经营决策权的参与机制。我国在 20 世纪 80 年代引入员工持股计划,随着我国经济发展和市场化推进,员工持股的优势在资本市场中开始逐步显现。

2014 年,中国证监会发布《关于上市公司实施员工持股计划试点的指导意见》,就员工持股计划的基本原则、主要内容、实施程序、管理模式、信息披露及内幕交易防控等问题作出规定,给予上市公司"员工持股"政策上的肯定,我国员工持股制度发展进入了新的阶段。据 Wind 数据库的统计显示,截至 2019 年末,沪深两市累计有 1 000 余家上市公司推出了员工持股计划预案。

我国大量经验证据同样表明,员工持股计划发挥着改善绩效、促进创新的重要作用。同时,员工持股计划对上市公司绩效的改善也存在一定质疑,原因是上市公司实施员工持股计划的动机是多元的,而这些动机对公司绩效的改善存在正反两个方面的效应:

(1)激励动机。员工持股计划传统上被认为是协调股东与员工利益、激励员工的重要手段,公司开展员工持股计划,一方面可以吸引和留住员工,另一方面可以改变员工的工作态度和行为,增强员工归属感,提高其在公司事务中的参与度,进而提升公司绩效水平;但是,员工之间可能出现严重的"搭便车"问题,使激励变得无效。

(2)融资动机。一方面,员工持股计划可以直接为公司补充流动资金,缓解公司的融资约束;另一方面,员工作为公司内部信息优势方,自愿购买公司股票,向外部投资者传递了一个积极的信号,增强股权融资能力。

(3)避税动机。财政部和国家税务总局《关于个人股票期权所得征收个人所得税问题的通知》(财税〔2005〕35 号)规定,员工接受实施股票期权计划企业授予的股票期权时,除另有规定外,一般不作为应税所得征税;对于员工转让股票等有价证券取得的所得,应按现行税法和政策规定免征个人所得税。财政部《企业会计准则第 11 号——股份支付》中规定,股票期权激励价值按新会计准则的要求计入管理费用,为公司摊薄利润提供了空间,为合理避税提供了条件。

(4)经理人自利动机。员工持股计划会增强入股员工对经理人言行的支持,增强管理人在公司管理中的话语权,避免外部接管威胁撼动其经理人地位。为此,经理人可能会诱导员工持有本公司股票,甚至直接推动员工持股计划的实施。

(5)市值管理动机。员工持股计划的推出通常会得到投资者的正向市场反应,员工持股计划的推出,可以在短期内带来公司股价的正向变动,即具备市值管理的功能。上市公司推出员工持股计划很可能是将其作为一项市值管理工具,而非员工激励方案。

(6)大股东防御动机。当大股东持股比例低、面临被收购风险时,上市公司推出防御型员工持股计划,充当大股东获取公司控制权的手段。伴随控制权的稳定和巩固,大股东掏空上市公司的行为更加频繁,而公司绩效并未因员工持股计划的实施得到改善。

第三节 公司经营能力分析

上市公司经营能力分析的主要目的是考查公司对资产的营运能力,分析公司内部构成、管理和生产经营决策能力。上市公司经营能力分析主要包括公司法人治理结构、人员素质和公司经营管理三个方面。

一、法人治理结构

(一)概念与功能

法人治理结构是公司制的核心,是现代公司制度中最重要的组织架构。公司通过法人治理结构组织经营和管理,保证公司战略目标的实现,并随着经营环境的变化不断调整,以提高公司经营的组织管理能力,从而提高经营效益。

公司法人治理结构有狭义和广义两种,狭义上的公司法人治理结构是指有关公司董事会的功能、结构和股东权利等方面的制度安排;广义上的法人治理结构是指有关公司控制权和剩余索取权分配的一整套法律、文化和制度安排,包括人力资源管理、收益分配和激励机制、财务制度、内部制度和管理等。本书的法人治理结构主要指狭义概念,根据《中华人民共和国公司法》、《上市公司治理准则》等,上市公司法人治理结构主要由四个部分组成:

(1)股东会或者股东大会,由公司全体股东组成,是公司的最高权力机构,体现了股份持有人对公司的最终所有权。

(2)董事会,由公司股东大会选举产生,对公司的发展目标和重大经营活动作出决策,维护出资人的权益,是公司的决策机构。上市公司应在公司章程中规定股东大会对董事会的授权原则,授权内容应明确、具体。

（3）监事会，由公司股东大会选举产生，是公司的监督机构。上市公司监事会应向全体股东负责，对公司财务以及公司董事、经理和其他高级管理人员履行职责的合法合规性进行监督，维护公司及股东的合法权益。

（4）经理，由董事会聘任，是公司开展日常活动的经营者、执行者。

良好的法人治理结构可以完善和强化对管理层的激励和约束。通过加强董事会和监事会的建设，强化其监督职能，同时引入外部独立董事，对公司经理层人员的行为进行必要的约束，最终达到降低委托—代理成本的目的，为公司股东创造更多的价值。

法人治理结构还会影响到公司的长远健康发展。越是大公司，法人治理结构就越重要，因为公司规模越大，利益相关方越多，需要协调的关系就越复杂，涉及的权力也越大。若没有良好的法人治理结构，公司的利益协同和权力制衡机制失效，就容易陷入内耗，最后导致公司业绩下滑甚至倒闭。

（二）健全法人治理结构的特征

完善公司法人治理结构是全面推进依法治企和治理能力现代化的内在要求。上市公司法人治理结构应确保所有股东，特别是中小股东享有平等地位，股东按其持有的股份享有平等的权利，并承担相应的义务。健全的公司法人治理结构体现在以下七个方面：

1. 规范的股权结构

规范的股权结构包括三层含义：第一，降低股权集中度，改变"一股独大"局面；第二，流通股股权适度集中，发展机构投资者、战略投资者，发挥其在公司治理中的积极作用；第三，提高股权的流通性，提升市场的定价效率和流动性。

2. 有效的股东大会制度

股东大会制度是确保股东充分行使权利的最基础制度安排，能否建立有效的股东大会制度是上市公司建立健全公司法人治理机制的关键。上市公司应在保证股东大会合法、有效的前提下，通过各种方式和途径，扩大股东参与股东大会的比例。

3. 董事会权利的合理界定与约束

董事会对公司和股东负责，上市公司应在公司章程中规定股东大会对董事会的授权原则，授权内容应明确、具体。在董事的选举过程中，应充分反映中小股东的意见，董事应根据公司和全体股东的最大利益，忠实、诚信、勤勉地履行职责。

4. 完善的独立董事制度

独立董事制度有利于改进公司治理结构、提升公司质量。2001年8月，中国证监会发布《关于在上市公司建立独立董事制度的指导意见》，要求上市公司在2002年6月30日之前建立独立董事制度。上市公司独立董事不在公司担任除董事外的其他职务，并与其所受聘的上市公司及其主要股东不存在可能妨碍其进行独立客观判断的关系,独立董事的聘任必须满足《指导意见》中规定的与其行使职权相适应的任职条件。

5. 监事会的独立性和监督责任

监事会是在股东大会领导下,与董事会并列设置的、行使监督职责的内部组织,董事、高级管理人员不得兼任监事。独立性是监事会充分发挥监督作用的根本前提,必须保证监事会经费的单独划拨和监事选任的独立性,尽可能摆脱董事会的操纵。

6. 优秀的职业经理层

优秀的职业经理层是保证公司治理结构规范化、高效化的人才基础。职业经理人一般被认为是具备一定职业素质和职业能力,将经营管理工作作为长期职业的人。职业经理人通常掌握公司经营权,是负责公司高层管理的中坚人才。优秀的职业经理人与公司目标一致,以其良好的职业素养帮助公司和股东获得最大化收益,实现公司的长远健康发展。

7. 相关利益者的共同治理

相关利益者包括员工、债权人、供应商和客户等主要利益相关者。共同治理可以有效建立公司外部治理机制,弥补公司内部治理机制的不足。上市公司应为维护利益相关者的权益提供必要的条件,当其合法权益受到侵害时,利益相关者应有机会和途径获得赔偿;鼓励职工通过与董事会、监事会和经理人员的直接沟通和交流,反映职工对公司经营、财务状况以及涉及职工利益的重大决策的意见;上市公司在保持公司持续发展、实现股东利益最大化的同时,应关注所在社区的福利、环境保护、公益事业等问题,重视公司的社会责任。

二、管理人员和普通员工素质

素质是指一个人的品质、性格、学识、能力、体质等方面特征的总和。公司内部人员主要包括管理人员和普通员工,二者素质水平均会对上市公司投资价值产生影响。

(一)管理人员素质

良好的管理人员素质是提高管理水平不可或缺的重要条件。公司管理人员是指在公司中行使管理职能、指挥或协调他人完成具体任务的人,其工作绩效的好坏将直接关系着公司的成败兴衰。在现代市场经济条件下,公司面临的内外环境日益复杂,对管理人员的要求也不断提高。公司的管理人员应具备如下素质:

1. 从事管理工作的愿望

公司管理是组织、引导他人为实现公司发展目标而努力的专业性工作,需要管理人员花费时间和精力去学习探索管理技能,掌握管理规律和方法。管理需要管理者积极主动地在工作中投入较多精力,主动发现和创造新的机遇。只有具有从事管理工作愿望的人,才可能为提升管理技能而积极主动地付出个人努力,也只有具有影响他人的强烈愿望,并能从管理工作中获得乐趣、真正得到满足的人,才可能成为一名出色的管理者。

2. 良好的道德品质修养

管理人员对他人的影响力,一方面取决于管理者在公司中的职权大小,另一方面取决于个人的道德品质修养,包括思想品德、工作作风、生活作风、性格气质等多个方面。立身做人以德为先,管理人员只有通过良好的道德品质修养起到榜样和模范作用,才能获得被管理者发自内心的尊敬和信赖,并自觉接受其管理和影响。

3. 专业技术能力

管理人员应当是所从事管理工作的专家。要实施有效的管理,管理人员首先应当懂得所管理内容的相关理论知识,具备处理专门业务技术问题的能力,如掌握必要的专业知识、对专业问题开展分析研究的专业工具和方法等。此外,对于所管理普通员工的具体业务活动,管理人员虽然不需要精通,但也必须熟悉有关业务流程、特点,能够对具体业务活动中出现的问题做出准确判断,及时给予员工正确指导。一般来说,专业技术能力对基层管理人员显得比较重要,中层管理人员次之,高层管理人员则不需要太强的专业技术能力。

4. 人际关系协调能力

人际关系协调能力是管理人员必须具备的基本能力。在现代公司运营管理中,管理人员需要负责管理一个部门或团队的日常运行,同时还需要同其他部门或团队协同推进才能完成预定任务。因此,管理人员需要协调工作群体内部各个成员之间的关系,按照分工协作的要求合理分配人员、布置工作任务、调节工作进程,还要协调本部门或团队与其他部门或团队的关系,甚至处理与本公司有直接或间接关系的各种社会集团及个人的关系。

是否具有较强的人际关系处理与协调能力,将直接影响到管理人员能否顺利开展工作,按质保量地完成工作任务。通常基层管理者需要协调基层操作人员工作协作、配合方面的能力;中层管理人员既要协调上级和下级单位之间的关系,也要承担大量的横向协调职能;高层管理人员主要承担外部关系的协调职能,为公司营造良好的环境。

5. 综合决策能力

市场经济条件下,公司生产经营是一个动态变化的过程,市场是指挥棒,公司需要根据市场环境的变化及时做出反应和调整,才能确保公司的生存和发展。市场是复杂多变的,管理工作经常面对大量的新情况、新问题,管理过程就是不断发现问题、解决问题的过程。在解决问题的过程中,管理人员特别是高层管理人员面临的非程序性、非规范化问题越来越多,在没有先例可循的情况下,管理人员必须具有较强的决策能力,综合分析考虑问题的实质和各种可能后果,及时做出决断,从备选方案中果断地选择最优方案。

是否拥有优秀的管理人员在一定意义上决定了公司经营成败。上述五个素质可以作为选拔管理人员担任相应职务的重要参考依据,但是受信息可得性的限制而难以进行有效分析。在报告撰写过程中,可着重考察管理层的个人能力和忠诚度。

管理层的个人能力分析可基于如下方面展开:①管理层的学历;②管理层的从业经验;③管理层的背景。

管理层勤勉尽责忠诚状况分析可基于如下方面展开:①管理层是否有欺骗和损害股东利益的记录或嫌疑;②管理层之间是否有裙带关系;③管理层对新鲜事物的态度;④管理层是否脚踏实地做主业。

(二)普通员工素质

普通员工素质也会对公司的发展起到很重要影响。作为公司一员,普通员工应该具有如下素质:

(1)专业技术能力。只有掌握了专业技术能力,员工才有能力做好自己的本职工作,贯彻落实公司的各项管理措施以及完成公司的各项经营业务。

(2)忠诚度和责任感。员工和公司是合作伙伴关系,员工是公司发展的基础,公司是员工生存和发展的平台。两者是相辅相成和相互依存的关系,只有把自身价值与公司发展紧密联系在一起,才能实现长远发展。

(3)团队合作精神。工作任务复杂性和职业技能专业化决定了团队合作的重要性。团队工作就是团队成员为实现共同目标而做出共同努力,作为团队中的一员,要有大局意识、协作精神和服务精神,通过协同合作保证团队的高效率运转。

(4)创新能力。创新是公司核心竞争力的重要来源,公司管理创新、产品创新、技术创新、市场创新等需要公司员工的广泛参与,如技术创新、新产品的开发必须要由技术开发人员来完成,而市场创新的信息获得和创新方式则不可缺少市场营销人员的努力。

三、公司经营管理

(一)公司经营理念

公司经营理念是公司领导者和普通员工共同的信仰,包括公司特有的价值标准和行为准则,以及在此基础上形成的公司基本设想与科技优势、发展方向、共同信念和公司经营目标。经营理念是系统的、根本的管理思想,体现了公司全体成员对公司存在意义、社会使命、发展目标以及组织关系的理解和贯彻。

分析公司的经营理念可据此判断公司管理层制定何种公司发展战略。一套经营理念包括对组织环境的基本认识、对组织特殊使命的基本认识和对完成组织使命的核心竞争力的基本认识三个部分。一个公司不必追求"宏伟的"理念,而应建立一个切合自身实际的并能贯彻渗透下去的理念体系。

先进的经营理念是公司长远发展的立足之本。经营理念是公司管理活动的根本原则和核心思想,先进的经营理念犹如一只看不见的手,在公司内部调控着人的心态和环境氛围,让所有成员能动地调节自身的思想与行为,以达到实现组织目标和个人价值的双重效果。

公司经营理念形成于日积月累的思考、努力及实践之后,既要符合公司实际,又要与时俱进,保持理念上的先进性。衡量公司经营理念是否先进有三条标准,分别为较强的前瞻性、较好的普适性和一定的稳定性。

拓展阅读

孔孟的儒学思想在当代企业经营中的应用

一、仁学

孟子曰:"君子之所以异于人者,以其存心也。君子以仁存心,以礼存心。仁者爱人,有礼者敬人。爱人者,人恒爱之;敬人者,人恒敬之。"孟子倡导君子应当心存仁德和敬意,做一个充满爱心、善良的人,拥有独特的人格魅力。当代企业经营的主体是企业家或职业经理人,这就要求他们应当做一个"仁者",在企业经营的过程中,对员工、顾客、竞争对手、合作者甚至大众都怀有一颗"仁德"之心,这是成为企业家必须具备的道德伦理观,也是其成功的基础。

二、诚信思想

《论语》有云"民无信不立",意指从古到今,粮食、国防、信义都是一个国家赖以生存的基本问题,粮食充足可以解决人民的温饱问题,军备充足就不会有"落后就要挨打"的危险,取信于民就可以唤起人民大干快上的精神,为两个文明建设贡献力量,使社会进步。而这三者之中,最根本的就是"信",任何一个国家若不能得到老百姓的信任就要垮掉。企业的生存和发展同国家一样,离不开"信"。企业经营管理者要恪守诚信原则,时刻谨记"诚信"二字,方能使企业做强做大。

三、财富观

"君子爱财,取之有道","富与贵,是人之所欲也,不以其道得之,不处也;贫与贱,是人之所恶也,不以其道得之,不去也。君子去仁,恶乎"。树立正确的财富金钱观,对于企业的经营者来说至关重要,它影响着企业的战略,关乎着企业的前途命运。21世纪企业间的竞争异常激烈,如何在这样的环境中保持正确的财富观、做出正确的决策,考验着当下每一位经营者。

四、道德观

儒家的传统是崇尚道德。儒家充分意识到道德对于社会和人生的重要性,有无德行构成人们人格评价的直接依据,道德还是人们处事的行为准则。儒家认为仁义之心是人之生命的根本,失去仁义之心也就等于丧失了生命之根本。因此,其强调做事要从仁义出发,不仁之事不做。道德也是一个企业兴衰存亡的重要标志。一个企业的兴衰存亡,与这个企业上至管理者、下至普通员工的道德状况和道德水准有着非常紧密的联系,仁义存则存,仁义亡则亡。

五、朋友伦理思想

孟子曰:"不挟长,不挟贵,不挟兄弟而友。友也者,友其德也,不可以有挟也。"交友不能依仗年龄、地位、权力,真正的交朋友,交的是品德,不能够有什么依仗。当代企业经营中,合作是主题,强调良性的"竞合观念",传统的朋友伦理观念应用到现代企业经营中,我们更多地理解为企业家要有与人为善的品质,对待员工、顾客、合作者等要以诚相待,做符合伦理道德之事,相互扶持,共同进步。

六、忧患思想

孔子说:"危者,安其位者也;亡者,保其存者也;乱者,有其治者也;是故君子安而不忘危,存而不忘亡,治而不忘乱。是以身安而国家可保也。"也就是说,作为一国之君或志士仁人,对自己的处境要时刻抱有忧患意识、怀有警惕之心。孟子有云:"生于忧患,死于安乐。"当前,企业处在一个不断变化的大时代里,成败瞬息万变。因此,从孔孟的忧患意识透析当代企业经营,我们不难发现,作为企业的经营者,必须具有忧患意识,做到未雨绸缪,防患于未然。

——资料来源:邢岩.论中国传统文化对当代企业经营的重要影响——以李嘉诚经营理念为例[J].企业经济,2015(1):63—66。

(二)公司管理风格

公司管理风格是指公司管理者受其组织文化和经营管理理念影响所表现出来的风格、行为模式等。公司经营理念的不同必然导致公司管理风格上的差异,分析公司的管理风格可以跳过现有的财务指标来预测公司是否具有可持续发展的能力。需要注意的是,公司不同管理风格之间并非绝对区分开的,在一定条件下是可以相互转换的。

1. 独裁—参与—放任式领导

20世纪30年代,美国心理学家和行为学家库尔特·勒温(Kurt Lewin)、诺那德·利比特(Ronald Lippitt)和诺尔弗·怀特(Ralph White)等根据领导者和团队成员之间的权力分配(如图 2—4 所示),提出独裁式(Autocratic)、参与式(Participative)和放任式(Free-rein)三种基本的领导风格。

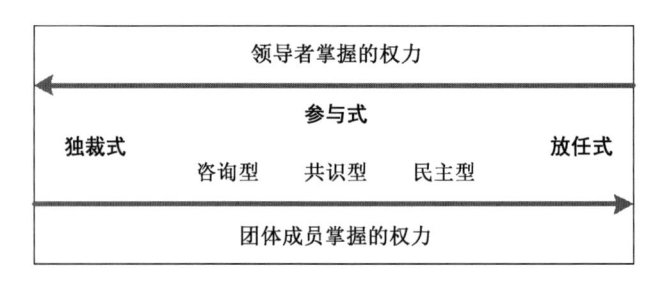

```
           ←———————— 领导者掌握的权力 ————————
                          参与式
   独裁式                                              放任式
              咨询型      共识型      民主型
           ———————— 团体成员掌握的权力 ————————→
```

图 2—4　领导者与团队成员权力分配图

(1)独裁式领导风格

这是一种强制而又传统型的管理风格。决策权完全集中在领导者手中,用权威来推行公司工作。领导者注重工作目标,仅仅关心工作任务和工作效率;被领导者没有自主权,完全处于被动的地位,与领导者之间的社会心理距离较远。

独裁式管理风格重视行政手段,严格规章制度,缺乏灵活弹性。领导者根据个人判断来监督和控制被领导者的工作,往往对下属既严厉又充满要求。团队中缺乏合作和创新精神,团队成员之间容易产生较大矛盾。

(2)放任式领导风格

领导者不把持权力,几乎把所有权力都让渡给团队,团队的权力定位于每一个成员。领导者满足于任务布置和物质条件的提供,除非被要求,否则对团队成员的具体执行情况既不主动协助,也不进行主动监督和控制,听任团队成员各行其是,自主进行决定。

领导者缺乏关于团体目标和工作方针的指示,对具体工作安排和人员调配不做明确指导。在这种团队中,工作的进展不稳定,效率不高,成员人际关系淡薄,但很少发生冲突。放任式领导风格容易导致对工作不负责任,任其自然,但用于专业人员的管理却可能取得良好效果。

(3)参与式领导风格

参与式领导团队的权力定位于全体成员,领导的主要任务是在成员之间进行调解和仲裁,在理性的指导及一定的规范中,使下属做自动自发的努力。参与式领导能倾听下属意见并征求下属看法,有关团队工作的意见和建议将会受到领导者鼓励,而且可能会得到采纳,被领导者与领导者之间的社会心理距离较近。

参与式领导风格下,领导者较少使用强制性命令,具体的工作安排和人员调配等问题,经共同协商后决定。团队成员的工作动力和自主完成工作任务的能力较强,责任心也比较强,团队成员自己决定工作的方式和进度,自主发挥才华能力,工作效率较高。

参与式领导又可细分为咨询型(Consultative)、共识型(Consensus)和民主型(Democratic)。咨询型是在做决策前会咨询团队成员的意见,但并不觉得团队的意见非接受不可;共识型是鼓励团队成员对一个主题加以讨论,然后做出一个多数人同意的决策;民主型是授权团队成员最终的决定权,领导者更像是一个意见收集者,主要从事沟通协调。

2. 管理方格理论

1964年,布莱克(Robert Blake)和莫顿(Jane Mouton)提出管理方格理论。管理方格理论改变了非此即彼式的绝对化观点,认为管理者为达到组织目的,会对关心绩效和关心员工两种态度进行不同结合。如图2-5所示,纵轴表示领导者对人的关心程度(包含对员工自尊的维护、基于信任而非基于服从来授予职责、提供良好的工作条件和保持良好的人际关系等),横轴表示领导者对业绩的关心程度(包括政策决议的质量、程序与过程、研究工作的创造性、职能人员的服务质量、工作效率和产量)。全图总共81个小方格,表示对业绩关心程度和对人关心程度的不同组合,其中四种极端形态和一种中庸形态较受关注。

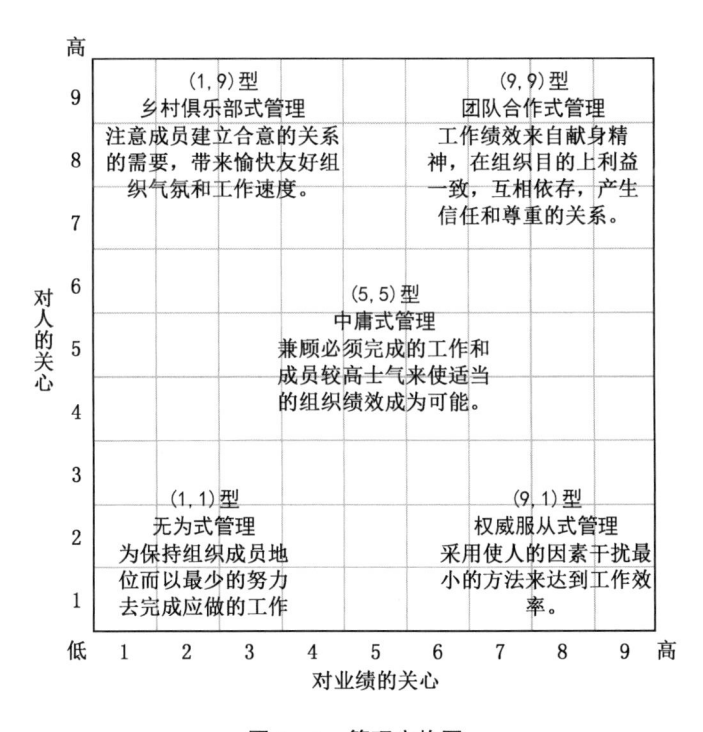

图2-5 管理方格图

(1)工作导向型(9,1):权威服从式管理

权威服从式管理风格,也称为专制型管理风格,最大特点是管理者作风专制,对业

绩关心多、对人关心少。权威服从式管理者眼中只有业绩指标,人犹如生产机器,忽视了员工的综合属性,倾向于"我决定、你执行"的命令式的合作方式。生产绩效是基于对工作情况的安排,而对人的因素则低调处理。

权威服从式管理风格一般在对生产任务、团队管理都要求很严格的群体中运用。短期内,这种管理或许会产生相对较高的生产率,但长远来看,员工一味地服从上级命令,生产积极性和创造性被极大遏制,极端情况下甚至会造成人力资源流失。权威服从式管理者需要提升人性化管理水平,注入柔性管理,避免因专制方式造成人际关系紧张甚至发生冲突。

(2) 关系导向型(1,9):乡村俱乐部式管理

乡村俱乐部式管理风格的特点是完全贯彻"以人为本"的原则,对业绩关心少、对人关心多。管理者努力营造一种人人得以放松、感受友谊与快乐的环境,重视人际关系的培养,但对协同努力以实现公司的生产目标并不热心。

乡村俱乐部式管理容易形成懒散、自由、只追求人际关系的团队,导致公司得不到发展,战略目标流失,不适用于瞬息万变、不确定性极高的社会环境。乡村俱乐部式管理者需要进一步明晰工作任务,强化管理目标的要素,进而达到人性化管理和任务完成的双重目的,有效提升管理水平。

(3) 无为式管理(1,1)

无为式管理既未能完成工作,又未能使成员受到关怀。无为式管理者对业绩和对人的关心都少,实际上已经放弃了自己的职责。无为式管理严重不适应当今社会管理的现实,应被淘汰。

(4) 中庸式管理(5,5):平衡管理

中庸式管理风格的最大特点就是"权宜"——既不偏重于关心业绩,也不偏重于关心人,不设置过高的目标,能够得到一定的士气和适当的产量,但不是卓越的。中庸式管理对生产和人的关心程度都是一般,追求维持一般的工作士气和效率,在事情面前往往采取暂时适宜的措施。

中庸型管理者在生产方面一般不着眼于最大产量,而是把定额控制在人们乐于接受同时又要适度努力的界限内,关注人情甚于技术,适合于观念老化的群体。在当今的经济环境中,中庸式管理风格的公司可以生存,但很难发展壮大。长远来看,不进步的公司终究是要被社会淘汰的。

(5) 最佳管理方式(9,9):团队合作式管理

团队合作式管理风格的特点是对生产和人都给予极大的关注,把公司的生产同个人的需要紧密结合起来。团队合作式管理既能带来生产力的提高,又能使员工得到事业上的成就感与满足感,工作绩效源于有承诺的组织成员,依赖于组织成员对组织的

共同信念而建立和发展出的信任关系。

团队合作式管理是当前社会管理中最理想的管理风格,能够把公司战略和个人目标结合起来,能够在工作需求和员工能力间寻找到一种平衡。管理者和员工共同制定战略计划,明确责任分工,充分调动与发挥员工的主观能动性,培养员工的主人翁意识,实现了以人为本和执行力的双强化。

3.集团管控三分法

根据迈克尔·古尔德(Michael Goold)的划分,企业集团总部因价值观、资源、战略及成员企业定位不同导致其在结果导向和过程导向程度存在较大差异,据此,集团总部管理可分为战略规划型、财务控制型和战略控制型三种管理风格类型(如图2—6所示)。

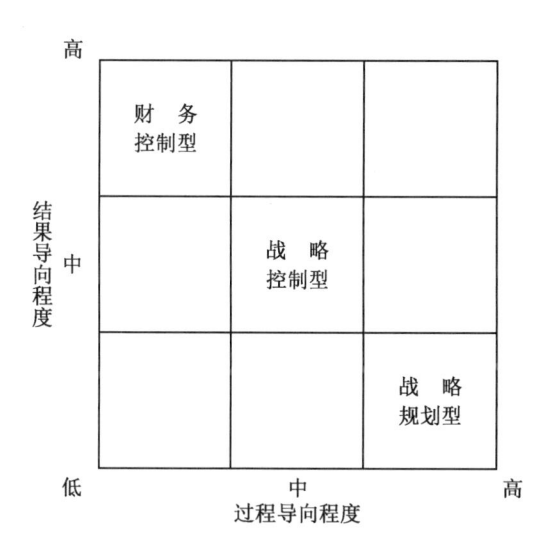

图2—6 集团总部管理风格图

(1)战略规划型管理风格

战略规划型总部注重以过程为导向的管理,倾向于集权化管理方式。总部对成员企业的经营运作往往进行较为具体的协调和控制,并以行政权威方式对成员企业主要领导者、业务组合及竞争策略进行管理,是一种集权的管控模式。

战略规划型的管理风格适于外部环境经常变动、成员企业能力(或资源)不足或需要与其他成员共享资源和能力、成员企业主要负责集团整个产业链的某一环节工作等情况。

(2)财务控制型管理风格

财务控制型集团总部注重以结果为导向的管理模式,对成员企业重点实施严格的财务预算管理和绩效考核。总部通常不设立业务管理部门参与子公司的生产经营与管理,只对集团成员企业内部的财务和会计实行严格的监控和管理,是一种分权管控模式。

财务控制型管理风格通常是当集团外部环境不确定性高、成员企业能力(或资源)较强(或充足)、各成员企业彼此间关联度或交易频率较低、与总部地理位置较远且主要负责某一地域的所有业务时形成或采用。

(3)战略控制型管理风格

战略控制型集团总部介于战略规划型和财务控制型管理风格之间,将过程管理与结果控制相结合。战略控制型管理风格既注重发挥成员企业的积极主动性,又通过对主要人员的任命、严格的财务预算等方式来协调和控制成员企业的经营活动。

当外部环境不确定性较高,成员企业能力或资源特征介于上述两种情形之间,同时愿意接受总部的柔性化管理模式,即将过程管理和结果管理两种模式相结合的时候,集团总部比较适合战略控制型风格。运用该管理风格要将主要精力集中在对集权与分权综合平衡点的把握上。

(三)公司经营战略

1.经营战略的概念

经营战略是公司面对激烈的市场变化与严峻挑战,为求得长期生存和发展而进行的总体性谋划。公司经营战略是涵盖了竞争战略、合作战略、技术开发战略、市场营销战略、信息化战略、人才战略等的战略思想体系,具有全局性、长远性、纲领性和相对稳定性的特征,是公司战略思想的集中体现,是公司科学界定经营范围和制定规划的基础。

经营战略从宏观上制定了公司的发展方向、成长速度及其实现方式。亨利·明茨伯格(Henry Mintzberg)教授将战略细分为一种计划(Plan)、计谋(Ploy)、模式(Pattern),同时也是一种定位(Position)、观念(Perspective),因此,经营战略决策的对象是复杂的,所面临的问题常常是突发的、难以预料的。资源分配体现着公司经营战略选择,孟祥展等(2018)通过公司广告强度、研发强度、非生产费用率、资本密集度、存货水平和财务杠杆6个战略维度的资源分配情况来反映公司的经营战略。

2.经营战略的基本形式

经营战略是公司最高层次的战略,面对不同内外环境时,公司将采取不同的经营战略,经营战略的基本形式有发展型战略、稳定型战略和防御型战略。

(1)发展型战略

发展型战略是公司为获得进一步发展而在现有战略基础水平上制定的战略。该战略以发展为目标方向,引导公司改善生产管理方式,扩大产品或服务生产和销售能力,以实现开发新产品、提供新服务、开辟新市场的目标。发展型战略面临的风险较大,管理者可能缺乏对扩大后的公司进行有效管理的经验,因此,采用发展型战略的公司及其管理者一般都是开拓型的,敢于承担风险。

发展型战略适用于立足已稳并寻求更大发展的公司。如表2-15所示,发展型战略包括一体化战略、密集型战略和多元化战略。其中,一体化战略包括纵向一体化战略、横向一体化战略、混合一体化战略等,密集型战略包括市场渗透战略、市场开发战略、新产品开发战略等,多元化战略包括相关多元化、不相关多元化等。

表2-15 发展型战略类型及含义

经营战略		含义
一体化战略	纵向一体化战略	前向一体化:获得分销商或零售商等下游公司的所有权或加强对其控制;后向一体化:获得供应商等原上游公司的所有权或加强对其控制。
	横向一体化战略	通过收购、兼并或联合竞争公司,向产业价值链相同阶段方向扩张的战略。
	混合一体化战略	处于不同产业部门、不同市场且相互之间没有特别的生产技术联系的公司之间的联合,包括产品扩张型、市场扩张型和毫无关联型三种形态。
密集型战略	市场渗透战略	市场渗透战略是实现市场逐步扩张的拓展战略,战略核心体现在利用现有产品或服务增加市场份额实现渗透、向现有市场提供新产品实现渗透两个方面。
	市场开发战略	将现有产品或服务打入新市场的战略。
	新产品开发战略	在原有市场的基础上,通过技术改进与开发研制新产品。
多元化战略	相关多元化	又称为同心多元化,是指公司以现有业务为基础进入相关产业的战略。相关性可以是产品、生产技术、管理技能、营销技能以及用户等方面的相似。
	不相关多元化	又称为离心多元化,公司进入与当前产业和市场均不相关的领域。

(2)稳定型战略

稳定型战略是限于经营环境和内部环境的约束,公司采取维持原有的经营规模和范围,将资源集中于现有的业务领域的战略。该战略可以将经营风险和难度控制在自身资源和能力范围内,用来培育具有公司属性的核心能力,进而维持竞争优势。稳定型战略的核心目的是提高公司现有生产条件下的经济效益,优点是风险小,失败的可能性也小,缺点主要是长期采用此战略,公司发展缓慢。

稳定型战略适用于面对较高的可预测性的行业或较小动荡的外部环境,且前期经营较为成功的公司。稳定型战略为公司面临复杂多变的外部环境时求得生存和发展奠定基础,通常是公司面临战略转变时采取的暂时性战略。

当公司外部环境和内部条件暂时处于劣势或市场不稳定、经营中既无突出优势又无明显有利因素(或者资金、技术、原材料供应或销售渠道存在重大困难的公司)时,往往选择稳定型战略。如表2-16所示,稳定型战略包括无增战略、维持利润战略、暂停战略和谨慎实施战略4种。

表2-16　　　　　　　　　　稳定型战略类型及含义

经营战略	含义
无增战略	公司除了每年按通货膨胀率调整其目标外,其他暂时保持不变。采用的原因:①公司过去的经营相当成功,并且公司内外环境没有发生重大变化;②公司不存在重大的经营问题或隐患,因而战略管理者没有必要进行战略调整,或者害怕战略调整会给公司带来资源分配的困难。
维持利润战略	注重短期效果而忽略长期利益,往往在经济形势不景气时被采用,以求渡过暂时性的难关。
暂停战略	在一定时期内降低公司的目标和发展速度,可以让公司为将来的发展积聚能量。暂停战略通常用于经历较长时期的快速发展后效率下降的公司。
谨慎实施战略	当外部环境中某一重要因素难以预测或变化趋势不明显时,公司就要有意识地降低某一战略决策的实施进度,步步为营。

稳定型战略经营风险相对较小,但也存在一定风险。为避免资源重新配置和组合的风险,稳定型战略下公司减少了新产品开发和新市场拓展,导致公司风险意识减弱,甚至惧怕和回避风险,公司逐渐丧失对风险的敏感性和适应性。一旦外部环境发生较大动荡,公司战略目标、外部环境和公司实力之间失去平衡,则公司将陷入经营困境。

(3)防御型战略

防御型战略是公司应付市场可能带来的威胁时,采取措施以求保护和巩固现有市场的一种战略。该战略有转向、出售、清算、剥离等措施,战略目标明确,就是对现有的产品或市场领域实行调整、紧缩或撤退,以降低被攻击的风险。

防御型战略适用于现有经营情况、资源条件和发展前景不能应付外部环境的变化,无法获得理想收益,甚至生存发展受到威胁且很难短期内扭转的公司。如表2-17所示,防御型战略可进一步细分为收缩与集中战略、转向战略和放弃战略,其中,收缩与集中战略通常集中于短期效益,主要涉及采取补救措施制止利润下滑,以期迅速产生效果;转向战略更多地涉及公司整个经营努力的改变;放弃战略涉及公司产权的变更,是比较彻底的撤退方式。

表 2—17　　　　　　　　　　　　防御型战略类型及含义

经营战略		含　义
收缩与集中战略	机制变革	包括调整管理层班子,重新制定新的政策和管理控制系统,以改善激励机制与约束机制等。
	财政和财务战略	公司在预期未来市场环境和内部条件会发生变化、获利能力会降低甚至丧失的情况下,为预防财务危机而筹集生存发展所需资金时所采用的一种财务战略,为公司长远发展提供支持。
	削减成本战略	削减人工成本、材料成本、管理费用、分部和职能部门的规模,以及削减资产(内部放弃或改租、售后回租)等。
转向战略	重新定位或调整现有产品和服务	对现有的产品或服务进行整合,如果发现好的发展机会,可以把节省下来的资源用于其他领域的扩展。
	调整营销策略	在价格、广告、渠道等环节推出新的举措,如在改善产品包装后提高产品价格、加强销售攻势和广告宣传等,以增加收入。
放弃战略	特许经营	公司卖给被特许经营公司有限权利,而收取一次性付清的费用,如商标品牌使用等。
	分包	公司采用招标的方式让其他公司生产本公司的某种产品或者经营本公司的某种业务。公司可以将不宜内部开拓的一部分业务转移给他人经营,但仍维持原先的拥有权。
	卖断	母公司将其中的业务单位卖给另外一家企业,从而断绝一切关系,实现产权的彻底转移。
	管理层与杠杆收购	一家公司把大部分业务卖给它的管理层或者是另外一家财团,母公司可以在短期或者中期保留股权。对于买者来说,这就相当于延迟付款。
	拆产为股/分拆	母公司的一部分变成了战略性的法人实体,以多元持股的形式形成子公司的所有权。母公司的股东仍然在很大程度上控制着这部分公司。
	资产互换与战略贸易	通过公司之间交换资产的形式实现所有权的转让,需要两个公司之间达成一种匹配,卖方公司和买方公司要能够接受互相的资产。

公司经营战略关系到公司未来发展,所面临的问题往往是突发的、难以预料的。因此,经营战略的分析比较困难,难以标准化,一般可从如下几个方面进行:①通过查阅公开资料、实地调研等方式了解公司经营战略,特别是公司有无明确统一的经营战略;②评估公司高级管理层的稳定性及其对公司经营战略的可能影响;③评估公司投资项目、研发项目、人力财力资源等是否适应公司经营战略要求;④分析公司在行业中是领先者、投资者还是追随者,判断公司经营战略与行业地位是否匹配。

3. 战略规划的基本流程

战略规划,就是制定组织的长期目标并将其付诸实施。1964 年,彼得·德鲁克(Peter F. Drucker)在《成果管理》中正式提出战略的概念和战略思想:战略规划是一个决策的过程,战略规划是一种责任,是提高企业家绩效的唯一途径;战略规划是把公司稀缺资源放在合适的位置,必须承担更大的风险。

战略决定着公司的方向和未来。任何公司要获得发展的竞争优势,必须进行战略规划,明确其市场定位,通过研发等途径优化产品或服务的特性和结构,提供能满足客户需求的产品或服务,满足客户的认知价值。

战略是否有效,主要看战略决策者是否把稀缺资源放在将来可以取得关键成果的行动中。图2—7是公司战略规划的基本流程,主要包括如下内容:

(1)明确使命愿景。使命愿景与公司的创立目的和指导方向有关,使命传达了公司的存在理由,愿景是公司面向未来的目标和志向。明确使命愿景是公司战略规划的重要基础。

(2)内部条件分析。通过内部条件分析,确定公司自身的优势和劣势,内部条件分析可使用价值链分析、核心竞争力分析等方法。内部条件主要包括资源条件和公司能力分析,其中,资源包括有形资源(财务资源、实物资源等)和无形资源(人力资源、技术资源、组织资源、创新资源、声誉资源等);公司能力主要指企业对资源的有效整合,包括进料后勤、生产运营、发货后勤、市场销售、售后服务等诸多方面。

(3)外部条件分析。通过外部条件分析,发现公司面临的机遇和挑战,外部条件分析可使用波特五力模型、PEST分析等方法。外部条件主要包括社会环境(政治与法律、经济环境)和产业状况(产业经济特征、产业生命周期、关键供应商能力分析、客户能力分析、竞争对手)。

(4)战略定位。借助SWOT分析、波士顿矩阵或通用矩阵分析工具,对公司内部的优势、劣势和外部环境的机遇与挑战进行综合分析,确定公司最终的战略定位和战略选择。

(5)战略实施。结合战略定位,公司开展进一步的资源配置(人力资源配置、财务配置等)、价值链构建、公司组织结构再设计、业绩评价设计、激励机制体系建设等。

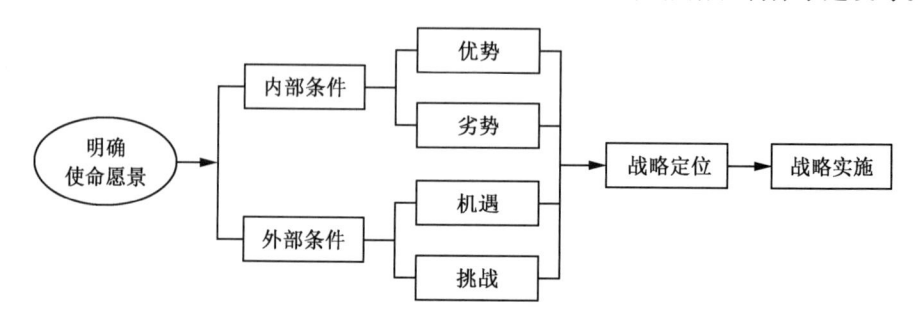

图2—7 战略规划流程示意图

第四节 公司产品分析

公司通过提供产品或服务来创造价值和利润,因此产品分析是公司竞争力的重要方面。上市公司产品分析主要包括产品竞争能力分析、产品市场占有率分析和产品品牌战略分析三个方面。

一、产品竞争能力

(一)成本优势

成本优势,是指公司的产品或服务依靠低成本获得高于同行业其他公司的盈利能力。成本优势最直接的表现是产品或服务的价格在行业中处于较低水平,同时利润率却保持行业平均水平甚至高于行业平均水平。成本优势是决定竞争优势的关键因素之一,公司成本构成因素(如人工成本、原材料成本、生产加工成本和管理成本等)相对较低构成了相对于整个行业的成本优势。

公司实现成本优势的途径包括规模经济、专有技术、优惠的原材料和廉价的劳动力以及优良的经营管理,这些途径能够显著降低生产成本或管理费用。实现了成本优势,公司就能在激烈的市场竞争中处于优势地位,一方面,公司可获得比竞争对手更多的利润,在竞争对手利润为零的时候仍有利可图;另一方面,成本优势抑制了公司之间的价格竞争,因为低成本优势会使想打"价格战"的竞争对手有所顾忌。

(二)技术优势

技术优势,是指公司拥有的比同行业其他竞争对手更强大的技术实力以及研究和开发新产品的能力。技术优势主要体现在生产技术水平创新和产品创新上。技术创新包括产品技术创新和创新人才资源,实施创新人才战略成为公司竞争制胜的务本之举;产品的创新包括研制新的核心技术以开发新一代产品、研究新的工艺以降低现有生产成本、根据细分市场进行产品细分。技术优势通常赋予上市公司更大的发展潜力,拥有更强的竞争能力。

加大技术研发获得技术优势是公司加强市场竞争能力的必然选择。科学技术是第一生产力,技术优势是公司生存、发展和壮大的重要前提。为获得技术优势,公司会投入大量研究开发费用,公司研究开发费用占销售额的比重往往作为表征公司研发能力的指标,如《高新技术企业认定管理办法》(国科发火〔2016〕32号)对高新技术企业必须满足的研究开发费用总额占同期销售收入总额的比例做出明确要求,近三个会计年度中,最近一年销售收入小于5 000万元(含)的企业,比例不低于5%;最近一年销售收入在 5 000 万元至 2 亿元（含）的企业，比例不低于 4%；最近一年销售收入在 2 亿元以上的企业，比例不低于 3%。

（三）质量优势

质量优势，是指公司的产品以高于其他公司同类产品的质量赢得市场，从而取得竞争优势。无质量，不产品，没有质量这个基石，生产、销售、品牌、信誉、收入都将成为"负数"，公司的价值和长远发展更是无从谈起。当一个公司的成本与同行业竞争对手相等或相似，而质量优于竞争对手时，往往能够在行业竞争中取得领先地位。

质量管理已成为公司管理的重要组成部分。严格管理，不断提高公司产品的质量，是提升公司产品竞争力行之有效的方法。随着市场经济的发展，产品质量已经从产品本身的范围延伸到服务中，质量管理从单纯的质量控制上升到公司经营层面。

二、产品市场占有率

（一）产品销售市场的地域分布

产品销售市场的地域分布可以大致判断公司的经营能力和产品竞争力。产品竞争力取决于产品品牌、性价比等多种因素，性能先进、质量稳定、销价合理的产品往往具有较强的竞争力，其公司的市场拓展能力也较强。产品的销售市场可划分为区域型（公司产品市场由一个或几个地区组成）、全国型（公司产品面向全国）和世界范围型（公司产品面向国际市场），市场越大，公司利润就越多，同时公司面临的市场竞争、成本费用、消费偏好等方面的风险也越大。只有那些真正拥有核心竞争力的公司，才有能力不断开拓市场，将产品从区域型市场逐步打入国际市场。

（二）产品在同类产品市场上的占有率

市场占有率的提升通常意味着公司收益的增长和竞争实力的加强。市场占有率等于一个公司产品销售量除以该类产品市场销售总量，是反映公司经营能力和竞争力的重要指标。通常情况下，如果市场上某公司产品供不应求，该商品价格会上升，市场占有率相应提升，该公司收益增长和竞争实力增强；反之，商品价格会下降，市场占有率相应降低，公司收益减少和竞争实力减弱。但需要注意的是，有时市场占有率的提升可能会导致经营成本的提高，从而部分抵消收益的增长。

市场占有率是个动态的概念，对公司及产品情况的估计更为精确。因此，分析时可通过市场占有率的历史变化趋势，分析预测产品未来的市场占有率，判断公司产品的竞争优势变化。表 2-18 是 2015—2020 年全球前五大智能手机厂商市场份额情况，以三星和小米为例，2015—2020 年三星手机的市场占有率稳居第一，但是市场占有率整体表现出下降趋势，公司竞争能力逐渐减弱；而小米手机虽然排名相对较低，但是其市场占有率稳步上升，公司竞争能力不断增强。

表 2-18　　2015—2020 年全球前五大智能手机厂商市场份额　　单位:%

排名	2015 年	2016 年	2017 年	2018 年	2019 年	2020 年
1	22.3(三星)	21.1(三星)	21.7(三星)	20.8(三星)	21.6(三星)	20.6(三星)
2	16.1(苹果)	14.6(苹果)	14.7(苹果)	14.9(苹果)	13.9(苹果)	15.9(苹果)
3	7.4(华为)	9.5(华为)	10.5(华为)	14.7(华为)	17.5(华为)	14.6(华为)
4	3.0(OPPO)	6.8(OPPO)	6.3(小米)	8.5(小米)	9.2(小米)	11.4(小米)
5	2.6(vivo)	5.3(vivo)	7.6(OPPO)	8.1(OPPO)	8.0(vivo)	8.6(vivo)
其他	48.5	42.7	39.1	33	29.8	28.7
合计	100	100	100	100	100	100

数据来源:根据国际数据公司(IDC)全球手机季度跟踪报告整理。

三、产品品牌战略

(一)品牌

品牌是公司连同其提供的产品或者服务在消费者心目中的总体印象,蕴含了公司及其产品或服务的品质、形象、声誉、特色等内涵,品牌具有创造市场、联合市场、巩固市场的功能。某些公司提供的产品质量过硬、服务周到,并进行广泛宣传,进而成为家喻户晓的名牌产品。与同行业竞争对手相比,品牌带来销售优势,产品的销售量和利润额会显著增长,公司价值也会相应增加。在经济全球化背景下,公司面临前所未有的竞争压力,良好的品牌战略是公司在激烈的市场竞争中获得更好生存与发展不可或缺的内容和必由之路。

(二)品牌战略

品牌战略就是公司将品牌作为核心竞争力,以获取差别利润与价值的经营战略。品牌战略是现代公司在激烈的市场竞争中强化自我、巩固自我和完善自我的必备要素,其本质是塑造公司的核心专长。在信息快速传播的时代,技术和管理创新等很容易扩散到整个行业中,难以成为公司的核心专长,而品牌是消费者对公司和产品的心理认同,具有不易模仿性。品牌一旦确立,有助于公司的长远发展。

公司品牌战略围绕如何打造品牌、经营品牌以及提升品牌价值展开,具体包括品牌化决策、品牌模式选择、品牌识别界定、品牌延伸规划、品牌管理规划与品牌远景设立6个方面的内容,如表2—19所示。其中,品牌化决策解决品牌属性问题,公司是打造制造商品牌还是经销商品牌,是选择自创品牌还是加盟品牌;品牌模式选择解决品牌结构问题,是选择单一品牌战略还是多品牌战略;品牌识别界定是确定品牌内涵,即公司希望塑造何种品牌形象;品牌延伸规划是界定品牌发展领域,明确品牌进一步拓展和延伸的领域、行业;品牌管理规划是公司在组织机构和管理机制上保障品牌建设的顺利推进,如品牌建设相关管理制度制定、品牌推广和宣传工作实施等;品牌远景设立是在品牌管理规划基础上,进一步明确品牌不同发展阶段的目标和衡量指标。

表2—19　　　　　　　　　　　公司品牌战略的内涵

内　容	内　涵	举　例
品牌化决策	解决品牌属性问题;打造制造商品牌还是经销商品牌?选择自创品牌还是加盟品牌?	格力:自创品牌,制造商品牌; 来伊份:加盟品牌,经销商品牌。
品牌模式选择	解决品牌结构问题;选择单一品牌战略还是多品牌战略?	大众集团拥有十大著名汽车品牌:大众汽车、奥迪、兰博基尼、宾利、布加迪、西雅特、斯柯达、大众汽车商用车、保时捷、斯堪尼亚。
品牌识别界定	确定品牌内涵,即公司希望塑造何种品牌形象。	李宁公司秉承"赢得梦想"、"消费者导向"、"我们文化"、"突破"的品牌核心价值观,致力于成为源自中国并被世界认可的国际一流的具有时尚属性的专业运动品牌公司。
品牌延伸规划	界定品牌发展领域,明确品牌进一步拓展和延伸的领域、行业。	海尔家电统一使用"海尔"品牌,从冰箱延伸至空调、洗衣机等系列家电产品。
品牌管理规划	公司在组织机构和管理机制上保障品牌建设的顺利推进。	公司设立专门的品牌管理部门,负责组织制定公司宣传推广、品牌建设相关管理制度,并监督执行;参与公司战略规划,负责品牌战略规划和品牌建设推广计划的制定;负责品牌推广、宣传工作的实施,加强与媒体机构的联络;负责公司危机事件的公关处理;承担品牌研究和内部宣传、教育职责。
品牌远景设立	在品牌管理规划基础上,明确品牌未来不同发展阶段的目标和衡量指标。	总体目标:到2014年,争创陕西名牌产品1个。年度目标:2011年末,整合资源,确立品牌管理机构,为名牌申报做好准备;2012年末,审定公司重点培养的骨干品牌;2013年末,全面开展创名牌工作,加强标准化建设,以标准带动创牌;2014年末,争创陕西名牌产品1个。

拓展阅读

"护城河理论"的内涵

"护城河理论"源于巴菲特一个著名的投资理念,他把那些具备足够竞争优势的企业所拥有的可以保护自己免遭竞争对手侵蚀的特征比喻为护城河,护城河越宽就意味着该企业竞争优势越大,可以抵御其他竞争对手对自己盈利空间的蚕食,也具有迅速从困境中跳脱出来的能力。帕特·多尔西在《巴菲特的护城河》一书中明确指出:护城河是一个企业能常年保持竞争优势的结构性特征,是其竞争对手难以复制的品质。

护城河理论的核心之处在于竞争对手难以复制,因此常见的优质产品、高市场份额、有效执行和卓越管理这些特征常被误以为是企业所拥有的护城河,拥有它们固然很好,但这些都是较易复制的特点,因此只是虚假的护城河。归结来说,护城河是一个企业内在的结构性特征,特别是在商业竞争由过去的单点竞争向着全方位综合竞争的变化过程中,企业为了能够保持持续性的竞争优势而构建其护城河的结构性竞争优势要素体现在以下4个方面(如图2—8所示)。

(1)无形资产——企业拥有如品牌、专利或法定许可等无形资产,就能让该企业提供竞争对手无法效仿的产品或服务,从而获得超额的利润。

(2)客户转换成本——企业提供的产品或服务让客户难以割舍,或者说客户转而使用竞争对手的产品或服务付出的代价比因此而降低的成本更多,就会提高客户的退出壁垒,形成的客户转换成本就让企业拥有定价权,可以从客户身上收取较高的价格,维持较高的资本收益率。

(3)成本优势——部分企业通过技术流程、地理位置、经营规模或特有资产形成的成本优势可以在市场竞争中处于主动地位,尤其是在价格决定客户采购决策的行业中,具有成本优势的生产企业可以以低于竞争对手的价格出售产品或服务,能够在保持一定收益的前提下抢占竞争对手的市场份额。

(4)网络效应——如果产品或服务的价值随客户人数的增加而增加,那么企业就可以受益于网络效应,其是一种极其强大的竞争优势,会创造出自然的垄断且形成的马太效应会让强者更强,是一种异常强大的竞争优势,能够把竞争对手长期拒之于门外,同时还可以依靠网络效应提升其既有产业。

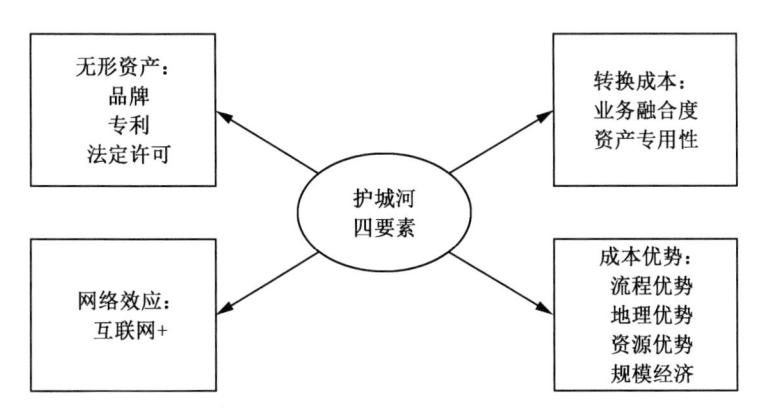

图2—8 "护城河理论"的结构性竞争优势要素

——资料来源:邓科,张定明."护城河理论"对我国聚氯乙烯企业构建结构性竞争优势的启示[J].聚氯乙烯,2017,45(10):1—7。

第五节　公司发展前景分析

一、经济区位

经济区位,是指地理范畴上的经济增长点及其辐射范围,是公司发展的重要外部环境。在全球化的今天,一个公司的许多竞争优势不是由公司内部决定的,而是来源于公司之外,来源于公司所在的区位环境。将上市公司的价值分析与经济区位联系起来,可以更好地分析和预测上市公司的潜力和发展前景,更加准确地把握上市公司的投资价值。

(一)企业功能空间分离

不同的区位环境存在不同的优势,公司选择有利的区位环境是经济规律使然。随着公司规模化发展和区域经济分工与合作,一个公司的布局已不局限于一个地区。公司根据自身产业特征、发展规划选择适宜的区域进行产业布局,出现公司功能的空间分离。例如,很多公司的总部、研发中心和生产基地分布在不同地区甚至不同国家。

因此,在分析上市公司区位时,仅仅关注公司总部(通常是公司的注册地址)所在地的区位特征可能是不够的,还要分析其重要分(子)公司的区位特征、公司新增加产业的区位特征等。

(二)公司经济区位因素

全面的整体要素构成综合性发展基础。区位是一个综合性概念,优质、发达的经济区位环境是整体性的或者是多数要素的整合,具有优越和高水准、高质量的特质。处在好的经济区位内的上市公司,发展潜力大,通常具有较高的投资价值。在分析上市公司投资价值时,需要结合公司所处的区位,包括自然资源条件、基础设施状况、区域比较优势和政府的产业政策等。

1. 区位内的自然资源条件

自然资源禀赋包括矿产资源、生物资源、土地资源、水资源和气候资源等,是区域经济社会发展的重要约束条件,对上市公司的发展起着至关重要的作用。如果上市公司在区域内的主营业务与当地自然资源禀赋不符,公司的发展就可能受到较大程度的制约,如在土地资源匮乏的区域从事土地低效利用的产业,则该公司的发展前景就难以乐观。

2. 区位内的基础设施状况

基础设施是指为社会生产和居民生活提供公共服务的物质工程设施,包括交通、邮电、供水供电、商业服务、科研与技术服务、园林绿化、环境保护、文化教育、卫生事业等市政公用工程设施和公共生活服务设施等。我国的发展经验证明,基础设施建设促进人员、货物、信息的便捷流通,从而带动经济的发展和繁荣。

基础设施建设通过降低生产与交易成本、促进要素流动与知识溢出、提升资源配置效率等途径提升区域内公司的绩效。基础设施为产业转型发展提供了更多的要素支持,发达的基础设施是促进实体经济转型升级、实现产业高质量发展的重要物质基础。

3. 区位内的比较优势和特色

一个地区在经济发展环境、条件与水平、经济发展现状等方面有别于其他地区。充分利用自身的优势发展本区位的经济,是区域经济发展最为有效的选择。不同的区位环境存在不同的优势和特色,已进入的公司可以不断获取区位的优势效应,体现和展示区位选择的价值。例如,许多产业园区、产业小镇,在某些产业或产品方面产生"空间集群",形成了优势和特色,这些区位上的相关上市公司,在同等条件下,要比其他区位主营业务相似的上市公司具有更大的竞争优势和发展空间,这是因为该区位的配套服务齐全、相关人才集聚、信息流和物流等都更为顺畅。

4. 区位内的政府产业政策

为了保障区域内经济的有序发展,政府会对区域发展制定一系列的产业规划和发展战略,通过产业目录、黑名单等方式确定区位内重点扶持和发展的产业类型、限制发展的产业类型。对于重点扶持和发展的产业,政府会创造良好的营商环境,并给予财政、信贷及税收等方面的政策支持,相关产业内的公司将会因此受益。如果区位内上市公司的主营业务是区域内政府扶持产业,则上市公司能够得到政府政策支持,具有较好的发展前景。

拓展阅读

集群与投资决策

产业集群及其生命周期

波特在其《国家竞争优势》中认为,集群就是在某一个特定区域中的一个特别领域,存在着一群相互关联的公司、供应商、关联产业和专业化的制度和协会。产业集聚是指产业相同、相近或相关的企业和服务机构组成的规模巨大、结构功能健全且行动主体共同行动的经济群体。

当某地因自然禀赋条件或其他原因出现了一个关键性企业,该企业衍生出许多生产相同或相关产品的企业,达到了一定规模时,就形成了产业集群,产业集群一旦形成便会产生强烈的自我内部强化倾向,吸收更多的相关企业和相关服务企业向该集群集聚,在该阶段产业集聚处于成长期。

当产业集群成长到一定程度,"集群效应"将得到充分体现,进入成熟期。该阶段基本达到规模经济和范围经济效应,集群内的生产商、供应商、服务商之间出现协同效应,行动主体之间共同行动和全面创新,大大降低了交易成本。波特教授通过对10个工业化国家的考察,指出成功的产业集聚区需要十年甚至更长时间才能发展出坚实稳固的优势。

到了一定时期,由于外部环境的变化或其他原因,许多关键企业迁出,产业集群就会减弱,进入集群衰退期,在衰退期内,集群的优势逐渐失去。

集群与投资决策的关联性

企业在投资决策时,对"产业集群度"考虑的权重越来越大,正成为投资决策考虑的重要因素。波特经过深入研究得出重要结论:在全球化的今天,一个公司的许多竞争优势不是由公司内部决定的,而是来源于公司之外,即来源于公司所在的地域和产业集群。他还精辟地指出,随着基于自然禀赋比较优势的作用相对缩小,竞争优势在决定企业前途方面越来越重要,产业集群度在一定程度上决定了企业、产业、区域乃至国家的竞争优势。

建立产业集群度评价指标体系为企业投资提供决策依据,为评价区域竞争力提供量化标准。集群具有较强的地方植根性和难以模仿性,集群度的高低反映了区域竞争力和区域产业优势。越来越多的企业管理者认识到集群的重要价值,并以此作为是否投资的重要依据。企业在进行投资决策时,对一个城市的产业集群度不但要有一个定性的判断,更需要有一个定量的依据。设计产业集群评价体系和判断方法可以较快地提供某一区域产业集群的定量依据。

产业集群度将成为衡量某一企业、产业、地区乃至国家竞争优势的重要指标。首先,现阶段,产业集群和产业竞争力关联性增强。随着工业化的发展进程,产业集群逐步成为现阶段产业竞争力的重要来源和集中体现,产业集群度反映了产业竞争力的大小。

其次,产业集群度反映了区域竞争优势。考察中国的实际情况,东南沿海地区的竞争优势主要表现为区位优势和政策优势等,随着交通信息条件的改善和中国加入世贸组织,这些优势逐渐弱化,产业集群将成为这些地区重要的"后天优势"。高度专业化分工基础上的产业配套条件给该区域带来了竞争优势。波特的研究成果显示,一个公司的许多竞争优势不是由公司内部决定的,而是来源于公司之外,即来源于公司所在的地域和产业集群。该结论同样适合中国,可以断言,企业的竞争优势有相当部分来源于产业集群。

> 产业集群度较高的地方,政府支持性政策能提供良好的基础设施、创造合理的制度环境及提供教育项目和信息平台等准公共品服务,政府支持性制度决定了集群的成长和发展;行业协会的作用是对内提供机会、传播信息、维护整个行业的利益,对外发布信息、打造品牌、代表整个行业行使相关权利,专业性服务完善度反映了提供相关服务的功能齐全性,表现为专业性服务和配套设施的发展程度。
> ——资料来源:祝波.投资项目管理[M].上海:复旦大学出版社,2009。

二、公司竞争战略

竞争战略的核心是在某一特定产业或市场中建立竞争优势,即公司具有竞争对手没有或相对较弱的特殊能力,借此能够更为有效、经济、快捷地为客户提供产品或服务。公司制定竞争战略的实质,就是将一个公司与其所面临的环境建立联系。现实经济活动中,不同公司建立竞争优势的途径可能各有特点,但最基本的竞争战略主要有成本领先战略、差异化战略和集中化战略三种。

(一)成本领先战略

成本领先战略,又称低成本战略,是公司内部通过有效的成本控制,在研发、生产、营销等环节最大限度地降低成本,使公司全部成本低于竞争对手成本,甚至是在同行业中最低的成本,从而成为行业成本领先者的一种战略。

成本领先战略适用于产品或服务标准化程度较高且竞争较为激烈的行业。在这类行业中,产品和服务形成差异化的难度大,客户对价格较为敏感,议价能力较强,更换卖家的转换成本低。

公司采取成本领先战略,获得低成本优势后,可在一定程度上削弱客户的议价能力,同时形成较高的行业壁垒。同时,成本领先战略存在价格过低降低盈利水平、阻碍新技术开发、容易被更低成本公司竞争等风险。需要特别注意的是,成本领先战略的实施不能一味地降低成本而影响到产品和服务的质量。

(二)差异化战略

差异化战略要求公司的产品或服务要有区别于竞争对手的特殊性,以此取得竞争优势。客户需求的多样化和个性化为差异化战略的实施提供了契机,实施差异化战略的关键是让客户认可且对公司差异化的产品或服务有需求。这种差异化可以来自设计、品牌形象、技术、性能、营销渠道或客户服务等中的一个或几个方面。

差异化战略适用于客户有差异化产品和服务需求,且产品能够较快更新的行业。差异化战略对公司资源和技能的要求较高,需要较强的研发能力和产品设计能力,在同行业中口碑良好,具有很强的营销能力,销售渠道执行力强且紧密合作。

公司采取差异化战略,可获得对自己忠诚度高且对价格不敏感的客户群体,公司的议价能力有所提高,可能获得比成本领先战略更高的利润率。但是,差异化战略下较高的研发成本可能导致产品和服务价格升高,特别是当公司产品性能与竞争对手产品的差异不明显时,会导致较多的客户流失,市场占有率降低。同时,公司研发和设计过多关注于差异化,还可能导致产品和服务实用性降低。

(三)集中化战略

集中化战略是选择特定购买群体、产品细分市场或区域市场,实施成本领先战略或差异化战略以取得竞争优势。成本领先战略和差别化战略都是在全产业范围内实施,而集中化战略是围绕目标细分市场展开。

集中化战略适合公司在某个单一领域进行深入发展。采用集中化战略的一般为受自身资源和能力限制,无法在整个产业实施成本领先或者差异化的中小公司。集中化战略选择的目标市场必须具有较大的产品或服务需求空间或增长潜力,并且竞争对手尚未采取集中化战略。

集中化战略下,公司管理更加便捷和高效,能够针对特定目标市场的客户提供优质产品和高效率服务,以点带面,带动整个公司发展。但是,集中化战略下市场细分过于单一,公司资源投入到某一特定领域,造成公司应对外部环境变化冲击的能力较差,如技术创新、替代品出现、大量竞争者涌入细分市场等,都会对公司造成较大冲击。

三、募集资金投向

股权融资是上市公司十分重要的筹资渠道,对上市公司的发展壮大具有关键性作用。上市公司如何利用股权融资所募集资金是投资者以及监管机构关注的问题。

(一)募集资金主要投向

募集资金投资项目是指公司通过 IPO 或再融资募集资金投产项目,其设计应充分考虑监管要求、市场前景、技术含量、环境影响,以及与公司管理能力、销售能力的匹配等。在资本市场上,上市公司在募集资金前必须在招股说明书中阐述所募集资金的计划投资项目。

(1)根据中国证监会《公开发行证券的公司信息披露内容与格式准则第 1 号——招股说明书》(2015 年修订),申请境内首次公开发行股票并上市的公司均应在招股说明书中披露募集资金运用。募集资金原则上应用于主营业务,主要包括扩大现有产品产能、新产品开发生产、大规模增加固定资产投资或研发支出、合资经营或合作经营、向其他企业增资或收购其他企业股份、收购资产、偿还债务以及补充营运资金。

(2)根据中国证监会《公开发行证券的公司信息披露内容与格式准则第 28 号——创业板公司招股说明书》(2014 年修订),发行人募集资金应当围绕主营业务进行投资安排,资金投向主要有提升服务能力、拓展市场营销、改进技术或管理、改造生产或服务流程或设施、扩充人力资源以及其他围绕主营业务而提升核心竞争力、扩大现有产品产能、新产品开发生产、大规模增加固定资产投资或研发支出、合资经营或合作经营、向其他企业增资或收购其他企业股份、收购资产、偿还债务以及补充营运资金。

(3)根据中国证监会《公开发行证券的公司信息披露内容与格式准则第41号——科创板公司招股说明书》(证监会公告〔2019〕6号),发行人应结合公司现有主营业务、生产经营规模、财务状况、技术条件、管理能力、发展目标合理确定募集资金投资项目,相关项目实施后不新增同业竞争,对发行人的独立性不产生不利影响。发行人应披露其募集资金使用管理制度,以及募集资金重点投向科技创新领域的具体安排。

(二)募集资金使用

上海证券交易所、深圳证券交易所等均对其上市公司募集资金的使用、管理和监督进行了具体规定。根据中国证监会《上市公司证券发行管理办法》(2020年修订),上市公司募集资金的使用应当符合下列规定:

(1)募集资金用途符合国家产业政策和有关环境保护、土地管理等法律和行政法规的规定。

(2)除金融类企业外,募集资金使用项目不得为持有交易性金融资产和可供出售的金融资产,借予他人、委托理财等财务性投资,不得直接或间接投资于以买卖有价证券为主要业务的公司。

(3)投资项目实施后,不会与控股股东或实际控制人产生同业竞争或影响公司生产经营的独立性。

(4)建立募集资金专项存储制度,募集资金必须存放于公司董事会决定的专项账户。

(三)募集资金投向变更

1.募集资金投向变更的表现形式

募集资金投向变更是指上市公司在募集资金到位后未按照《招股说明书》承诺的投资项目进行投资,而是改变了募集资金的使用方向。在我国上市公司监管制度不断完善的背景下,募集资金投向变更的认定标准也会发生变化。

结合《关于进一步加强股份有限公司公开募集资金管理的通知(征求意见稿)》、上交所和深交所《上市公司募集资金管理办法》、《深圳证券交易所上市公司规范运作指引(2020年修订)》等法律法规,募集资金投向变更的表现形式可能有如下几类:

(1)取消或终止原投资项目,实施新项目;

(2)变更募集资金投资项目实施主体;

(3)变更募集资金投资项目实施地点;

(4)变更募集资金投资项目实施方式;

(5)实际投资金额与计划投资金额的差额超过计划金额一定比例;

(6)证监会或交易所认定为募集资金投向变更的其他情形。

2.募集资金投向变更的趋势

募集资金投向变更是中国上市公司的群体性行为而非个别现象。随着我国监管制度日趋完善,募集资金投向变更行为也在不断减少。如图2—9所示,上市公司募集资金投向变更金额经历了先增加后减少的趋势。

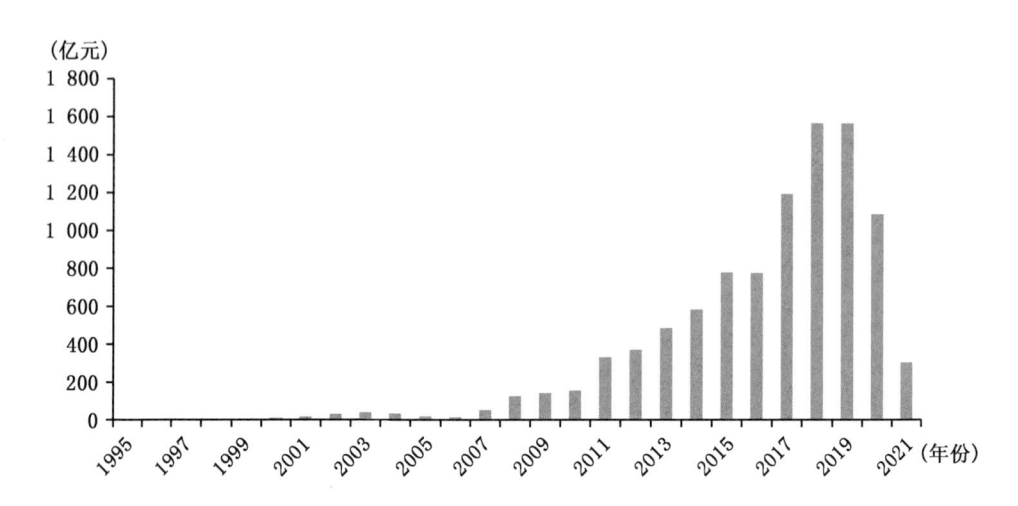

数据来源:根据国泰安CSMAR数据库中的数据整理绘制。

图2—9 上市公司募集资金投向变更

3.募集资金投向变更的原因

上市公司通常将募集资金投向变更的原因归结于市场环境变化、项目建设条件变化、公司经营规划等。在具体分析时需结合实际原因理性看待募集资金投向变更:

(1)善意变更募集资金投向。市场环境和投资机会是不断变化的,有时上市公司由于市场环境变化、国家政策改变、政府鼓励型产业出现等客观原因而不得不对募集资金的使用做出调整。这种出于自身发展壮大和业务开展的相关需要,或者是经济政策和大环境的变化带来的募集资金投向变更被认为是善意的,善意的募集资金投向变更可以帮助公司实现资源的合理配置,甚至能够改进公司未来经营业绩,在一定程度上保障投资者的利益。

(2)随意变更募集资金投向。募集资金投向变更通常被认为是一种投资的低效率行为,上市公司要坚持谨慎的态度。一方面,募集资金投向变更,会导致变更前投资支出的浪费,项目变更也往往伴随一定风险,可能降低投资收益水平;更重要的是,上市公司随意频繁变更募集资金投向,降低了上市公司信用水平,也阻碍了证券市场配置资源功能的发挥。

（3）恶意变更募集资金投向。更为恶劣的是部分公司以圈钱为目的变更，公司抱着"不募白不募，不变白不变"的心态，上市前为募集资金而找项目，通过"虚假陈述"等方式募集资金，募集资金到位后将资金用于改投新项目、对外投资、补充流动资金、偿还银行贷款，甚至用于委托理财、长时间闲置或占用、与控股股东进行关联交易、内幕交易等，导致公司经营业绩下滑、股价大幅下跌，严重损害中小股东的利益。

拓展阅读

理性看待募集资金投向变更

由于市场环境及公司内部变化，上市公司频频发布募集资金投向变更公告，2021年10月份有15家上市公司表示欲变更募投项目。投资者谈"变更"即"色变"，心存不少疑虑：为何变更募投项目？公司是否在耍花样？如何确保自身权益？

理性看待募集资金投向变更，显得很有必要。

募投项目是指企业通过IPO或再融资募集资金投产项目，其设计应充分考虑监管要求、市场前景、技术含量、环境影响，以及与公司管理能力、销售能力的匹配等。募集资金的使用要与招股说明书或者募集说明书的承诺相一致。

然而，总有计划赶不上变化的时候，不少上市公司出现募投项目调整的情形。

笔者注意到，对于募投项目变更的原因，上市公司通常会归结于市场环境变化、项目建设条件、公司经营规划等。当然，也有部分公司违规变更。比如凯乐科技在2017年、2018年出现数亿元募集资金使用逾期、变更，违反了募资使用规定，也未披露归还进展或变化情况，影响了投资者知情权，最终被通报批评，并记入上市公司诚信档案。无独有偶，中信重工因提出变更募资用途而未及时准确披露募投项目进展，未充分提示风险，被通报批评。

实际上，上市公司募集资金管理是监管机构的重点关注领域。笔者注意到，证监会对募资用途频繁变更的上市公司"关注"有加，要求其补充披露募投项目更多细节、募投项目决策是否谨慎、是否变相规避监管规定等。

笔者认为，募集资金投向变更的主动方是上市公司，"审慎"和"规矩"意识十分重要：

一是上市公司在募资时，对于募投项目决策方面要贴近市场需求，进行充分的研究和可行性分析，科学决策，降低变更募投方向的概率；

二是募集资金到位后，需要变更募投项目时，要严格履行程序，经董事会、股东大会审议通过，独立董事、监事会、保荐机构发表评估意见，并及时履行披露义务；

三是变更后的募投项目应当遵循规则、符合要求,做到有效防范投资风险。

募集资金投向变更的被动方是投资者,理性看待也很有必要。

一方面,上市公司变更募投项目,大部分是为规避该项目建成后存在的市场风险,提高募集资金使用效率,更好地维护公司和广大投资者的利益。根据实际情况及时纠偏、调整募投方向,比固守原计划达不到预期效果要好得多。

另一方面,警惕部分上市公司恶意变更募集资金投向,给中小股东带来不同程度的损害。比如大股东为了实现自身收益的最大化而变更募资投向,再比如公司对项目了解不够、管理水平不高导致募资投向变更等。一旦出现侵犯合法权益的现象,中小股东可及时投诉,使用法律武器来维护自身的利益。

总之,募资使用去向关系着公司未来的业务重心和发展前景,投资者需要仔细甄别募投项目变更背后的信息,积极参与公司治理,维护自身权益,同时,倒逼上市公司规范运作,健全信息披露制度。

——资料来源:赵学毅.理性看待募资投向变更[N].证券日报,2021—11—01(A2版)。

四、重点研发项目

上市公司募集资金,主要用于公司项目投资,其中,新产品、新技术、新工艺、新材料等的研发项目越来越受到公司的重视。科技是第一生产力,公司的重点研发项目有没有良好的发展前途和潜在盈利能力是判断上市公司未来发展前景的重要参考。

上市公司投资价值分析应多关注上市公司重点研发项目的进展情况,如果上市公司重点研发项目前景良好,并且投资进展顺利,那么公司便有望在未来进一步提升竞争力。公司研发项目可能在如下两个方面提升上市公司价值:

(一)实现技术突破,提升公司核心竞争力

公司提升核心竞争力的根本是进行研发创新。创新发展是高质量发展的重要特征,在知识经济时代,研发成为公司保持核心竞争力、实现可持续发展的关键,如表2—20所示,越来越多的公司参与到研发活动中。

表2—20   2011—2020年我国规模以上工业企业的科技活动

年份	有R&D活动企业数(个)	有R&D活动企业所占比重(%)	R&D人员全时当量(万人年)	R&D经费支出占营业收入之比(%)	R&D项目数(项)
2011	37 467	11.5	193.9	0.71	232 158
2012	47 204	13.7	224.6	0.77	287 524

续表

年份	有 R&D 活动企业数（个）	有 R&D 活动企业所占比重（%）	R&D 人员全时当量（万人年）	R&D 经费支出占营业收入之比（%）	R&D 项目数（项）
2013	54 832	14.8	249.4	0.80	322 567
2014	63 676	16.9	264.2	0.84	342 507
2015	73 570	19.2	263.8	0.90	309 895
2016	86 891	23.0	270.2	0.94	360 997
2017	102 218	27.4	273.6	1.06	445 029
2018	104 820	28.0	298.1	1.25	472 299
2019	129 198	34.2	315.2	1.32	598 072
2020	146 691	36.7	346.0	1.41	714 527

数据来源：《中国统计年鉴》（2012—2021 年）。

创新驱动是公司，特别是科创型公司实现卓越绩效和创造核心竞争力的源泉。《中华人民共和国国民经济和社会发展第十四个五年规划和 2035 年远景目标纲要》强调，要"提升企业技术创新能力，强化企业创新主体地位，促进各类创新要素向企业集聚"，"企业提高竞争力的关键是突破核心技术，实现自主创新"。

（二）获得政府支持，为外部投资者提供有价值的投资信号

创新驱动是国家优化产业结构和提升经济发展层次的新动力。创新发展是高质量发展的重要特征，实现创新发展离不开公司的参与。但是技术创新在具有丰厚预期回报的同时，存在初始资本投入大、不确定性高以及开发周期长的特征，因此，我国政府逐步加大重点研发项目的补贴力度，不仅以一系列税收优惠政策、奖励措施支持公司研发，甚至直接以政府研发投入支持公司进行自主创新。

政府对公司研发的支持，可以为外部投资者提供有价值的投资信号。由于研发活动的不确定性，研发公司和外部投资者之间存在着严重的信息不对称。相比外部投资者，公司更清楚自己可抵押的资产、努力程度、道德操守以及所处行业的前景。这时候，政府对公司研发支持可以被视为公司真实质量的信号，缓解研发公司和外部投资者之间存在着的信息不对称。

第六节 公司重大事项

一、重大事项概念

上市公司投资价值分析需关注目标公司近期重大事项对公司投资价值的影响。

重大事项是指可能对上市公司股票的市场价格产生较大影响的事件,一般是影响公司内部经营方面的问题。在公司经营发展过程中,往往会发生一些调整公司经营策略或经营方向、影响公司利润和效益增长,甚至关系公司生死存亡的重大事项。

重大事项的发生会对上市公司投资价值产生重要影响。当负面事项发生时,公司的投资价值可能降低,当正面事项发生时,公司的投资价值可能升高。公司重大事项包括上市公司重要公告事件,公司的资产重组与兼并,上市公司增持、减持与回购等。

二、重大事项的类别

(一)上市公司重要公告事件

《中华人民共和国证券法》第五章第八十条规定,发生可能对上市公司、股票在国务院批准的其他全国性证券交易场所交易的公司的股票交易价格产生较大影响的重大事件,投资者尚未得知时,公司应当立即将有关该重大事件的情况向国务院证券监督管理机构和证券交易场所报送临时报告,并予公告,说明事件的起因、目前的状态和可能产生的法律后果。

重大事件主要包括:

(1)公司的经营方针和经营范围的重大变化;

(2)公司的重大投资行为,公司在一年内购买、出售重大资产超过公司资产总额30%,或者公司营业用主要资产的抵押、质押、出售或者报废一次超过该资产的30%;

(3)公司订立重要合同、提供重大担保或者从事关联交易,可能对公司的资产、负债、权益和经营成果产生重要影响;

(4)公司发生重大债务和未能清偿到期重大债务的违约情况;

(5)公司发生重大亏损或者重大损失;

(6)公司生产经营的外部条件发生的重大变化;

(7)公司的董事、1/3以上监事或者经理发生变动,董事长或者经理无法履行职责;

(8)持有公司5%以上股份的股东或者实际控制人持有股份或者控制公司的情况发生较大变化,公司的实际控制人及其控制的其他企业从事与公司相同或者相似业务的情况发生较大变化;

(9)公司分配股利、增资的计划,公司股权结构的重要变化,公司减资、合并、分立、解散及申请破产的决定,或者依法进入破产程序、被责令关闭;

(10)涉及公司的重大诉讼、仲裁,股东大会、董事会决议被依法撤销或者宣告无效；

(11)公司涉嫌犯罪被依法立案调查，公司的控股股东、实际控制人、董事、监事、高级管理人员涉嫌犯罪被依法采取强制措施；

(12)国务院证券监督管理机构规定的其他事项。

(二)公司的资产重组与兼并

1. 资产重组

根据《上市公司重大资产重组管理办法(2019年修订)》，重大资产重组是指上市公司及其控股或者控制的公司在日常经营活动之外购买、出售资产或者通过其他方式进行资产交易达到规定的比例，导致上市公司的主营业务、资产、收入发生重大变化的资产交易行为。上市公司及其控股或者控制的公司购买、出售资产，达到下列标准之一的，构成重大资产重组：

(1)购买、出售的资产总额占上市公司最近一个会计年度经审计的合并财务会计报告期末资产总额的比例达到50%以上；

(2)购买、出售的资产在最近一个会计年度所产生的营业收入占上市公司同期经审计的合并财务会计报告营业收入的比例达到50%以上；

(3)购买、出售的资产净额占上市公司最近一个会计年度经审计的合并财务会计报告期末净资产额的比例达到50%以上，且超过5 000万元人民币。

2. 并购

公司并购指的是两家或者更多的独立公司，合并组成一家公司，通常由一家占优势的公司吸收一家或者多家公司。公司可以被视为一种商品，并购就是购买公司，通过买卖公司，交易双方都会由交易而受益。

公司并购可以分为战略性并购和财务性并购。战略性并购是指为实现某些战略目的而进行的采购，并购双方都有战略动机，期望通过实现协同效应，提升综合竞争力。财务性并购主要指以经济回报为主要目的的投资方式，希望通过并购目标公司的部分股份来获取一定的投资回报，财务性并购方一般不参与目标公司的经营和管理。

成功的并购能够给并购方和被并购方带来价值。公司并购既可以"雪中送炭"，也可以"强强联合"。"雪中送炭"是指选择经营不善、面临破产或倒闭的公司，通过理念输入、管理团队介入、优良资产注入，把目标公司变成高产出、高效益的实体，实现并购方的战略意图；"强强联合"则是选择具有一定经营能力的公司，通过并购实现优势互补，巩固和发展市场，谋取同行业的优势地位。

拓展阅读

阿里巴巴 29 亿美元收购高鑫零售 36% 股份

2017年,阿里巴巴集团同意以约29亿美元收购中国最大超市运营商高鑫零售的股份,以形成一个联盟,实体零售业发展是互联网巨头最新的押注。

阿里巴巴正在收购高鑫零售36%的股份,高鑫零售在欧尚和大润发旗下经营着大约400家大卖场。作为交易的一部分,欧尚零售也将把其在高鑫零售的股份增加到36%。这笔交易是在一系列早期的投资之后进行的,旨在帮助支撑阿里巴巴的盈利底线。

根据向港交所提交的声明,阿里巴巴每股支付约6.50港元。在11月13日停牌之前,高鑫零售的最后一笔交易价格为8.60港元,折让24%。在香港交易时段,高鑫零售股价上涨6.5%,至三年来最高水平9.16港元。

阿里巴巴周一在一份联合声明中表示:"与高鑫零售的联盟反映了阿里'新零售'愿景,以利用其基于互联网的方式和新技术,同时与零售商合作伙伴紧密合作,为中国消费者提供无缝的在线和线下体验。"

阿里巴巴在高鑫零售上的投资是在最近一次投资狂潮中的收购,苏宁云商和银泰零售集团也进行了投资,并进一步动摇了中国4万亿美元的零售市场。在转变旧式零售市场方面,阿里巴巴投入重大赌注,为商店注入了更好管理库存和提高利润所需的技术。押注实体商业的举措将推动其主要网上业务的增长,吸引数百万新的购物者,并将其网络扩展到一个相对尚未开发的中国腹地。

在阿里巴巴新零售实验的早期阶段,如果能够成功的话,它可能会缩小与亚马逊在实体零售世界中的领先地位。亚马逊在马萨诸塞州宣布以137亿美元收购全食超市之前的几年,马云的公司花费了数十亿美元进入杂货商、购物中心甚至百货公司。

总体思路是连接虚拟世界和线下世界,增加在线订单,同时收集有价值的客户购买数据。总部位于杭州的阿里巴巴已经开始徐徐图之:第一季度,新零售业务(主要是盒马鲜生和银泰百货公司)的收入已经超过了5倍。

阿里巴巴正试图在其技术平台上加入一个将超市、餐厅和交付中心结合在一起的盒马鲜生模式。另外还有10%的中国便利店,约60万个网点,向全国客户推销商品并获得数十亿个包裹。

高鑫零售,就其本身而言,需要资本和技术注入。根据欧睿国际的数据,欧尚和大润发在中国超市业务中所占份额最大,约占15%,其次是沃尔玛,占10%。

但随着越来越多的中国网民在网上购物,该公司在过去三年的销售增长放缓。

高鑫零售于2015年收购网络食品杂货店Fields HK和上海地奇网络科技有限公司电子商务业务后,力求进军电子商务领域。

——资料来源:前瞻网,https://t.qianzhan.com/caijing/detail/171120-893c2731.html。

(三)上市公司增持、减持与回购

在资本市场上,增持、减持和回购是市场主体为实现特定目的,并基于市场趋势而采取的市场行为。增持、减持和回购能够调整上市公司存量股份的结构,改变市场存量资源的配置,同时,能够以此改变二级市场的股票供求关系,进而影响市场的股价变动。增持、减持和回购既可改变市场存量资源的配置并导致股价波动,也涉及市场交易的公平和市场的动态平衡。增持、减持和回购对估价的长期影响不显著,但短期影响是显著的。

增持、减持股票主要是上市公司大股东对公司股票的买进和卖出行为。根据《中华人民共和国证券法》第86条的相关规定,持股占公司总股本5%以上的股东称为大股东,必须及时披露与公司有关的信息。然而在我国的公司治理实践中,大多数学者认为,大股东就是在公司持股排名前10名的股东。

增持是公司大股东或实际控制人为达到投资、稳定股价、掌控公司控制权、并购重组等目的而增加持有上市公司股份。大股东增持通常是大股东在二级市场上对该公司股票进行市场买进的交易行为,《上市公司股东及其一致行动人增持股份行为指引(2012年修订)》对股东增持上市公司股份的行为进行了规范。

减持特指上市公司主要流通股股东符合《上市公司解除限售存量股份转让指导意见》的股票卖出行为,是公司大股东为达到撤资、套现、投资等目的而减少公司股份持有的行为。这种减持一方面会直接增加市场对该公司股票的供应,增强卖方力量,另一方面,减持行为在一定程度上表明其对上市公司发展前景缺乏信心,加上其特定的信息优势地位,会对市场起到一种昭示作用,减弱投资者信心,甚至导致投资者跟进卖出的羊群效应。大股东减持股票的主要动机可以分为营利性动机和非营利性动机,营利性动机又可分为变现动机和投资动机。

上市公司回购股份,是指公司为达到战略收缩、优化股权结构、稳定股价、员工持股计划等目的,利用自有资金或债务融资,以一定的价格购回本公司发行在外的股份的行为。股份回购后,公司可以将其作为库藏股,用于员工福利计划、发行可转换债券等,也可以将其直接注销。

本章小结

公司基本情况分析是投资价值分析中不可缺少的重要环节，可以深入了解公司的组织架构、资本结构、经营管理水平、产品竞争能力等，通过比较分析，还可以判断公司的投资价值和股价变动趋势。

公司情况简介主要介绍公司固定的一些属性和信息，如成立时间、创立者和法人代表、注册地址、规模和所属行业等。公司股本股东结构与公司所有权和控制权紧密联系。按股本所有者性质，股本结构可分为国家股、法人股、外资股、职工股、社会公众股等；根据能否在二级市场上交易流通，可分为有限售条件股份和无限售条件股份，2005年我国开启股权分置改革，目标是实现股份的全流通。股权结构反映了财产所有权基础的持股主体间的所有权结构，同股同权广泛应用于世界各国资本市场中，同股不同权背离了一股一票的传统观念，在公司治理和资本市场发展中具有独特价值，被越来越多的公司和证券交易所接受。

公司经营能力分析的主要目的是考查公司对资产的营运能力，包括公司法人治理结构、人员素质和公司经营管理分析。健全的公司法人治理结构体现在规范的股权结构、有效的股东大会制度、董事会权利的合理界定与约束、完善的独立董事制度、监事会的独立性和监督责任、优秀的职业经理层和相关利益者的共同治理7个方面。公司的管理人员和普通员工素质水平都会对公司的投资价值产生重要影响。公司经营管理分析包括公司经营理念、公司管理风格和公司经营战略，反映公司内部的经营管理情况。

产品是利润的来源。产品竞争能力来源于产品的成本优势、技术优势或质量优势，通过产品销售市场的地域分布和产品在同类产品市场上的占有率可以判断公司的经营能力和产品竞争力。品牌具有创造市场、联合市场、巩固市场的功能，随着市场竞争的加剧，越来越多的公司实施品牌战略，将品牌作为核心竞争力，以获取差别利润与公司价值提升。

经济区位、公司竞争战略、募集资金投向和重点研发项目等对公司未来的发展有重要影响。此外，还需要关注公司可能遇到的重大事项，如上市公司重要公告事件，公司的资产重组与兼并，上市公司增持、减持与回购等。

复习思考题

1. 公司股本结构和股权结构的概念分别是什么？

2. 公司控股股东和实际控制人是否是同一个主体？
3. 股权集中度过高或过低有何利弊？
4. 同股不同权的概念和优缺点分别是什么？
5. 法人治理结构的概念及健全法人治理结构的特征有哪些？
6. 分析公司经营管理可以在哪几个方面展开？
7. 公司战略规划的基本流程有哪些？
8. 产品品牌及品牌战略的概念及重要性如何体现？
9. 分析公司发展前景可考虑在哪几个方面展开？
10. 公司重大事项主要包括哪些？

第三章 上市公司所属行业分析

行业分析是上市公司价值分析的重要内容,整个行业的发展状况将直接影响行业内部企业的发展。如果只进行企业分析,只能获得企业的经营和财务状况,而不能获得同类企业的状况,更无法知道当前企业在行业中的位置。行业所处生命周期阶段制约着企业的生存和发展。不同行业在国民经济中的重要程度不同,可能得到的政策支持也不同,这将对上市公司的股票价格产生显著影响。行业周期性强的企业,受国家经济整体的影响大;行业周期性弱的企业,受国家经济整体的影响小。本章的目的是讲述上市公司所属行业分析的重点和工具。第一节讲解行业和行业分析的相关概念和类型;第二节重点讲述行业周期性理论和周期性分析的方法;第三节重点讲述行业竞争格局分析的方法,包括行业集中度指数、行业基尼系数、波特五力竞争结构等;第四节重点讲述行业发展趋势分析。

第一节 行业和行业分析

一、行业的概念

行业指为同一个商品市场生产和提供商品的所有厂商的总体,如餐饮行业、金融行业、电子制造行业等。根据《国民经济行业分类》(GB/T4754－2017),行业是从事相同性质经济活动的所有单位的集合。

行业由许多同类企业构成,根据行业特性、技术投入等可以将行业分为不同的类别。例如,根据社会生产活动历史发展的顺序,行业可分为第一产业、第二产业和第三产业;根据产品和业务范围的区别,可以将行业进一步细分,如第一产业包括种植业、林业、渔业等。

行业分析是上市公司价值分析的基础,行业分析开始前,首先必须对上市公司的所在行业进行界定,明确公司经营的产品或业务并进行高度概括,为后续行业分析奠定基础。本节将介绍几个常用的行业分类标准。

二、行业分类标准

(一)国民经济行业分类(GB/T4754—2017)

中国《国民经济行业分类》于 1984 年首次发布,分别于 1994 年、2002 年、2011 年和 2017 年进行了四次修订。该分类系统采用经济活动的同质性原则划分国民经济行业,即每一个行业类别按照同一种经济活动的性质划分,而不是依据编制、会计制度或部门管理进行划分。

该分类系统主要以产业活动单位和法人单位作为划分行业的单位,按照单位的主要经济活动确定其行业性质,将社会经济活动划分为门类、大类、中类和小类四级。《国民经济行业分类》(GB/T4754—2017)将国民经济分为 20 个门类、97 个大类、473 个中类和 1 381 个小类。

表 3—1　　　　　《国民经济行业分类》(GB/T4754—2017)门类

A	农、林、牧、渔业
B	采矿业
C	制造业
D	电力、热力、燃气及水生产和供应业
E	建筑业
F	批发和零售业
G	交通运输、仓储和邮政业
H	住宿和餐饮业
I	信息传输、软件和信息技术服务业
J	金融业
K	房地产业
L	租赁和商务服务业
M	科学研究和技术服务业
N	水利、环境和公共设施管理业
O	居民服务、修理和其他服务业
P	教育
Q	卫生和社会工作
R	文化、体育和娱乐业
S	公共管理、社会保障和社会组织
T	国际组织

(二)证监会行业分类

中国证券监督管理委员会(CSRC)为国务院直属正部级事业单位,依照法律、法规和国务院授权,统一监督管理全国证券期货市场,维护证券期货市场秩序,保障其合法运行。

为规范上市公司行业分类,2001年,中国证监会参照《国民经济行业分类》制定并公布《上市公司行业分类指引》(以下简称《指引》),2012年对《指引》进行了修订,将行业分为19个门类和90个大类。《指引》要求各证券期货交易所、中国证券登记结算公司、中国证监会派出机构以及其他相关机构,向中国证监会报送统计数据所涉及的上市公司行业分类应符合《指引》的规定。市场机构基于投资分析目的所使用的上市公司行业分类可参照《指引》规定的行业类别,但非强制使用。

中国证监会上市公司行业分类以在中国境内证券交易所挂牌交易的上市公司为基本分类对象。分类工作按季度进行,并于每季度末在中国证监会网站(网址为:http://www.csrc.gov.cn/csrc/c100103/common_list.shtml)上公布。2021年第三季度,证监会上市公司行业分类结果如表3-2所示。

表3-2　　　　中国证监会上市公司行业分类结果(2021年第三季度)

门类名称及代码	行业大类代码	行业大类名称	上市公司数量
农、林、牧、渔业(A)	01	农业	17
	02	林业	4
	03	畜牧业	18
	04	渔业	8
	05	农、林、牧、渔服务业	1
采矿业(B)	06	煤炭开采和洗选业	25
	07	石油和天然气开采业	7
	08	黑色金属矿采选业	5
	09	有色金属矿采选业	23
	10	非金属矿采选业	2
	11	开采辅助活动	17
制造业(C)	13	农副食品加工业	53
	14	食品制造业	65
	15	酒、饮料和精制茶制造业	48
	17	纺织业	48
	18	纺织服装、服饰业	40

续表

门类名称及代码	行业大类代码	行业大类名称	上市公司数量
制造业(C)	19	皮革、毛皮、羽毛及其制品和制鞋业	12
	20	木材加工和木、竹、藤、棕、草制品业	8
	21	家具制造业	24
	22	造纸和纸制品业	36
	23	印刷和记录媒介复制业	14
	24	文教、工美、体育和娱乐文教、工美、体育和娱乐	21
	25	石油加工、炼焦和核燃料加工业	16
	26	化学原料和化学制品制造业	291
	27	医药制造业	275
	28	化学纤维制造业	28
	29	橡胶和塑料制品业	101
	30	非金属矿物制品业	101
	31	黑色金属冶炼和压延加工业	31
	32	有色金属冶炼和压延加工业	78
	33	金属制品业	85
	34	通用设备制造业	161
	35	专用设备制造业	299
	36	汽车制造业	151
	37	铁路、船舶、航空航天和其他运输设备制造业	73
	38	电气机械和器材制造业	286
	39	计算机、通信和其他电子设备制造业	466
	40	仪器仪表制造业	67
	41	其他制造业	16
	42	废弃资源综合利用业	10
电力、热力、燃气及水生产和供应业(D)	44	电力、热力生产和供应业	81
	45	燃气生产和供应业	30
	46	水的生产和供应业	17

续表

门类名称及代码	行业大类代码	行业大类名称	上市公司数量
建筑业(E)	47	房屋建筑业	2
	48	土木工程建筑业	70
	49	建筑安装业	2
	50	建筑装饰和其他建筑业	31
批发和零售业(F)	51	批发业	81
	52	零售业	97
交通运输、仓储和邮政业(G)	53	铁路运输业	6
	54	道路运输业	35
	55	水上运输业	30
	56	航空运输业	14
	58	装卸搬运和运输代理业	9
	59	仓储业	9
	60	邮政业	5
住宿和餐饮业(H)	61	住宿业	5
	62	餐饮业	3
信息传输、软件和信息技术服务业(I)	63	电信、广播电视和卫星传输服务	17
	64	互联网和相关服务	73
	65	软件和信息技术服务业	271
金融业(J)	66	货币金融服务	43
	67	资本市场服务	56
	68	保险业	7
	69	其他金融业	20
房地产业(K)	70	房地产业	117
租赁和商务服务业(L)	71	租赁业	3
	72	商务服务业	62
科学研究和技术服务业(M)	73	研究和试验发展	15
	74	专业技术服务业	61
	75	科技推广和应用服务业	2
水利、环境和公共设施管理业(N)	77	生态保护和环境治理业	67
	78	公共设施管理业	19

续表

门类名称及代码	行业大类代码	行业大类名称	上市公司数量
居民服务、修理和其他服务业(O)	80	机动车、电子产品和日用产品修理业	1
教育(P)	82	教育	12
卫生和社会工作(Q)	83	卫生	14
文化、体育和娱乐业(R)	85	新闻和出版业	27
	86	广播、电视、电影和影视录音制作业	24
	87	文化艺术业	8
	88	体育	2
综合(S)	90	综合	13

注：上市公司数量统计时间为2021年第三季度，受篇幅所限，表中仅写出上市公司数量，未写出具体上市公司代码及简称。

(三)申万行业分类标准

申万宏源研究所长期致力于中国证券市场的研究，于2003年首次制定并发布行业分类标准体系。根据中国经济和股票市场最新发展，申万宏源研究所对行业分类体系已经进行过四次重大调整。目前，最新版申万行业分类于2021年7月30日正式推出，可在申万指数网站查阅（网址为：http://www.swsindex.com/idx0530.aspx）。

基于"盈利驱动、估值聚类、物理形态、使用习惯"四大分类原则，2021版申万行业分类标准中，一级行业31个、二级行业134个、三级行业346个，并对当日5 284只上市公司股票进行了行业分类（含A股、港股和美股）。其中，一级行业名称及上市公司数量如表3—3所示。

表3—3　　　　　　　申万行业分类及上市公司数量

行业代码	一级行业名称	其中		
		二级行业数	三级行业数	公司数量
110000	农林牧渔	8	18	100
220000	基础化工	7	33	332
230000	钢铁	3	6	49
240000	有色金属	5	14	144
270000	电子	6	16	348
280000	汽车	5	13	262

续表

行业代码	一级行业名称	二级行业数	三级行业数	公司数量
330000	家用电器	7	12	87
340000	食品饮料	6	13	139
350000	纺织服饰	3	12	141
360000	轻工制造	4	14	134
370000	医药生物	6	16	476
410000	公用事业	2	9	156
420000	交通运输	4	13	168
430000	房地产	2	6	241
450000	商贸零售	5	10	135
460000	社会服务	6	15	149
480000	银行	5	5	66
490000	非银金融	3	9	160
510000	综合	1	1	35
610000	建筑材料	3	9	85
620000	建筑装饰	5	9	153
630000	电力设备	6	21	283
640000	机械设备	5	19	449
650000	国防军工	5	5	110
710000	计算机	3	5	311
720000	传媒	7	16	189
730000	通信	2	7	123
740000	煤炭	2	3	46
750000	石油石化	3	6	61
760000	环保	2	5	118
770000	美容护理	3	6	34
合　计		134	346	5 284

注：上市公司数量统计时间点为2021年7月30日，受篇幅所限，表格中仅写出上市公司数量，未写出具体上市公司名称。

(四)中证行业分类

2015年,全国中小企业股份转让系统公司制定了《挂牌公司管理型行业分类指引》《挂牌公司投资型行业分类指引》,并对截至2015年2月底的挂牌公司进行了管理型及投资行业分类。

2021年,中证指数有限公司发布关于修订中证行业分类标准的公告,并发布上市公司中证行业分类结果,分类结果于2021年12月13日正式生效(网址:https://www.csindex.com.cn/#/about/newsDetail?id=13866)。

2021年修订后的中证行业分类标准划分为四个级别,共有11个一级行业、35个二级行业、98个三级行业和260个四级行业,具体如表3—4所示。

表3—4 中证行业分类(2021年修订)

一级代码	一级行业	二级代码	二级行业	三级代码	三级行业
10	能源	1010	能源	101010	油气开采与油田服务
				101020	石油与天然气
				101030	煤炭
15	原材料	1510	化工	151010	农用化工
				151020	化学纤维
				151030	化学原料
				151040	化学制品
				151050	塑料
				151060	橡胶
		1520	有色金属	152010	工业金属
				152020	贵金属
				152030	稀有金属
				152040	其他有色金属及合金
		1530	钢铁	153010	钢铁
		1540	非金属材料	154010	建筑材料
				154020	其他非金属材料
		1550	造纸与包装	155010	容器与包装
				155020	纸类与林业产品

续表

一级代码	一级行业	二级代码	二级行业	三级代码	三级行业
20	工业	2010	航空航天与国防	201010	航空航天
				201020	国防装备
		2020	建筑装饰	202010	建筑与工程
				202020	建筑装修
				202030	建筑产品
		2030	电力设备	203010	发电设备
				203020	电网设备
				203030	储能设备
		2040	机械制造	204010	通用机械
				204020	专用机械
				204030	交通运输设备
				204040	工业集团企业
		2050	环保	205010	污染治理
				205020	节能与生态修复
		2060	商业服务与用品	206010	商业服务与用品
		2070	交通运输	207010	运输业
				207020	交通基本设施
25	可选消费	2510	乘用车及零部件	251010	汽车零部件与轮胎
				251020	乘用车
				251030	摩托车及其他
				251040	汽车经销商与汽车服务
		2520	耐用消费品	252010	家用电器
				252020	家居
				252030	休闲设备与用品
		2530	纺织服装与珠宝	253010	纺织服装
				253020	珠宝与奢侈品
		2540	消费者服务	254010	休闲服务
				254020	教育服务
				254030	其他消费者服务
		2550	零售业	255010	一般零售
				255020	专营零售
				255030	旅游零售
				255040	互联网零售

续表

一级代码	一级行业	二级代码	二级行业	三级代码	三级行业
30	主要消费	3010	食品、饮料与烟草	301010	酒
				301020	软饮料
				301030	食品
				301040	烟草
		3020	农牧渔	302010	种植
				302020	养殖
		3030	家庭与个人用品	303010	家庭用品
				303020	美容护理
35	医药卫生	3510	医疗	351010	医疗器械
				351020	医疗商业与服务
		3520	医药	352010	生物药品
				352020	化学药
				352030	中药
				352040	制药与生物科技服务
40	金融	4010	银行	401010	商业银行
				401020	抵押信贷机构
		4020	其他金融	402010	其他金融服务
				402020	消费信贷
		4030	资本市场	403010	证券公司
				403020	其他资本市场
		4040	保险	404010	保险
45	信息技术	4510	计算机	451010	软件开发
				451020	信息技术服务
		4520	电子	452010	电子终端及组件
				452020	电子元件
				452030	光学光电子
				452040	电子化学品
				452050	其他电子
		4530	半导体	453010	集成电路
				453020	分立器件
				453030	半导体材料与设备
50	通信服务	5010	电信服务	501010	电信运营服务
				501020	电信增值服务
		5020	通信设备及技术服务	502010	通信设备
				502020	数据中心
				502030	通信技术服务
		5030	传媒	503010	营销与广告
				503020	文化娱乐
				503030	数字媒体

续表

一级代码	一级行业	二级代码	二级行业	三级代码	三级行业
55	公用事业	5510	公用事业	551010	电力及电网
				551020	燃气
				551030	水务
				551040	市政环卫
				551050	供热及其他
60	房地产	6010	房地产	601010	房地产开发与园区
				601020	房地产管理与服务
				601030	房地产投资信托（REITs）

注：受篇幅所限，表格中未列出四级行业代码、名称及释义。

（五）国证行业分类

深圳证券信息有限公司为深圳证券交易所的全资子公司，是境内最早开展指数业务的专业机构，经深交所授权，深证信息负责"深证"系列指数的规划研发、日常运维和市场营销等业务。2019年，深圳证券信息有限公司正式加入国际指数行业协会（IIA）。

深圳证券信息有限公司采用财务数据为会计师事务所审计的合并报表数据，以上市公司营业收入作为主要标准和依据对上市公司进行行业划分，并于2019年发布最新《国证上市公司行业分类标准（2019年修订）》（网址：http：//www.cnindex.com.cn/zh_analytics/standards/index.html？act_menu＝3）。

国证行业分类标准（2019年修订）为四级分类，包括：一级行业11个、二级行业30个、三级行业88个、四级行业164个，具体如表3－5所示。

表3－5　　　　　　　　　　国证行业分类（2019年修订）

一级行业		二级行业		三级行业	
C01	能源	C0101	能源	C010101	能源设备与服务
				C010102	石油天然气
				C010103	煤炭
				C010104	可替代能源
C02	原材料	C0201	基础化工	C020101	化学原料
				C020102	化学制品
				C020103	农用化工
				C020104	合成纤维
		C0202	基础材料	C020201	建筑材料
				C020202	容器与包装
				C020203	黑色金属
				C020204	有色金属
				C020205	非金属材料与制品
				C020206	纸类与林业产品
				C020207	合成金属

续表

一级行业		二级行业		三级行业	
C03	工业	C0301	工业品	C030101	航天航空
				C030102	建筑产品
				C030103	电气部件与设备
				C030104	重型电气设备
				C030105	通用机械
				C030106	专用设备
				C030107	工业集团企业
		C0302	工业服务	C030201	建筑与工程
				C030202	工业贸易经销商
				C030203	商业用品与服务
		C0303	运输	C030301	物流
				C030302	航空运输
				C030303	水上运输
				C030304	陆运
				C030305	交通基本设施
C04	可选消费	C0401	汽车与汽车零配件	C040101	汽车零配件与设备
				C040102	汽车
		C0402	耐用消费品	C040201	家用电器
				C040202	耐用家居用品
				C040203	休闲设备与用品
		C0403	纺织服装与奢侈品	C040301	服装与配饰
				C040302	纺织品
				C040303	珠宝与奢侈品
		C0404	消费者服务	C040401	酒店餐饮与休闲
				C040402	其他消费者服务
		C0405	传媒	C040501	传媒
		C0406	零售业	C040601	消费品经销商
				C040602	网络零售
				C040603	百货商店
				C040604	专营零售
C05	主要消费	C0501	食品与主要用品零售	C050101	食品与主要用品零售
		C0502	农牧渔产品	C050201	农牧渔产品
		C0503	食品饮料与烟草	C050301	食品
				C050302	饮料
				C050303	烟草
		C0504	家庭与个人用品	C050401	家常用品
				C050402	个人用品

续表

一级行业		二级行业		三级行业	
C06	医药卫生	C0601	医疗设备与服务	C060101	医疗设备与用品
				C060102	医疗保健提供商与服务
		C0602	制药	C060201	化学原料药
				C060202	化学制剂
				C060203	中药
				C060204	药品流通
		C0603	生物科技	C060301	生物科技
C07	金融	C0701	银行	C070101	银行
		C0702	综合金融	C070201	证券
				C070202	保险
				C070203	投资信托
				C070204	其他金融服务
				C070205	消费金融
		C0703	资本市场服务	C070301	资本市场服务
C08	信息技术	C0801	软件与互联网	C080101	互联网软件与服务
				C080102	信息技术服务
				C080103	计算机软件
		C0802	技术硬件与设备	C080201	电脑与外围设备
				C080202	电子设备及服务
				C080203	电子元器件
				C080204	光电子器件
		C0803	半导体	C080301	半导体
C09	电信业务	C0901	电信服务	C090101	电信运营
				C090102	电信增值服务
		C0902	通信设备及技术服务	C090201	通信设备
				C090202	通信技术服务
C10	公用事业	C1001	公用事业	C100101	电力公用事业
				C100102	燃气公用事业
				C100103	水公用事业
				C100104	复合型公用事业
C11	房地产	C1101	房地产开发和管理	C110101	住宅地产开发和管理
				C110102	商业地产开发和管理
				C110103	工业地产开发和管理
		C1102	房地产服务	C110201	房地产信托
				C110202	房地产租赁
				C110203	其他房地产服务

注：受篇幅所限，表格中未列出四级行业编码和名称。

（六）全球行业分类标准（GICS）

全球行业分类系统（Global Industry Classification Standard，GICS）由标准普尔

(S&P)与摩根士丹利公司(MSCI)于 1999 年 8 月联手推出。该标准为全球金融业提供了一个全面的、全球统一的经济板块和行业定义,在世界范围内得到广泛的认可。GICS 为创造易复制的、量体裁衣的投资组合提供了坚实基础,更使得对全球范围经济板块和行业的研究更具可比性。

2018 年 9 月修订后生效的 GICS 包括 11 个行业板块(Sector)、24 个行业组(Industry Group)、69 个行业(Industry)和 158 个子行业(Sub-Industry)。表 3-6 为 GICS 的行业板块、行业组和行业的编号及类型,以及各行业所包含的子行业数目情况。

表 3-6　　　　　　　　全球行业分类标准(GICS,2018 年 9 月生效)

行业板块		行业组		行业		子行业数
10	能源	1010	能源	101010	能源设备与服务	2
				101020	石油、天然气与消费用燃料	5
15	原材料	1510	原材料	151010	化学制品	5
				151020	建筑材料	1
				151030	容器与包装	2
				151040	金属与采矿	7
				151050	纸类与林业产品	2
20	工业	2010	资本品	201010	航空航天与国防	1
				201020	建筑产品	1
				201030	建筑与工程	1
				201040	电气设备	2
				201050	工业集团企业	1
				201060	机械制造	3
				201070	贸易公司与经销商	1
		2020	商业和专业服务	202010	商业服务与商业用品	5
				202020	专业服务	2
		2030	运输	203010	航空货运与物流	1
				203020	航空公司	1
				203030	海运	1
				203040	公路与铁路	2
				203050	交通基本设施	3

续表

行业板块		行业组		行业		子行业数
25	非日常生活消费品	2510	汽车与汽车零部件	251010	汽车零配件	2
				251020	汽车	2
		2520	耐用消费品与服装	252010	家庭耐用消费品	5
				252020	休闲设备与用品	1
				252030	纺织品、服装与奢侈品	3
		2530	消费者服务	253010	酒店、餐馆与休闲	4
				253020	综合消费者服务	2
		2550	零售业	255010	经销商	1
				255020	互联网与直销零售	1
				255030	多元化零售	2
				255040	专营零售	6
30	日常消费品	3010	食品与主要用品零售	301010	食品与主要用品零售	4
		3020	食品、饮料与烟草	302010	饮料	3
				302020	食品	2
				302030	烟草	1
		3030	家庭与个人用品	303010	居家用品	1
				303020	个人用品	1
35	医疗保健	3510	医疗保健设备与服务	351010	医疗保健设备与用品	2
				351020	医疗保健提供商与服务	4
				351030	医疗保健技术	1
		3520	制药、生物科技和生命科学	352010	生物科技	1
				352020	制药	1
				352030	生命科学工具和服务	1
40	金融	4010	银行	401010	商业银行	2
				401020	互助储蓄银行与抵押信贷	1
		4020	综合金融	402010	综合金融服务	3
				402020	消费信贷	1
				402030	资本市场	4
				402040	抵押房地产投资信托(REITs)	1
		4030	保险	403010	保险	5
45	信息技术	4510	软件与服务	451020	信息技术服务	3
				451030	软件	2
		4520	技术硬件与设备	452010	通信设备	1
				452020	电脑与外围设备	1
				452030	电子设备、仪器和元件	4
		4530	半导体产品与设备	453010	半导体产品与设备	2

续表

行业板块		行业组		行业		子行业数
50	通讯业务	5010	电信业务	501010	综合电信业务	2
				501020	无线电信业务	1
		5020	媒体与娱乐	502010	媒体	4
				502020	娱乐	2
				502030	互动媒体与服务	1
55	公用事业	5510	公用事业	551010	电力公用事业	1
				551020	燃气公用事业	1
				551030	复合型公用事业	1
				551040	水公用事业	1
				551050	独立电力生产商与能源贸易商	2
60	房地产	6010	房地产	601010	股权房地产投资信托（REITs）	8
				601020	房地产管理和开发	4

注：受篇幅所限，表中仅写出子行业数，未写出具体子行业名称。

三、行业分析

（一）行业分析的功能

行业分析即探究该行业未来发展趋势，通过研究某一行业的发展动态、供求状况、规模结构、竞争格局以及综合经济信息等，为企业自身发展或行业投资者等提供重要的决策依据。行业分析以行业为主线，整合行业、市场、企业、用户等多方面的资源和信息，帮助企业或投资者等准确把握行业发展趋势。

（二）行业分析报告内容

行业分析（研究）报告是对整个行业的综合报告，通过对大量一手市场调研数据的深入分析，全面客观地剖析行业发展的总体市场容量、市场规模、竞争格局、进出口情况和市场需求特征，以及行业重点企业的产销运营分析，并根据各行业的发展轨迹及实践经验，对各产业未来的发展趋势做出准确分析与预测。

（三）行业分析报告思路

行业分析报告内容大致可以依据行业历史、行业现状、行业趋势及重点企业分析四个方面（如图3-1所示），分析该行业的历史表现、运行表现，挖掘该行业盈利的关键因素，判断外部环境（包括政策、技术、消费习惯等）的变化及其对行业发展的影响，综合得出研究结论。

(1)行业历史分析主要是探究该行业的产生、发展、演变的过程，通过梳理行业的历史发展脉络，更好地认识行业发展现状并判断未来趋势。行业历史分析的主要内容包括：清晰界定行业边界；对行业进行准确分类；总结行业发展历程；判断行业所处生

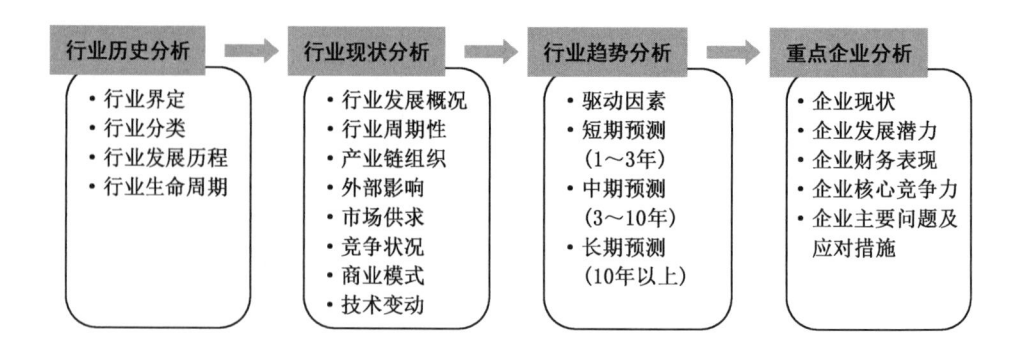

```
行业历史分析 → 行业现状分析 → 行业趋势分析 → 重点企业分析
• 行业界定        • 行业发展概况    • 驱动因素       • 企业现状
• 行业分类        • 行业周期性      • 短期预测       • 企业发展潜力
• 行业发展历程    • 产业链组织      （1～3年）      • 企业财务表现
• 行业生命周期    • 外部影响        • 中期预测       • 企业核心竞争力
                  • 市场供求        （3～10年）     • 企业主要问题及
                  • 竞争状况        • 长期预测         应对措施
                  • 商业模式        （10年以上）
                  • 技术变动
```

图 3—1　行业分析思路图

命周期。

（2）行业现状分析包括行业发展概况、行业周期性、产业链组织、外部影响、市场供求、竞争状况、商业模式、技术变动以及政策、技术、消费习惯等外部因素的变动情况。

（3）行业趋势分析是结合外部因素对行业市场供求状况、竞争状况、关键因素的影响，预测行业的短期（1～3年）、中期（3～10年）和长期（10年以上）趋势。

（4）重点企业分析主要是比较行业内代表性企业的业绩表现，分析其核心竞争力，判断该企业未来发展趋势以及其对行业格局和发展趋势的影响。

（四）投资价值分析报告中的行业分析

1. 上市公司投资价值分析中行业分析的必要性

上市公司投资价值分析过程中，需要对公司所处行业展开研究。行业与企业之间是面和点的关系，行业的规模和发展趋势决定了企业的成长空间。如同产品生命周期一样，一个行业也分为引入（初创）、成长、成熟、衰退四个阶段，企业的发展必须遵循行业的特征和规律。

公司价值与其所属的行业有很大的关系。不同的国民经济结构下，不同行业所处的地位不同，国家政策支持也不同。比如，新能源企业、新材料企业、精细化工企业等，属成长型产业，发展前景较好，对投资者的吸引力就大；反之，处于煤炭、棉纺业等行业中的企业，属夕阳产业，其发展前景欠佳，投资收益相对较低。

行业分析为更好地进行公司投资价值分析奠定基础。如果某个公司所属行业已处于衰退期，则该公司不管其资产多么雄厚、经营管理能力多么强，都不能摆脱其阴暗的前景。投资者在选择上市公司时，必须分析和判断公司所属的行业是处于开创期、扩张期还是衰退期，对属于衰退行业的公司投资必须慎之又慎。

2. 上市公司投资价值分析中的行业分析重点内容

行业分析是上市公司价值分析的重要组成，是连接宏观经济分析与上市公司分析的桥梁。目前已有专业的行业研究报告对某一行业进行详细、完整的分析研究,其撰写有相应的内容、规范要求。行业研究的目的是挖掘最具投资潜力的行业,进而选出最具投资价值的上市公司。

在上市公司投资价值分析报告中,行业分析仅是其重要组成部分之一,不可能也不需要如行业研究报告那么面面俱到。在上市公司投资价值分析报告中,分析师可根据当前上市公司所处行业基本情况,选择那些对上市公司投资价值最有影响的内容进行分析。通常情况下,上市公司投资价值分析报告的行业分析主要包括行业周期性分析、行业竞争格局分析和行业发展趋势分析三个方面。在具体报告撰写中,可以参考依据行业周期性、行业竞争格局和行业发展趋势三个主题直接展开。

第二节　行业的周期性分析

行业周期是对行业历史研究的总结性判断,一般可分为经济周期和生命周期两类。根据行业与宏观经济周期的关系以及行业自身生命周期的特点,投资者通常应该选择对经济周期敏感度不高的增长型行业和在生命周期中处于成长期和成熟期的行业。

一、行业的经济周期

(一)经济周期理论

1. 经济周期的定义

经济周期也称商业周期、景气循环,通常是指经济活动沿着经济发展的总体趋势所经历的有规律扩张与收缩。美国经济学家阿瑟·伯恩斯(Arthur Burns)和韦斯利·米切尔(Wesley Mitchell)在1946年出版的《测定商业周期》一书中对经济周期的定义为:"经济周期是在主要以工商企业形式组织起活动的国家的总体经济活动中可以发现的一种波动形态。一个周期由几乎同时在许多经济领域发生的扩张,随之而来的同样普遍的衰退、收缩,以及下一个周期的扩张相连接的复苏所组成;这种变化反复出现,但不是定期的;经济周期的持续时间从1年以上到10年、20年不等;它们不再分为具有接近自己振幅的类似特征的更短周期。"

经济周期具有如下特征:①市场经济中经济运行不可避免地波动;②是总体经济活动的波动,而不是一国一个或几个部门、一个或几个地区的局部波动;③一个完整的经济周期分为繁荣、衰退、萧条和复苏四个阶段;④经济周期时间长短差别较大。

2.经济周期的阶段

宏观经济的运行呈现周期性特点,经济波动以经济普遍而同期地扩张和收缩为特征。一个经济周期大致可以分为扩张和收缩两个阶段,扩张阶段包括复苏和繁荣,是总体经济活动的上升时期,宏观经济环境和市场环境日益活跃,经济运行从最低点(谷底)上升至最高点(顶峰);收缩阶段包括衰退和萧条,是总体经济活动的下降时期,宏观经济环境和市场环境日趋紧缩,经济从最高点(顶峰)运行至最低点(谷底),具体如图3—2所示。

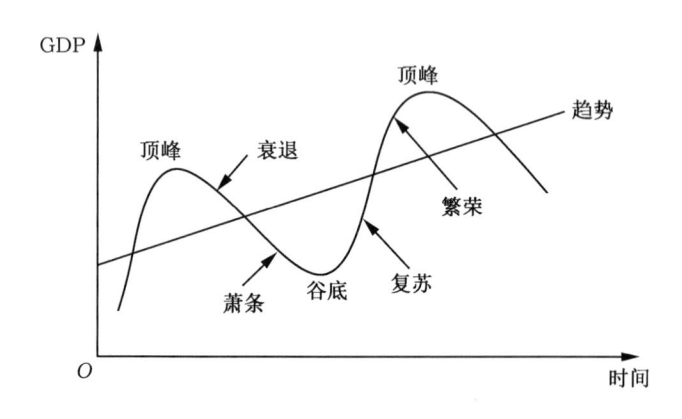

图3—2 经济周期示意图

长期来看,经济总体上保持着增长趋势,因此,经济增长的长期趋势线是正斜率的,短期经济周期围绕长期经济增长波动。采用四阶段法划分,一个经济周期包括繁荣、衰退、萧条、复苏四个阶段。

(1)繁荣阶段:国民收入和经济活动高于正常水平的阶段,其特征为生产迅速增加、投资增加、信用扩张、价格水平上升、就业增加,社会公众对未来持乐观态度。

(2)衰退阶段:从繁荣到萧条的过渡时期,经济从顶峰开始下降,但仍高于正常水平。不同的国家对衰退的定义不同,美国以经济连续两个季度出现负增长为衰退的定义被广泛使用。经济衰退的普遍特征为消费者需求、投资急剧下降;对劳动的需求、产出下降,企业利润急剧下滑,股票价格和利率一般也会下降。

(3)萧条阶段:国民收入和经济活动低于正常水平的阶段,其特征为投资减少、产品滞销、价格下降、企业利润下降、信用紧缩、生产减少、失业增加,社会公众对未来持悲观态度。

(4)复苏阶段:从萧条到繁荣的过渡时期,经济从谷底开始回升,但仍未达到正常水平。经济复苏的特征为经济增长速度持续提高、投资持续增长、产量不断扩大、市场需求旺盛、就业机会增多,企业利润、居民收入和消费水平都有不同程度的提高。

(二)行业经济周期分类及特征

由于不同行业对于经济周期的敏感性不同,其业绩可能会出现较大差异。根据行业与经济周期变动关系,可将行业分为增长型行业、周期型行业和防守型行业,如表3—7所示。

(1)增长型行业:运行状态与经济活动总水平的周期及其振幅无关,发展态势与经济周期间并无明显同步关联关系。不论经济周期处于哪个阶段,增长型行业均能够保持相对稳定的增长速度,其发展速度明显高于社会经济发展速度。增长型行业的经济增长主要依靠技术进步、推陈出新以及更为优质的服务。过去的几十年中,计算机、电子通信、能源、人工智能、物联网、云计算等表现出增长型行业特征。

(2)周期型行业:运行状态与经济周期(外部宏观经济环境)高度相关,产品价格、需求以及产能呈现周期性波动。经济繁荣时期,产品需求快速上升、价格大涨、产能大幅度扩张,而萧条时期表现出相反的趋势。典型的周期型行业如钢铁业、耐用品及高档消费品行业等。

(3)防守型行业:产品往往是生活必需品或是必要的公共服务,需求相对稳定,对经济周期影响不敏感。与增长型行业相比,无论经济周期是扩张还是收缩,其发展基本保持不变,但经济衰退时,防守型产业可能会有一定的实际增加。典型的防守型行业如食品业和公用事业等。

表3—7 不同类型行业的特征

类型	对于经济周期的敏感性	行业增长速度	行业举例
增长型行业	不敏感	保持相对稳定的增长速度	计算机、电子通信、能源、人工智能、物联网、云计算等
周期型行业	敏感	经济繁荣时期,增长速度快;经济萧条时期,增长速度慢,甚至为负	汽车、房地产、石油化工、机械、水泥
防守型行业	不敏感	产品需求相对稳定,经济衰退时可能会有实际增加	食品、饮料、白酒、家电、文具、旅游、医药、养老、公共事业等

(三)行业经济周期类别判断方法

根据增长型行业、周期型行业和防守型行业的特征,可从行业总产值、总产量、主营业务收入、销售收入、销量、固定资产投资、从业人员数等指标中选择1~2个,计算其历年的增长率。通过比较该增长率波动与国内生产总值增长率波动的一致性进行判断:

(1)如果行业历年增长率整体逐年上升,与国内生产总值增长率的波动未表现出明显的一致性,特别是在经济衰退期基本不受国内生产总值波动的影响,则可认为其为增长型行业,如图3—3中的行业1。

(2)如果行业历年增长率波动与国内生产总值增长率波动表现为显著的一致性,即国内生产总值增长率高时,行业增长率高;国内生产总值增长率低时,行业增长率低,则可认为其为周期型行业,如图3—3中的行业2。

(3)如果行业历年增长率均较为平稳,与国内生产总值增长率的波动也未表现出明显的一致性,则可认定为防守型行业,如图3—3中的行业3。

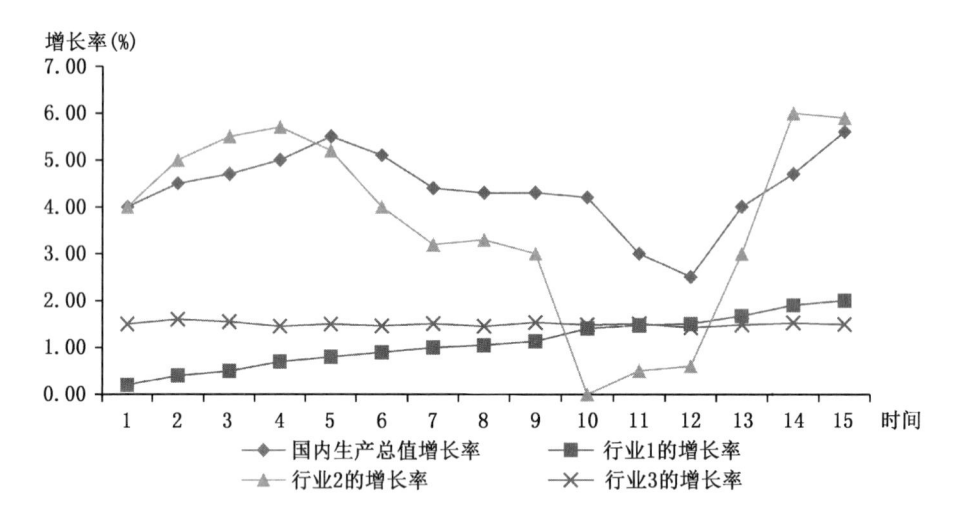

图3—3 国内生产总值与行业增长率的波动示意图

二、行业的生命周期

(一)行业生命周期理论

1.行业生命周期曲线

生命周期理论被较早应用于行业发展和演变的研究。行业的生命周期是指行业从出现到完全退出社会经济活动所经历的时间。每个行业都会经历一个由成长到衰退的发展演变历程,图3—4是一条抽象化的行业生命周期曲线。理论上,一个完整的行业生命发展周期类似于"S"形,具体包括初创期、成长期、成熟期和衰退期四个阶段。

上市公司投资价值与其所处行业生命周期阶段紧密相关。处于行业生命周期不同阶段的上市公司,面临的风险、机遇、发展空间和战略选择等均不相同,影响其在行业中的长期生存与发展。

需要注意的是,由于影响行业发展的因素很多,各行业的生命周期曲线各不相同,产业扩张、转移等也可能导致行业生命周期新的成长,并且整个经济的周期性变化与

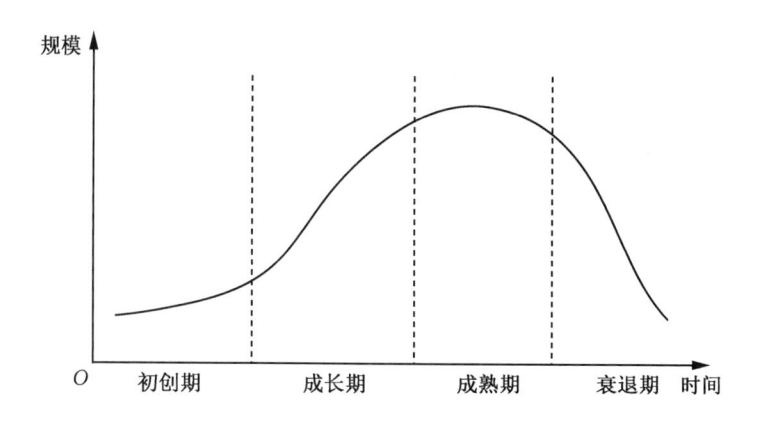

图 3—4 行业生命周期示意图

具体某个行业的生命周期演变也不易区分出来。因此,实际经济运行中,一个行业的生命周期曲线可能更加复杂,分析师不能机械地使用生命周期曲线对行业进行分析,而是需要与其他定性定量判断方法结合使用。

2.行业生命周期的阶段特征

识别行业生命周期所处阶段的主要指标包括市场增长率、需求增长率、产品品牌、竞争者数量、进入壁垒和退出壁垒、技术变革、用户购买行为等。在行业生命周期的不同阶段,上述指标会表现出不同特征。

(1)初创期

企业数量少,进入壁垒低。初创期往往是新兴行业,行业中只有为数不多的创业企业。行业特点、发展策略等信息还不清晰,行业中竞争对手不多,企业进入壁垒较低,对于企业来说,早进入市场意味着较低的市场竞争和可能获得较高的市场份额。

行业市场狭小,增长率高。初创期的消费者对行业产品缺乏了解,产品市场需求狭小,市场尚未打开,可能存在产品单一、质劣价高等问题。企业主要致力于开辟新用户、占领市场,行业总体增长率较高、需求增长较快。

企业研发费用较高。初创期产品特性、生产技术等各方面都处于探索阶段,技术变动较大、不确定性高,需要大量资金用于产品和技术的开发研究。

企业面临较大的投资风险。行业初创期的市场有待开发,研发投入高,缺乏合理的企业管理制度,往往导致企业投资活动和筹资活动的净现金流量为负数,未来现金流量有较大不确定性,企业应对风险的能力较差。

(2)成长期

企业数量先增后减,进入壁垒提高。经过初创期的历练和发展后,成长期的行业开始步入正轨。技术趋于稳定,行业特点、行业竞争状况以及用户特点已比较清晰。

进入该行业的企业开始增加,进入壁垒逐渐提高,产品品种及竞争对手数量逐步增多,而到成长期后期,企业数量则大幅度减少。

市场增长率很高,需求高速增长。产品经过宣传和消费者试用,成长期的市场需求开始上升,生产规模不断扩大,市场增长率很高,利润逐渐增加。随着技术工艺的进步,市场上的产品变得品种多样、质优价廉。

研发成本相对下降。由于技术趋于稳定,企业研发成本开始相对下降,企业出现创新发展与产业运营两类工作的协调关系问题,企业加大资金的投入以扩大市场份额。

破产率与合并率高。成长期行业利润开始增长,大量资本进入该行业,行业中的竞争日趋激烈。财力与技术较弱,经营不善的企业往往被淘汰或兼并,只有资本和技术力量雄厚、经营管理有方的企业能够不断发展壮大。因此,这一时期企业所面临的竞争风险非常大,破产率与被兼并率相当高。

(3) 成熟期

企业数量稳定,进入壁垒很高。在成长期的后期,由于竞争优胜劣汰规律的作用,行业中企业数量在大幅度减少之后便开始稳定下来,甚至出现少数大企业垄断了行业市场,行业进入壁垒很高。技术上已经成熟,形成标准化生产,行业特点、行业竞争状况以及用户特点非常清楚和稳定。

市场增长率和需求增长率均不高,甚至降为零。经过前期市场和消费的快速扩张,成熟期行业的市场需求基本饱和,产品销售增长率减慢,企业盈利能力达到最大并相对稳定。企业的主要目标是保持内部稳定和实现市场扩张。

企业围绕节约成本、提高效益来对产品进行小的渐进式革新,生产技术趋于自动化。成熟期如果有新的技术突破,使成本大大降低或者是开发出全新产品,则行业发展可能重新出现快速成长期。

行业趋势与总体经济趋势相同。买方市场形成,企业在稳定的行业中争夺市场份额,企业之间竞争从价格手段转向非价格手段,如提高质量、改善性能和售后服务等,但每个企业占有的市场份额比例变化程度通常较小。

(4) 衰退期

企业和竞争者数量减少。随着整个行业进入衰退期,行业市场增长率下降甚至为负,需求开始减少,销售额和利润明显下降。企业发展前景黯淡,大多数企业通常不会再扩大规模,失去产品和技术研发的动力,一些企业开始向其他行业转移资金。

导致行业兴衰的因素是多样的,诸如技术进步、产业政策变化、产业组织创新、社会习惯改变和经济全球化等因素都会产生重要影响。从衰退的原因来看,行业衰退可分为资源型衰退、效率型衰退、收入低弹性衰退和聚集过度性衰退。

拓展阅读

ofo 黄了，摩拜卖了！共享单车霸主易主，仅用 5 年收获 5 亿用户

自 2016 年共享出行风潮在全国刮起到 2020 年，我国共享出行用户数量已经达到 5.9 亿人之高。遥想当时，ofo 与摩拜为争夺市场打得十分火热，掀起了一场场"橙黄大战"。但在如今，ofo 早已经销声匿迹，摩拜单车也已经卖身给美团。而此前一直排在第三位并不算起眼的哈啰出行反倒坚持到了最后。

2021 年 9 月 17 日，在哈啰出行成立五周年之际，公司 CEO 杨磊表示，哈啰已经在全球拥有将近 5 亿注册用户数。据了解，到 2021 年第一季度时，哈啰两轮车已经有 1 000 万辆在使用之中。从交易用户规模上看，哈啰已经成为共享出行领域的新霸主。根据介绍，在全国 400 多个城市中，哈啰共享两轮业务都已经实现了布局，并且哈啰出行还将业务延伸至顺风车、打车、换电等新业务。

哈啰单车能够实现逆袭的几点原因：

第一，差异化竞争。与争夺一二线市场的 ofo、摩拜单车不同，哈啰一开始瞄准的是三四线城市，打出了差异化。哈啰在三四线站稳脚跟之后，ofo 与摩拜已经在一线争得头破血流，哈啰此时恰好能坐收渔利。

第二，背靠支付宝。哈啰选择同支付宝强强联手，也是一个十分聪明的举措。借着支付宝的名气，哈啰的知名度更上一层楼，并且获得大量的流量。据 QuestMobile 研究院公布的《中国互联网 2018 年度大报告》显示，哈啰出行将近 80% 的流量源自支付宝小程序。

第三，免押金。哈啰是我国首家免押金的共享单车厂商。这让哈啰单车人气暴涨，单日暴增 100 多万新增用户。比起需要支付昂贵押金的摩拜等，哈啰自然更受欢迎。而且，阿里巴巴还为哈啰持续输血，使其能有竞争的资本。在多种举措之下，哈啰出行成长自然迅猛，并在 ofo 与摩拜遇挫后迅速补位。

——资料来源：https://www.sohu.com/a/490969741_120101330。

（二）行业生命周期分析方法

行业增长率与国内生产总值增长率比较法可以对行业所处生命周期进行分析判断。一般来说，初创期的行业通常比较适合投机者和创业投资者；成长期的行业，其增长具有明确性，投资者分享行业成长、获取较高投资回报的可能性比较高。

1. 方法步骤

（1）选择上市公司所在行业的规模类指标，如产量、产值、主营业务收入、销售额等，计算其在不同年份的增长率，以此反映行业年度增长情况。

(2)将行业增长率与国内生产总值(GDP)增长率进行比较。国内生产总值增长率反映了一国所有行业的平均增速,根据两条增长率曲线的位置高低来判断行业所处生命周期阶段。

2.阶段判定

(1)如果行业增长率在大多数年份都高于国内生产总值增长率,则该行业发展速度超过国内行业平均增长速度,增长率高,处于生命周期中的成长期。

(2)如果行业增长率在大多数年份都与国内生产总值增长率持平,则该行业发展速度与国内行业平均增长速度差不多,处于生命周期中的成熟期。

(3)如果行业增长率在大多数年份都低于国内生产总值增长率,则该行业发展速度低于国内行业平均增长速度,增长率低,处于生命周期中的初创期或衰退期。

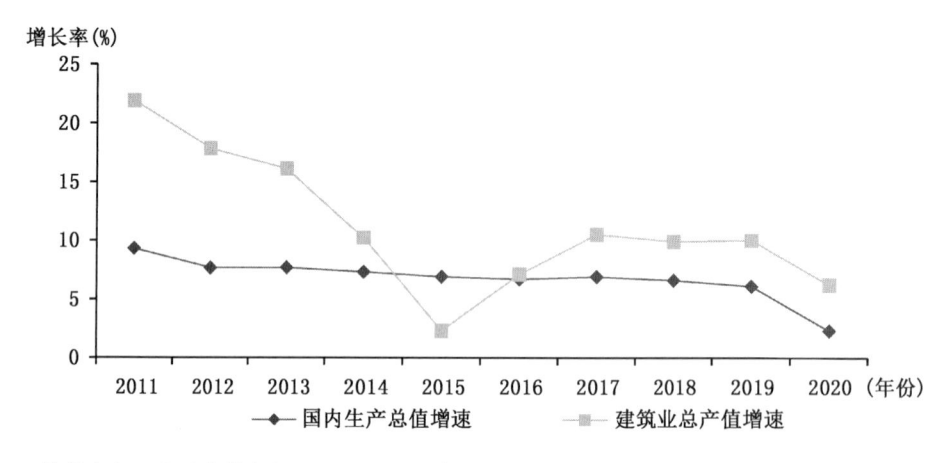

数据来源:《中国统计年鉴》(2012—2021年)。

图3-5 2011—2020年中国建筑业总产值与国内生产总值增速比较

如图3-5所示,选取2011—2020年中国建筑业总产值的增速数据,将其与国内生产总值的增速进行比较。通过观察二者的位置高低可以知道,10年中仅2015年建筑业总产值增速低于国内生产总值的增速,由此可以判断建筑业发展速度高于国内行业平均增长速度,处于成长期。

第三节 行业竞争格局分析

一、行业的市场结构

(一)市场结构类型

市场结构是指一个行业内部买方和卖方的数量及其规模分布、产品差别程度和新企业进入该行业的难易程度的总和状态,也可以说,市场结构是指市场竞争或垄断程度。企业的获利能力很大程度上与行业竞争程度相关。

根据行业中厂商数量及份额、产品差别、进出限制程度等情况,可将行业分为完全垄断、寡头垄断、垄断竞争、完全竞争四种市场结构,不同的市场结构竞争程度不同。

决定市场类型划分的重要因素有4个:①市场上的厂商数目;②厂商所生产产品的差异程度;③单个厂商对市场价格的控制程度;④厂商进出一个行业的难易程度。依据这四个要素条件,对市场进行结构划分及各种市场结构的特征如表3—8所示。

表3—8　　　　　　　　　　市场类型的划分和特征

市场类型	厂商数目	产品差别程度	对价格的控制程度	进出行业的难易程度	市场举例
完全竞争	很多	完全无差别	没有	很容易	农产品
垄断竞争	很多	有差别	有一些	比较容易	零售业、轻工业
寡头	几个①	有差别或无差别	相当程度	比较困难	汽车、通讯
垄断	唯一	唯一的产品,并且无相近的替代品	很大程度,但经常受到管制	很困难,几乎不可能	公用事业,如自来水、发电厂

(二)市场结构定量分析

行业竞争程度通常根据行业市场结构、行业竞争格局来评估,其中,行业市场结构是比较重要且容易通过数据进行判断的。判断行业市场结构的定量指标通常有行业集中度(常用)、行业基尼系数等。

1. 行业集中度指数

(1)指数计算方法

行业集中度(CR_n)指数是指某行业相关市场内前N位的最大企业所占有市场份额的总和,是衡量行业市场结构的一个重要指标。行业集中度计算中,常用的市场份额指标有产值、产量、销售额、销售量、职工人数、资产总额等。

行业集中度可以选择使用CR_4、CR_8和CR_{10}等进行测算,通常CR_4和CR_8使用较多。行业集中度(CR_n)指数越大,行业集中度越高,市场竞争越趋向于垄断;反之,行业集中度(CR_n)指数越低,市场竞争趋向于竞争。CR_n指数通常有两种计算方式。

方式一,已经知道目标行业排名前n家企业所占市场份额时,计算公式为:

$$CR_n = \sum_{i=1}^{n} S_i \qquad (3-1)$$

---

① 在寡头市场中,少数几个大的企业控制着全部或者大部分产品的生产和销售。

公式3—1中，CR_n为规模最大的前n家企业的行业集中度；S_i为第i家企业的产值、产量、销售额、销售量、职工人数、资产总额等占总行业相应指标的份额；n为产业内规模最大的前几家企业数量。

方式二，已经知道目标行业中企业的产值、产量、销售额、销售量、职工人数、资产总额等，此时，计算公式为：

$$CR_n = \frac{\sum_{i=1}^{n} X_i}{\sum_{i=1}^{N} X_i} \tag{3-2}$$

公式3—2中，CR_n为规模最大的前n家企业的行业集中度；X_i为第i家企业的产值、产量、销售额、销售量、职工人数、资产总额等；n为产业内规模最大的前几家企业数量；N为产业内所有企业数量。

(2) 分类标准

美国经济学家乔·贝恩(Joe Bain)依据CR_4和CR_8对市场结构进行分类，如表3—9所示。综合贝恩和日本通产省的划分标准，产业市场结构可以粗分为寡占型($CR_8 \geqslant 40\%$)和竞争型($CR_8 < 40\%$)两类，其中，寡占型又细分为低集中寡占型($40\% \leqslant CR_8 < 70\%$)和极高寡占型($CR_8 \geqslant 70\%$)；竞争型又细分为分散竞争型($CR_8 < 20\%$)和低集中竞争型($20\% \leqslant CR_8 < 40\%$)。

表3—9　　　　　　　　　　　贝恩对市场结构的分类

	CR_4值	CR_8值
寡占Ⅰ型	$CR_4 \geqslant 85\%$	
寡占Ⅱ型	$75\% \leqslant CR_4 < 85\%$	$CR_8 \geqslant 85\%$
寡占Ⅲ型	$50\% \leqslant CR_4 < 75\%$	$75\% \leqslant CR_8 < 85\%$
寡占Ⅳ型	$35\% \leqslant CR_4 < 50\%$	$45\% \leqslant CR_8 < 75\%$
寡占Ⅴ型	$30\% \leqslant CR_4 < 35\%$	$40\% \leqslant CR_8 < 45\%$
竞争型	$CR_4 < 30\%$	$CR_8 < 40\%$

(3) 优势与不足

行业集中度(CR_n)指数的优点在于实际操作中容易测量，计算简便易行。不足之处在于该指标不能反映企业规模分布的差异，例如，如果一个行业中仅有几个企业，另一个行业中有许多个企业，而这两个行业却可能具有相同的行业集中度(CR_n)指数。

2. 行业基尼系数

(1) 基尼系数

基尼系数(Gini coefficient)是应用比较多的衡量不平等的指标。基尼系数的值介于0~1之间,是根据洛伦兹曲线(Lorenz curve)所定义的判断收入分配公平程度的指标,国际上广泛使用基尼系数来综合考察一个国家或地区居民内部收入分配差异状况。

(2)行业基尼系数的计算

参考基尼系数考察居民内部收入分配差异的思路,行业基尼系数可用于考察行业内部的市场结构。行业基尼系数越趋于1,说明该行业内部的市场份额越集中于少数企业,行业集中度越高;行业基尼系数越趋于0,说明该行业内部企业的市场份额分布越均衡,行业集中度越低。行业基尼系数计算方式如下:

①选择考察行业内企业的市场份额指标,可使用的市场份额指标有产值、产量、销售额、销售量、职工人数、资产总额等。

②画一个矩形,矩形的高衡量行业总市场份额的百分比,将之分为五等份,每一等分为20%的行业市场份额;在矩形的长上,将行业内所有企业从市场份额最小到市场份额最大自左向右排列,也分为五等份,第一个等份代表市场份额最小的20%的企业。

③在矩形中,将每一百分比的企业所有拥有的市场份额的百分比累计起来,并将相应的点画在图中,便得到了一条"行业洛伦兹曲线",如图3-6所示。

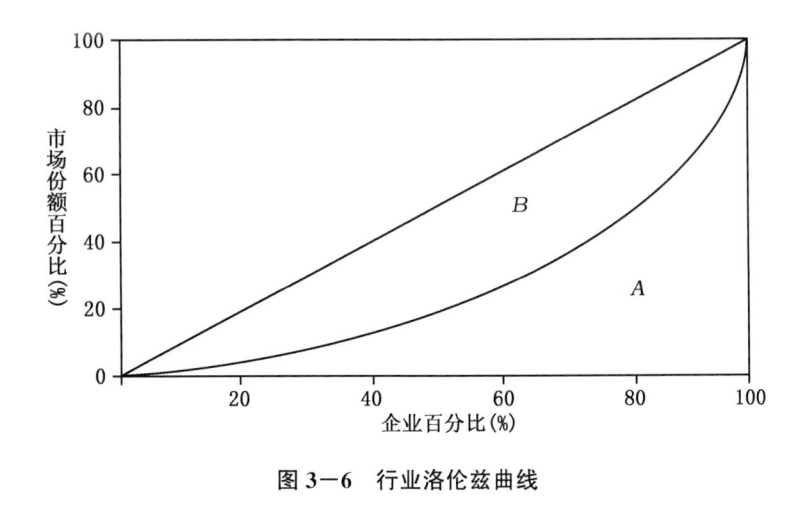

图3-6 行业洛伦兹曲线

④行业基尼系数是根据"行业洛伦兹曲线"推导出来的表示行业市场结构的系数。其计算公式为:

$$G=\frac{A}{A+B} \tag{3-3}$$

公式3-3中,G为行业基尼系数,A和B分别为图3-6中的对应部分面积。

(3)优势与不足

行业基尼系数能够直观地反映某一行业内所有企业的规模分布状况,但是可能出现一些特殊情况导致行业基尼系数不能如实反映行业集中度。例如,两家各自占有50%市场份额的企业组成的行业与50家各自占有2%市场份额的企业组成的行业,它们绘制出的"行业洛伦兹曲线"相同,基尼系数都为0,但两者的市场集中度显然不同。

拓展阅读

市场集中度上升挑战全球经济

受新冠肺炎疫情影响,全球多个国家经济发展陷入低迷。有学者表示,当前市场集中度不断提升,可能将越来越多地给全球经济带来长期挑战。俄罗斯智库瓦尔代俱乐部项目主任雅罗斯拉夫·利索夫利克(Yaroslav Lissovolik)于7月28日在该智库官网撰文表示,市场集中度提升已经成为世界经济面临的重要问题之一。

多个领域市场集中度显著提高

利索夫利克提到,过去人们普遍认为,经济不平等是导致全球经济脆弱的关键因素。虽然以往对不平等的关注主要集中在家庭收入差距扩大方面,但全球经济的不平衡也明显体现在产业和企业层面。有学者认为,一个健康的市场应该有大量的买家和卖家。市场集中度的提升,将带来垄断与不公平竞争,间接加剧全社会的经济不平等。加拿大多伦多大学商学院教授约书亚·甘斯(Joshua Gans)等人的研究显示,如果2016年美国市场的过度集中现象能够得到改善,美国收入最低的60%员工的收入占比将从19%上升到21%,而收入最高的20%员工的收入占比将从64%下降到61%。

在利索夫利克看来,新冠肺炎疫情全球大流行,导致全球经济多个领域市场集中度显著提高。市场集中度提升的趋势,可能带来企业竞争愿望降低和通胀压力上升等长期风险。

国际货币基金组织近期的一项研究显示,一些有关市场影响力的关键指标有所上升,如收入集中在一个行业的最大参与者之间,而疫情似乎加剧了这种趋势。国际货币基金组织估计,"发达经济体的市场集中度现在可能有所增加……即便是数字行业等在危机中受益的行业,占据主导地位的企业都是最大的赢家之一"。

国际货币基金组织还表示,领先企业不断上升的市场力量正在变得难以动摇。在不同行业中,增量最高的公司在接下来的一年里保持高增量的可能性接近85%,比20世纪90年代"新经济"时期高出10个百分点。在网络效应、规模经济以及疫情影响下,数字平台的兴起正在加剧市场集中度上升趋势。

加剧社会不平等

国际货币基金组织呼吁,应采取更严格的反垄断措施,以抵消市场领军力量不断增强的影响。然而,有研究团队发现,更高的市场集中度与整个产业生产率的提高之间存在显著的正相关关系。欧洲市场集中度的提升,不应被视为与竞争环境减弱相关的可担忧因素。

但是,甘斯认为,西方国家市场中的垄断现象正在不断增强,垄断企业的增量也不断提高。西方超级大公司正在攫取越来越高的市场份额,使它们能够利用自己的市场地位赚取超额利润。这些超级大公司的股票持有人并不是社会的代表性阶层,而是最富有的人。可以说,西方社会股票持有方面的不平等远比消费或收入方面的不平等更为明显。此外,尽管近年来消费不平等程度保持稳定,但在过去一代人中,企业股权持有方面的不平等却大幅加剧。考虑到股票所有权的不平等,市场集中度的上升可能会在未来继续加剧社会不平等。

利索夫利克表示,在一些东欧国家,最近一段时期也出现市场更加集中的趋势,并在消费部门表现得比较明显。2020年,全球五大食品零售商的份额增加了近4个百分点,达到32%以上。尽管市场集中度已经显著提升,但大型食品零售商的份额仍有足够的扩展空间。事实上,地区零售连锁店在大型零售企业面前早已没有多少竞争力。究其原因,首先,市场结构的日益成熟,特别是现代大型超市模式的规模效应,有利于提高食品零售行业的市场集中度;其次,在线购物模式在疫情期间变得特别活跃,该行业需要大量资金投入,这有利于最大的市场参与者;最后,规模经济在大型企业中尤其明显,更大的供应商网络可以提供有利的采购条件。

——资料来源:闫勇.市场集中度上升挑战全球经济[N].中国社会科学报,2021-08-09。

二、行业内部竞争结构

(一)波特五力模型框架

行业内部的竞争结构决定了行业竞争的激烈程度。20世纪80年代初,哈佛商学院的迈克尔·波特(Michael Porter)教授提出了波特五力模型,用于行业中企业竞争格局以及本行业与其他行业之间关系的分析。波特教授认为,在任何产业里,无论是在国内还是在国外,无论是生产一种产品还是提供一项服务,竞争规律都寓于如下五种竞争力量之中:潜在进入者的威胁,替代品的威胁,购买者的议价能力,供应商的议价能力,现有竞争者间的竞争。

波特五力模型的框架如图3－7所示，五种基本竞争力量状况及综合强度决定了行业竞争的激烈程度，进而决定了行业的获利潜力以及资本向该行业的流动程度，最终决定了企业保持高收益的能力。

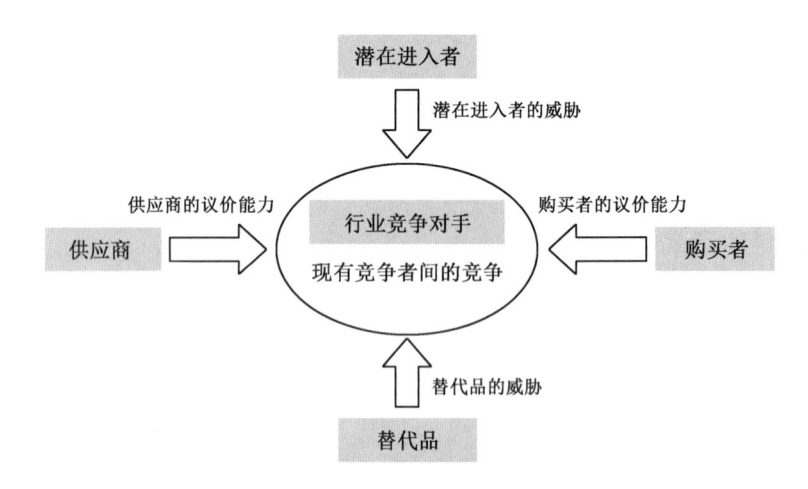

图3－7 波特五力模型的框架图

(二)波特五力模型详解

1.现有竞争者间的竞争

行业内竞争对手的竞争力是企业所面临的最强大的力量。市场总是有限的，同一行业中的企业，面对相同的客户群体，围绕相似的产品或服务展开竞争，不可避免地会出现对抗和冲突。企业间竞争的目标是使自己获得相对于竞争对手的优势，以占据有利地位和争夺更多的购买者。常见的竞争方式表现在产品价格、广告宣传、产品性能、销售网络创新和售后服务等方面。

行业内的竞争强度与多个因素有关。通常行业内存在企业数量多且力量相近、市场成熟期内产品需求增长缓慢、产品和服务差异化程度低、企业多元化经营的程度低、行业进入壁垒低、行业退出壁垒高、宏观经济环境变差等情况下，行业内现有竞争者间的竞争往往较为激烈。

评估竞争的激烈程度，关键是准确判断盈利能力受到行业内企业竞争的影响程度大小。如果行业内企业的竞争显著降低了行业的利润水平(比如普遍低于社会平均利润水平)，则可以认为现有竞争者间的竞争是激烈的；如果绝大部分企业的利润处于可接受的水平，则可以认为现有竞争者间的竞争程度一般；如果行业中绝大部分企业都能够获得超过平均水平的投资回报，则可以认为现有竞争者间的竞争是比较弱的，该行业具有一定的吸引力。

2.潜在进入者的威胁

潜在进入者是行业竞争的一种重要力量，通常会在市场份额和资源需求两个方面对现有企业造成威胁。一方面，新进入者会带来新的生产能力，从而扩大行业产能，而市场已经被现有企业所瓜分，新进入者为获得市场份额，必然会与现有企业产生激烈竞争，导致产品价格下跌；另一方面，新进入者的生产需要原材料资源，因此会与现有企业在原材料供应方面展开竞争，从而可能增加整个行业的生产成本。

由于后发优势的存在，潜在进入者大多拥有新的生产能力或掌握某些必需的资源，期待能建立有利的市场地位。行业新进入者与现有企业的竞争，最终导致行业中现有企业盈利水平下降，甚至危及企业的生存。

潜在进入者威胁的程度由两方面原因决定：

一方面是潜在进入者进入和退出的壁垒。壁垒是潜在进入者进入和退出所必须克服的障碍。壁垒的高低取决于产品的规模经济、产品差异、必要资本投入量、转换成本、渠道控制、政府行为与政策、不受规模支配的成本劣势（如商业秘密、政府补贴、产供销关系等）、自然资源、地理环境等方面。

另一方面是现有企业对新进入者的反应。主要是当新企业进入时，原有企业采取报复行动的可能性大小和报复力度大小。对现有企业反应情况的预测主要考虑现有企业的财力情况、报复记录、固定资产规模、行业增长速度等。

总之，潜在进入者进入的可能性，取决于进入者主观估计的进入所能带来的潜在利益、所需花费代价与所要承担风险这三者的相对大小情况。现有企业只有构建了自己的"护城河"，提高潜在进入者进入行业所要承担的现有企业不承担的成本，才能有效防范新进入者的威胁，保持稳定的市场占有率和长期利润。

3. 替代品的威胁

如果两种产品在满足购买者同一类型的需要时具有相同或相近的功效，那么就称这两种产品是替代品，比如火车出行和飞机出行、小型数码相机和智能手机等。某一行业中的企业会与另一行业的企业互为竞争关系，原因就是两个行业的产品具有相互替代的作用。几乎所有产品都有替代品，只不过替代的程度不同。

替代品的威胁，迫使现有企业提高产品质量，或者降低售价，或者生产更具特色的产品，这极大限制了现有企业产品价格和获利能力的提高。替代品威胁的程度主要取决于如下四个方面：

一是替代品的价格。如果A和B两种产品之间存在替代关系，那么A产品价格较高，则购买者会更多选择购买产品B，那么产品A所在行业中的企业就面临着降价的压力。

二是购买者对替代品性能的满意度。产品价格以外的因素会影响购买者对产品的选择，在价格相差不大时，购买者会比较行业产品和替代品的质量、性能和其他重要属性,行业中的企业需要向购买者证明其产品的优异性。

三是购买者的转换成本,即转向替代品的难度和成本。转换成本是购买者从购买一个产品或服务转向购买另一个产品或服务的一次性成本,不仅仅是经济上的(如可能的额外价格、员工培训成本等),也是时间、精力和情感上的(如测试替代品的时间成本、断绝原有供应关系建立新供应关系的成本等)。当替代品价格越低、质量越好时,购买者的转换成本就越低,对行业产品的威胁就越大。

四是替代品行业的竞争强度。替代品行业的竞争强度大小直接决定了替代品价格、质量、性能等。如果替代品行业的竞争强度趋于激烈,则其对上市公司所在行业的威胁将加剧;如果替代品行业的竞争强度趋于缓和,则其对上市公司所在行业的威胁将减轻。

评估替代品的威胁程度,需要先明确上市公司所在行业产品的主要替代品类型,然后对这些替代品在替代性、价格、性能、转换成本、替代品行业竞争程度等方面进行比较分析,具体如表3—10所示。

表3—10　　　　　　　　　　　替代品的威胁分析

比较因素	替代品					
	替代品1	替代品2	替代品3	替代品4	…	替代品n
替代性						
价格						
性能						
转换成本						
替代品行业竞争程度						
…						

4.供应商的议价能力

供应商,是指向企业及其竞争对手供应各类要素资源的企业或个人,包括提供原材料、设备、能源和劳务等要素。供应商主要通过提供的要素价格和质量来影响行业中现有企业的盈利能力和产品竞争力。供应商的议价能力,直接决定了企业所能获得的原材料、设备、能源和劳务等的价格和质量,进而反映在企业的生产成本中。

一般来说,要素市场越趋于卖方垄断,供应商的议价能力越强;要素市场越趋于买方垄断,供应商的议价能力越弱。[①] 供应商的议价能力大小主要取决于如下三个

---

① 为避免误解,此处对要素市场买方垄断和卖方垄断进行说明。要素市场买方垄断,是指在要素市场上,下游企业作为买方是垄断者,要素供应商作为卖方是完全竞争者;要素市场卖方垄断,是指在要素市场上,要素供应商作为卖方是垄断者,下游企业作为买方是完全竞争者。

方面：

一是供应商的行业集中度。如果供应商的行业集中度较高,可以方便地形成横向联合,从而整个行业由具有稳固市场地位而基本不受市场竞争困扰的企业所控制,甚至形成垄断或寡头,则供应商就能够控制要素的供应量和价格,强大的议价能力对众多下游企业带来巨大的压力;相反,如果要素市场中供应商数量众多,要素供应量巨大,要素供给近似于完全竞争市场,则下游企业可以很方便地从众多供应商那里采购所需要的要素资源,与供应商相关的竞争压力就很小。

二是供应商所提供要素的重要程度。如果供应商所提供的商品至关重要,比如提供的要素占下游行业产品成本的比例极大,或者供给的要素对下游行业的生产过程、产品质量具有显著影响,此时,供应商就有较强的议价能力,可以对下游行业产生较大的压力。

三是使用替代品的转换成本。使用替代品是企业规避供应商压力的有效方式,但是,某些要素的替代品转换成本可能较高或者很难找到适宜的替代品,比如供应商提供的是具有特殊工艺或产品特性的要素,此时供应商的议价优势就比较明显。

5. 购买者的议价能力

购买者是购买企业产品或服务的客户或客户群,主要通过压价与要求提供较高的产品或服务质量来影响行业中现有企业的产品价格或成本,使得行业的竞争激烈,进而导致行业的利润率下降。

一般来说,产品市场越趋于买方垄断,购买者的议价能力越强;越趋于卖方垄断,购买者的议价能力越弱。① 购买者的议价能力大小主要取决于如下三个方面：

一是购买者的购买数量。大批量采购会提升购买者的议价能力,当某个购买者所购产品占到企业总产量的一定比重后,购买者往往可以获得更低的产品价格和其他有利条款。现实经济中,企业或企业联盟的集中采购能够显著降低采购成本。

二是购买者的规模和数量。如果买方是大量规模较小的购买者,并且很难整合其购买行为,则购买者的议价能力就相对较低,购买者难以对生产企业施加竞争压力。

三是购买者购买替代品的成本。如果购买者购买的是一种标准化产品,由于不同生产企业的产品差别都不大,购买者可以向多个生产企业购买,获得更多的产品、价格和成本信息,转向购买替代品的成本较低,具有较强的议价能力;而对于专用化程度较高的产品,通常替代品较少,如果购买群体单一,可能增强购买方的议价能力,如果购买群体众多,可能降低购买方的议价能力。

---

① 为避免误解,此处对产品市场买方垄断和卖方垄断进行说明。产品市场买方垄断,是指在产品市场上,购买者作为买方是垄断者,生产企业作为卖方是完全竞争者;产品市场卖方垄断,是指在产品市场上,生产企业作为卖方是垄断者,购买者作为买方是完全竞争者。

（三）波特五力模型的不足

波特五力模型通过对行业五种竞争力量的分析，可以预见行业所面临的威胁与发展前景，作为经典的战略分析工具，广泛应用于企业战略管理和市场竞争力分析等领域。尽管如此，波特五力模型也不是完美的，主要表现为：

（1）未考虑行业的动态变化。波特五力模型将行业置于一个静态的过程进行分析，但现实中的行业不是一成不变的，而是频繁发生变动的。

（2）忽视五力之间的动态关系。波特五力模型将大量不同的因素影响汇集为五种竞争力，但是没有表述五种力量在相互之间存在怎样的动态联系。

（3）忽视企业间的合作关系。一个行业内的企业既有竞争又有合作，而波特五力模型未充分考虑企业之间的合作关系。

拓展阅读

节能环保产业"波特五力竞争模型"分析

智研咨询发布的《2017—2023年中国节能环保市场行情动态与投资战略咨询报告》显示，"十三五"期间节能环保产业前景依然广阔，据专家预测未来十年，我国环保产业的增速有望达GDP增速2倍以上，"十三五"期间环保行业投资规模有望超过17万亿元，环保产业产值年均增长率将达15%以上。到2020年，产值过百亿元的环保企业将超过50家。前景看好的同时，未来竞争也将继续加剧，其竞争环境如何，"波特五力竞争模型"将为你重点解析。

一、现有企业间的竞争

我国节能环保产业市场竞争日趋激烈。以节能服务业为例，到2016年年底，全国从事节能服务业务的企业数量7 426家；从业人员60.7万人，比"十二五"期末增长了近1.5倍。节能服务产业总产值从2015年的3 127.34亿元增长到2016年的4 097.34亿元，年均增长率为30.19%，截至2016年年底，产值超过10亿元的节能服务公司35家，超过5亿元的192家，超过1亿元的376家。企业绝对数量翻番式倍增，既反映了节能环保产业呈现迅猛发展之势，又预示着该产业的竞争将更加激烈。

二、潜在进入者的威胁

2016年以来，节能环保产业蓬勃发展。以山东省为例，2016年重点培植了5个节能产业基地、4个资源循环利用产业基地和3个环保产业基地，依托龙头骨干企业逐渐形成了节能、环保、资源循环利用产业集群；建立了省级以上企业技术中心40家，工业设计中心10家，工程技术研究中心15家、重点实验室5家和技术创新战略联盟3家。在这种大干快上的形势下，节能环保产业的进入门槛实际上很低，一大批产业基地的出现和新企业的进入，对于节能环保产业内现有企业将构成极大威胁。

三、替代品的威胁

节能环保产品本身是作为传统产品的替代品出现的。在传统产品没有完全退出市场之前，两者始终互为替代品。以新能源汽车为例，传统能源汽车发展至今，两者始终互为替代品。传统能源汽车虽然仍存在一些问题，但其技术成熟、规模效应明显，在激烈竞争中形成了消费者普遍接受的价格。相对而言，新能源汽车由于起步晚，暂时无法形成规模效益，价格相对较高。另一方面，由于国际市场原油价格持续走低，使得传统汽车使用成本降低。尽管新能源汽车能耗低、污染小，相对优势突出，但因其充电桩等配套设施还不完善，无论是电池的性能还是氢能的转换成本都比较高。因此，目前传统能源汽车对新能源汽车仍有极大的替代威胁。

四、供应商的议价能力

从产业链角度看，节能环保产业的上游产业大致分为两类：一类是原材料、能源供应商；另一类是技术研发机构。第一类上游产业为节能环保装备制造业提供所必需的原材料及能源，一般为钢铁、石油、电力等行业，这些行业的市场结构一般属于垄断竞争型，同一种原材料在市场上有多个供应商可供选择，故其讨价还价的能力不强；第二类上游产业是为节能环保装备制造业提供技术服务的研发机构，包括高等院校、科研院所和企业技术研发部门等。由于技术研发的创新性及知识产权保护等原因，该上游产业至少短期内的市场结构是垄断性的，故其具有较强的议价能力。

五、购买者的议价能力

对于节能环保产品来说，购买者主要包括政府、生产企业、家庭用户三类。服务于公共部门的节能环保企业，并不需要与最终消费者讨价还价，而是直接与政府谈判。当涉及大型环境公共设施，例如污水处理或固废集中处理工程，在政府干预下，往往按照运行成本加"合理利润"收费，因此企业对价格的影响力有限，买方垄断的市场结构决定了政府在与企业谈判的过程中处于完全主导的地位。服务于个人和家庭消费的节能环保企业基本上是依托市场竞争获取市场份额的，由于购买者处于主动地位，故具有较强的议价能力。对于为生产企业服务的节能环保企业，在国家逐年降低能耗、减少污染物排放的双重目标驱动下，其对节能环保装备产品和技术有迫切的需求，购买者议价能力较弱。

——资料来源：https://m.sohu.com/a/212719363_753415。

三、目标公司的行业地位

目标公司的行业地位分析，目的是说明上市公司在所处行业中的竞争地位，如是否是领导企业、在价格上是否具有影响力、有没有竞争优势等。在大多数行业中，无论行业的平均盈利能力如何，总存在一些企业，其盈利能力强于其他企业。企业的行业地位决定了其盈利能力是高于还是低于行业平均水平，也决定了其在行业内的竞争地位和议价能力。衡量公司在行业中竞争地位的主要指标有行业排名和市场占有率等。

（一）行业排名

1. 单项指标排名

排名展示了某种意义上的竞争结果，可以判断公司在所处行业中的竞争地位，如是否是领导企业、对价格的影响力等，为将来的竞争提供参照系。单项指标排名直观、明确，操作比较简单，但单项指标排名不能把上市公司综合实力描述出来。

上市公司的许多单项指标排名，如上市公司规模（总市值、流通市值、营业收入、净利润等）、成长性（基本每股收益增长率、营业收入增长率等）、估值（市盈率、市销率等）等，可以在证券相关门户网站中直接查找。

2. 多项指标综合排名

以多指标衡量的综合排名，能够克服单指标局限，较全面地反映上市公司状况。对于行业综合排名情况，其获得方式主要有两种：

一是查询相关机构发布的上市公司综合排名。如浙江财经大学中国金融研究院的年度系列图书《中国上市公司综合竞争力排名评价报告》，对境内上市公司，从公司治理竞争力、管理竞争力、技术竞争力、人力资源竞争力等方面构建评价指标体系，进行综合评价分析，并发布上市公司综合竞争力总排名；部分行业协会也会对所属行业进行综合实力排名，如中国水泥协会2021年以水泥销量、利润、市值、资产、净利润为评选指标进行综合实力排名，并公告了中国水泥上市公司综合实力排名结果。

二是自建评价指标体系的综合排名。不同行业的特征有较大差别，不同时期的发展理念也不尽相同，因此，机构发布的行业综合排名有时不能全面反映目标公司的行业地位，需要自行建立评价指标体系，对相关行业进行评价排名。如苏畅和陈承（2022）基于高质量发展背景下"创新、协调、绿色、开放、共享"的新发展理念，构建包含3个子目标、11个准则层指标和43个具体指标的ESG评价体系，采用AHP-熵值组合赋权和TOPSIS方法对42家重污染制造业上市公司进行了评价和排名；何世祯等（2022）从污染防治、产品管理及可持续发展三个方面构建绿色竞争力指标体系，利用熵权模糊一致性互补判断矩阵评价了林业上市公司的绿色竞争力水平，得到林业上市公司绿色竞争力水平综合分析及排名。

(二)市场占有率

市场占有率是体现企业竞争力的有效证据。市场占有率能够很好地反映行业竞争强度和企业竞争地位,是测度一个企业竞争力最直接和最重要的指标。大多数情况下,企业市场占有率与效益水平呈正相关关系,对市场占有率进行深入分解,甚至可以得到一条详细的企业竞争力评价指标体系。美国哈佛大学商学院的巴兹尔(R. D. Buzzell)教授对美国594个企业1970—1972年的财务状况和其他资料的研究发现,市场占有率是影响投资收益的最主要因素,抓住市场占有率,就等于抓住了企业经营成功的要害。

为全面反映目标公司的行业竞争力,可以根据上市公司市场占有率及其增速两个维度指标,将企业竞争力划分为四个模式,分别是高占有率－高增长、高占有率－低增长、低占有率－高增长和低占有率－低增长。行业中的领导企业借助先发优势、市场地位和优质资源,形成对高端市场渠道的掌控能力、人才储备、资金实力和领先的管理经验等比较优势,很少有企业能够与其正面竞争,其市场占有率通常表现为高占有率－高增长。

第四节 行业发展趋势分析

行业发展趋势分析,是建立在前述行业市场结构、内部竞争结构等分析基础上的,对行业未来发展的归纳总结。行业发展趋势是上市公司未来价值变化的重要基础因素,整个行业的发展状况将直接影响行业内部企业的发展,进而影响到企业的价值变化。

一、行业总趋势判断

研究一个行业的发展趋势,首先需要对该行业的总趋势做出判断,了解这个行业中某些规律性的变化。总趋势的判断,可以是定性认识,判断该行业未来的趋势是向上还是向下。如根据前述行业生命周期和竞争格局的分析,定性给出未来该行业的发展总趋势。当一个行业处于成长期且行业内竞争尚未进入白热化,那么可以判断该行业将迎来一个向上发展时期。

行业总趋势判断也可以结合定量分析。行业发展是一个连续的过程,并存在自相关性与周期性等特征。因此,根据行业历史数据构建适宜的时间序列模型,可以在一定程度上预测行业总趋势,如三次指数平滑算法、ARIMA模型等时间序列分析方法被应用于销售量的预测。但传统时间序列模型难以刻画数据中存在的非线性部分,有学者将目光投向了人工智能、大数据等新一代信息技术,如朱周帆等(2020)基于差分自回归移动平均(ARIMA)模型与支持向量机(SVM)、随机森林(RF)、极端梯度提升树(XGBoost)的三种组合模型,明显改善了建模效果。

另外,许多行业的发展与宏观经济走势密切相关,根据行业指数与宏观经济指标的相关性也可定量判断行业总趋势。如通过对日本、韩国在经济快速增长时期的轿车销售数据与国内生产总值数据的相关性分析,发现轿车销售的增长率稳定在国内生产总值增长率的2~3倍,这种实证结果可以被借鉴用于我国类似经济发展阶段的汽车行业发展趋势预测。

二、行业驱动因素变动分析

行业驱动因素是指影响整个行业及其发展环境的主要原因及因素,敏锐地判断行业驱动因素是为了确定行业所处环境发生某些变化后行业发展趋势是否发生变化以及变化方向如何。行业中发生的许多事件都会对行业产生重大影响,成为行业变革的驱动因素,迈克尔·波特在《竞争战略》一书中对行业驱动因素做了归类。

驱动行业发生变革的因素很多,总结起来主要包括但不仅限于以下几类:行业顾客需求的变化、行业增长率的变化、顾客群以及顾客对产品使用方式的变化、技术变革、产品与服务的革新、营销革新、大企业的进入或退出、技术诀窍的扩散、行业全球化趋势、成本和效率的变化、顾客购买偏好的变化、政府政策的变化、社会关注点变化、生活方式变化等。

由于可能的行业驱动因素种类较多,在分析时,可尝试使用PEST分析法,从政治(politics)、经济(economy)、社会(society)和技术(technology)四个角度总结行业驱动因素,如图3-8所示。

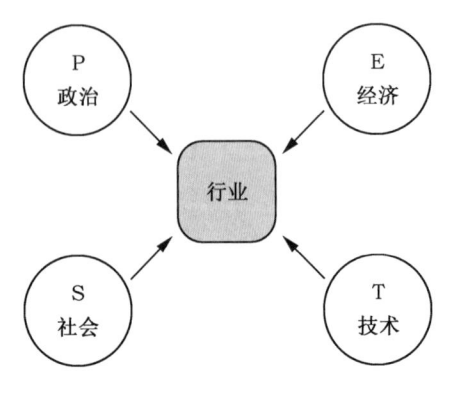

图3-8 PEST分析框架图

三、行业发展趋势预测

根据前述分析,判断驱动因素在未来的动向,进而分析其对行业发展产生的影响(如技术进步、产业政策、产业组织创新、社会习惯改变和经济全球化等因素对行业未来发展的影响),当驱动因素发生变动时,即可预测行业发展变化趋势。因此,行业发展趋势预测可分为四个基本步骤:

第一步,寻找驱动因素;

第二步,分析驱动因素与行业发展之间的关系;

第三步,预测驱动因素的变动;

第四步,根据预测的驱动因素影响,推测行业发展趋势。

值得注意的是,尽管驱动某一行业发生变化的因素很多,但在一定时期内,对行业发展影响非常大的因素往往只是有限几个关键因素。因此,行业发展趋势预测中,如果找到了研究时期内的关键因素及其影响,可极大减少需要分析的驱动因素数量,并提高预测准确度。关键因素选择和影响程度确定可考虑使用德尔菲法、熵权法、主成分分析法和多元回归法等。

根据预测期限的不同,行业发展趋势预测可分为短期趋势预测(1~3年)、中期趋势预测(3~10年)和长期趋势(10年以上)。通常情况下,预测的时间跨度越长,关键驱动因素可能越多,因素变化的可能性也越大,行业发展趋势预测的准确度便越低。

本章小结

行业指为同一个商品市场生产和提供商品的所有厂商的总体,不同国家、组织可能有不同的行业分类标准,我国现行最基本的分类标准为《国民经济行业分类(GB/T4754—2017)》。上市公司投资价值分析中,如果只进行公司个体分析,可以了解目标公司的经营和财务状况,但无法获知其同类企业的状况,也无法通过横向对比确定目标公司在行业中的位置。因此,在充满高度竞争的现代经济中,行业分析是上市公司投资价值分析的必备内容。

上市公司投资价值分析报告中的行业分析,旨在界定行业所处发展阶段及其在国民经济中的地位,为最终确定上市公司投资价值提供准确的行业背景,具体分析可以基于行业周期性、行业竞争格局和行业发展趋势三个主题展开。

行业周期是对行业历史研究的总结性判断,一般可分为经济周期和生命周期两类。经济周期通常是指经济活动沿着经济发展的总体趋势所经历的有规律的扩张与收缩,四阶段法将一个完整的经济周期划分为繁荣、衰退、萧条、复苏四个阶段。根据行业与经济周期变动关系,可将行业分为增长型行业、周期型行业和防守型行业。行业的生命周期是指行业从出现到完全退出社会经济活动所经历的时间。理论上,一个完整的行业生命发展周期类似于"S"形,具体包括初创期、成长期、成熟期和衰退期四个阶段,分析方法主要为行业增长率与国内生产总值增长率比较法。

行业竞争格局分析包括行业市场结构分析、行业内部竞争结构分析和目标公司行业地位分析。行业的市场结构是指市场竞争或垄断程度,可分为完全垄断、寡头垄断、垄断竞争、完全竞争四种市场结构,不同的市场结构竞争程度不同,常用的定量评价指标有行业集中度(常用)和行业基尼系数等。行业内部竞争结构决定了行业竞争的激烈程度,通常使用波特五力模型进行分析,波特五力模型认为行业内部竞争寓于潜在进入者的威胁、替代品的威胁、购买者的议价能力、供应商的议价能力和现有竞争者间的竞争五种竞争力量之中。

行业发展趋势分析建立在行业市场结构、内部竞争结构等的分析基础之上,是对行业未来发展的归纳总结和进一步分析探索。行业发展总趋势的判断,可以定性判断未来趋势是向上还是向下,也可以构建模型进行定量分析。行业发展趋势预测则是在驱动因素分析的基础上,根据主要驱动因素可能的变动来较为详细地分析行业发展变化趋势。

复习思考题

1. 行业的概念及行业分类标准有哪些?
2. 上市公司投资价值分析报告中行业分析的必要性和重点内容有哪些?
3. 行业经济周期分类及特征,如何判断行业所处的经济周期?
4. 行业生命周期分阶段特征,如何判断行业所处的生命周期?
5. 行业市场类型的定性划分及特征,如何定量衡量行业的市场结构?
6. 如何使用波特五力模型分析行业内部竞争结构?

第四章　上市公司财务状况分析
——上市公司财务会计报表

　　财务报表是上市公司年报中的核心内容之一，主要包括资产负债表、利润表、现金流量表和所有者权益变动表四大会计报表，就上市公司的资产负债、盈利能力、现金能力、所有者权益变动情况，向报表使用者提供全面的数据信息。财务会计信息可以在一定程度上反映上市公司的经济信息，是上市公司财务状况分析的数据基础，学术界和企业界使用财务会计信息分析上市公司和行业是非常频繁的。本章共分为六节，在正式展开上市公司财务状况分析前，对上市公司主要财务会计报表的概念、功能、基本内容等进行说明。第一节指出财务报表分析的目的；第二节至第五节分别为资产负债表、利润表、现金流量表和所有者权益变动表的概念、功能和主要内容；第六节讲解财务报表的质量特征与粉饰，包括财务报表的质量特征以及财务报表粉饰的含义、动因、手段和识别方法。

第一节　财务报表分析的目的

　　财务报表分析是对公司的财务报表所提供的数据进行加工、分析、比较、评价和解释，从隐晦的会计程序中将数据背后的经济含义挖掘出来，是公司内部和外部使用者制定与公司相关决策的基础。财务报表分析通常只能发现问题而不能提供解决问题的直接方案，不同报表使用者基于不同目的进行分析，但一般情况下，公司财务报表分析的直接目的包括：

一、评价公司的财务状况

　　通过分析上市公司财务报表，总体上把握公司的偿债能力、营运能力、盈利能力和现金流量状况，评价公司的财务状况和经营风险，为上市公司投资价值分析报告使用者提供一定的财务信息参考。

二、评估公司的资产管理水平

公司资产是公司经营活动的基础，公司资产管理水平反映在公司资产的运营效率、公司盈利能力和可持续发展能力等方面。对公司财务报表进行分析，可以获得公司资产保值增值状况，了解公司资金周转状况、现金流量情况等，评价公司资产的经营管理水平。

三、评价公司的获利能力

市场经济条件下，公司经营的根本目标是获得盈利。公司是否具有良好的盈利能力是其各项素质的综合表现。通过对财务报表的分析，可以获知公司利润目标完成情况和不同年份盈利水平的变化等信息。

四、评价公司的发展趋势

公司发展趋势关系到公司管理者、投资者、债权人等的切身利益。对公司发展趋势的预测，是公司管理者和投资者经营决策和投资决策的重要依据，而财务报表分析既是对已完成财务活动的总结和评价，又是对公司发展趋势的财务预测，是报表使用者深刻认识公司财务状况的"探测仪"。

第二节　资产负债表

一、资产负债表的概念及功能

（一）资产负债表的概念

资产负债表是反映上市公司在某一特定日期财务状况（全部资产、负债和所有者权益情况）的会计报表，是公司经营活动的静态表现。资产负债表表明了权益在某一特定日期所拥有或控制的经济资源、承担的义务和所有者对净资产的要求权，阅读和使用资产负债表的主要目的是研究上市公司的资产和负债状况。

（二）资产负债表的功能

资产负债表综合反映上市公司的财务状况、资产规模、资产结构、长短期的偿债能力、资产流动性以及所有者权益等相关内容。具体如下：

1. 反映上市公司资产构成情况

资产结构指某一时期上市公司拥有或控制的经济资源的配置结构状况。资产结构反映公司生产经营过程的特点，分析公司拥有的资产及其构成情况，能够了解公司资产的实际流动性和质量状况,反映公司整体运营效率,有利于报表使用者进一步分析上市公司的稳定性。资产结构的合理性取决于资产结构与公司主要经营方式是否结合密切,合理的公司资产结构能够满足公司当前以及未来经营发展。

2. 反映上市公司资金来源构成情况

上市公司资金来源主要包括股票和债券两大类,分别代表公司的股权融资和债权融资。资产负债表全面反映上市公司的资本和负债情况,基于资产负债表,报表使用者能够分析判断上市公司的财务实力和风险状况,进而评估上市公司的财务安全性。

3. 反映上市公司资产变动情况

上市公司业务调整、经营环境变化等都会导致资产变动。将某一时期的资产变动与收入变动相结合,测算上市公司的财务弹性,评价上市公司适应经济环境变化和利用投资机会的能力。这有助于报表使用者对资产负债进行动态比较,从而正确评价上市公司的盈利能力。

二、资产负债表的内容

根据《企业会计准则第 30 号——财务报表列报》规定,我国的资产负债表采用账户式结构,反映资产、负债和所有者权益间的内在关系,并达到资产负债表的平衡。账户式资产负债表由表头和基本内容构成。

(一)表头

表头部分包括报表名称、编制单位、报表编号、报表日期和货币计量单位等。

(二)基本内容

资产负债表采用账户式左右对称格式排列,依据"资产=负债+股东权益"这一会计恒等式原理,资产负债表左方项目金额总计与右方项目金额总计必须相等,始终保持平衡。

(1)资产负债表左方为资产项目。资产是指公司过去的交易或者事项形成的、由公司拥有或者控制的、预期会给公司带来经济利益的资源。资产项目按照流动性的强弱排列,即流动资产、非流动资产。

(2)资产负债表右方为负债和股东权益项目。通常按照求偿权先后顺序排列,负债在前,股东权益在后,即流动负债、非流动负债和股东权益。其中,负债是指公司过去的交易或者事项形成的、预期会导致经济利益流出公司的现时义务;股东权益是指公司资产扣除负债后由所有者享有的剩余权益,股东权益的来源包括所有者投入的资本、直接计入所有者权益的利得和损失、留存收益等。

×××集团股份有限公司 2021 年末合并资产负债表如表 4-1 所示。

表 4—1　　　　　　　　　　　×××公司合并资产负债表

编制单位：×××集团股份有限公司　　　2021 年 12 月 31 日　　　　　　　　　　单位：人民币元

资　产	2021 年 12 月 31 日	2020 年 12 月 31 日	负债和股东权益	2021 年 12 月 31 日	2020 年 12 月 31 日
流动资产：			流动负债：		
货币资金	31 764 005 472.24	27 608 322 041.76	短期借款	2 214 002 988.87	3 196 114 096.93
交易性金融资产	31 120 000.00	51 902 900.00	交易性金融资产		
衍生金融资产			衍生金融负债		
应收票据及应收账款	319 110 554.87	323 176 402.39	应付票据及应付账款	17 092 591 094.22	11 175 214 343.73
预付款项	660 124 582.89	892 197 444.92	预收款项	272 308 186.38	29 792 315 314.27
其他应收款	23 748 165 074.27	24 437 333 970.42	合同负债	37 986 659 305.32	7 781 447 545.78
存货	87 457 160 567.93	75 768 833 691.30	应付职工薪酬	533 623 086.15	600 020 453.62
合同资产			应交税费	7 412 113 280.53	6 177 430 800.48
持有待售资产			其他应付款	12 934 144 193.18	12 985 391 788.00
一年内到期的非流动资产			持有待售负债		
其他流动资产	5 284 361 071.31	4 786 014 291.16	一年内到期的非流动负债	16 162 866 824.53	13 675 263 214.06
流动资产合计	149 264 047 323.51	133 867 780 741.95	其他流动负债	3 355 358 356.68	0.00
非流动资产：			流动负债合计	97 963 667 315.86	85 383 197 556.87
债券投资			非流动负债：		
其他债券投资			长期借款	46 942 677 606.81	45 894 506 601.61
长期应收款			应付债券	5 845 627 710.99	6 975 333 382.79
长期股权投资	11 471 373 614.83	11 305 133 352.83	其中：优先股		
其他权益工具投资			永续债		
其他非流动金融资产	59 617 644.01	74 237 644.01	长期应付款	219 951 887.51	147 542 406.48
投资性房地产	29 295 195 994.91	29 287 198 101.38	预计负债	93 301 475.59	43 159 798.40
固定资产	4 047 770 155.24	4 224 817 041.69	递延收益	1 205 043 914.10	1 289 285 886.61
在建工程	171 053.83	1 409 387.00	递延所得税负债	657 672 019.84	678 953 614.57
生产性生物资产	240 892 743.03	157 474 135.83	其他非流动负债	1 297 180 866.44	1 292 143 123.14
油气资产			非流动负债合计	56 261 455 481.28	56 320 924 813.60
无形资产	1 814 087 747.64	1 892 792 820.85	负债合计	154 225 122 797.14	141 704 122 370.47
开发支出			股东权益：		
商誉	305 214 299.04	305 214 299.04	实收资本（或股本）	4 286 313 339.00	4 286 313 339.00
长期待摊费用	73 592 294.04	63 553 596.56	其他权益工具		
递延所得税资产	2 382 723 208.22	2 074 663 479.04	其中：优先股		
其他非流动资产	916 701 886.67	933 739 168.35	永续债		
非流动资产合计	50 607 340 641.46	50 320 233 026.58	资本公积	8 555 500 996.87	8 511 008 781.73
			减：库存股		
			其他综合收益	−136 152 661.16	−180 104 437.90
			盈余公积	1 262 367 943.26	1 191 907 996.26
			未分配利润	4 383 043 289.58	5 544 702 579.68
			归属于母公司股东权益	18 351 072 907.55	19 353 828 258.77
			少数股东权益	27 295 192 260.28	23 130 063 139.29
			股东权益合计	45 646 265 167.83	42 483 891 398.06
资产总计	199 871 387 964.97	184 188 013 768.53	负债和股东权益总计	199 871 387 964.97	184 188 013 768.53

法定代表人：×××　　　　主管会计工作负责人：×××　　　　会计机构负责人：×××

第三节 利润表

一、利润表的概念及功能

(一) 利润表的概念

利润表是反映上市公司在一定会计期间的经营成果和经营成果分配关系的财务报表,表明上市公司使用所拥有的资产进行获利的能力。上市公司的经营成果可能是盈利,也可能是亏损,因此,利润表也称为损益表,能够全面揭示上市公司在一定会计期间获得的收入、产生的费用与成本和上市公司实现的利润(或亏损)情况,是反映上市公司经营资金表现的动态会计报表。

(二) 利润表的功能

利润表的主要功能是将上市公司一定会计期间内的经营成果提供给会计信息使用者,信息使用者据此分析了解上市公司的经营成果、盈利规模与结构等,进而为分析上市公司的盈利能力、评价对上市公司投资的风险和报酬情况提供可靠依据。具体功能如下:

1. 反映上市公司生产经营成果,为外部信息使用者的决策提供依据

利润表中包含上市公司某一特定期间内的营业收入、营业成本、税金及附加、费用、资产减值损失、公允价值变动收益、投资收益等大量生产经营财务指标,将这些指标加以配比,可以全面反映上市公司的获利能力、利润增减趋势,确定上市公司是盈是亏,揭示上市公司经营潜力和发展前景,为外部信息使用者做出正确决策提供依据。

2. 考核上市公司生产经营管理状况,为上市公司管理层的经营决策提供依据

一方面,利润由收益和费用共同决定,是反映公司生产经营情况的综合性指标,上市公司各项生产经营活动无不发生收益和费用,无不通过收益与费用的比较表现出来。通过对经营管理各环节的利润分析,可以具体了解公司利润形成的主要因素,准确掌握各环节的业绩。另一方面,通过考察利润表详细项目的增减变化,可以发现公司在经营管理各环节存在的问题和不足,从而为进一步改进公司的经营管理指明方向。

3. 评价上市公司不同部门的工作成效,为上市公司内部业绩考核提供依据

利润总额是上市公司营业绩效的直接反映,是公司内部不同部门分工合作的最终成果。依据利润表的数据,可以对不同部门责任目标的完成情况、部门之间的效率差异等进行评价,用于公司内部各部门工作业绩的考核。

二、利润表的内容

我国一般采用多步式利润表格法，根据"利润＝收入－费用"的基本会计等式来编制。利润表把一定期间的营业收入与其同一会计期间相关的营业费用进行配比，计算公司一定时期的净利润或净亏损。如表4－2所示，利润表主要包含七个方面的内容：

（1）营业利润相关项目。营业利润等于营业收入减去营业成本（含主营业务成本、其他业务成本）、税金及附加、费用（含销售费用、管理费用、财务费用）、资产减值损失，加上公允价值变动收益、投资收益等。

（2）营业收入相关项目。营业收入等于主营业务收入加上其他业务收入。

（3）利润总额相关项目。利润总额等于营业利润加上营业外收入，减去营业外支出。

（4）净利润相关项目。净利润等于利润总额减去本期计入损益的所得税费用。按照经营可持续性，净利润可细分为"持续经营净利润"和"终止经营净利润"两项。

（5）其他综合收益相关项目。其他综合收益等于上市公司根据《企业会计准则》规定未在损益中确认的各项利得和损失减去所得税影响后的净额。

（6）综合收益总额。综合收益总额反映公司净利润与其他综合收益的合计金额。净利润是已实现收益，其他综合收益是一种潜在收益。

（7）每股收益。上市公司应在利润表中列示每股收益信息，包括基本每股收益和稀释每股收益两个指标。

×××集团股份有限公司2021年末合并利润表如表4－2所示。

表4－2　　　　　　　　　　×××公司合并利润表

编制单位：×××集团股份有限公司　　　2021年度　　　　　　　单位：人民币元

项　目	2021年度	2020年度
一、营业收入	38 445 284 255.56	33 794 948 813.45
减：营业成本	26 356 741 778.84	19 928 898 915.29
税金及附加	3 129 471 624.34	3 641 727 586.80
销售费用	1 093 313 329.93	1 355 533 939.12
管理费用	1 440 193 692.98	1 635 157 628.90
研发费用	19 034 258.41	0.00
财务费用	941 268 921.21	1 671 586 928.95
其中:利息费用	2 370 874 475.12	2 572 298 795.50
利息收入	1 036 217 153.98	1 059 084 726.45
资产减值损失		
信用减值损失		

续表

项　目	2021 年度	2020 年度
加：其他收益	69 081 523.05	26 878 480.26
投资收益(损失以"—"号填列)	−1 217 355 791.39	496 631 473.94
其中：对联营企业和合营企业的投资收益	−1 369 024 032.02	−958 216 021.01
净敞口套期收益(损失以"—"号填列)	−485 048 735.03	41 110 744.22
公允价值变动收益(损失以"—"号填列)	−48 462 253.48	−15 010 246.13
资产处置收益(损失以"—"号填列)	−724 306 419.00	−433 010 611.55
二、营业利润(亏损以"—"号填列)	3 059 168 974.00	5 678 643 655.13
加：营业外收入	204 583 349.56	100 354 580.32
减：营业外支出	138 939 817.78	102 801 855.90
三、利润总额(亏损总额以"—"号填列)	3 124 812 505.78	5 676 196 379.55
减：所得税费用	2 002 108 649.46	2 299 949 441.94
四、净利润(净亏损以"—"号填列)	1 122 703 856.32	3 376 246 937.61
(一)持续经营净利润(净亏损以"—"号填列)	1 122 703 856.32	3 376 246 937.61
(二)终止经营净利润(净亏损以"—"号填列)		
五、其他综合收益的税后净额		
(一)不能重分类进损益的其他综合收益		
1. 重新计量设定受益计划变动额		
2. 权益法不能转损益的其他综合收益		
3. 其他权益工具投资公允价值变动		
4. 企业自身信用风险公允价值变动		
……		
(二)将重分类进损益的其他综合收益		
1. 权益法下可转损益的其他综合收益		
2. 其他债权投资公允价值变动		
3. 金融资产重分类计入其他综合收益的金额		
4. 其他债权投资信用减值准备		
5. 现金流量套期储备		
6. 外币财务报表折算差额		
……		
六、综合收益总额	1 137 430 839.03	3 324 207 484.83
七、每股收益		
(一)基本每股收益	−0.09	0.52
(二)稀释每股收益	−0.09	0.52

法定代表人：×××　　　主管会计工作负责人：×××　　　会计机构负责人：×××

第四节 现金流量表

一、现金流量表的概念及功能

(一)现金流量表的概念

现金流量表是反映上市公司一定会计期间现金及现金等价物流入和流出情况的财务报表。公司经营过程中,现金流量至高无上,是公司经营活动的"血液",一旦现金不足,将严重影响公司的经营活动。经营活动现金流量是现金流量表分析的核心所在,现金流量表通过现金流入和流出两个方面,揭示公司一定期间的经营、投资和筹资等活动对公司现金流量的影响。

根据《企业会计准则第31号——现金流量表》,按照公司业务活动性质,公司现金流量主要由经营活动产生的现金流量、投资活动产生的现金流量和筹资活动产生的现金流量三部分组成,具体如图4—1所示。

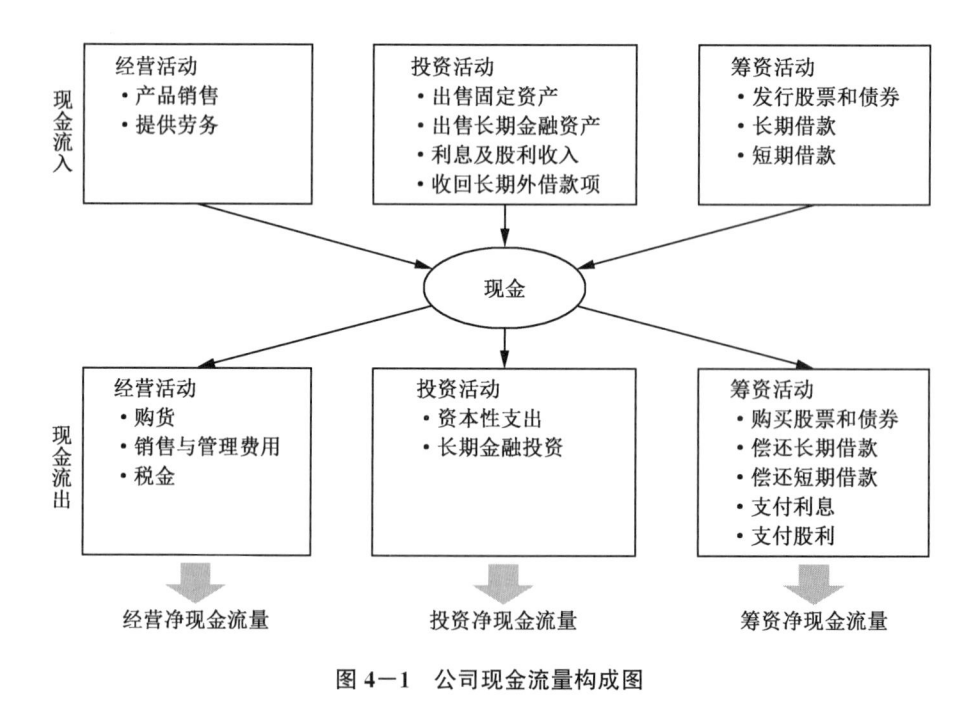

图4—1 公司现金流量构成图

经营活动是指公司投资活动和筹资活动以外的所有交易和事项,公司所属行业不同,对经营活动的认知也会存在差异;投资活动是指公司固定资产、在建工程、无形资产、其他长期资产等持有期限在一年或一个营业周期以上的资产的构建,不包括在现金等价物范围内的债券投资及其处置活动;筹资活动是指导致公司资本及债务规模和构成发生变化的活动,主要包括吸收投资、发行股票、分配利润、发行债券、向金融机构借入款项及偿还债务等。

公司价值最大化是现代公司理财的重要目标。公司价值就是公司未来经营活动产生的现金流量折现值,公司价值最大化意味着投资者财富的最大化。一般来说,公司现金流越充足,其价值越大,投资者财富也就越多。

(二)现金流量表的功能

现金流量表能使上市公司的外部投资者、债权人和其他与公司有利害关系的财务报表使用者了解公司报告期内的现金流量净额变动、现金流量金额与结构信息。编制现金流量表便于财务报表使用者了解和评价公司获取现金和现金等价物的能力,据以预测公司未来现金流量。现金流量表是会计信息使用者获取决策所需信息的重要来源,其功能主要包含以下四个方面:

1. 反映上市公司的现金流量,评价上市公司未来产生现金流量的能力

现金流量表中清楚列示上市公司经营活动、投资活动和筹资活动的各个具体项目,财务报表使用者可以获知上市公司如何获得以及如何使用现金的信息,掌握上市公司现金及等价物的增减变化情况。基于此,财务报表使用者可以对上市公司创造现金的能力进行评价,并对未来获取现金的能力做出预测。

2. 反映上市公司偿债能力、支付能力和周转能力,判断上市公司财务状况

投资人、债权人进行投资与信贷,主要目的是获取更多的现金流量。短期内,上市公司可通过筹资所得现金流入量满足经营和投资活动所需的现金流出量要求;长期内,上市公司经营活动产生的现金流量必须能够偿付筹资活动带来的未来现金流出需求。只有这样,上市公司才能实现可持续发展。现金流量表中的现金流量信息,有助于会计信息使用者对公司偿债能力、支付能力以及周转能力做出可靠的评价。

3. 评价上市公司盈利质量

结合净利润和现金余额,可以评价上市公司盈利质量。通常较高的净利润带来现金余额增加,较低的净利润导致现金余额减少。但是,有时候公司净利润很高,现金余额却很少,当出现这种公司持续获利但同时现金情况变坏时,公司盈利质量可能就会存在问题。

4. 评价上市公司的投资策略和融资策略

通过现金流量表中现金的流入和流出信息分析,并结合经营活动产生的现金流量和净收益情况,会计报表使用者可以深入了解上市公司当前和未来获得现金(或现金等价物)的能力及现金组成项目的变化趋势,有助于对公司投融资、股利分配等方面做出合理的决策。通过单独反映经营活动产生的现金流量,现金流量表还能反映公司在不动用外部筹资的情况下,凭借经营活动产生的现金流是否足以偿还负债、支付股利

和对外投资。

二、现金流量表的内容

现金流量表一般由现金流量表主表和现金流量表附表两大部分组成,编制基础是现金和现金等价物。现金是公司库存现金以及可以随时用于支付的存款,如库存现金、银行存款和其他货币资金等;现金等价物指公司持有的期限短、流动性强、易于转换为已知金额现金、价值变动风险很小的投资。

(一)现金流量表主表

表4—3为×××公司现金流量表主表。一定期间的现金流量按照来源分类,包括公司在经营活动中产生的现金流量、在投资活动中产生的现金流量和筹资活动中产生的现金流量。现金流量表主表采用报告式结构,对于汇率变动的影响,作为调节项目单独列示。各类活动产生的现金流净额加上(或减去)汇率变动对现金及现金等价物的影响额,得到当期现金及现金等价物的净增加额。

表4—3　　　　　　　　　　×××公司现金流量表(主表)

编制单位:×××集团股份有限公司　　2021年度　　　　　　　　单位:人民币元

项　目	2021年度	2020年度
一、经营活动产生的现金流量:		
销售商品、提供劳务收到的现金	269 990 325.62	187 468 376.76
收到的税费返还		
收到其他与经营活动有关的现金	48 020 184 831.30	45 398 140 102.99
经营活动现金流入小计	48 290 175 156.92	45 585 608 479.75
购买商品、接受劳务支付的现金	47 851 278.85	11 147 557.56
支付给职工以及为职工支付的现金	106 103 088.11	105 653 688.99
支付的各项税费	659 468 923.36	651 485 057.13
支付其他与经营活动有关的现金	42 023 391 563.48	48 860 485 018.93
经营活动现金流出小计	42 836 814 853.80	49 628 771 322.61
经营活动产生的现金流量净额	5 453 360 303.12	－4 043 162 842.86
二、投资活动产生的现金流量:		
收回投资收到的现金	85 000 000.00	1 397 266 091.22
取得投资收益收到的现金	2 044 354 736.10	524 160 679.90

续表

项　目	2021年度	2020年度
处置固定资产、无形资产和其他长期资产收回的现金净额	8 577.53	45 100.00
处置子公司及其他营业单位收到的现金净额		
收到其他与投资活动有关的资金	16 802 340 060.40	18 938 813 599.99
投资活动现金流入小计	18 931 703 374.03	20 860 285 471.11
购建固定资产、无形资产和其他长期资产支付的现金	19 823 611.63	46 845 670.57
投资支付的现金	1 272 872 285.07	20 000 000.00
取得子公司及其他营业单位支付的现金净额	15 743 220 753.78	18 354 722 193.80
支付其他与投资活动有关的现金		
投资活动现金流出小计	17 035 916 650.48	18 421 567 864.37
投资活动产生的现金流量净额	1 895 786 723.55	2 438 717 606.74
三、筹资活动产生的现金流量：		
吸收投资收到的资金	0.00	2 401 521 396.73
取得借款收到的现金	8 945 000 000.00	3 950 000 000.00
收到其他与筹资活动有关的现金	3 501 365 107.84	11 988 264 252.18
筹资活动现金流入小计	12 446 365 107.84	18 339 785 648.91
偿还债务支付的现金	6 238 500 000.00	4 559 700 000.00
分配股利、利润或偿付利息支付的现金	1 792 028 791.91	1 012 826 196.82
支付其他与筹资活动有关的现金	8 962 028 625.73	10 741 463 804.09
筹资活动现金流出小计	16 992 557 417.64	16 313 990 000.91
筹资活动产生的现金流量净额	−4 546 192 309.80	2 025 795 648.00
四、汇率变动对现金及现金等价物的影响	−44 277.47	13 204.27
五、现金及现金等价物净增加额	2 802 910 439.40	421 363 616.15
加：期初现金及现金等价物余额	2 683 836 116.82	2 262 472 500.67
六、期末现金及现金等价物余额	5 486 746 556.22	2 683 836 116.82

法定代表人：×××　　　主管会计工作负责人：×××　　　会计机构负责人：×××

(二)现金流量表附表

一般公司的现金流量表附表如表 4—4 所示。附表主要包含三部分内容：

(1)将净利润调节为经营活动现金流量,即采用间接法披露经营活动的现金流量信息,是经营活动现金流量的另外一种报告方式。

(2)不涉及现金收支的重大投资和筹资活动,反映公司在一定期间内影响资产或负债,但当期没有现金流量的重大投资和筹资项目的信息。

(3)现金及现金等价物净变动情况,可以通过现金及现金等价物在期末与期初的差额进行反映,以检验直接法编制的现金流量表正表中的现金流量净额是否正确。

表 4—4 现金流量表附表

补充资料	本期金额	上期金额
1.将净利润调节为经营活动现金流量：		
净利润		
加:资产减值准备		
固定资产折旧、油气资产折耗、生产性生物资产折旧		
无形资产摊销		
长期待摊费用摊销		
处置固定资产、无形资产和其他长期资产的损失(收益以"—"号填列)		
固定资产报废损失(收益以"—"号填列)		
公允价值变动损失(收益以"—"号填列)		
财务费用(收益以"—"号填列)		
投资损失(收益以"—"号填列)		
递延所得税资产减少(收益以"—"号填列)		
递延所得税负债增加(减少以"—"号填列)		
存货的减少(收益以"—"号填列)		
经营性应收项目的减少(收益以"—"号填列)		
经营性应付项目的增加(减少以"—"号填列)		
其他		
经营活动产生的现金流量净额		

续表

补充资料	本期金额	上期金额
2.不涉及现金收支的重大投资和筹资活动：		
债务转为资本		
一年内到期的可转换公司债券		
融资租入固定资产		
3.现金及现金等价物净变动情况：		
现金的期末余额		
减:现金的期初余额		
加:现金等价物的期末余额		
减:现金等价物的期初余额		
现金及现金等价物净增加额		

第五节　所有者权益变动表

一、所有者权益变动表的概念及功能

(一)所有者权益变动表的概念

所有者权益变动表，也称股东权益变动表，是反映所有者权益各组成部分在当期增减变动情况的财务报表。所有者权益变动表能够全面反映报告期内所有者权益的变动情况，包括所有者权益总量的增减变动、所有者权益变动的重要结构性信息和直接计入所有者权益的利得和损失增减变动情况。

(二)所有者权益变动表的功能

所有者权益变动表全面反映股东权益在年度内的变化情况，便于会计信息使用者深入分析公司股东权益的增减变化情况，准确理解所有者权益增减变动的根源，进而对公司资本的保值增值情况做出正确判断，提供对决策有用的信息。所有者权益变动表具体功能如下：

1. 反映公司抵御财务风险的能力，为会计信息使用者提供公司获利能力方面的信息

财务风险是指公司财务结构不合理、融资不当使公司可能丧失偿债能力而导致投

资者预期收益下降的风险。在会计核算中，所有者权益是公司的自有资本，是公司生产经营、承担债务责任和抵御财务风险的物质基础。所有者权益的增减，主要源于公司利润的增减，所有者权益的增减变动直接反映公司经济实力的强弱变化和抵御财务风险能力的大小；所有者权益结构反映了公司所有者各项目的分布状况，解释了公司经济实力和风险承担能力。因此，所有者权益和结构变动为会计信息使用者提供公司抵御风险和获利能力方面的信息。

2. 反映公司自有资本的质量，揭示所有者权益变动原因，为会计信息使用者评价公司经营管理水平提供信息

所有者权益变动表全面记录了影响所有者权益变动各个因素的年初余额和年末余额，体现了各项交易和事项导致的所有者权益增减变动的来源和去向，以及所有者权益各组成部分变动的结构性信息。会计信息使用者通过对每个因素年末与年初余额进行对比分析以及各因素构成比例的变化分析，就可以了解所有者权益变动的原因和过程，进而判断公司自有资本的质量，正确评价公司在会计期间的经营管理水平。

3. 将四大会计报表有机联系起来，为会计信息使用者提供全面的信息

所有者权益变动表中，既有资产负债表的内容，又有利润表中的项目内容，还包括利润分配的内容。公司向股东支付股利取决于公司的股利分配政策和现金支付能力，现金支付能力相关信息来源于现金流量表。所有者权益变动表通过与其他财务报表的勾稽关系，可以从综合收益的角度获得更全面、更有用的财务业绩信息，为会计信息使用者提供评价公司财务状况、经营成果和公司发展能力所需的全面信息。

二、所有者权益变动表的内容

所有者权益变动表的一般形式如表4—5和表4—6所示。根据财务报表列报准则的规定，公司需要提供比较所有者权益变动表，因此，所有者权益变动表的各项目分"本年金额"和"上年金额"两栏分别填列。其中，"上年金额"栏内的数字，应根据上一年度所有者权益变动表"本年金额"栏内数字填列；"本年金额"栏内数字一般根据"实收资本（或股本）"、"资本公积"、"利润分配"、"库存股"和"以前年度损益调整"账户的发生额分析填列。

所有者权益变动表中应分别列示综合收益与所有者的资本交易导致的所有者权益变动。公司应至少单独列示综合收益总额、会计政策变更和差错更正的累积影响金额、所有者投入资本和向所有者分配利润等、按照规定提取的盈余公积、所有者权益各组成部分的期初和期末余额及其调节情况等项目。

表 4—5

×××公司所有者权益变动表

2021 年度

编制单位：×××集团股份有限公司　　　　　　　　　　　　　　　　　　　　　　　　单位：人民币元

项　目	本年金额							
^^	实收资本（或股本）	其他权益工具			资本公积	减：		
^^	^^	优先股	永续债	其他	^^	库存股	其他综合收益	（续）

项　目	本年金额			
^^	盈余公积	未分配利润	所有者权益合计	
一、上年年末余额	805 545 892.01	5 137 818 445.90	17 868 082 865.18	
加：会计政策变更				
前期差错更正				
其他				
二、本年年初余额	805 545 892.01	5 137 818 445.90	17 868 082 865.18	
三、本年增减变动金额（减少以"—"号填列）	70 459 947.00	−94 533 744.68	−24 073 797.68	
（一）综合收益总额		704 599 469.95	704 599 469.95	
（二）所有者投入和减少资本				
1. 所有者投入的普通股				
2. 其他权益工具持有者投入资本				
3. 股份支付计入所有者权益的金额				
4. 其他				
（三）利润分配	70 459 947.00	−799 133 214.63	−728 673 267.63	
1. 提取盈余公积	70 459 947.00	−70 459 947.00	0.00	
2. 对所有者（或股东）的分配		−728 673 267.63	−728 673 267.63	
3. 其他				

（项目列含：实收资本、其他权益工具（优先股/永续债/其他）、资本公积、减：库存股、其他综合收益；其中"一、上年年末余额"对应实收资本4 286 313 339.00、资本公积7 638 405 188.27；"二、本年年初余额"对应实收资本4 286 313 339.00、资本公积7 638 405 188.27）

续表

项　目	本年金额							
^	实收资本（或股本）	其他权益工具			资本公积	减：库存股	其他综合收益	盈余公积	未分配利润	所有者权益合计
^	^	优先股	永续债	其他	^	^	^	^	^	^
（四）所有者权益内部结构										
1. 资本公积转增资本（或股本）										
2. 盈余公积转增资本（或股本）										
3. 盈余公积弥补亏损										
4. 设定受益计划变动额结转留存收益										
5. 其他综合收益结转留存收益										
6. 其他										
（五）专项储备										
1. 本年提取										
2. 本年使用										
（六）其他										
四、本年年末余额	4 286 313 339.00				7 638 405 188.27			876 005 839.01	5 043 284 701.22	17 844 009 067.50

法定代表人：×××　　主管会计工作负责人：×××　　会计机构负责人：×××

表 4—6

××× 公司所有者权益变动表（续）

编制单位：×××集团股份有限公司　　2021 年度　　单位：人民币元

项目	实收资本（或股本）	其他权益工具 优先股	其他权益工具 永续债	其他权益工具 其他	资本公积	减：库存股	其他综合收益	盈余公积	未分配利润	所有者权益合计
一、上年年末余额	1 813 731 596.00				244 339 857.73			793 317 341.53	5 459 607 228.75	8 310 996 024.01
加：会计政策变更										
前期差错更正										
其他										
二、本年年初余额	1 813 731 596.00				244 339 857.73			793 317 341.53	5 459 607 228.75	8 310 996 024.01
三、本年增减变动金额（减少以"—"号填列）	2 472 581 743.00				7 394 065 330.54			12 228 550.48	−321 788 782.85	9 557 086 841.17
（一）综合收益总额									122 285 504.81	122 285 504.81
（二）所有者投入和减少资本	2 472 581 743.00				7 394 065 330.54					9 866 647 073.54
1.所有者投入的普通股	2 472 581 743.00				7 628 765 330.54					10 101 347 073.54
2.其他权益工具持有者投入资本										
3.股份支付计入所有者权益的金额										
4.其他					−234 700 000.00					−234 700 000.00
（三）利润分配								12 228 550.48	−444 074 287.66	−431 845 737.18
1.提取盈余公积								12 228 550.48	−12 228 550.48	0.00
2.对所有者（或股东）的分配									−431 845 737.18	−431 845 737.18
3.其他										

续表

项 目	上年金额							
	实收资本（或股本）	其他权益工具			资本公积	减: 库存股	其他综合收益	盈余公积	未分配利润	所有者权益合计
		优先股	永续债	其他						
（四）所有者权益内部结转										
1. 资本公积转增资本（或股本）										
2. 盈余公积转增资本（或股本）										
3. 盈余公积弥补亏损										
4. 设定受益计划变动额结转留存收益										
5. 其他综合收益结转留存收益										
6. 其他										
（五）专项储备										
1. 本年提取										
2. 本年使用										
（六）其他										
四、本年年末余额	4 286 313 339.00				7 638 405 188.27			805 545 892.01	5 137 818 445.90	17 868 082 865.18

法定代表人：××× 主管会计工作负责人：××× 会计机构负责人：×××

第六节 财务报表的质量特征与粉饰

一、财务报表的质量特征

财务报表信息质量高低是报表使用者能否从报表中获取有价值线索的关键。为了保护投资者利益、促进资本市场的健康发展，我国《企业会计准则——基本准则》中对会计信息质量提出了可靠性、相关性、可理解性、可比性、实质重于形式、重要性、谨慎性、及时性等要求。

(一) 可靠性

可靠性，也被称为客观性、真实性，是高质量会计信息的重要基础和关键。公司应当以实际发生的交易或者事项为依据进行会计确认、计量和报告，如实反映符合确认和计量要求的各项会计要素及其他相关信息，保证会计信息真实可靠、内容完整。

可靠的信息是没有重大错误和偏差，可以作为可靠依据的信息。虚假、扭曲的会计信息会导致信息使用者的错误决策，造成损失。为满足可靠性要求，公司会计信息必须做到以下几点：

(1) 以实际发生的交易或者事项为依据进行确认和计量，不得将虚构的、没有发生的或者尚未发生的交易或者事项进行确认、计量和报告。

(2) 在符合重要性和成本效益原则的前提下，保证会计信息的完整性，与使用者决策相关的有用信息都应当充分披露。

(3) 会计信息应当是中立的、无偏的，但实务中，诸如固定资产折旧年限、预计坏账损失金额等数据的计算难免受到会计人员主观意志的影响，要求会计人员在统一标准下将可能的误差降到最低，保证信息的客观真实可靠。

(二) 相关性

相关性也称有用性，要求公司提供的会计信息应当与财务会计报告使用者的经济决策需要相关，有助于财务会计报告使用者对公司过去、现在或者未来的情况作出评价反馈或者预测。

需要注意的是，不同会计信息使用者的决策模式和信息需求存在较大差异，公司提供的会计信息不可能完全满足所有信息使用者的要求。相关性以可靠性为基础，会计信息应在可靠性前提下，尽可能做到相关性，即公司提供可靠的通用会计信息，这些信息经过财务报告使用者的后续加工整理后，便可满足其决策需求。

(三)可理解性

可理解性又称清晰性、明晰性,要求公司提供的会计信息清晰明了,便于财务会计报告使用者理解和使用。提供会计信息的目的在于有效使用,信息能否被使用者正确理解并有效使用,主要取决于两个方面:

(1)财务报告信息的复杂程度。会计信息的内涵能否被使用者所理解,信息本身是否易懂将起到重要影响。这就要求会计人员尽可能传递表达易被使用者理解的会计信息,财务报告所提供的会计信息清晰明了且易于理解。当然,财务报告不应因为难以理解而将复杂信息排除在外,某些复杂信息与使用者的经济决策具有相关性,公司也应当在财务报告中予以充分披露。

(2)使用者的信息理解能力。会计信息是一种专业性较强的信息产品,在强调会计信息可理解性要求的同时,还应假定使用者具有一定的有关公司经营活动和会计方面的知识,并且愿意付出努力去研究这些信息。信息使用者也应设法提高自身的综合素质,以增加理解会计信息的能力。

(四)可比性

公司提供的会计信息应当具有可比性,即使用者能够辨别出财务报表中信息与其他报告中信息的相似性和差异。可比性主要包括两层含义:

(1)同一公司不同时期的可比性(纵向可比)。同一公司不同时期发生的相同或者相似的交易或者事项,应当采用一致的会计政策,不得随意变更。确需变更的,应当在附注中明确说明有关会计政策变更的情况。同一公司不同时期的可比性,有助于财务报告使用者了解公司财务状况、经营成果和现金流量的变化趋势,比较公司在不同时期的财务报告信息,全面、客观地评价过去、预测未来,从而做出决策。

(2)不同公司相同会计期间的可比性(横向可比)。不同公司同一会计期内发生的相同或者相似的交易或者事项,应当采用规定的会计政策,确保会计信息口径一致、相互可比。不同公司相同会计期间的可比性,有助于财务报告使用者评价不同公司的财务状况、经营成果和现金流量及其变动情况。

(五)实质重于形式

实质重于形式要求财务报表忠实表达交易或事项的信息,公司应当按照交易或者事项的经济实质进行会计确认、计量和报告,而不应仅以交易或者事项的法律形式为依据。

交易或其他事项的实质与法律形式并不总是一致。多数情况下,公司交易或事项的经济实质和法律形式是一致的,但在有些情况下会出现不一致。如公司向银行借款,先借半年,再借半年,再继续借半年……连续借款好几年,根据借款合同,这是短期借款,但由于不断展期,根据实质重于形式原则,则要列为长期借款。

(六)重要性

公司提供的会计信息应当反映与公司财务状况、经营成果和现金流量等有关的所有重要交易或者事项。

公司会计应当区分各类会计事项的重要程度。重要性的应用依赖于职业判断,从项目的性质(质)和金额大小(量)两方面来判断。如果信息的遗漏或错报可能影响使用者的决策或影响其对财务报表作出评价,则信息是重要的,必须按照国家规定的会计方法和程序进行会计处理,并在财务会计报告中予以充分、准确的披露;对于不重要的信息,在不影响真实性和不产生误导的前提下,可适当简化。

(七)谨慎性

谨慎性也称稳健性,要求公司对交易或者事项进行会计确认、计量和报告应当保持应有的谨慎,不应高估资产或者收益、低估负债或者费用。当然,谨慎性原则不能滥用,公司不能以谨慎性原则为借口设置秘密准备,故意压低资产、收益或者故意抬高负债、费用等。审慎性主要表现在两个方面:

(1)同一会计事项可选择多种确认和计量方法时,在会计上应选择不导致虚增盈利的做法为原则,尽可能地保障公司财力不受侵害、不给会计信息使用者提供使其盲目乐观的信息。

(2)市场经济环境中存在着诸多风险和不确定性,在会计上表现为公司交易或事项的确认和计量需要一定的判断或估计,在判断时应保持谨慎,不得多计资产或收益、少计负债或费用,凡是可以预见的损失和费用都应确认和计量,没有把握的收入则不应确认和计量。如对公司的应收账款提取坏账准备,就是对预计不能收回的应收账款先行作为本期的费用,计入当期损益,体现了会计信息质量的谨慎性要求。

(八)及时性

信息的价值在于其及时性,及时性要求公司对于已经发生的交易或者事项,应当及时进行会计确认、计量和报告,不得提前或者延后。会计核算过程中的及时性包括及时收集会计信息、及时处理会计信息和及时传递会计信息。公司要及时收集会计信息,会计事项的会计处理应在本期内进行,财务会计报告要在规定时间内及时报出。

及时性要求可能影响到相关性和可靠性要求。如果报告信息不及时,在知道有关交易的所有情况之后再报告,虽然信息可靠性很高,但可能失去其相关性;而如果过于强调及时性,在知道有关交易的所有情况之前进行报告,可能会使信息的提供缺乏扎实基础,可靠性可能降低。公司需要在及时性与可靠性之间取得平衡,以期最大限度地满足信息使用者的决策需求。

二、财务报表的粉饰

（一）财务报表粉饰的含义

财务报表粉饰，是指公司管理部门为了自身利益，采取伪造、涂改和其他技术来编制财务报表，粉饰其真实的财务状况、经营成果和现金流量的行为。公司所有者或经营者为了各自目的，不惜使用各种手段，粉饰财务报表以达到自己预期的财务状况。财务报表粉饰，一方面会误导投资者和债权人，粉饰后的财务信息使他们作出错误的决策；另一方面还会影响监管部门的职能发挥，导致监管部门不能及时发现、防范和化解公司与金融机构的财务风险。

现实中的财务报表被粉饰的现象屡见不鲜。我国上市公司财务报表的粉饰行为，大部分是为了隐瞒真实信息，掩饰公司的财务状况、经营业绩及现金流量，向投资者传递虚假的"利好"消息，以非法谋取利益。根据商务部研究院与中国财富传媒集团中国财富研究院联合发布的《中国非金融类上市公司财务安全评估报告》（2017春季），在进行财务安全评级的2 629家样本中，有1 139家上市公司存在不同程度的财务报表粉饰嫌疑，占全部样本上市公司的43.32%。所有存在粉饰嫌疑的公司中，财务报表粉饰最严重的会计科目是应付科目，应付账款藏匿的粉饰嫌疑公司占比为87.80%；其次是销售成本科目，粉饰嫌疑占比为12.12%；其他报表粉饰或非正常现象的公司占比为10.97%。

拓展阅读

虚增收入粉饰报表，绿大地欺诈发行罪责难逃

虚增收入、长期隐瞒关联关系、伪造合同虚构交易业务……堪称中国资本市场造假上市标本的云南绿大地案件2011年9月6日在昆明官渡区人民法院开庭审理，绿大地的"欺诈发行路线图"也由此浮出了水面。

1. 冲关上市注册关联公司、虚增营业收入近3亿元

据了解，成立于2001年3月的云南绿大地生物科技股份有限公司，前身为云南河口绿大地实业有限责任公司，是由绿大地原董事长何学葵一手做大的云南绿化苗木种植龙头企业。作为云南首家上市的民营企业，曾经风光无限的绿大地在2011年3月随着何学葵的被捕而跌入谷底。

检察机关起诉书显示，2004年至2009年间，绿大地公司在不具备首次公开发行股票并上市的条件的情况下，为达到上市目的，经过被告人何学葵、蒋凯西、庞明星的共谋和策划，由被告人赵海丽、赵海艳登记注册了一批由绿大地公司实

际控制或者掌握银行账户的关联公司,并利用相关银行账户操控资金流转,采用伪造合同、发票、工商登记资料等手段,少付多列、将款项支付给其控制的公司成员,虚构交易业务,虚增资产、虚增收入。

记者了解到,在绿大地多家上下游公司中,大部分为关联公司,多为何学葵身边人所注册。这些公司与绿大地签订阴阳合同,把收入和利润做高,包装出"漂亮"的报表。

除此之外,2004年至2007年6月间,绿大地公司使用虚假合同、财务资料,虚增云南省马龙县旧县村委会960亩荒山使用权、马龙县马鸣乡3 500亩荒山使用权以及马鸣基地围墙、灌溉系统、土壤改良工程等项目的资产共计7 011.4万元。

通过虚假苗木交易销售,编造虚假会计资料或通过受绿大地控制的公司将销售款转回等手段,绿大地虚增营业收入2.96亿元,这被堂而皇之地写进招股说明书,成为其上市的重要筹码。

2. 恶习不改,上市后虚增收入2.5亿元粉饰报表

审核十分严格的A股市场也未能识破绿大地的"弥天大谎",绿大地于2007年12月21日在深圳证券交易所中小板挂牌上市,募集资金逾3亿元。闯关成功的何学葵没有就此把公司带入规范运行的轨道,而是继续使用上市前的虚增手法粉饰报表。

根据起诉书,2007年至2009年间,绿大地采用虚假苗木交易销售、编造虚假会计资料或通过受绿大地控制的公司将销售款转回等手段虚增收入2.5亿元。虚增土地资产的手法也依然在使用,且变本加厉。据了解,通过伪造合同和会计资料,绿大地虚增马龙县月望乡猫猫洞村9 000亩荒山土地使用权、月望基地土壤改良及灌溉系统工程、文山州广南县12 830亩林业用地土地使用权的资产2.88亿元。

这些数字都实实在在地写入了公司年度报告,呈现给了股东和社会公众,成为投资者重要的投资依据。

然而,肥皂泡总有破灭的一天。云南证监局在绿大地上市之后的一次例行检查中发现了该公司存在一些不规范行为,进一步的调查更为令人吃惊,单凭证监局的力量已难以应对。2010年3月,证监会对此立案稽查。

经过长达4个月的调查取证,证监会认定,绿大地涉嫌虚增资产、虚增收入、虚增利润等多项违法违规行为,公安机关随后以涉嫌欺诈发行股票罪对绿大地时任董事长何学葵执行逮捕。

3. 利益链条清晰,欺诈发行罪责难逃

根据起诉书,绿大地原董事长何学葵、原财务总监蒋凯西、四川华源会计师事务所所长庞明星为主谋和策划者,绿大地原出纳主管赵海丽和原大客户中心负责人赵海艳为具体实施者,检方指控五名被告人欺诈发行股票罪、违规披露重要信息罪。

这其中,何学葵为案件中心人物。现年41岁的何学葵是云南大理州永平县人,经过多年打拼成为身价不菲的上市公司董事长,在当地属于传奇式人物,也是众多家乡人励志的榜样。在很多人眼里,何学葵胆子大、有魄力,脾气有些暴躁。

检方起诉书称,绿大地公司和五名被告人在招股说明书中编造重大虚假内容,发行股票,数额巨大;向股东和社会公众提供虚假的年度财务会计报告,严重损害股东或者其他人利益;被告单位及各被告人的行为已触犯《刑法》第160条和第161条的规定,犯罪事实清楚,证据确实充分,应当以欺诈发行股票罪、违规披露重要信息罪追究被告单位及被告人的刑事责任。

值得注意的是,云南省公安厅的侦查结果中,被告人涉嫌的罪行除了欺诈发行股票罪和违规披露重要信息罪之外,还有伪造金融凭证罪、伪造国家机关公文罪和故意销毁会计凭证罪。而此次检察机关在起诉中并未涉及这几项罪名。

——资料来源:https://finance.qq.com/a/20110909/001136.htm。

(二)财务报表粉饰的动因

财务报表粉饰的产生有三个基础:第一,公司所有者与管理层利益的不一致性,管理层为在形式上满足公司所有者的利益诉求,具有做出粉饰财务报表行为的动机;第二,信息不对称为财务报表粉饰创造了机会,一般来说,公司管理层负责公司日常经营管理,对公司实际状况更加熟悉,使其有能力粉饰财务报表;第三,外部监管不力使财务报表粉饰的动机和机会成为现实,是财务报表粉饰产生的现实条件。

财务报表粉饰常见的动因主要有管理层业绩考核、避免业绩承诺合同违约、获取信贷、避免被 ST 或退市和减少税费负担等多个方面:

1. 管理层业绩考核

公司管理层具有强烈的财务报表粉饰动机。现代公司通常两权分离,公司对管理层实施基于经营业绩的薪酬制度。管理层的业绩考核一般以财务指标为基础,考核结果涉及管理层的经营管理业绩评价,进而影响到其晋升、奖金福利等。在公司经营不善时,管理层可能会为了自身利益,铤而走险去粉饰财务报表。

2. 避免业绩承诺合同违约

在公司兼并收购或借壳上市等过程中,有时公司之间会存在业绩承诺,相当于双

方签订了一个对赌协议。由于这个业绩承诺的存在,有业绩承诺的公司会有一定的压力。当承诺的业绩完不成时,有业绩承诺的公司可能选择铤而走险,对财务报表进行粉饰,以避免业绩承诺合同违约。

3. 获取信贷

生产经营多是先投入后产出,具有投资风险和资金贷款需求。银行信贷有严格的审批流程,需要公司提供盈利报表、资产证明等材料。银行和公司签订贷款合同时,为了增强贷款的安全性,也会对债务人添加一些限制性条款,其中重要的一项就是资产负债率、已获利息倍数等财务比率指标。因此,部分公司为获得银行贷款资格,维持公司正常运行,会采取伪造公司收入、盈利报表等行为来获取银行信贷。

4. 避免被 ST 或退市

上市融资是公司重要的资金来源渠道之一,公司能够上市也是社会对公司管理运营及发展前景的一种认可。因此,上市公司为了融资和公司声誉,会想方设法避免被 ST 或退市。监管机构和投资者对上市公司的净利润有较高要求,如果达不到,公司股票就不会被投资者看好,甚至会被退市风险警示,甚至退市。此时,经营状况出现较大问题,仅靠正常经营不能够实现理想盈利的上市公司,为了维持其上市公司的形象或者保壳,可能会选择粉饰财务报表,虚增利润。

5. 减少税费负担

对企业的税收是国家财政的主要来源之一。公司缴纳税款,等于税率乘以公司应纳税额,因此,部分公司通过粉饰财务报表,压低会计报表中涉税的相关数据,减少公司应纳税额等方式,实现逃税、漏税和推迟纳税等目的。同时,为了内部管理需要,管理层还会保留一份真实的财务报表,形成多套账目的情况。

尽管粉饰动因不同,但都是为了公司或个人的私利,粉饰财务报表的行为会损害外部利益相关者的利益,如公司高管和大股东利用报表粉饰调节利润金额,通过虚高的股价实现财富的不公平分配、转移和输送,严重损害了中小投资者的利益。

(三)利润表的粉饰手段

上市公司对财务报表进行粉饰,主要集中在对利润表的粉饰。根据"利润=收入-费用",公司可以从收入和费用两个角度来粉饰利润表。

1. 粉饰收入

(1)提前或延迟确认收入

根据权责发生制,只有属于当期的收入才能确认为收入,一些公司会将尚未开始提供产品或服务,或没有明确承担付款义务时确认为当期收入;也有一些公司会把当期收入延迟到下一期的利润表,以降低当期利润。

(2)虚增收入

很多公司为了制造良好业绩的假象,在实际业务未开展之前或是并没有满足收入的确认条件下,将其列在账上定为销售收入;另一种虚增收入的方式是无中生有,将实际不存在的销售收入计入公司的总收入;此外,还有通过对开公司的增值税销售发票,制造收入利润增长的假象。

(3)利用关联交易粉饰收入

公司经营活动是处在供应链中的,公司间可利用虚构经营业务、以高价或者不公正的低价开展产销活动等方式对账目的利润进行调节,在此基础上得到非正当的收益。

(4)用一次性收入或不经常的收入"凑数"

可持续性强的收入和可持续性弱的收入对公司未来盈利和估值影响差别巨大,而公司会把一次性收入或不经常发生的收入并入效益不佳甚至亏损的特殊时期的营业收入。

2.粉饰费用

费用的金额直接影响利润,粉饰费用常用的形式有:

(1)延迟确认费用。延迟确认费用包括延长折旧摊销年限、对存在贬损的资产不计提相应减值准备以及将费用错误地资本化计入资产负债表等。

(2)夸大资产损失或减值。公司通过故意夸大资产损失或减值的方式,将未来发生的损失提前确认,是公司"牺牲一年,幸福多年"的策略。

(3)虚构费用。通过虚构员工数量、工资水平的方式虚增人工成本;把不属于公司的费用列入公司报表,甚至通过购买发票等方式增加虚假费用。

(4)把经常性费用转移到非经常性费用。公司把经常性费用转移到非经常性费用,可以使主营业务利润更高,给投资者一种公司发展持续性较强的错误认知。

3.其他手段

上市公司还可以通过资产重组调节利润,实现利润表的粉饰。资产重组是指公司资产所有者和管理者为优化公司资产结构、调节资产框架以实现战略转移,而对资产分布情况进行重新分配和调整。

资产重组对公司发展具有重要的推动作用,但是部分上市公司把资产重组当作粉饰财务报表的工具,通过重组使上市公司在短时间内实现转亏为盈,达到"一组就灵"的神奇效果。近年来资产重组很多发生在被退市风险警示的上市公司(ST公司),为了不被退市,公司通过资产重组、关联交易等方式为上市公司输送利益,粉饰上市公司的财务报表。

(四)资产负债表的粉饰手段

总资产报酬率(ROA)、净资产报酬率(ROE)等重要财务比率指标是根据资产负

债表数据计算而来的。对资产负债表的粉饰,可以使公司的财务状况对债权人和投资人更有吸引力。常见的资产负债表粉饰类型包括:

(1)把资产和负债放在表外。把资产放在表外,在净利润不变的情况下,总资产减少,总资产报酬率会上升。常用的方式有利用经营性租赁、应收账款保理、利用其他公司隐藏资产和负债等。

(2)低估负债。有些公司通过低估负债来粉饰自己的财务状况,在不确认负债的同时也不确认费用(高估利润和所有者权益)。因为根据会计恒等式,如果对资产不产生影响,那么低估负债就会高估所有者权益。

(3)高估资产。高估资产主要是高估资产数量或者价值,或者在资产负债表中虚报一项不存在的资产。大多数粉饰通常选择高估资产价值的途径来高估资产。

(五)现金流量表的粉饰手段

现金流量表的可信度通常较高,粉饰难度较大。但是由于投资者特别重视经营活动中的现金流量表,上市公司也会对其进行粉饰。主要的粉饰方式有如下几种:

(1)通过真实业务粉饰现金流量。将应收账款销售给第三方以增加当期现金流入或暂缓支付以减少现金流出,甚至可以把投资或筹资的现金流入转化为经营活动的现金流入。

(2)将现金流错误分类。投资者更加看重经营活动现金流,因此,上市公司会故意错误分类,如将经营性支出计为资本性支出、以融资租赁代替经营租赁等方式,对经营活动现金流进行粉饰。

(六)财务报表粉饰的识别

上市公司财务报表粉饰扰乱了资本市场的正常秩序,并引发一连串的经济犯罪行为甚至严重的系统风险。虚假会计信息导致投资者决策失误、利益受损,造成资本市场诚信缺失,严重影响金融市场的良性发展。因此,有必要借助一定技术手段来识别上市公司财务报表粉饰行为。识别财务报表粉饰的重要方法包括:

1. 关联交易剔除法

关联交易剔除法是指将来自关联企业的营业收入和利润总额从公司利润表中剔除,该方法可以较为真实地了解上市公司的实际盈利能力。关联交易剔除法分析上市公司的盈利能力对关联企业的依赖程度,以此判断该上市公司的盈利基础是否扎实、利润来源是否稳定。具体来看,如果上市公司的营业收入和利润大部分来源于关联企业,会计信息使用者就应特别关注关联交易中的定价政策,关注上市公司是否通过不等价交换方式与关联交易进行会计报表粉饰。

2. 合并报表分析法

合并报表分析法将合并会计报表中的母公司数与合并数进行比较分析,判断上市公司财务数据的真实性。通过对比阅读,合并报表分析法重点考察合并报表中的利润构成情况以及集团内部业务抵销之后所发生的财务指标的显著变化。上市公司为了逃避审查,往往通过子公司或者"孙公司"来实现利润虚构,这时,认真阅读比较资产负债表、利润表、利润分配表和现金流量表就可能发现其中的财务报表粉饰行为。

3. 不良资产剔除法

不良资产是上市公司未被引爆的"定时炸弹",主要是待摊费用、待处理流动资产净损失、待处理固定资产净损失、长期待摊费用等虚拟资产项目和高龄应收款项、存货跌价和积压损失、投资损失、固定资产损失等可能产生潜亏的资产项目。不良资产剔除法主要有两种运用方法:一是把不良资产总额与净资产相比较,如果不良资产总额等于或大于净资产,则说明上市公司的持续经营能力可能存在问题;二是把当期不良资产的增加额和增加幅度与利润总额的增加额和增加幅度相比较,如果不良资产的增加额和增加幅度超过利润总额的增加额和增加幅度,则说明上市公司当期利润表有作假嫌疑。

4. 异常利润剔除法

异常利润剔除法将其他业务利润、投资收益、补贴收入、营业外收入从上市公司的利润总额中剔除,以分析和评价公司利润来源的稳定性。上市公司利用资产重组调节利润时,所产生的利润主要通过其他业务利润、投资收益、补贴收入、营业外收入这些科目体现,此时,异常利润剔除法能够有效识别财务报表粉饰。

5. 现金流量分析法

现金流量分析法将经营活动产生的现金净流量、投资活动产生的现金净流量、现金净流量分别与主营业务利润、投资收益和净利润进行比较分析,以判断公司的主营业务利润、投资收益和净利润的质量。没有相应现金净流量的利润通常是质量不可靠的,如果公司的现金净流量长期低于净利润,表明与已经确认为利润相对应的资产可能是无法转化为现金流量的虚拟资产。如果反差数值特别大或反差时间持续特别久,则表明与利润相关的项目存在挂账利润或虚拟利润等财务报表粉饰行为。

本章小结

财务报表主要包括资产负债表、利润表、现金流量表和所有者权益变动表,主要反映上市公司的资产负债、盈利能力、现金能力和所有者权益变动情况。财务报表分析是对公司财务报表所提供的数据进行加工、分析、比较、评价和解释,从隐晦的会计程序中将数据背后的经济含义挖掘出来,是公司财务报告内部和外部使用者制定与公司相关的决策的基础。一般情况下,上市公司财务报表分析的直接目的包括评价公司的财务状况、评估公司的资产管理水平、评价公司的获利能力和评价公司的发展趋势。

资产负债表是反映上市公司在某一特定日期财务状况的会计报表,是公司经营活动的静态表现。资产负债表综合反映上市公司的财务状况、资产规模、资产结构、长短期偿债能力、资产流动性以及所有者权益等相关内容。我国的资产负债表采用账户式,反映资产、负债和所有者权益间的内在关系,并达到资产负债表的平衡。根据"资产＝负债＋所有者权益",资产负债报表左右各自总计金额相等,资产项目列示于报表的左方,负债和所有者权益项目列示于报表的右方。

利润表是反映上市公司在一定会计期间的经营成果和经营成果分配关系的财务报表,表明上市公司使用所拥有资产进行获利的能力,是反映上市公司经营资金表现的动态会计报表。利润表的功能包括:反映上市公司生产经营成果,为外部信息使用者的决策提供依据;考核上市公司生产经营管理状况,为上市公司管理层的经营决策提供依据;评价上市公司不同部门的工作成效,为上市公司内部业绩考核提供依据。我国一般采用多步式利润表格法,根据"利润＝收入－费用"的基本会计等式来编制利润表。

现金流量表是反映上市公司一定会计期间现金及现金等价物流入和流出情况的财务报表。按照公司业务活动性质,公司现金流量主要由经营活动产生的现金流量、投资活动产生的现金流量和筹资活动产生的现金流量三部分组成。现金流量表的主要功能包括:反映上市公司的现金流量,评价上市公司未来产生现金流量的能力;反映上市公司偿债能力、支付能力和周转能力,判断上市公司财务状况;评价上市公司盈利质量;评价上市公司的投资策略和融资策略。现金流量表一般由现金流量表主表和附注组成,编制基础是现金和现金等价物。

所有者权益变动表是反映所有者权益各组成部分在当期增减变动情况的财务报表。所有者权益变动表具体功能包括:反映公司抵御财务风险的能力,为会计信息使用者提供公司获利能力方面的信息;反映公司自有资本的质量,揭示所有者权益变动原因,为会计信息使用者评价公司经营管理水平提供信息;将四大会计报表有机联系起来,为会计信息使用者提供全面的信息。根据财务报表列报准则的规定,公司需要提供比较所有者权益变动表,因此,所有者权益变动表的各项目分"本年金额"和"上年金额"两栏分别填列。

财务报表信息质量高低是报表使用者能否从报表中获取有价值线索的关键,我国《企业会计准则——基本准则》中对会计信息质量提出了可靠性、相关性、可理解性、可比性、实质重于形式、重要性、谨慎性、及时性等要求。而公司所有者或经营者为了各自目的,不惜使用各种手段,粉饰财务报表以达到自己预期的财务状况。

财务报表粉饰是指公司管理部门为了自身利益,采取伪造、涂改和其他技术来编制财务报表,粉饰其真实的财务状况、经营成果和现金流量的行为。财务报表粉饰,会误导投资者和债权人,并影响监管部门的职能发挥。财务报表粉饰常见的动因主要有管理层业绩考核、避免业绩承诺合同违约、获取信贷、避免被 ST 或退市和减少税费负担等多个方面。上市公司的利润表、资产负债表、现金流量表都可能被公司所有者或经营者粉饰,且粉饰手段多样。财务报表使用者可以使用关联交易剔除法、合并报表分析法、不良资产剔除法、异常利润剔除法和现金流量分析法等识别财务报表粉饰行为。

复习思考题

1. 上市公司财务状况分析的概念及目的分别是什么?
2. 资产负债表的功能和主要内容包括哪些?
3. 利润表的功能和主要内容包括哪些?
4. 现金流量表的功能和主要内容包括哪些?
5. 所有者权益变动表的功能和主要内容包括哪些?
6. 简述财务报表的质量特征。
7. 财务报表粉饰的动因和手段有哪些? 如何识别财务报表粉饰?

第五章　上市公司财务状况分析
——财务状况分析方法

现代公司管理的核心是财务管理。财务状况是公司在一定时期的资产及收益情况，从财务层面反映公司生产经营活动的成果。财务状况分析是用价值形态反映的公司经营活动状况，分析所需数据主要基于资产负债表、利润表等公司财务会计报表，分析内容通常包括偿债能力、营运能力、盈利能力和发展能力四个方面及财务状况综合分析。本章共分为五节，第一节至第四节分别讲解公司偿债能力、营运能力、盈利能力和发展能力四个方面的含义、作用及主要指标；第五节讲解财务报表的综合分析法，综合分析法将公司偿债能力、营运能力、盈利能力和发展能力等纳入有机分析整体，主要讲解沃尔比重评分法和杜邦财务分析法。

第一节　偿债能力分析

一、偿债能力分析相关概念

（一）偿债能力及负债经营

偿债能力，是指公司偿还到期债务的能力。通过偿债能力分析，可以评价上市公司的财务状况，揭示公司的财务风险，预测公司的筹资前景，把握公司的财务活动。

公司应保持合适的负债比率，实现既具有较强的偿债能力，又能充分利用负债来运营获利。公司经营离不开资金支持，现代公司经营的资金来源主要有自有资金和外部资金。公司的自有资金主要依赖于自身的积累，其规模是有限的，仅仅依靠自有资金进行经营发展，可能会因为资金不足而错失很多盈利机会。公司使用外部资金进行负债经营时，能够利用财务杠杆，在投资回报率高于借款利息率的前提下，通过借款壮大经营资金规模，以获得更多盈利。同时，负债经营的利息支出是作为财务费用在税前扣除的，相比股权融资中股利在税后扣除，负债经营具有节税的效果。

负债经营在提高公司经营资金规模、解决公司资金不足问题的同时，也意味着要承担偿债责任，必须按照协议在规定时间内偿还本息。如果公司不能及时还本付息，就可能陷入财务危机，甚至威胁公司的生存。偿债能力分析能够对公司负债经营状况进行评价,帮助信息使用者做出决策。

(二)偿债能力分析的分类

公司的负债按照偿还期限,可以分为短期负债和长期负债,因此,偿债能力分析可以分为短期偿债能力分析和长期偿债能力分析两种。

短期偿债能力又称支付能力,主要是指公司使用流动资产偿还流动负债的现金保障程度;长期偿债能力是指公司偿还长期债务的能力,通过长期偿债能力指标的分析,了解公司长期偿债能力的高低及变动情况,说明公司整体财务状况和债务负担及偿债能力的保障程度。

二、偿债能力分析的作用

上市公司的投资者、债权人、经营者和其他关联方等不同财务信息使用者站在不同角度,对偿付能力分析的目的也不尽相同。

(一)公司投资者偿债能力分析的目的

公司投资者通过偿债能力分析,重点关注投资的安全性与盈利性。投资的安全性与公司的偿债能力密切相关,公司的偿债能力越强,投资者的收益越有保障,投资安全性越高;盈利能力是投资者保值增值的关键,投资盈利性与公司长期偿债能力密切相关,当投资收益率大于借入资金的成本率时,公司可以通过适度负债来充分利用财务杠杆增加盈利。

(二)公司债权人偿债能力分析的目的

债权的安全性与公司偿债能力直接相关。债权人将资金借贷给公司使用,通常以固定利息的方式获取增值收益。只有公司有较强偿债能力时才能确保债权能够及时回收,并按期取得利息。

(三)公司经营者偿债能力分析的目的

公司经营者主要是指公司的经理及其他高级管理人员,需要同时关注公司盈利、风险等产生的原因和过程。通过偿债能力分析,公司经营者能够了解公司的财务状况,优化资本结构,以降低资金成本、提高公司价值;了解公司融资方式和融资结构,揭示公司所承担的财务风险程度;依据公司偿债能力强弱,了解公司财务状况和筹资前景,为公司进行筹资、用资和资金分配等理财活动提供重要参考。

(四)公司其他关联方偿债能力分析的目的

通过公司偿债能力分析,政府及相关管理部门可以了解公司经营的安全性,进而制定相应的管理和调控政策;业务关联企业可以了解上市公司是否具有支付能力,判断公司信用状况和经营管理能力,进而做出是否进行长期业务合作的相关决策。

三、偿债能力分析指标

(一)短期偿债能力分析指标

短期偿债能力主要是指公司使用流动资产偿还流动负债的现金保障能力。流动负债是在一年内或超过一年的一个营业周期内需要偿付的债务。流动负债需要持续地重新谈判或滚动安排负债,财务风险较大,如果不能及时偿还,可能使公司面临倒闭危险。公司产生现金的能力(变现能力)是考察公司偿付流动负债能力的关键,如果公司不能保持一定的短期偿债能力,就将面临生存危机。短期偿债能力的评价指标主要反映偿还短期负债的资产保障程度,包括流动比率、速动比率、现金比率和营运资本等。

1. 流动比率

公司能否偿还短期债务,要看流动债务以及可变现偿债资产的多少。流动比率是流动资产与流动负债的比值,表示每1元流动负债有多少流动资产作为偿还的保证,用来衡量公司流动资产在短期债务到期以前可以变为现金用于偿还负债的能力。计算公式为:

$$流动比率 = \frac{流动资产}{流动负债} \tag{5-1}$$

公式5-1中,流动负债是指公司在1年或者1年以内的一个营业周期内偿还的债务;流动资产是指公司可以在1年或者超过1年的一个营业周期内变现或者运用的资产。

流动资产越多,短期债务越少,则公司偿债能力越强,即公司流动比率越高,说明公司资产的变现能力越强,短期偿债能力也越强;反之则越弱。一般认为,流动比率应在2:1以上为宜。流动比率2:1,表示流动资产是流动负债的2倍,即使流动资产有一半在短期内不能变现,也能保证全部的流动负债得到偿还。

流动比率应与行业平均水平相一致,不同行业、不同公司、不同时期、不同规模的评价标准应进行实际调整,不能使用统一的标准评价流动比率是否合适。一般认为,如果流动比率过低,则公司将没有足够的能力来偿还到期债务;流动比率过高,则公司流动资金占用过多,资金使用效率低下,导致公司机会成本增加和获利能力下降,影响公司盈利能力。

【例5-1】 根据A公司2022年资产负债表数据,A公司2022年末流动资产966.89万元,流动负债958.70万元,计算2022年末A公司的流动比率。

【解】 已知A公司2022年末流动资产966.89万元,流动负债958.70万元,其流动比率求取如下:

$$流动比率 = \frac{流动资产}{流动负债} = \frac{966.89}{958.70} = 1.01$$

2. 速动比率

由于流动资产并不都能够在短时间内转换成现金,所以流动比率有时并不能很好地衡量公司的偿债能力。速动比率是比流动比率更进一步的有关资产变现能力的指标。

速动比率是公司速动资产与流动负债的比率,衡量短期偿债能力更加准确,其计算公式为:

$$速动比率 = \frac{速动资产}{流动负债} \qquad (5-2)$$

$$速动资产 = 流动资产 - 存货 - 预付账款 - 待摊费用 \qquad (5-3)$$

如公式 5—3 所示,速动资产是流动资产扣除存货、待摊费用、一年内到期的非流动资产和其他流动资产后的余额。计算速动比率时,由于存货在流动资产中的变现速度较慢,有些存货甚至因为滞销而无法变现,所以计算时必须减去存货;理论上,预付账款和待摊费用只是减少公司未来的现金流出量,不具有变现能力,也应该剔除,但实务中,由于其在流动资产中的比重较小,计算速动资产时可以不扣除。

不同行业速动比率会有很大差别,没有统一标准。根据实践经验,一般认为速动比率维持在 1∶1 较为合适,它表明公司每 1 元流动负债就有 1 元能够迅速变现的流动资产来抵偿,短期偿债能力有可靠的保证,并且不会过多占用资金,影响公司的获利能力。速动比率低于 1,被认为是短期偿债能力偏低,公司的短期偿债风险较大;速动比率过高,则公司在速动资产上占用资金过多,增加公司投资的机会成本。需要注意的是,以上评判标准仅为经验结论,而非绝对,行业不同,速动比率会有很大差别。

【例 5—2】 根据 A 公司 2022 年资产负债表数据,A 公司 2022 年末速动资产 900.60 万元,流动负债 958.70 万元,计算 2022 年末 A 公司的速动比率。

【解】 已知 A 公司 2022 年末速动资产 900.60 万元,流动负债 958.70 万元,其速动比率求取如下:

$$速动比率 = \frac{速动资产}{流动负债} = \frac{900.60}{958.70} = 0.94$$

分析公司短期偿债能力,可将流动比率和速动比率结合起来。如表 5—1 所示,当流动比率和速动比率均较高时,公司短期偿债能力较强,但可能存在资金使用效率低下问题;当流动比率高、速动比率低时,短期偿债能力取决于存货的变现能力,如果存货变现能力较强,则短期偿债能力不弱;当流动比率低、速动比率高时,公司具有较强的短期偿债能力;而当流动比率和速动比率均较低时,公司短期偿债能力弱。

表 5－1　　　　　　　　　　流动比率和速动比率综合分析结果

类型	流动比率	速动比率	评价结果
1	高	高	公司短期偿债能力较强,但可能存在资金使用效率低下问题
2	高	低	公司短期偿债能力取决于存货的变现能力,如果存货变现能力较强,则短期偿债能力不弱
3	低	高	公司短期偿债能力较强
4	低	低	公司短期偿债能力弱

3. 现金比率

现金类资产是速动资产中流动性最强、能够直接偿还公司短期债务的资产,包括公司所有的货币资金和现金等价物(如易于变现的有价证券、银行存款等)。现金比率就是指公司现金类资产与流动负债的比率,计算公式为:

$$现金比率 = \frac{现金类资产}{流动负债} \times 100\%$$

$$= \frac{货币资金 + 以公允价值计量且其变动计入当期损益的金融资产}{流动负债} \times 100\%$$

(5-4)

现金比率反映了公司在不依靠存货销售及应收款的情况下,支付短期债务的能力,是最严格、最稳健的偿债指标,反映了公司在最坏情况下的偿债能力。一般认为,现金比率越大,公司现金流动性越好,短期偿债能力越强。通常认为现金比率 20% 以上为宜。

当然,现金比率也并非越高越好。从公司资金的合理利用角度来看,现金比率过高意味着公司闲置资金过多,导致公司机会成本增加,资金利用率低。因此,公司应根据行业实际情况确定最佳现金比率。

【例 5－3】 根据 A 公司 2022 年资产负债表数据,A 公司 2022 年末现金类资产 250.67 万元,流动负债 958.70 万元,计算 2022 年末 A 公司的现金比率。

【解】 已知 A 公司 2022 年末现金类资产 250.67 万元,流动负债 958.70 万元,其现金比率求取如下:

$$现金比率 = \frac{现金类资产}{流动负债} \times 100\% = \frac{250.67}{958.70} \times 100\% = 26.15\%$$

4. 营运资本

营运资本是绝对数指标,等于流动资产总额与流动负债总额的差值,表示上市公司偿还流动负债之后还剩下的部分。营运资本的计算公式为:

$$营运资本 = 流动资产 - 流动负债 \quad (5-5)$$

如公式 5—5 所示，营运资本大于 0，说明流动资产高于流动负债，公司具有一定的短期偿付能力。营运资本越多，表明公司可用于偿还流动负债的资金余额越充足，偿还短期债务的能力越强。但是，营运资本并非越大越好，因为营运资本过大，公司闲置的资金越多，造成公司资金利用的低效率。

营运资本实际上是长期资本被占用到流动资产上（如图 5—1 所示）。营运资本指标既可以在静态上评价公司当期偿债能力，也可以结合公司规模等因素来评价公司不同时期的偿债能力变动情况。

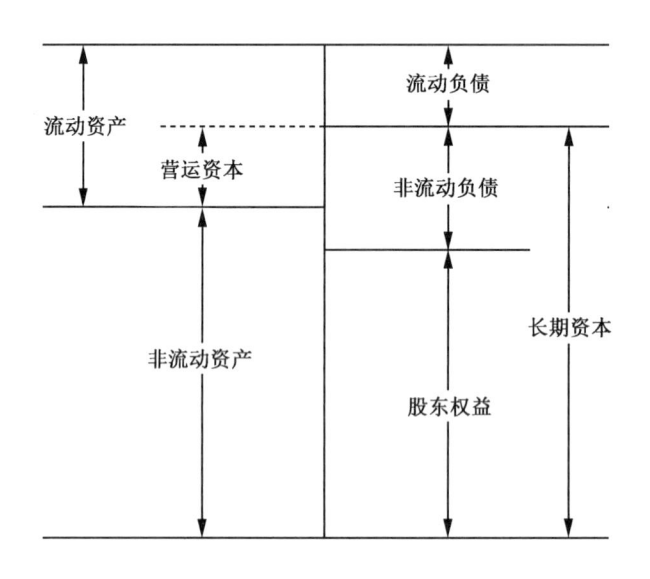

图 5—1 营运资本的内涵

【例 5—4】 根据 A 公司 2022 年资产负债表，A 公司 2022 年末流动资产 966.89 万元，流动负债 958.70 万元，计算 2022 年末 A 公司的营运资本。

【解】 已知 A 公司 2022 年末流动资产 966.89 万元，流动负债 958.70 万元，其营运资本求取如下：

营运资本＝流动资产－流动负债＝966.89－958.70＝8.19(万元)

(二)长期偿债能力分析指标

长期偿债能力是指公司对还款期在一年以上债务的承担能力和偿还保障能力，是反映公司财务安全性和稳定性的重要指标。公司长期负债能力，受到公司获利能力、长期资产的规模与结构、权益资金增长和稳定程度以及经营现金流量的影响。长期偿债能力的分析指标主要有资产负债率、产权比率、有形资产净值债务率、已获利息倍数、长期债务与营运资金比率等。

1. 资产负债率

资产负债率，又称为举债经营比率，是从总体上反映公司的财务状况、负债能力和债权保障程度的综合指标。如公式 5－6 所示，资产负债率是负债总额与资产总额的比率，表示公司总资产中通过借债筹得资产占总资产的比重，也可以衡量公司在清算时保护债权人利益的程度，是反映债权人发放贷款安全程度的重要指标。

$$资产负债率=\frac{负债总额}{资产总额}\times 100\% \qquad (5-6)$$

公式 5－6 中，负债总额包括长期负债和短期负债，资产总额为扣除累计折旧后的净额。

从公司股东的立场看，在总资产收益率高于负债利息率时，负债比例越大越好；当总资产收益率小于负债利息率时，负债比例越小越好。从债权人的立场看，公司债务比例越低越好，这样公司偿债才能有保证，发放贷款风险相对较小。从公司经营者的立场来看，资产负债率必须控制在一个合理的水平，因为资产负债率低，虽然财务风险较小，但公司无法获取借入资金利息小于总资产收益率时的财务杠杆利益，影响公司获利能力；资产负债率高，公司通过举债可以获得扩大生产经营规模的资金支持，但财务风险随之变大，一旦出现经营不利的情况，将难以承受沉重的债务负担。

【例 5－5】 根据 A 公司 2022 年资产负债表数据，A 公司 2022 年末资产总额 4 500.60 万元，负债总额 2 568.26 万元，计算 2022 年 A 公司的资产负债率。

【解】 已知 A 公司 2022 年末资产总额 4 500.60 万元，负债总额 2 568.26 万元，其资产负债率求取如下：

$$资产负债率=\frac{负债总额}{资产总额}\times 100\% =\frac{2\,568.26}{4\,500.60}\times 100\% =57.06\%$$

一般认为，公司资产负债率的适宜水平为 40%～60%，低于 70% 是比较安全的；如果资产负债率达到 100% 或超过 100%，说明公司已经没有净资产或资不抵债。需要注意的是，关注资产负债率是否健康，最终是要看公司运营是否健康，如果公司经营前景乐观，可以适当提高资产负债率，以增加获利机会；如果公司经营前景不佳，应该减少负债经营，降低资产负债率，以减轻财务负担。

2. 产权比率

产权比率又称债务股权比率，是负债总额与股东权益总额的比率，反映了公司主权资本对介入资本的保障程度。其计算公式为：

$$产权比率=\frac{负债总额}{股东权益总额}\times 100\% \qquad (5-7)$$

产权比率反映了由债权人与股东所提供资金的比例关系，反映了公司的基本财务结构是否稳定。产权比率低，公司长期偿债能力强，是低风险、低报酬的财务结构；产权比率高，公司长期偿债能力差，是高风险、高报酬的财务结构。

通常情况下,产权比率应小于100%,即借入资本小于股权资本。但这不是绝对的,上市公司应对收益和风险进行权衡,确定合适的产权比率,以确保既能提高公司获利能力,又能保障债权人的利益。在经济繁荣时期,公司可以多举债,充分利用财务杠杆以获得额外的利益;在经济衰退时期,公司应减少借债以降低利息负担和财务风险。

【例5—6】 根据A公司2022年资产负债表数据,A公司2022年末资产总额4 500.60万元,其中所有者权益比率为60%,负债总额2 568.26万元,计算2022年A公司的产权比率。

【解】 已知A公司2022年末资产总额4 500.60万元,所有者权益比率为60%,负债总额2 568.26万元,其产权比率求取如下:

$$产权比率 = \frac{负债总额}{股东权益总额} \times 100\% = \frac{2\,568.26}{4\,500.60 \times 60\%} \times 100\% = 95.11\%$$

3. 有形资产净值债务率

有形资产净值债务率是公司负债总额与有形资产净值的比率。有形资产净值债务率实质上是产权比率指标的延伸,是更为谨慎、保守的反映公司清算时债权人资产受到股东权益的保障程度,其计算公式为:

$$\begin{aligned}有形资产净值债务率 &= \frac{负债总额}{有形资产净值} \times 100\% \\ &= \frac{负债总额}{股东权益 - 无形资产净值} \times 100\%\end{aligned} \quad (5-8)$$

公式5—8中,有形资产净值等于股东权益资产减去商标、专利权、非专利技术和商誉等无形资产。因为无形资产的计量缺乏可靠的基础,其价值不稳定,也很难作为偿还债务的资源,出于谨慎考虑,被视为不能还债而扣除。

有形资产净值债务率通过公司负债总额与有形资产净值的比较,反映公司在陷入财务困境或者破产清算时对债权人债权投资受到股东权益的保护程度,主要用于衡量公司的风险程度和对债务的偿还能力。

有形资产净值债务率越大,表明公司对债权投资的保护程度越低,长期偿债能力越弱,公司的财务风险越大;有形资产净值债务率越小,表明公司对债权投资的保护程度越高,长期偿债能力越强。

【例5—7】 根据A公司2022年资产负债表数据,A公司2022年末有形资产净值2 300.50万元,负债总额2 568.26万元,计算2022年末A公司的有形资产净值债务率。

【解】 已知A公司2022年末有形资产净值2 300.50万元,负债总额2 568.26万元,其有形资产净值债务率求取如下:

$$有形资产净值债务率 = \frac{负债总额}{有形资产净值} \times 100\% = \frac{2\,568.26}{2\,300.50} \times 100\% = 111.44\%$$

4.利息保障倍数

利息保障倍数,又称已获利息倍数,指公司经营业务收益与利息费用的比率,用来衡量偿付借款利息的能力。利息保障倍数指标反映了公司经营所得利润是其经营负债所需支付利息的倍数,只要该指标足够大,公司就有能力偿付借款利息。

利息保障倍数是利用利润表数据来分析公司长期偿债能力的指标,其计算公式为:

$$利息保障倍数 = \frac{息税前利润}{利息费用} \qquad (5-9)$$

公式5-9中,分子"息税前利润"(earnings before interest and tax,EBIT)是完完整整的体现公司经营能力的指标。通俗地说,息税前利润就是不扣除利息费用也不扣除所得税之前的利润,可以用"利润总额加利息费用"来测算,也可以用"净利润加所得税、利息费用"来测算。公司息税前利润通常由股东、债务人和政府共同获得。其中,利息是给债务人的,所得税是给税务局的,分完债务人和政府,剩下给股东。息税前利润的计算方式为:

$$\begin{aligned}息税前利润 &= 公司净利润 + 公司利息费用 + 公司所得税 \\ &= 销售收入 - 经营成本 - 折旧 - 摊销 - 销售税金\end{aligned} \qquad (5-10)$$

公式5-9中,分母"利息费用"是指本期发生的全部应付利息,包括利润表中计入财务费用项目的利息费用和计入固定资产成本的资本化利息。公式5-10中的公司利息费用仅包括计入财务费用项目的利息费用。

利息保障倍数不仅反映公司获利能力的大小,而且反映了获利能力对偿还到期债务的保证程度。利息保障倍数是公司举债经营的重要依据,长期债权人通常关心利息保障倍数,以考察其长期债权投资的安全程度。表5-2是A公司2021年和2022年已获利息倍数的计算结果。

表5-2　　　　　　　　A公司2021年和2022年利息保障倍数

项目	2021年	2022年
利润总额(万元)	1 687.54	1 790.4
利息费用(万元)	800.85	740.56
息税前利润(万元)	2 488.39	2 530.96
利息保障倍数	3.11	3.42

在正常情况下,利息保障倍数应该大于1,这样公司息税前利润才能够支出利息,如果利息保障倍数小于1,公司便无法举债经营。利息保障倍数过小,公司将面临亏损、偿债安全性与稳定性下降的风险。根据表5-2的计算结果,A公司的利息保障倍

数在3～4倍,具有较强的支付利息的能力。

利息保障倍数也不能绝对化。从长期看,利息保障倍数至少应大于1,但由于行业性质不同,利息保障倍数没有统一的标准。有些公司的利息保障倍数尽管小于1,却可以支付债务利息,这是因为这些公司的费用中,可能存在一些数额较大却不需要使用现金进行支付的非付现成本项目,如折旧费用等折旧摊销费用的存在,使得息税前利润变小。出于谨慎角度,公司利息保障倍数的衡量需要结合本行业平均水平、公司连续几年的数据来判断。当比较本公司连续几年数据时,选择最低指标年度的数据作为标准,以确保最低的偿债能力。

5.长期债务与营运资金比率

如公式5－11所示,长期债务与营运资金比率是公司长期债务与营运资金相除所得的比值。公司经营过程中,随着时间推移,长期债务不断转化为流动负债,需要使用流动资产来偿还。

$$长期债务与营运资金比率 = \frac{长期债务}{营运资本} = \frac{长期债务}{流动资产-流动负债} \quad (5-11)$$

长期债务与营运资金比率越低,既表明公司的短期偿债能力较强,也预示着公司未来偿还长期债务的保障程度也较强。一般情况下,公司长期债务不应该超过营运资本,即长期债务与营运资本比率应小于1,这样就不会因债务的转化而造成流动资产小于流动负债,使长期债权人和短期债权人都能感到贷款有安全保障。如果长期负债大于营运资本,可能会出现流动负债"穿透"流动资产,使对贷款的偿还缺少安全保障。

【例5－8】 根据A公司2022年财务指标数据,A公司2022年末长期负债1 278.20万元,流动资产1 698.65万元,流动负债300.50万元,计算2022年末A公司的长期债务与营运资金比率。

【解】 已知A公司2022年末长期负债1 278.20万元,流动资产1 698.65万元,流动负债300.50万元,其长期债务与营运资金比率求取如下:

$$长期债务与营运资金比率 = \frac{长期债务}{流动资产-流动负债} = \frac{1\ 278.20}{1\ 698.65-300.50} = 0.91$$

第二节　营运能力分析

一、营运能力分析相关概念

(一)资产和运营经营

资产是公司从事生产经营活动的基础,公司开展生产经营活动,必须拥有一定数量和种类的资产。营运就是公司通过不断使用资产,生产出尽可能多的、适销对路的高质量产品,是公司实现高收入和高利润的基础。

(二)营运能力

营运能力是社会生产力在公司中的微观表现,是公司各项经济资源基于环境约束与价值增值目标,通过配置组合与相互作用而生成的推动公司运行的物质能力。广义的营运能力是公司充分利用现有资源创造社会财富的能力。本章财务分析中的营运能力为狭义概念,主要是公司资金利用效率或资产管理效率,是指公司利用资金开展业务活动的能力。[①]

营运能力决定着公司的盈利能力和偿债能力。公司经营规模的大小受到公司为经营活动提供的资金量的限制,而公司的资金规模在很大程度上又受到公司经营效益的影响。能够合理配置和运用资产的公司,通常收入和利润都较高,公司可供分配利润多,资本积累增加,可用于生产和发展的资金就会较为充足。此外,债务人偿还债务利息的能力来源于获利能力,而获利能力主要来源于资金营运能力。运营能力强的公司收入和利润状况较好,能够为公司偿还债务提供较好保障,有助于公司通过贷款等债务融资方式筹集运营资金,获取规模收益。

(三)营运能力分析

营运能力分析是了解公司财务状况稳定性和获利能力强弱的关键环节。建立和推行科学、合理、有效的公司营运能力评价指标,有助于正确引导公司经营行为,帮助公司寻找经营差距及产生的根本原因,促进公司加强各项资产的管理,提升经济效益,并为财务信息使用者提供政策制定、投资决策的依据。

二、营运能力分析的作用

公司营运能力主要体现在对资产的利用效率和最终收益上,公司生产经营资源配置组合先进合理、资金周转速度越快,表明公司资金利用的效果越好、效率越高、公司经营管理者的经营能力越强。运营能力分析为公司经营管理、投资人投资决策和政府制定资源配置政策等提供依据。

(一)评价公司资产的流动性

公司经营的根本动机是获取预期收益,而公司资产流动是公司获得预期收益的前提。公司资产的流动与供、产、销等经营环节密切相关,当公司资产处于静止状态时,公司营运停止,资产就不会产生收益。公司的营运能力越强,资产流动性越高,公司获取高收益的可能性就越高。营运能力分析通过对资产流动性的评价可以发现公司资

[①] 周转期计算假定指标计算的是年度分析,为方便计算,假设一年 360 天。

产结构问题，有助于公司管理者制定优化资产结构以加速资金周转的决策。

(二)评价公司资产利用的效益

加速资产流动的根本目的是提高公司利用资产产生收益的能力。公司资产营运能力的实质，就是以尽可能少的资产占用，在尽可能短的时间内进行周转，生产尽可能多的产销对路的产品，实现尽可能多的营业收入，获取尽可能多的净收益。营运能力大小对公司获利能力的持续增长有着决定性的影响，加速资金周转，提高资金运用效率，是实现资本增值的基本保证和有效途径。通过公司产出额与资产占用额的比较分析，就可以对公司资产利用效益进行评价，有助于公司经济效益的提高。

(三)分析公司资产利用的潜力

对一个公司的评价，既要关注当期经营管理状况，也要关注其未来发展潜力。公司营运能力的大小，取决于多种因素，而这些因素也不是一成不变的。营运能力是盈利能力和偿债能力的基础，通过营运能力分析，可以探寻公司资产利用方面存在的问题，还有多大潜力可以挖掘以及挖掘这些潜力的难度大小。基于此，公司管理者可以不断总结经验进而采取有效措施，以最小的资产占用获取最大的经营收益；投资者可以根据资产利用潜力状况，制定和调整其对该公司的长远投资计划。

三、营运能力分析指标

(一)存货周转率和存货周转天数

存货，是指公司在正常生产过程中持有的以备出售的产成品或商品，或者为了出售仍然处在生产过程中的在产品，或者将在生产过程或提供劳务过程中耗用的材料、物料等。存货既可以防止公司停产待料导致的损失，也可以增强公司应对市场需求变化的能力，在公司流动资产中占有非常重要的地位。

但是，存货的增加会占用更多的资金，提高公司存货持有成本，增加存货的储存和管理费用，影响公司的营利性。因此，公司对存货进行管理时，应在保证公司不缺货的前提下，增加存货周转速度。存货周转率和存货周转天数是存货周转速度指标，反映了存货的流动性，是衡量和评价公司购入存货、投入生产、销售回收等各环节管理状况的综合性指标。

1. 存货周转率

存货周转率是公司一定时期主营业务成本与平均存货余额的比率。如公式5－12所示，存货周转率反映了存货的周转速度，即存货的流动性及存货资金占用量是否合理，促使公司在保证生产经营连续性的同时，提高资金的使用效率。

$$存货周转率 = \frac{主营业务成本}{平均存货余额} \qquad (5-12)$$

公式 5—12 中，主营业务成本数据来自利润表，平均存货数据来自资产负债表中期初和期末存货的平均数。

存货周转率的大小反映了公司存货管理水平，影响公司的短期偿债能力。通常情况下，存货周转率越高，代表存货周转的次数越多，存货转换为应收账款或现金的变现速度越快，公司的营运能力和短期偿债能力越强。

存货周转率可以衡量存货量是否适当，反映公司运用和管理存货的工作水平。公司要扩大产品销售规模、增强营运能力，就必须在原材料购进、生产过程中的投入、产品销售、现金回收等方面做到协调和衔接。公司的正常经营中，存货不能过少，过少可能会造成生产中断或销售紧张；存货也不能过多，过多可能形成存货呆滞、积压，占用公司的流动资产。只有存货结构合理且质量合格，才能保证生产和销售的顺利进行，使产品有效流动，进而达到公司盈利目的。

分析公司的存货周转率时，应结合公司的行业背景、销售政策、生产规模、公司历史水平及同行业平均水平等多方面因素进行。公司存货周转率低，可能是由于公司经营不善导致产品滞销、公司故意囤货以待时机获取更高利润、公司销售政策发生变化等。而当公司存货周转率较高时，也应依据公司实际状况进行具体分析。存货周转率高，可能是公司对存货管理较好，通过缩短存货生产周期以及加快存货销售等手段，提高存货流动速度；也可能是公司生产规模无法满足市场需求，产品脱销，公司未能达到规模效应对存货的数量要求。

2. 存货周转天数

存货周转天数是指公司从取得存货开始至消耗、销售为止所经历的天数，是用时间表示的存货周转率。存货周转天数的计算公式为：

$$存货周转天数 = \frac{360}{存货周转率}(天) = \frac{平均存货余额 \times 360}{主营业务成本}(天) \quad (5-13)$$

公式 5—13 中，存货周期的计算期天数取决于实际计算期的长短，通常为一年，本书直接使用 360 天计算。

一般来讲，存货周转天数越少，说明存货变现的速度越快，存货占用资金时间越短，公司存货管理工作的效率越高。但在实际分析中，与分析公司存货周转率类似，应结合公司的行业背景、销售政策、生产规模、公司历史水平及同行业平均水平等多方面因素进行；存货周转天数过多或过少的原因，也需要根据公司生产经营实际状况进行具体分析。

【例 5—9】 根据 A 公司 2021 年和 2022 年财务资料，A 公司年主营业务成本、存货余额情况如表 5—3 所示。试计算 A 公司 2021 年和 2022 年的存货周转率和存货周转天数。

表 5—3   A 公司 2021 年和 2022 年部分财务资料

项　目	2021 年	2022 年
主营业务成本(万元)	15 785.64	17 890.42
期初存货(万元)	48 950.44	46 890.65
期末存货(万元)	46 890.65	47 853.88

【解】 已知 A 公司 2021 年和 2022 年主营业务成本、存货余额情况,其存货周转率求取如下:

$$2021\text{年}:存货周转率=\frac{主营业务成本}{平均存货余额}=\frac{15\,785.64}{(48\,950.44+46\,890.65)/2}=0.33$$

$$2022\text{年}:存货周转率=\frac{主营业务成本}{平均存货余额}=\frac{17\,890.42}{(46\,890.65+47\,853.88)/2}=0.38$$

A 公司的存货周转天数求取如下:

$$2021\text{年}:存货周转天数=\frac{360}{存货周转率}=\frac{360}{0.33}=1\,092.85(天)$$

$$2022\text{年}:存货周转天数=\frac{360}{存货周转率}=\frac{360}{0.38}=953.25(天)$$

同一行业不同公司、同一公司不同时期,存货周转情况会有较大不同。分析公司存货周转情况发生变动的原因,可从公司规模、存货发出的计价方法和公司管理者的经营思想三个方面,并结合公司所处宏观经济状况、公司所在行业特点等展开分析。

(二)应收账款周转率和应收账款周转天数

应收账款是指公司因销售商品、提供服务等经营活动应收取的款项。应收账款在流动资产中占有重要地位,公司通常利用延期付款等应付账款为顾客提供资金上的便利,从而扩大公司的销售规模,提高公司市场竞争力和产品市场占有率。反映应收账款周转速度的指标主要有应收账款周转率和应收账款周转天数。

1.应收账款周转率

应收账款周转率是指一段时间内公司从取得应收账款的权利到收回款项、转换为现金的周转次数,反映了应收账款的流动速度。应收账款周转率的计算公式为:

$$应收账款周转率=\frac{赊销收入净额}{平均应收账款余额}=\frac{主营业务收入}{平均应收账款余额}(次) \quad (5-14)$$

公式 5—14 中,分子应采用"赊销收入净额",是不包括现金收入的公司业务收入,但是由于"赊销收入净额"通常不易获得,在确实无法取得该项目数据资料的情况下,可以利用利润表中的主营业务收入数据进行近似计算;分母中的平均应收账款余额是指未扣除还账准备的应收账款金额,是资产负债表中"期初应收账款"与"期末应收账款"及对应坏账准备的平均数。

一般来说,应收账款周转率越高,平均收账期越短,说明应收账款的流动性强、质量好,公司运营能力强。否则,过多的流动资金被应收账款占用,会影响公司资金正常的周转,机会成本、坏账损失和收账费用可能增加。但是,公司运营中,应收账款周转率也并非越高越好,如公司通过过于苛刻的信用政策和借款条件实现很高的应收账款周转率,可能会限制公司产品销售规模的扩大,影响公司的盈利水平。

2. 应收账款周转天数

应收账款周转天数,也称为平均收现期或应收账款账龄,是用时间表示的应收账款周转率,指公司从取得应收账款的权利到收回款项、转换为现金所需要的时间。应收账款周转天数的计算公式为:

$$\text{应收账款周转天数} = \frac{360}{\text{应收账款周转率}} (\text{天})$$
$$= \frac{\text{平均应收账款余额} \times 360}{\text{赊销收入净额}} (\text{天}) \quad (5-15)$$
$$= \frac{\text{平均应收账款余额} \times 360}{\text{主营业务收入}} (\text{天})$$

公式 5−15 中,直接使用一年(360 天)作为计算期天数;与应收账款周转率的计算一样,"赊销收入净额"通常不易获得,在确实无法取得该项目数据资料的情况下,可以利用利润表中的主营业务收入数据进行近似计算。

在现实经济运行中,大多数行业都存在信用销售,形成大量的应收账款,如何快速收回应收账款对公司持续运转至关重要。应收账款周转天数反映了公司应收账款的变现速度。如果应收账款周转天数较长,回款速度慢,公司将不得不补充营运资金,造成成本的上涨和经营的被动。相同行业内,应收账款周转天数越短的公司,通常拥有更强的竞争力。

在分析公司应收账款周转指标时,可以将该指标与公司历史数据、同行业其他公司的数据进行比较分析,以此判断公司对应收账款的管理效率。但需要注意的是,公司比较时,如果两个公司计提坏账方法和比例具有较大差异时,两个公司的应收账款周转率不具有可比性。

【例 5−10】 根据 A 公司 2021 年和 2022 年财务资料,A 公司年主营业务收入、应收账款情况如表 5−4 所示。试计算 A 公司 2021 年和 2022 年的应收账款周转率和应收账款周转天数。

表 5—4　　　　　　　　A 公司 2021 年和 2022 年部分财务资料

项　目	2021 年	2022 年
主营业务收入(万元)	19 855.68	22 994.48
期初应收账款(万元)	6 489.50	7 689.06
期末应收账款(万元)	6 680.66	7785.38

【解】 已知 A 公司 2021 年和 2022 年主营业务收入、应收账款情况,其应收账款周转率求取如下:

$$2021 年:应收账款周转率 = \frac{主营业务收入}{平均应收账款余额} = \frac{19\,855.68}{(6\,489.50+6\,680.66)/2}$$
$$= 3.02(次)$$

$$2022 年:应收账款周转率 = \frac{主营业务收入}{平均应收账款余额} = \frac{22\,994.48}{(7\,689.06+7\,785.38)/2}$$
$$= 2.97(次)$$

A 公司的存货周转天数求取如下:

$$2021 年:应收账款周转天数 = \frac{360}{应收账款周转率} = \frac{360}{3.02} = 119.39(天)$$

$$2022 年:应收账款周转天数 = \frac{360}{应收账款周转率} = \frac{360}{2.97} = 121.13(天)$$

根据例 5—10 可知,公司的应收账款周转情况不是固定不变的。当公司应收账款周转情况发生变动时,需要深入分析变动的原因。影响公司应收账款周转的因素主要有公司信用政策、应收账款管理水平、应收账款质量、公司总资产规模变动、企业会计政策变动五个方面。通常情况下,宽松的信用政策能增加公司销售,同时造成应收账款周转率降低;提高应收账款管理水平,可以加速公司应收账款周转速度;通过冲销应收账款的长期挂账等方式可以提高应收账款质量,加快应收账款周转速度;公司资产规模不同,合理的资产结构也不相同,总资产规模的变动将导致资产结构变动,进而应收账款也随之变动;会计政策决定资产处理方法,会计政策变更,应收账款会相应发生变化。

(三)资产周转率

营运能力体现在资产周转上,资产周转率重点考察公司生产经营使用资产的周转状况,根据资产周转速度相关的周转率指标分析判断公司的资产利用效率。[①] 由于周转率指标是一个时点数,易受到偶然因素的干扰甚至人为粉饰,因此,应对其进行趋势

---

① 周转期计算假定指标计算的是年度分析报告,为方便计算,假设一年 360 天。

分析和同行业比较。趋势分析可以掌握公司资产周转率指标的发展规律和趋势,同行业比较可以反映公司在同行业中的地位或与行业先进水平的差距。

1. 流动资产周转率

流动资产是公司全部资产中流动性最强的部分,在公司运营中扮演重要角色。流动资产运营能力的大小主要体现为流动资产的周转速度。流动资产周转率是一定时期内主营业务收入与平均流动资产总额的比值,反映了流动资产的利用有效程度,其计算公式为:

$$流动资产周转率=\frac{主营业务收入}{平均流动资产总额} \qquad (5-16)$$

公式 5-16 中,平均流动资产总额来源于资产负债表,其计算公式为:

$$平均流动资产总额=\frac{期初流动资产总额+期末流动资产总额}{2} \qquad (5-17)$$

流动资产周转率反映了流动资产的周转速度,流动资产的占用额又与周转速度密切相关。流动资产周转率越高,流动资产占用的资产数额就越少;反之,则越多。对于公司经营,如果流动资产周转率降低,则需要补充流动资产参加周转,导致资金浪费,降低公司盈利能力;如果流动资产周转率提高,则节约流动资产,变相扩大资产投入,增强公司盈利能力。

公司应在相对稳定的流动资产规模基础上,提高流动资产使用效率。流动资产具有较强的变现能力,流动资产规模可以反映公司短期偿债能力的强弱,因此,公司流动资产规模短期内不能有剧烈的波动。公司应有一个相对稳定的流动资产规模,并提高这些流动资产的周转率,而不能在现有管理水平下,以大幅降低流动资产规模的方式去获取高周转率。

2. 固定资产周转率

固定资产是公司资产中较为长期的投资部分,对于公司的生产方式和规模起到决定性作用。固定资产周转率是一定时期内主营业务收入与平均固定资产总额的比值,反映了公司对固定资产利用的有效程度,从长期投资的角度衡量公司的运营效率。固定资产周转率的计算公式为:

$$固定资产周转率=\frac{主营业务收入}{平均固定资产净值} \qquad (5-18)$$

公式 5-18 中,平均固定资产净值来源于资产负债表,计算公式为:

$$平均固定资产净值=\frac{期初固定资产净值+期末固定资产净值}{2} \qquad (5-19)$$

固定资产周转率主要用于厂房、设备等固定资产利用效率的分析,反映公司对固定资产的利用程度。固定资产周转率高于同行业平均水平高,说明公司对固定资产的利用率高,管理水平越好,单位固定资产创造的营业收入越多;固定资产周转率低于同行业平均水平,则说明公司对固定资产的利用率较低,可能影响到公司的获利能力。

使用固定资产周转率指标时需注意:①分母采用平均固定资产净值,指标间的可比性可能受到折旧方法和年限的影响;②固定资产周转率的大小受到固定资产内部结构的影响,通常生产经营和使用中的固定资产比例变大,有助于加速固定资产的周转,提高其利用效率;③固定资产周转率指标不适用于固定资产净值过低和劳动密集型等类型的公司;④固定资产周转率没有绝对的判断标准,通常是与公司历史水平或同行业其他公司进行比较分析;⑤固定资产规模的变动通常不是渐进的,这种变动会导致公司固定资产周转率的较大变化。

3. 总资产周转率

总资产周转率是指一定时期内主营业务收入与平均资产总额的比值。总资产周转率是公司所有资产的周转率,能够在一定程度上反映公司发展战略等宏观特点,从宏观角度衡量公司的整体运营效率,即公司对于全部资产利用的有效程度。总资产周转率的计算公式为:

$$总资产周转率 = \frac{主营业务收入}{平均资产总额} \qquad (5-20)$$

公式5-20中,平均资产总额来源于资产负债表,计算公式为:

$$平均资产总额 = \frac{期初资产总额 + 期末资产总额}{2} \qquad (5-21)$$

总资产周转率越高,说明公司利用其全部资产进行经营的效率越高,公司可以通过薄利多销的方式加快资产的周转,带来利润绝对额的增加;反之,则说明公司利用其全部资产进行经营的效率越低,最终会影响公司的获利能力,此时,公司应该采取提高销售收入、处置多余资产等方式提高公司的资产利用效率。

总资产周转率与公司资产结构有关,公司总资产包括流动资产和长期资产等,其中流动资产的流动性强、周转速度快。将公式5-20进行进一步分解,可得到公式5-22:

$$总资产周转率 = \frac{主营业务收入}{平均流动资产总额} \times \frac{平均流动资产总额}{平均资产总额} \qquad (5-22)$$
$$= 流动资产周转率 \times 流动资产占总资产的比重$$

由公式5-22可知,总资产周转率大小取决于两个因素:一是流动资产周转率。流动资产的周转速度高于其他类资产,流动资产的快速周转,加快了总资产的流动速度。二是流动资产占总资产的比重。公司总资产中流动资产的占比越大,总资产周转速度越快。

虽然总资产周转率有着反映信息较为粗糙的短板,但是该指标相较于其他周转率指标,受周转科目周期性变化的影响较小,可以灵活调整衡量期,并且与作为分子的主营业务收入在周转的内在逻辑上相契合。

【例5-11】 根据A公司2021年和2022年财务资料,A公司年主营业务收入、资产状况如表5-5所示。试计算A公司2021年和2022年的流动资产周转率、固定资产周转率和总资产周转率。

表5-5　　　　　　　　　　A公司2021年和2022年部分财务数据

项　目	2021年	2022年
主营业务收入(万元)	19 855.68	22 994.48
期初流动资产总额(万元)	1 655.48	1 709.66
期末流动资产总额(万元)	1 709.66	1 698.65
期初固定资产净值(万元)	2 486.08	2 500.50
期末固定资产净值(万元)	2 500.50	2 509.68
期初总资产(万元)	4 556.98	4 489.77
期末总资产(万元)	4 489.77	4 500.60

【解】 (1)流动资产周转率求取如下:

2021年:流动资产周转率 $=\dfrac{主营业务收入}{平均流动资产总额}=\dfrac{19\,855.68}{(1\,655.48+1\,709.66)/2}$

$=11.80$

2022年:流动资产周转率 $=\dfrac{主营业务收入}{平均流动资产总额}=\dfrac{22\,994.48}{(1\,709.66+1\,698.65)/2}$

$=13.49$

(2)固定资产周转率求取如下:

2021年:固定资产周转率 $=\dfrac{主营业务收入}{平均固定资产净值}=\dfrac{19\,855.68}{(2\,486.08+2\,500.50)/2}$

$=7.96$

2022年:固定资产周转率 $=\dfrac{主营业务收入}{平均固定资产净值}=\dfrac{22\,994.48}{(2\,500.50+2\,509.68)/2}$

$=9.18$

(3)总资产周转率求取如下:

2021年:总资产周转率 $=\dfrac{主营业务收入}{平均资产总额}=\dfrac{19\,855.68}{(4\,556.98+4\,489.77)/2}=4.39$

2022年:总资产周转率 $=\dfrac{主营业务收入}{平均资产总额}=\dfrac{22\,994.48}{(4\,489.77+4\,500.60)/2}=5.12$

第三节 盈利能力分析

一、盈利能力分析相关概念

(一)盈利能力

盈利能力指公司在一定时期内赚取利润的能力,是公司赖以生存和发展的基本条件。盈利能力分析能及时发现公司经营管理中的问题,有助于公司改善财务结构,提高公司偿债能力、营运能力,最终提高公司的盈利能力,促进公司经营和发展的持续稳定。

公司盈利能力分析对股东和债权人都至关重要。股东投资公司,主要的目标是以股利和资本利得的形式获取收益;债权人贷款给公司,是为了以利息形式获取收益。公司的盈利能力越强,则其能够给予股东的回报越高,公司价值越大,带来的现金流量越多,公司的偿债能力得到加强。

(二)盈利能力的影响因素

公司盈利能力受到国家政策、公司经营模式、利润构成和资本结构等因素影响。国家政策中,政府往往通过税收政策调整产业结构,税收政策和盈利能力存在较强的关系;公司经营模式就是公司赚取利润的途径和方式,独特的经营模式是公司的核心竞争力,能够为公司带来超额利润;公司利润主要包括毛利、营业利润、利润总额、净利润、息税前利润等,影响不同利润的因素也不同;资本结构反映公司一定时期筹资组合的结果,当公司的资产报酬率高于借债利息率时,公司举债经营可以提高盈利能力,当资产报酬率低于借债利息率时,公司举债经营会降低其盈利能力。

二、盈利能力分析的作用

公司从事生产经营,其最主要目的是获取最大化利润并维持可持续经营和发展。持续稳定的经营是公司获取利润的基础,利润最大化是公司持续稳定经营和发展的目标和保证。因此,盈利能力反映公司的经营管理绩效,同时衡量公司管理人员的业绩表现,还可以通过盈利能力发现公司经营管理中的问题,改进公司管理水平。

(一)反映和衡量公司及管理者的绩效

公司经营的目的在于获取报酬,盈利能力是一家公司经营绩效评价的核心。对于投资者而言,上市公司的价值主要是由其盈利能力决定的,盈利能力很大程度上决定了公司的估值。使用公司当前时期的盈利能力指标与基期、标准或同行业平均水平、其他公司进行对比分析,就可以反映出公司的经营管理绩效,同时衡量公司管理者的工作业绩。

(二) 发现经营管理中存在的问题

盈利能力反映公司所有经营管理活动的最终成果,公司经营状况可以通过盈利能力表现出来。通过对公司盈利能力大小及国家政策、公司经营模式、利润构成和资本结构等主要影响因素的深入分析,可以发现公司在日常经营管理中存在的重大问题,并寻找相应的解决方法,提高公司盈利能力。

(三) 为投资者提供公司价值参考

公司具有较强的盈利能力,才能保证足够收入用于支付股利和利息,同时使股票市值上升。短期债权人在公司的直接利益是公司对短期债权的还本付息,短期债权人更为关注公司当期会计年度的盈利水平,并结合公司支出和收入、现金流入和流出,判断公司是否有足够的现金偿债能力;长期债权人关注公司能否及时足额偿还到期的长期债务,比短期债权人更加关心公司盈利能力的稳定性和持久性;所有权人(股东)的利益与公司资产或净资产增值直接相关,公司具有持久、稳定的盈利能力,所有权人(股东)才会对其资本保值增值具有信心,从而吸引更多投资,公司盈利能力越强、利润越稳定和持久,资本保值增值就越有保障。

三、盈利能力分析指标

评价公司的盈利能力时,以一定数据为基础计算的百分比指标比绝对数更有参考价值,因此,盈利能力通常是一个相对概念。在盈利能力具体衡量指标上,可以选择使用以营业收入为基础的盈利能力分析指标、以资产为基础的盈利能力分析指标以及上市公司市场价值相关的盈利能力分析指标。

(一) 以营业收入为基础的盈利能力分析指标

在会计学上,利润可分为毛利润、营业利润以及净利润,三种类型的利润与营业收入的比值构成不同的盈利能力指标。

1. 营业毛利率

毛利是营业收入与营业成本的差额,营业毛利率是公司营业毛利占营业收入的百分比,表示 1 元营业收入扣除营业成本后,剩余多少钱可以用于各项期间费用和形成盈利。营业毛利率是公司营业净利率的基础,没有足够高的毛利率很难获得理想的盈利。营业毛利率的计算公式为:

$$\text{营业毛利率} = \frac{\text{营业毛利润}}{\text{营业收入}} \times 100\% \\ = \frac{\text{营业收入} - \text{营业成本}}{\text{营业收入}} \times 100\% \quad (5-23)$$

营业毛利率反映了公司主营业务经营成果状况和基本盈利能力。只有较高的营业毛利率才能保证公司能够获得较高的净利润,公司产品有较高的竞争力。一般情况下,营业毛利率越高,则表明公司盈利能力越强;反之,则表明公司盈利能力越弱。

营业毛利率指标在某种程度上还反映了公司所处行业的竞争程度,垄断行业、高科技行业的毛利率通常较高。在进行横向比较时,应当与同行业公司、平均水平或先进水平相比较。同行业的营业毛利率通常是比较接近的,公司与同行业平均水平或先进水平进行比较,可以发现差距并分析差距产生的原因,进而改进管理,提高盈利能力。

此外,盈利能力分析可以将销售毛利率和销售毛利润结合起来,分别从相对数和绝对数两个角度来更加全面地分析公司的盈利能力。

【例 5—12】 根据 A 公司 2022 年资产负债表,A 公司 2022 年营业收入 22 994.48 万元,营业成本 18 006.54 万元,计算 A 公司的营业毛利率。

【解】 已知 A 公司 2022 年营业收入 22 994.48 万元,营业成本 18 006.54 万元,其营业毛利率求取如下:

$$营业毛利率=\frac{营业收入-营业成本}{营业收入}\times 100\%=\frac{22\,994.48-18\,006.54}{22\,994.48}\times 100\%=21.70\%$$

2. 营业利润率

营业利润是在营业收入中扣除了变动成本(即营业成本)和主要固定成本(即期间费用)并加上投资收益后的利润,营业利润的计算几乎涵盖了公司经营的各个方面,受非经常损益影响较小,综合性强,能够比较准确地反映公司经营业务的获利能力。营业利润率是公司的营业利润与营业收入的比率,计算公式为:

$$营业利润率=\frac{营业利润}{营业收入}\times 100\% \qquad (5-24)$$

$$\begin{aligned}营业利润=&毛利-税金及附加-销售费用-管理费用-财务费用-资产减值损失\\&+公允价值变动收益(-公允价值变动损失)+投资收益(-投资损失)\end{aligned}$$

$$(5-25)$$

公式 5—24 中,营业利润率计算的分子,是在毛利率计算公式 5—23 分子(毛利)的基础上减掉一些费用项目后得到的营业利润,营业利润率不仅考虑了变动成本和主要固定成本,也考虑了投资收益。营业利润率越高、公司经营状况越好,则盈利能力越强;反之,则公司盈利能力越弱。

从公式 5—25 中可以看出,影响营业利润率的因素除了毛利外,还有销售费用、管理费用、财务费用等,因此,提高公司营业利润率的方式可分为两大类:①开源,包括扩大销售、提高毛利率等;②节流,公司实施有效措施,减少销售费用、管理费用和财务费用。

【例 5—13】 根据 A 公司 2022 年资产负债表数据,A 公司 2022 年营业收入 22 994.48 万元,营业利润 4 500.80 万元,计算 A 公司的营业利润率。

【解】 已知A公司2022年营业收入22 994.48万元,营业利润4 500.80万元,其营业利润率求取如下:

$$营业利润率=\frac{营业利润}{营业收入}\times100\%=\frac{4\ 500.80}{22\ 994.48}\times100\%=19.57\%$$

3. 营业净利率

净利润,又称"净利",在我国会计制度中是指税后利润。营业净利润就是公司税后利润与营业收入的比率,衡量公司在一定时期内公司最终获得的利润占总收入的比率,反映了公司最终的盈利能力。营业净利率的计算公式为:

$$营业净利率=\frac{净利润}{营业收入}\times100\% \qquad (5-26)$$

公司净利润主要来自营业利润,营业利润越大,净利润通常也就越大。营业净利润反映了每1元营业收入带来的净利润额,表示公司经营的最终收益情况,能够用来评价公司最终获取利润的水平。

公司净利润率越大,说明公司最终盈利能力越强;反之,说明公司最终盈利能力越弱。因此,公司增加营业收入额的同时,必须相应产生更多的净利润,才能使营业净利率保持不变甚至有所提升。通过分析营业净利率的升降变动,可以促使公司在扩大业务收入的同时,改进经营管理、提高盈利水平。需要注意的是,不同国家、不同地区、不同行业的公司,其公司税赋的计算方法和税率可能不同,导致税前利润率相同的公司出现税后净利润率不同。

【例5-14】 根据A公司2022年资产负债表数据,A公司2022年营业收入22 994.48万元,营业净利润2 240.50万元,计算A公司的营业净利率。

【解】 已知A公司2022年营业收入22 994.48万元,营业净利润2 240.50万元,其营业净利率求取如下:

$$营业净利率=\frac{净利润}{营业收入}\times100\%=\frac{2\ 240.50}{22\ 994.48}\times100\%=9.74\%$$

> **拓展阅读**
>
> **毛利润、营业利润、利润总额和净利润**
>
> 毛利润,即毛利,是指公司销售收入扣除主营业务的直接成本后的利润部分。其中,直接成本不包括公司的管理费用、财务费用、销售费用、税收等。
>
> 营业利润,是指公司从事生产经营活动中取得的利润,是公司利润的主要来源。营业利润等于主营业务利润加上其他业务利润,再减去税金及附加、销售费用、管理费用和财务费用等之后的金额。

利润总额,即通常所说的公司利润,是指公司在生产经营过程中各种收入扣除各种耗费后的盈余,反映公司在报告期内实现的盈亏总额,是一家公司在营业收入中扣除折扣、成本消耗及营业税后的剩余。

净利润是在利润总额中缴纳了所得税后的公司利润留成,是公司经营业绩的最终结果。

表5—6　　　　　　　　××公司利润表(部分)　　　　　　单位:人民币元

项目	行次	金额
一、营业收入	(1)	118 000
减:营业成本	(2)	68 000
税金及附加	(3)	5 000
销售费用	(4)	2 500
管理费用	(5)	7 500
财务费用	(6)	3 000
加:其他收益	(7)	1 000
二、营业利润(亏损以"—"号填列)	(8)	33 000
加:营业外收入	(9)	4 000
减:营业外支出	(10)	2 000
三、利润总额(亏损总额以"—"号填列)	(11)	35 000
减:所得税费用	(12)	9 800
四、净利润(净亏损以"—"号填列)	(13)	25 200

以表5—6中数据为例:

毛利润＝营业收入－营业成本＝(1)－(2)＝50 000(元)

营业利润＝营业收入－营业成本－营业税金及附加－销售费用－管理费用－财务费用－资产减值损失＋公允价值变动收益(－公允价值变动损失)＋投资收益(－投资损失)＋资产处置收益(－资产处置损失)＋其他收益＝(1)－(2)－(3)－(4)－(5)－(6)＋(7)＝33 000(元)

利润总额＝营业利润＋营业外收入－营业外支出＝(8)＋(9)－(10)＝35 000(元)

净利润＝利润总额－所得税费用＝(11)－(12)＝25 200(元)

(二)以资产为基础的盈利能力分析指标

1. 总资产收益率

公司总资产是由投资人投资和举债形成的。总资产收益率(ROA)是净利润与平均资产总额的比率。总资产收益率是反映公司资产利用的综合指标,从所有者和债权人两方面共同考查整个公司的盈利水平,与公司经营管理的各个方面相关。总资产收益率计算公式为:

$$总资产收益率=\frac{净利润}{平均总资产}\times100\% \qquad (5-27)$$

总资产收益率(ROA)表明 1 元资产能够创造的净利润是多少,主要是在不考虑资产融资来源时测度特定期间内公司使用全部资产创造利润的能力,其高低直接反映了公司的竞争能力和发展能力,是决定公司是否举债经营的重要依据。总资产收益率越高,表明公司资产利用效率越高,公司在增加收入和节约资金等方面取得良好效果。

总资产收益率(ROA)在给定的特定环境因素和公司采取的战略选择组合下,关注特定期间公司使用其资产创造盈利的成功程度,但却忽略了公司融资的方式和成本,即未考虑债务与权益融资的比例以及融资成本。

由表 5—7 可知,2018—2022 年 B 公司的总资产收益率呈现出迅速下降趋势,反映出公司资产的利用效率在变低,公司盈利能力变弱,B 公司需要对其经营管理进行调整优化,改善其资产管理水平。

表 5—7　　　　　　2018—2022 年 B 公司总资产收益率计算表

年　份	2018	2019	2020	2021	2022
净利润(万元)	2 077.5	1 800.6	1 905.4	1 597.73	1 240.50
平均总资产(万元)	24 324.78	24 530.13	24 618.34	24 523.38	24 495.19
总资产收益率(%)	8.54	7.34	7.74	6.52	5.06

2. 净资产收益率

公司资本结构中,净资产占总资产的比重越高,公司的财务结构就越安全,风险程度就越低。净资产收益率(ROE)是净利润与平均净资产的比值,等于公司税后利润除以净资产得到的百分比率。计算公式为:

$$净资产收益率=\frac{净利润}{平均净资产}\times100\% \qquad (5-28)$$

净资产收益率(ROE)是从所有者权益视角审视公司的获利能力,反映公司为股东创造盈利的能力。该指标越高,说明投入公司的资本回报率水平越高,公司的获利能力越强,公司为所有者投资带来的收益越高。

净资产收益率(ROE)是一个既反映盈利能力又反映资本安全程度的综合指标。ROE 从所有者角度考查公司获利水平,在相同的总资产收益率水平下,由于公司采用不同资本结构形式,会造成净资产收益率的不同,净资产占总资产的比重越高,净资产收益率就越低;反之,净资产收益率就越高。ROE 的比较标准一般为 10%。

净资产收益率(ROE)反映的是一定时期内公司给所有股东创造的收益,包括普通股和优先股。在投资中,更多的投资者为普通股股东,因此,准确衡量普通股股东的权益回报率对投资者来说具有更大的参考价值。如果要准确反映普通股股东的权益报酬率,可以使用 ROCE 指标。

ROCE 指标是专门针对普通股股东的投资回报率,如公式 5-29 所示,ROCE 指标的分子中不仅扣除运营费用(如已售产品成本、销售与行政费用、所得税等),还要扣除债务融资成本和优先股成本。

$$\text{ROCE} = \frac{\text{净利润} - \text{优先股股利}}{\text{平均普通股股东权益}} \times 100\% \tag{5-29}$$

【例 5-15】 根据 B 公司 2022 年的财务报表数据,B 公司 2022 年初和年末净资产分别为 13 119.79 万元和 13 824.91 万元,净利润 1 240.50 万元,计算 B 公司 2022 年的净资产收益率。

【解】 已知 B 公司 2022 年初和年末净资产分别为 13 119.79 万元和 13 824.91 万元,净利润 1 240.50 万元,其净资产收益率求取如下:

$$\text{净资产收益率} = \frac{\text{净利润}}{\text{平均净资产}} \times 100\% = \frac{1\ 240.50}{(13\ 119.79 + 13\ 824.91)/2} \times 100\%$$
$$= 9.21\%$$

(三)市场价值相关的盈利能力分析指标

1. 每股收益

每股收益(EPS),又称每股税后利润、每股盈利,是归属于普通股股东的净利润与发行在外普通股总数的比值。每股收益(EPS)是分析每股价值、综合反映公司获利能力的一个基础性指标,每股收益越大,说明公司盈利能力越强,股利分配来源越充足。每股收益(EPS)的计算公式为:

$$\text{每股收益} = \frac{\text{归属于普通股股东的当期净利润}}{\text{当期发行在外普通股的加权平均数}} \tag{5-30}$$

每股收益是普通股股东每持有 1 股所能享有的公司净利润或需承担的净亏损,通常被用来反映公司经营成果、普通股的盈利水平及投资风险。每股收益是投资人、债权人等财务信息使用者评价公司盈利能力、预测公司成长潜力,进而做出相关经济决策的重要财务指标。

使用每股收益指标分析投资收益,剔除了不同上市公司间由于股本数量不同造成的差异,能够更准确地衡量上市公司之间的相对盈利能力。但是,需要注意如下问题:①每股收益不反映股票所含有的风险;②每股收益多,分红不一定多,还要看公司的股利分配政策;③不同股票的每一股在经济上不等量,因为它们所含的净资产和市价不同,即换取每股收益的投入量不同;④如果存在稀释性潜在普通股(包括可转换公司债券、认股权证和股份期权等),应当计算稀释每股收益。

2. 每股净资产

每股净资产,又称为每股账面价值或每股权益,是年末净资产(扣除优先股权益后的余额)与发行在外的年末普通股股数的比值,表明了发行在外的每一普通股股份所能分配的公司账面净资产的价值。每股净资产的计算公式为:

$$每股净资产 = \frac{年末净资产}{发行在外的年末普通股股数} \quad (5-31)$$

每股净资产反映了发行在外的每股普通股所代表的净资产成本,在理论上提供了股票的最低价值。每股净资产越高,股东拥有的每股资产价值就越多,公司发展能力越强;每股净资产越少,股东拥有的每股资产价值就越少。

每股净资产是每股普通股所代表的净资产价值,是股价的根本支撑。如果股票价格低于每股净资产,往往说明公司已无存在的价值,因为此时公司的变现价值低于净资产的成本,清算是最好的选择。

投资者可以纵向比较公司历年每股净资产的变化趋势,了解公司的发展趋势,也可以与其他公司进行横向比较,评价公司在行业中的水平。

分析每股净资产时,需要注意的是:①在投资分析时,只能有限地使用该指标,因为每股净资产是用历史成本计量的,既不反映净资产的变现价值,也不反映净资产的产出能力;②在市场投机气氛较浓的情况下,每股净资产指标往往不受重视,投资者特别是短期投资者更注重股票市价的变动。

3. 市盈率

市盈率又称本益比或价格盈余比率,是公司普通股每股市价与每股收益的比值。市盈率反映了投资者对每1元净利润所愿意支付的价格,可以用来估计公司股票的投资报酬和风险,是市场对公司的共同期望指标。市盈率计算公式为:

$$市盈率 = \frac{普通股每股市价}{普通股每股收益} \quad (5-32)$$

市盈率通过公司股票的市场行情,间接评价公司获利能力。一般来说,在市价确定的情况下,每股收益越高,市盈率越低,股票投资风险越小,越具有投资价值。另一种观点则认为,如果公司的股票连续维持较高的市盈率,或与其他上市公司相比市盈率较高,说明具有潜在的成长能力,或者有较高的声誉,市场对公司的未来越看好。例如,股票市场中成长性较好的高科技公司,其股票的市盈率通常高于一般公司。

因此,市盈率过高和过低都可能存在一定问题。市盈率过高,公司股票可能蕴含着较高的风险;市盈率过低,则说明投资者对公司缺乏信心,不愿意承担较大的风险。通常认为正常的市盈率为5～20倍,但不同行业情况差异巨大,市盈率没有一个统一标准的理想取值。例如,全球成熟的资本市场中,股票市盈率一般为20倍,而发展中国家的市盈率普遍高于发达国家。

对上市公司市盈率进行长期趋势分析具有重要价值。股票市盈率的大小受市价的影响,股票价格主要随着公司的盈利能力提高而上升。在成熟的金融市场上,市盈率的绝对额大小不是吸引投资者的关键因素,投资者将当期市盈率与公司未来市盈率相比较,如果当期市盈率低于未来市盈率,即可投资该股票。投资者更加关注公司未来经营前景,对于前景好的公司,即使公司股票市盈率比较高,也有继续投资的价值。

使用市盈率指标应注意如下问题:

(1)市盈率不适用于每股收益很小或亏损的公司。因为在这种情况下,公司市盈率非常高,并不能说明任何问题。

(2)市盈率不适用于不同行业公司的比较。新兴行业通常具有较好的发展前景和机会,投资者对其盈利能力提升具有良好预期,从而市盈率普遍较高;传统成熟行业的盈利水平提升潜力较小,市盈率普遍偏低。

(3)市盈率的大小受公司会计制度和投机炒作等的影响。公式5-32中,分母中每股收益估计与会计政策有关,不同的会计制度估计值可能不同;分子中的市价受到投资炒作的影响,可能导致市盈率偏高,这对投资者而言意味着较大的投资风险。

4. 市净率

市净率,是将每股股价与每股净资产进行比较,表明股价以每股净资产的若干倍在流通转让,评价股价相对于每股净资产而言是否被高估。其计算公式为:

$$市净率 = \frac{普通股每股市价}{普通股每股净资产} \quad (5-33)$$

公式5-33中,每股净资产是股票的账面价值,是用成本计量的,而每股市价是资产的当期价值,是在证券交易所交易的结果。

市净率反映了市场对公司资产质量的评价,可用于投资分析。通常情况下,市净率越高,股票投资价值越低;市净率越低,股票投资价值越高,因为股价的支撑越有保证、安全边际越高。在实际投资价值分析时,还需要考虑现实的市场环境、公司经营状况以及获利能力等多方面因素。

在上市公司投资价值分析中,市净率没有统一的标准取值,只有一些经验值。若公司市净率低于1,则说明股价跌破净资产;若公司市净率超过2,则判断没有投资价值。不同行业的市净率差别较大，如银行业，市净率在 1.5 倍以内；家电为主的制造业，市净率在 2 倍以内；钢铁为主的建材行业，市净率通常在 1 倍以内。

5. 股利支付率

股利支付率，也称股息发放率，是普通股每股股利与每股收益的百分比，反映公司股利分配政策和支付股利的能力，即普通股股东从每股的全部盈利中分到的比例。其计算公式为：

$$股利支付率 = \frac{普通股每股股利}{普通股每股收益} \times 100\% \qquad (5-34)$$

公式 5-34 的分子中，普通股每股股利反映的是上市公司每一普通股获取股利的大小。每股股利的多少取决于公司盈利能力、股利政策以及现金的充裕程度等因素。其计算公式为：

$$普通股每股股利 = \frac{现金股利总额 - 优先股股利}{发行流通的普通股股数} \times 100\% \qquad (5-35)$$

股利支付率越大，说明公司当期股东能够分得的股利越多，股东能获得更多的实际收益；反之，说明公司将较多利润留存下来。然而，股利支付率的高低，没有一个固定标准，需要根据公司对资金需求量的情况具体分析。一般来说，初创公司、小公司进行再投入所需的资金量大，因此股利支付率相对较低；股利分配比例高的公司，通常不需要更多的资金进行再投入，如公用事业股的分配比例通常较高。

不同股东对股利支付率的要求也不一样。希望股票升值、寻求资本利得报酬的股东，通常会要求股利支付率低一些，公司留存较多的收益，以增强公司发展的财务实力、降低公司财务风险；希望多发放现金股利、寻求股利报酬的股东，则要求股利支付率高一些，以获得更大的短期收益。

公司应结合自身经营和财务状况，确定适宜的股利支付率。股利支付率过高，则公司留存收益过少，增加了公司财务风险；股利支付率过低，则会使股东当期的收益要求得不到满足，长期低股利和高留存的财务政策会降低投资者对公司的信心，甚至影响公司股价。

第四节　发展能力分析

一、发展能力分析相关概念

(一)发展能力

公司发展能力，又称成长能力，是指公司在生存的基础上，对公司扩展经营潜力的分析,反映了公司实现盈利的持续程度以及价值增长的可能性。公司需要源源不断地注入新的血液,才能维持公司发展的可持续性,发展能力就是公司使用内部积累和外部融入的资金不断投入生产经营活动而形成的一种能力。

公司发展能力是一个相对概念,通常使用相对指标反映公司发展能力。公司发展能力是分析期间,公司所有者权益、收益、销售收入和资产相对上一期所有者权益、收益、销售收入和资产的变化程度,因此,仅仅使用公司某一方面增减的绝对值无法对不同规模公司进行有效的横向对比,也不能准确反映公司的发展能力。

(二)发展能力的分析角度

公司发展能力主要体现在公司未来发展的趋势与速度,包括公司资产、利润和所有者权益等主要指标的增长趋势和速度。公司的发展能力,可以从两个基本角度展开分析:一是公司现有获利能力增长,即在现有生产经营条件下,通过挖掘内部潜力促使盈利增加和公司发展;二是公司生产规模的扩张,即通过扩大投资增加公司盈利,进而增强公司的发展能力。

二、发展能力分析的作用

发展能力关乎公司的生存和发展,与公司所有者、经营者及其他利益相关者息息相关。通过对公司发展能力的分析,利益相关者可以把握公司的发展前景,进而做出合理的投资、信贷、供应和人力资本投资等方面的决策。具体来看,发展能力分析的价值主要体现在如下四个方面。

(一)公司所有者发展能力分析的作用

对于公司所有者而言,公司的进一步发展壮大和长远发展是其关注的重点。公司所有者可以通过成长能力分析衡量公司为所有者创造价值的潜力,从而为采取下一步战略行动提供依据。

(二)公司投资者发展能力分析的作用

对于潜在的投资者而言,出于对投资回报的关心,主要对股票价值、预期成长率、收益和股利变化的期望值等感兴趣。投资者可以通过成长能力分析评价公司的成长性,从而选择合适的目标公司,做出正确的投资决策。

(三)公司经营者发展能力分析的作用

对于经营者而言,为了评价、比较公司经营业绩的变化,识别竞争对手的潜在弱点并预测其未来行为,需要分析公司自身及竞争对手的发展能力,分析重点是销售收入、收益以及股利成长率等。通过成长能力分析发现影响公司未来发展的关键因素,从而采取正确的经营策略和财务策略促进公司可持续发展;通过成长能力分析,还可以促使经营者克服短期行为,重视公司的资本积累和获利能力的持续增长,使公司能够得到长远发展。

(四)公司债权人发展能力分析的作用

对于债权人而言,为了预测公司的应收账款、存货和生产性资产变化所需要的未来资金水平,需要着重分析研究与公司过去成长有关的资料。通过成长能力分析判断公司未来获利能力,从而做出正确的信贷决策。

三、发展能力分析指标

(一)增长率指标

公司的资本实力和潜在盈利能力,是度量和评价公司持续稳定发展的重要内容,其增长为公司的生存和发展注入新能量。具体分析过程中,经常会使用三年平均数,如三年平均主营业务收入增长率、三年平均总资产增长率等。相较于一年的增长率指标,三年平均增长率指标避免了短期波动对增长率指标产生的负面影响,更能反映公司未来的发展趋势,因而财务分析中,三年平均增长率指标的使用更为常见。

1. 主营业务收入增长率

主营业务是公司为完成经营目标而从事的主要业务活动,是公司收入的主要来源。主营业务收入增长率等于本年的主营业务收入与上年的主营业务收入之差再除以上年主营业务收入。其计算公式为:

$$主营业务增长率 = \frac{本年主营业务收入 - 上年主营业务收入}{上年主营业务收入} \times 100\% \quad (5-36)$$

$$= \frac{本年主营业务收入增长额}{上年主营业务收入} \times 100\%$$

主营业务收入三年平均增长率计算公式为:

$$\frac{主营业务收入}{三年平均增长率} = \left(\sqrt[3]{\frac{报告年度主营业务收入总额}{报告年度前第三年主营业务收入总额}} - 1\right) \times 100\% \quad (5-37)$$

主营业务收入增长率指标可以较好地考察公司的成长性。使用该指标进行公司发展能力分析,需要注意以下几点:

(1)主营业务收入增长率高,表明公司核心产品的市场需求大、业务扩张能力强。该指标大于0时,表示公司本年的主营业务收入有所增长;该指标小于0,表明公司本年的主营业务收入下降,必须进一步分析其下降原因。如果一家公司能连续几年保持30%以上的主营业务收入增长率,基本上可以认为这家公司具备很强的成长性。

(2)主营业务收入增长率是一种相对评价指标。相对评价指标有利于不同生产经营规模公司之间进行比较,但需要注意上年主营业务收入的特殊变化可能会造成营业收入过高或过低。

（3）相同的主营业务收入增长率对处于不同生命周期的公司有着不同意义。在使用该指标时,应结合行业特点使用主营收入增长额和三年平均增长率等指标辅助分析。

【例 5-16】 根据 B 公司历年财务报表数据,B 公司 2019—2022 年主营业务收入情况如表 5-8 所示。计算 B 公司 2020—2022 年主营业务收入增长率。

表 5-8　　　　　　　　B 公司 2019—2022 年主营业务收入情况表

项　目	2019 年	2020 年	2021 年	2022 年
主营业务收入(万元)	72 158.85	76 037.01	65 598.95	69 124.55
主营业务收入增长额(万元)	—	3 878.16	−10 438.06	3 525.60

【解】 已知 B 公司 2019—2022 年主营业务收入及变化情况,可求解

$$2020 \text{ 年主营业务增长率} = \frac{2020 \text{ 年主营业务收入增长额}}{2019 \text{ 年主营业务收入}} \times 100\%$$

$$= \frac{3\,878.16}{72\,158.85} \times 100\%$$

$$= 5.37\%$$

$$2021 \text{ 年主营业务增长率} = \frac{2021 \text{ 年主营业务收入增长额}}{2020 \text{ 年主营业务收入}} \times 100\%$$

$$= \frac{-10\,438.06}{76\,037.01} \times 100\%$$

$$= -13.73\%$$

$$2022 \text{ 年主营业务增长率} = \frac{2022 \text{ 年主营业务收入增长额}}{2021 \text{ 年主营业务收入}} \times 100\%$$

$$= \frac{3\,525.60}{65\,598.95} \times 100\%$$

$$= 5.37\%$$

由例 5-16 的计算结果可知,由于短期波动的影响,B 公司 2020—2022 年主营业务收入增长率变动较大,难以判断 B 公司的发展能力。而使用主营业务收入三年平均增长率,可以反映公司主营业务发展的持续性和稳定性,较好地体现公司的发展状况和潜力,同时避免短期波动对增长率指标产生的负面影响,有效剔除了少数年份主营业务收入的不正常增长,进而对公司的发展能力做出准确判断。引用例 5-16 数据,计算 B 公司 2020—2022 年主营业务收入三年平均增长率如下所示:

$$\frac{\text{主营业务收入}}{\text{三年平均增长率}} = \left(\sqrt[3]{\frac{\text{报告年度主营业务收入总额}}{\text{报告年度前第三年主营业务收入总额}}} - 1 \right) \times 100\%$$

$$=\left(\sqrt[3]{\frac{69\ 124.55}{72\ 158.85}}-1\right)\times 100\%$$

$$=-1.42\%$$

根据上述计算结果,B公司主营业务收入三年平均增长率为-1.42%,表明2020—2022年公司整体营业收入在下降,公司发展能力较差。

2. 主营业务利润增长率

主营业务利润等于主营业务收入减去主营业务成本和主营业务税金及附加费用后的利润。一般情况下,公司主营业务利润是公司利润总额的最主要组成部分。然而,有些公司在考察期内虽然利润总额有较大幅度的增加,但主营业务利润却未相应增加,甚至大幅下降,这类公司成长性通常较差。主营业务利润增长率的计算公式为:

$$主营业务利润增长率=\frac{本年主营业务利润增长额}{上年主营业务利润}\times 100\%$$

$$=\frac{本年主营业务利润-上年主营业务利润}{上年主营业务利润}\times 100\%$$

(5—38)

主营业务利润增长率反映公司的主营业务获利水平,公司主营业务突出,即主营业务利润率较高的情况下,才能在竞争中占据优势地位。一般来说,主营业务利润稳定增长且占利润总额的比例呈增长趋势的公司正处在成长期,公司在竞争中占据优势地位,具有较大的投资价值。

主营业务利润三年平均增长率表明公司主营业务利润连续三年的增长情况,是公司发展能力的重要度量指标。主营业务利润三年平均增长率能够反映公司主营业务利润的增长趋势和稳定程度,指标值越大,表示公司可持续发展能力越强、发展潜力越大。主营业务利润三年平均增长率的计算公式为:

$$主营业务利润三年平均增长率=\left(\sqrt[3]{\frac{报告年度主营业务利润总额}{报告年度前第三年主营业务利润总额}}-1\right)\times 100\%$$

(5—39)

【例5—17】 根据B公司历年财务报表数据,B公司2019—2022年主营业务利润情况如表5—9所示。计算B公司2020—2022年主营业务利润增长率及主营业务利润三年平均增长率。

表5—9　　　　　　B公司2019—2022年主营业务收入情况表

项　目	2019年	2020年	2021年	2022年
主营业务利润(万元)	11 545.42	12 165.92	13 119.79	12 442.42
主营业务利润增长额(万元)	—	620.51	953.87	-677.37

【解】已知B公司2019—2022年主营业务利润及变化情况,可求解如下:

$$2020年主营业务利润增长率 = \frac{本年主营业务利润增长额}{上年主营业务利润} \times 100\%$$

$$= \frac{620.51}{11\,545.42} \times 100\%$$

$$= 5.37\%$$

$$2021年主营业务利润增长率 = \frac{本年主营业务利润增长额}{上年主营业务利润} \times 100\%$$

$$= \frac{953.87}{12\,165.92} \times 100\%$$

$$= 7.84\%$$

$$2022年主营业务利润增长率 = \frac{本年主营业务利润增长额}{上年主营业务利润} \times 100\%$$

$$= \frac{-677.37}{13\,119.79} \times 100\%$$

$$= -5.16\%$$

$$主营业务利润三年平均增长率 = \left(\sqrt[3]{\frac{报告年度主营业务利润总额}{报告年度前第三年主营业务利润总额}} - 1\right) \times 100\%$$

$$= \left(\sqrt[3]{\frac{12\,442.42}{11\,545.42}} - 1\right) \times 100\%$$

$$= 2.53\%$$

3. 总资产增长率

资产是公司生产经营活动的物质基础,是公司拥有或控制的用以取得未来收益的经济资源,也是公司偿还债务的保障。公司的资产规模与其经营规模是相适应的,在资产收益率一定的情况下,盈利规模与公司资产规模成正比。资产规模的扩大体现了资本的扩张和公司发展能力的增强,因此,资产规模的扩大往往表明公司兴旺发达。

总资产增长率是指公司本年总资产增长额同年初(即上年年末)资产总额的比率。该指标可以衡量公司本期资产规模的增长情况,从资产总量变化方面衡量公司的发展能力。其计算公式为:

$$总资产增长率 = \frac{本年总资产增长额}{年初资产总额} \times 100\% \quad (5-40)$$

$$= \frac{年末资产总额 - 年初资产总额}{年初资产总额} \times 100\%$$

总资产三年平均增长率计算公式为:

$$总资产三年平均增长率 = \left(\sqrt[3]{\frac{报告年度资产总额}{报告年度前第三年资产总额}} - 1\right) \times 100\% \quad (5-41)$$

通常情况下,发展能力强的公司都能保证资产的稳定增长,因此,资产的增长可以表明公司的发展状况和发展能力,也是实现公司价值的重要手段。公司总资产增长率若大于0,则表示公司本年总资产有所增长,指标值越高,表明增长速度越快,公司越有发展潜力;若指标小于0,则表示公司发展速度下降,发展能力减弱。

在使用总资产增长率分析公司发展能力时,需要注意:

(1)注意资产规模扩张中质与量的关系,不能片面追求资产规模扩张而忽视了资产利用效率的提升,造成资产的盲目扩张。

(2)总资产增长率指标无法反映公司所有资产的真实情况,如公司人力资源、自创商誉等资产难以在资产负债表中得以体现,在对知识经济环境下的人力资产占总资产比重较大的公司进行分析时,需特别注意。

(3)总资产增长率指标使用数据来源于资产负债表的账面价值,受到会计处理方法中历史成本原则的影响,不能反映该公司总资产的公允价值和成长情况。

表5-10和表5-11分别是B公司和C公司2020—2022年各年总资产及总资产增长率情况。根据表5-10,B公司2020—2022年总资产增长率分别为5.37%、5.68%、7.52%,根据表5-11,C公司2020—2022年总资产增长率分别为13.28%、10.60%、7.50%。

表5-10　　　　B公司2020—2022年总资产增长率分析表

项　目	2019年	2020年	2021年	2022年
总资产年末余额(万元)	288 635.38	304 148.02	321 434.86	345 622.75
总资产增长额(万元)	—	15 512.64	17 286.84	24 187.89
总资产增长率(%)	—	5.37	5.68	7.52

表5-11　　　　C公司2020—2022年总资产增长率分析表

项　目	2019年	2020年	2021年	2022年
总资产年末余额(万元)	1 154 541.52	1 307 836.49	1 446 456.85	1 554 956.75
总资产增长额(万元)	—	153 294.97	138 620.36	108 499.90
总资产增长率(%)	—	13.28	10.60	7.50

比较两家公司的发展能力,基本可以判断,B公司的发展潜力要优于C公司。具体来看,2020年和2021年,B公司的总资产增长率均低于C公司的总资产增长率。但2020—2022年3年中,B公司总资产增长率表现出递增趋势,而C公司总资产增长率呈逐渐下降的趋势,至2022年,B公司总资产增长率已高于C公司。

4.净利润增长率

净利润是在利润总额中缴纳了所得税后的公司利润留成,是公司经营业绩的最终结果。净利润是衡量一个公司经营效益的重要指标,净利润多,公司的经营效益就好;净利润少,公司的经营效益就差。净利润的增长是公司成长性的基本特征,净利润增长率等于公司本年净利润与上年净利润之差除以上年净利润,其计算公式为:

$$净利润增长率 = \frac{本年净利润增长额}{上年净利润} \times 100\%$$

$$= \frac{本年净利润 - 上年净利润}{上年净利润} \times 100\% \quad (5-42)$$

净利润三年平均增长率计算公式为:

$$净利润三年平均增长率 = \left(\sqrt[3]{\frac{报告年度净利润总额}{报告年度前第三年净利润总额}} - 1\right) \times 100\% \quad (5-43)$$

净利润增长率指标综合反映了公司的资产营运与管理业绩、成长状况和发展能力。一般来说,净利润增长率较大,表明公司总体经营业绩突出,市场竞争能力强,具有较强成长性;净利润增长率小甚至为负,表明公司总体经营可能出现较大问题,也就谈不上具有成长性。

【例 5-18】 根据 B 公司历年财务报表数据,B 公司 2019—2022 年净利润情况如表 5-12 所示。计算 B 公司 2020—2022 年净利润增长率及净利润三年平均增长率。

表 5-12　　　　　　　　B 公司 2019—2022 年净利润情况表

项　目	2019 年	2020 年	2021 年	2022 年
净利润(万元)	9 236.33	9 976.06	10 364.63	10 451.63
净利润增长额(万元)	—	739.72	388.58	87.00

【解】 已知 B 公司 2019—2022 年净利润及变化情况,可求解如下:

$$2020 年净利润增长率 = \frac{本年净利润增长额}{上年净利润} \times 100\%$$

$$= \frac{739.72}{9\ 236.33} \times 100\%$$

$$= 8.01\%$$

$$2021 年净利润增长率 = \frac{本年净利润增长额}{上年净利润} \times 100\%$$

$$= \frac{388.58}{9\ 976.06} \times 100\%$$

$$= 3.90\%$$

$$2022\text{年净利润增长率} = \frac{\text{本年净利润增长额}}{\text{上年净利润}} \times 100\%$$

$$= \frac{87.00}{10\,364.63} \times 100\%$$

$$= 0.84\%$$

$$\text{净利润三年平均增长率} = \left(\sqrt[3]{\frac{\text{报告年度净利润总额}}{\text{报告年度前第三年净利润总额}}} - 1\right) \times 100\%$$

$$= \left(\sqrt[3]{\frac{10\,451.63}{9\,236.33}} - 1\right) \times 100\%$$

$$= 4.21\%$$

(二)资本扩张指标

资本扩张是公司可持续发展的标志,也是公司扩大再生产的源泉,是公司发展能力评价的重要方面。

1.资本保值增值率

资本保值增值率是指扣除了客观因素影响后的本年年末股东权益总额与年初股东权益总额的比例关系。资本保值增值率表示公司由于当期经营方面的原因导致股东权益增减变动情况,反映了投资者投入公司资本的安全性和增长性。资本保值增值率体现了公司财务目标的要求,是评价公司发展能力的重要指标,其计算公式为:

$$\text{资本保值增值率} = \frac{\text{扣除客观因素后的期末所有者权益}}{\text{期初所有者权益}} \times 100\% \quad (5-44)$$

公式 5—44 中,扣除客观因素后的期末所有者权益,需要扣除或加回的项目包括客观因素影响的增加额(如所有者追加投资额、增发或配股额等)、客观因素影响的减少额(如分配现金股利等)。

资本保值增值率体现了公司财务目标要求,是评价公司成长能力的重要指标。一般认为,资本保值增值率应当大于100%。当公司资本保值增值率为100%时,说明公司不盈不亏、保本经营、资本保值;若大于100%,说明公司有经济效益,资本在原有基础上实现了增值。资本保值增值率越高,表明公司资本的保值增值效果越好,所有者权益增长越快,债权人的债务越有保障,公司发展后劲越足。

2.资本积累率

公司成长是公司不断积累和扩大再生产的动态过程。资本积累率就是指公司本年所有者权益增长额与年初所有者权益之间的比例关系。资本积累率衡量了公司所有者权益在当年的变动和公司当期资本的积累能力,其计算公式为:

$$资本积累率 = \frac{本年所有者权益增长额}{年初所有者权益} \times 100\% \qquad (5-45)$$

$$= \frac{所有者权益年末数 - 所有者权益年初数}{年初所有者权益} \times 100\%$$

公司资本积累率是公司发展强盛与否的标志,也反映了投资者投入资金的保全性和增长性。一般来说,资本积累率越高,表明公司的资本积累越多,能有更多的权益资本用于扩大生产、应对风险和保障可持续发展,公司的发展后劲越足。当公司资本积累率小于 0 时,公司所有者权益受到损害,公司经营可能出现较大问题。

【例 5—19】 根据 B 公司 2022 年财务报表数据,B 公司 2022 年年初和年末所有者权益分别为 192 860.92 万元和 207 373.65 万元。计算 B 公司 2022 年的资本积累率。

【解】 已知 B 公司 2022 年年初和年末所有者权益分别为 192 860.92 万元和 207 373.65 万元,2022 年的资本积累率求解如下:

$$资本积累率 = \frac{所有者权益年末数 - 所有者权益年初数}{年初所有者权益} \times 100\%$$

$$= \frac{207\ 373.65 - 192\ 860.92}{192\ 860.92} \times 100\%$$

$$= 7.52\%$$

(三)发展潜力指标

科学技术是社会生产力的重要组成部分,现代公司的发展与技术进步密不可分,公司必须占领相关领域的制高点,才能在竞争中脱颖而出。技术创新在公司发展中起着不可或缺的关键作用,是提升公司核心竞争力的重要途径,是公司战略的核心。在激烈的市场竞争中,技术创新是公司保持竞争优势、不断发展壮大的重要路径之一。

要提升公司的技术含量,就必须加大技术研发投入,包括直接进行研究开发和接受技术转让。技术投入比率就是公司的科技支出占当年主营业务收入净额的比率,反映了公司对新技术的研发重视程度和在科技进步方面的投入力度,在一定程度上可以体现公司的发展潜力。其计算公式为:

$$技术投入比率 = \frac{科技支出}{主营业务净收入} \times 100\% \qquad (5-46)$$

公式 5—46 中,科技支出是指公司当年研究开发新技术、新工艺、技术改造、科技创新等具有创新性质项目的实际支出,以及购买新技术实际支出列入当年管理费用的部分,具体数据取值于"基本情况表"。

技术投入比率从公司的技术创新方面反映了公司的发展潜力和可持续发展能力,既说明公司对技术研发的重视程度,也说明公司研究开发的能力,同时反映了公司的发展动力储备情况。技术投入比率指标越高,说明公司越重视技术创新,对市场的适应能力相对越强,具有较大的竞争优势和较好的发展前景。

拓展阅读

京东 2015 年营收 4 627 亿元同增 78%　战略性亏损暗藏生态圈野心

2016 年 3 月 1 日晚间,京东集团发布 2015 年第四季度及 2015 年全年业绩报告。财报显示,2015 全年交易总额(GMV)达到 4 627 亿元人民币,同比增长 78%;核心 GMV(不含拍拍平台)4 465 亿元,同比增长 84%。2015 年全年净收入为 1 813 亿元,同比增长 58%。

在当前行业增速放缓、中国经济整体面临下行压力的背景下,京东继续表现出强劲的增长动力。商务部 2 月 12 日公布的数据显示,2015 年全国网络零售交易额同比增长 33.3%。京东 GMV 增速达到 78%,超过行业增速 2 倍有余。阿里不久前发布的 2015 年 Q4 财报显示,阿里中国零售平台 Q4 的 GMV 增幅为 23%,同期京东 GMV 增幅为 69%,增速是阿里的 3 倍。

此外,京东移动端增长也十分迅猛,2015 年移动订单占比(履约)从第一季度到第四季度分别为 42%、47%、52%、61.2%,上升势头强劲。

非电业务占比大幅攀升

"传统品牌商应将自己的电商部门砍掉,与电商合作发展线上业务",京东集团 CEO 刘强东日前在亚布力论坛上的发言引发轩然大波,并引起老对手苏宁的极大不满。苏宁云商副董事长孙为民甚至怒斥京东搞"渠道霸权"。

不过,在财报发布当天下午,京东家电事业部总裁闫小兵在京东"沸腾中国"供应商合作伙伴大会上表示,战略合作品牌未来 3 年不涨合同点位,"京东家电无论规模多大,绝不称王称霸"。

事实上,从数据来看,早在 2014 年京东的收入就已超过苏宁。苏宁 2 月 28 日晚间发布的财报显示,全年实现营收 1 356.76 亿元,同比增长 24.56%,线上平台交易总额 502.75 亿元。而京东线上平台交易总额是 4 627 亿元,是苏宁线上业务的近 10 倍。此外,尚未公布 2015 年财报的国美,其前三季度营收 481 亿元,同比增长已下滑至个位数 7.9%。由此,在业界看来,刘强东宣布的"2016 年目标是超苏宁和国美总和"并非没有依据。

"2016 年,京东超过苏宁和国美总和的重要突破口将是非电业务",刘强东表示,"过去大家总认为京东是卖电器的公司,未来,如果非电业务占比能够超过 50%,便说明京东不再是单纯卖电器的公司了,也意味着转型的彻底成功。而零售盘口一开,增速会更快。"

从财报数据看,2015年京东电子与家电产品GMV达2 289亿元,同比增长65%;日用商品及其他品类商品GMV达2 176亿元,同比增长达109%,占京东总GMV的48.7%,较2014年的42.8%提升近6个百分点。在家电业务扩大领先优势的基础上,京东已经逐渐成为一家全品类、一站式综合性购物平台。

战略性亏损暗藏京东野心

值得一提的是,在各项核心数据保持高速增长的背后,根据美国通用会计准则(GAAP),京东2015年出现了94亿元净亏损,在Non-GAAP(非美国通用会计准则)下则亏损8.5亿元。既然京东的电商业务已经实现盈利,那么是何原因造成了这94亿元的亏损呢?

自2014年5月份上市以来,京东历次财报一直给人的印象是规模猛增,但就是不盈利。实际上,京东最为核心的电商业务已经盈利,且毛利率持续攀升。财报显示,2015年Q1—Q4的毛利率分别为12.20%、12.90%、13.80%、14.3%,并在Q4出现了历史新高。

毛利率不断增长,那么财报中的94亿元亏损来自何处?据资深财务人士介绍,94亿元亏损绝大部分为非经营性亏损,是根据GAAP统计得来。具体来看,主要源于去年年底拍拍网停止运营带来的相关商誉和无形资产减值,以及第四季度对部分投资确认的减值。此外,员工股权激励费用、与腾讯战略合作及收购腾讯部分资产与业务产生的相关无形资产摊销费用也被计为亏损。京东曾在2015年三季度财报中披露,与收购拍拍及网购业务相关的商誉和无形资产余额为28亿元。实际上,关闭拍拍对京东带来的影响并不是账面亏损那么简单,关闭拍拍后,刘强东曾多次在不同场合以此说明其对假货零容忍的态度。

对于非美国通用会计准则下亏损的8.5亿元,则有京东内部人士透露,主要是大举投资京东到家、京东金融所致。

2015年以来,京东对永辉超市、金蝶软件、天天果园、饿了么、易车网、途牛网、分期乐等进行了一系列战略投资,这些投资与京东的生态布局密切相关。此外,被业界视为京东未来最大增长点的京东金融,2015年也有突破性进展,业绩报告披露,2016年1月份,京东金融获得由红杉资本、嘉实投资和中国太平领投的66.5亿元融资,投后估值466.5亿元。

京东首席财务官黄宣德表示,下季度将继续保持对快速增长的新业务的投资,同时提升核心业务的盈利状况。

——资料来源:贺骏.京东2015年营收4 627亿元同增78% 战略性亏损暗藏生态圈野心[N].证券日报,2016—03—02(C2)。

第五节 综合分析法

孤立的财务指标分析,难以全面反映公司经营状况的全部信息,有时甚至还会得到误导性信息。财务报表的综合分析法,是将公司的偿债能力、营运能力、盈利能力和发展能力等多方面分析纳入一个有机整体,对公司的财务状况和经营成果进行全面分析,进而对公司经营的优劣作出准确评价和判断。基于对公司综合绩效评价视角,目前较为流行的财务报表综合分析方法主要是沃尔比重评分法和杜邦财务分析法。

一、沃尔比重评分法

(一)沃尔比重评分法的原理

1928年,亚历山大·沃尔(Alexander Wole)在《信用晴雨表研究》和《财务报表比率分析》中提到沃尔评分法(Wall scoring),通过一定的方法组合,将几个具有相关性的财务比率指标整合到一起,来评价公司"信用能力指数",这成为"沃尔比重评分法"的雏形。

沃尔比重评分法将选定的财务比率用线性关系组合起来进行综合评价分析。传统的沃尔比重评分法选定了流动比率、产权比率、固定资产比率、存货周转率、应收账款周转率、固定资产周转率、权益资本周转率7项财务比率指标,并分别赋予分数权重,然后通过与标准比率的比较来确定各指标的得分及总体指标的累计分数(总评分)。

(二)沃尔比重评分法的基本程序

沃尔比重评分法是公司财务管理中较早运用的财务综合分析方法,采用该方法对公司财务状况进行综合分析的基本程序如下:

1.选定评价财务状况的财务比率指标

选择适宜的财务比率构建评价指标体系,是沃尔评分法的核心问题之一。评价指标的选择应注意以下几点:

(1)全面性,指标体系能够反映公司的偿债能力、营运能力、盈利能力和发展能力。

(2)代表性,选择具有代表性的重要财务比率,避免出现内容重复度高的财务指标,如资产负债率和产权比率两个指标,反映的财务状况存在较大的重复。

(3)方向一致性,选择反映公司财务状况的正向财务比率指标,即当财务比率增大时,公司财务状况得以改善;当财务比率减小时,公司财务状况出现恶化。对于特别重要的逆向财务比率指标,可考虑将其倒数纳入指标体系。

2. 确定财务比率指标的标准评分值(权数)

标准评分值确定是沃尔评分法的又一个核心问题。标准评分值是指某项财务比率达到设定的标准值时能够得到的分数,也是各项指标得分的权数比重,选定的全部财务比率指标的标准评分值之和为 100 分。

标准评分值应根据各项财务比率的重要程度确定。某项财务比率指标的重要性,取决于公司经营活动类型、生产经营规模、品牌形象以及分析者的评价目的等因素。

3. 确定财务比率指标的标准值

财务比率指标的标准值,一般的处理方法是参照同类行业的平均水平确定,也可以选择所在行业的先进水平、计划目标值或其他期的数值。

4. 确定财务比率指标评分值的上限和下限

为了避免个别财务比率指标分值大小异常对公司总得分的不合理影响,需要对各财务比率设定上限和下限(最高评分值和最低评分值)。一般的处理方法是将评分值的上限和下限设为该指标标准值的一定比例,如将上限设为标准值的 150%,下限设为标准值的 50%。

5. 计算财务比率指标的相对比值

使用公司各项财务比率指标的实际值除以标准值,计算出各财务比率指标的相对比值。计算公式为:

$$相对比值 = \frac{实际值}{标准值} \tag{5-47}$$

6. 计算出财务比率指标的综合得分

各项财务比率指标的实际得分是相对比值与标准评分值的乘积,每个财务比率指标的得分都不得超出上限或下限。将各项财务比率指标实际得分加总就得到公司财务状况的综合得分(如公式 5—48 所示):

$$综合得分 = \sum(相对比值 \times 标准评分值) \tag{5-48}$$

以综合得分的高低来评价公司的整体财务状况。一般认为,综合得分越高,则公司经营绩效越好;反之,则经营绩效越差。当标准值选择行业平均水平时,如果综合得分接近或大于 100 分,则说明公司财务状况等于或高于行业平均水平;如果综合得分远低于 100 分,则说明公司经营绩效较差,可能存在较大的财务问题。

(三)沃尔比重评分法的应用

使用沃尔比重评分法,分析甲乙两公司 2022 年的财务状况。财务比率指标的选择、标准评分值(权数)、标准值和甲乙两公司 2022 年财务数据分别如表 5—13 的第 1 列至第 5 列所示。

表 5-13　　　　　　　　　甲乙公司沃尔比重评价指标计算表

选择的指标	标准评分值（权数）	标准值	甲公司财务指标实际值	乙公司财务指标实际值	甲公司的评价得分	乙公司的评价得分
一、偿债能力指标	20				21.77	26.90
1.资产负债率	12	60%	86.44%	67.32%	17.29	13.46
2.速动比率	8	1	0.56	1.68	4.48	13.44
二、盈利能力指标	38				37.37	37.56
1.净资产收益率	25	24%	22.56%	23.99%	23.50	24.99
2.营业利润率	13	15%	16%	14.51%	13.87	12.58
三、营运能力指标	18				9.61	19.43
1.总资产周转率	9	3	2.31	3.55	6.93	10.65
2.流动资产周转率	9	5	1.49	4.88	2.68	8.78
四、发展能力指标	24				22.80	22.20
1.主营业务收入增长率	12	12%	18%	15%	18.00	15.00
2.资本积累率	12	20%	8%	12%	4.80	7.20
综合得分	100				91.55	106.10

甲乙两公司 2022 年的财务状况沃尔比重评价计算结果如表 5—13 的第 6 列和第 7 列所示。甲公司 2022 年综合得分为 91.55 分，小于 100 分，说明甲公司财务状况劣于标准水平；乙公司 2022 年综合得分为 106.10 分，大于 100 分，说明乙公司财务状况优于标准水平。进一步分析可知：

（1）2022 年，甲公司偿债能力指标、盈利能力指标、营运能力指标和发展能力指标得分分别为 21.77、37.37、9.61 和 22.80，除偿债能力指标外，其他指标得分均低于标准评分值（权重），因此甲公司可能存在较大的财务问题。

（2）2022 年，乙公司偿债能力指标、盈利能力指标、营运能力指标和发展能力指标得分分别为 26.90、37.56、19.43 和 22.20，乙公司偿债能力指标和营运能力指标得分大于平均值。由此可知，乙公司偿债能力和营运能力较强，而盈利能力和发展能力有待提高。

（3）2022 年，财务状况综合得分方面，乙公司高于甲公司；偿债能力、盈利能力和营运能力方面，乙公司均优于甲公司；发展能力方面，甲公司优于乙公司，甲公司比乙公司具有较强的长期发展潜力。

（四）沃尔评分法改进

1.对财务比率指标选取主观随意性问题的改进

传统的沃尔评分法选取流动比率、产权比率、固定资产比率、存货周转率、应收账款周转率、固定资产周转率、权益资本周转率7项财务比率指标构建公司财务状况评价指标体系。但沃尔并没有对指标选取的合理性进行说明,同时这7个指标主要反映公司的偿债能力、营运能力和盈利能力,未包含公司成长能力的指标和非财务指标。

财务指标能较好地反映公司的财务状况。构建财务比率指标体系时,应扩大指标选用范围,由偿债能力、营运能力、盈利能力和成长能力四个方面指标构成。由于公司财务指标很容易被粉饰,财务数据的真实性可能被掩盖在评价指标体系中,应结合行业特点,引入公司的非财务指标,以提高沃尔评分法对公司财务的评价效果。

2. 对评价指标标准评分值(权数)确定主观随意性问题的改进

传统的沃尔评分法对7项指标的权数确定没有给出依据。财务比率指标标准评分值(权数)的确定与行业类型、公司规模等相关,不同行业、不同规模的公司,甚至同一公司的不同时期,对财务比率指标所要求的"合理状态"可能存在较大差别。评价指标标准评分值(权数)确定可借助政府部门关于企业绩效评价指标相关标准、层次分析法、熵值法等进行权重赋值。

(1)政府部门相关标准

2002年财政部《企业效绩评价操作细则(修订)》和2006年国务院国有资产监督管理委员会《中央企业综合绩效评价实施细则》,分别制定了企业综合绩效评价指标及权重表(见表5—14和表5—15),为确定公司财务状况评价指标的标准评分值提供了重要参考。

表5—14 企业综合绩效评价指标及权重表

评价指标		基本指标		修正指标		评议指标	
评价内容	权数 100	指标	权数 100	指标	权数 100	指标	权数 100
一、财务效益状况	38	净资产收益率 总资产报酬率	25 13	资本保值增值率 主营业务利润率 盈余现金保障倍数 成本费用利润率	12 8 8 10	经营者基本素质 产品市场占有能力 (服务满意度) 基础管理水平 发展创新能力 经营发展战略 在岗员工素质 技术装备更新水平 (服务硬环境) 综合社会贡献	18 16 12 14 12 10 10 8
二、资产营运状况	18	总资产周转率 流动资产周转率	9 9	存货周转率 应收账款周转率 不良资产比率	5 5 8		
三、偿债能力状况	20	资产负债率 已获利息倍数	12 8	现金流动负债比率 速动比率	10 10		
四、发展能力状况	24	销售(营业)增长率 资本积累率	12 12	三年资本平均增长率 三年销售平均增长率 技术投入比率	9 8 7		
				80%		20%	

资料来源:财政部《关于印发〈企业效绩评价操作细则(修订)〉的通知》(财统〔2002〕5号)。

表 5－15　　　　　　　　中央企业综合绩效评价指标及权重表

评价内容与权数	财务绩效(70%)				管理绩效(30%)	
	基本指标	权数	修正指标	权数	评议指标	权数
盈利能力状况	34	净资产收益率 总资产报酬率	20 14	销售(营业)利润率 盈余现金保障倍数 成本费用利润率 资本收益率	10 9 8 7	战略管理 发展创新 经营决策 风险控制 基础管理 人力资源 行业影响 社会贡献	18 15 16 13 14 8 8 8
资产质量状况	22	总资产周转率 应收账款周转率	10 12	不良资产比率 流动资产周转率 资产现金回收率	9 7 6		
债务风险状况	22	资产负债率 已获利息倍数	12 10	速动比率 现金流动负债比率 带息负债比率 或有负债比率	6 6 5 5		
经营增长状况	22	销售(营业)增长率 资本保值增值率	12 10	销售(营业)利润增长率 总资产增长率 技术投入比率	10 7 5		

资料来源：国务院国有资产监督管理委员会《关于印发〈中央企业综合绩效评价实施细则〉的通知》(国资发评价〔2006〕157号)。

(2) 层次分析法

层次分析法是一种解决多目标复杂问题的定性与定量相结合的决策分析方法。在深入分析复杂问题的本质、影响因素及其内在关系的基础上，对同一层次的影响因素进行两两比较并进行数学化表达和处理，避免了对影响因素直接进行主观排序的不足。为研究相互关联、相互制约的众多因素所构成的复杂系统，提供了一种简洁实用的决策方法。

(3) 熵值法

熵值法又叫熵权法，是一种客观赋权的方法，通过计算指标的信息熵，根据指标变化程度对系统整体的影响来确定指标权重。熵权表示每个评价指标在指标体系中的差异性，权值越大，该指标的差异性越大，在评价中的作用越大；反之，权值越小，说明该指标差异性越小，在评价中的作用越小。熵权法可以减少人为因素的干扰，使权重的确定更具客观性，保证指标体系反映信息的完整性。

二、杜邦财务分析法

(一) 杜邦财务分析法概述

1. 杜邦财务分析法的作用

杜邦财务分析法由美国杜邦公司在20世纪20年代首创，以净资产收益率

(ROE)为核心,利用几种主要财务指标之间的内在关系综合分析公司财务状况,是从财务角度综合评价公司绩效的经典方法。

杜邦财务分析法为公司管理层和投资者提供了考察公司资产管理是否是股东投资回报最大化的清晰路线图。杜邦等式和杜邦分析图可以帮助财务信息使用者清晰地看到净资产收益率的决定性因素,以及营业净利率、总资产周转率和权益乘数之间的相互关系。通过杜邦财务分析,既可以了解公司综合财务状况的好坏,也可以了解公司综合财务状况好或不好的原因,发现公司财务管理中存在的问题,对公司的财务做出全面合理的判断。

2. 杜邦财务分析法的基本思想

杜邦财务分析法以净资产收益率为龙头,总资产净利率和权益乘数为重点,通过分析各指标变动对净资产收益率的影响来解释公司获利能力及变动原因。其基本思想是将公司净资产收益率逐级分解成多项财务比率的乘积,使得公司财务比率的层次清楚,管理层更加清晰地认识到权益资本收益率的决定因素和重要财务指标之间的相互关系,深入分析公司经营业绩。杜邦财务分析法中主要的财务指标关系为:

$$净资产收益率(ROE)=总资产净利率×权益乘数 \quad (5-49)$$

$$总资产净利率=营业净利率×总资产周转率 \quad (5-50)$$

$$净资产收益率(ROE)=营业净利率×总资产周转率×权益乘数 \quad (5-51)$$

$$权益乘数=\frac{1}{1-资产负债率} \quad (5-52)$$

$$营业净利率=\frac{净利润}{营业总收入}×100\% \quad (5-53)$$

$$总资产周转率=\frac{营业总收入}{平均资产总额}×100\% \quad (5-54)$$

$$资产负债率=\frac{负债总额}{资产总额}×100\% \quad (5-55)$$

(二)杜邦财务分析的内容

1. 总体评价

净资产收益率(ROE)是多种财务指标的综合结果,因此,比较净资产收益率(ROE),可以对公司综合财务状况进行总体评价。

2. 基本因素分析

杜邦分析的指标体系包括营业净利率、总资产周转率、权益乘数等财务指标,可使用因素分析法确定各财务指标因素对净资产收益率(ROE)的影响,分析净资产收益率(ROE)变动的原因。

3. 影响因素的详细分析

营业净利率、总资产周转率、权益乘数等财务指标可以进一步分解为更加详细的财务指标。通过层层分解至公司最基本生产要素的使用、成本与费用的构成,对这些分解结果进行对比分析,可以了解公司财务状况变动的根本原因,满足经营者通过财务分析进行绩效管理的需要。

4. 应对措施分析

在分析公司财务状况的影响因素并了解财务指标变动原因的基础上,应提出改善公司财务状况、提高公司盈利能力等的措施。

(三)杜邦财务分析法的步骤

1. 分解净资产收益率

将净资产收益率(ROE)的分子和分母同时乘以平均资产总额,可将净资产收益率指标分解为总资产净利率和权益乘数两个指标。

$$\begin{aligned}
\text{净资产收益率} &= \frac{\text{净利润}}{\text{平均净资产}} \times 100\% \\
&= \frac{\text{净利润}}{\text{平均资产总额}} \times \frac{\text{平均资产总额}}{\text{平均净资产}} \times 100\% \\
&= \text{总资产净利率} \times \text{权益乘数}
\end{aligned} \quad (5-56)$$

2. 分解总资产净利率

将总资产净利率指标的分子和分母都乘以营业收入,可以将总资产净利率分解为营业净利率和总资产周转率。

$$\begin{aligned}
\text{总资产收益率} &= \frac{\text{净利润}}{\text{平均资产总额}} \times 100\% \\
&= \frac{\text{净利润}}{\text{营业收入}} \times \frac{\text{营业收入}}{\text{平均资产总额}} \times 100\% \\
&= \text{营业净利率} \times \text{总资产周转率}
\end{aligned} \quad (5-57)$$

3. 杜邦等式及杜邦分析图

杜邦财务分析法通过几种主要财务指标之间的关系,直观、明了地反映公司的财务状况。净资产收益率经过变形,可以分解为营业净利率、总资产周转率和权益乘数三个重要指标。

$$\text{净资产收益率} = \text{营业净利率} \times \text{总资产周转率} \times \text{权益乘数} \quad (5-58)$$

将杜邦财务分析中从净资产收益率出发层层分解的主要过程绘制成图,即为杜邦分析图(如图5−2所示)。杜邦分析图在将净资产收益率分解为营业净利率、总资产周转率和权益乘数三个指标的基础上,进一步解释公司偿债能力、营运能力、盈利能力指标之间的关系以及其对净资产收益率的影响,形成涉及资产负债表、利润表数据的综合指标分析体系。

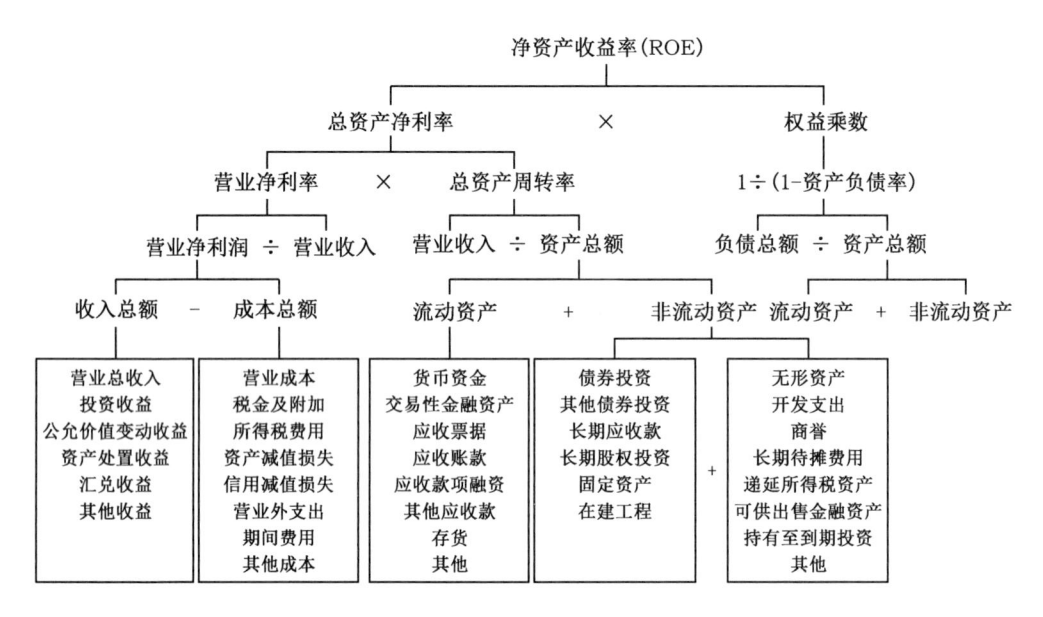

图 5—2 杜邦分析图

从杜邦分析图中可以获得公司相关的重要财务信息：

(1)净资产收益率是一个综合性极强、具有代表性的财务比率，是杜邦分析的核心。净资产收益率是普通股投资者获得的投资回报率，反映了公司所有者投入资本的获利能力，可用于说明公司融资、投资、运营等经营管理效率和效果。在杜邦财务分析法中，净资产收益率取决于营业净利率、总资产周转率和权益乘数。

(2)总资产净利率等于营业净利率与总资产周转率的乘积。总资产净利率可以从销售和资产管理两个方面进行分析。营业净利率反映了公司创造净利润的能力，营业收入增加，公司净利润也会随之增加，但是营业净利率可能变大、变小或者不变。如果要提高公司营业净利率，需要提升单位营业收入的净利润，在实际经营中，一方面增加收入总额，另一方面降低各类费用以控制成本总额。

(3)杜邦分析可以分析公司成本费用结构的合理性。如果公司所承担的利息费用过多，从而净利润过少，会导致公司权益乘数可能不合理，公司负债比率过高。不合理的筹资结构将直接影响到公司所有者的权益。

(4)在资产方面，分析流动资产与非流动资产结构的合理性。资产的流动性体现了公司的偿债能力，关系到公司的获利能力。如果流动资产中货币资金所占比例过大，就需要分析公司是否过量持有现金，导致现金闲置；如果流动资产中存货或应收账款比例过大，则意味着公司存货周转率和应收账款周转率可能存在问题。非流动资产体现公司的经营规模和发展潜力，流动资产与非流动资产之间必须有一个合理的比例关系。

(5)公司的获利能力涉及公司经营的各个方面。通过杜邦分析图，管理人员可以判断公司生产经营中出现了哪些问题,从而及时采取应对措施,提高公司经营效益。净资产收益率与公司资金筹集结构、销售、成本控制、资产管理等因素密切相关,只有协调好各因素之间的关系,才能使公司净资产收益率达到最大。

(6)杜邦分析图指明公司提高净资产收益率的可选择路径。第一,通过提高售价或扩大销售量等方法提高营业收入,努力使营业收入的增长幅度高于成本费用的增长幅度;第二,加强公司内部管理控制,减少销售成本和各种费用;第三,通过科学的资产管理措施,提高资产利用效率,进一步提高总资产周转率;第四,在确保财务安全的前提下,增加债务融资,提高权益乘数,合理使用财务杠杆。

(四)杜邦财务分析法的应用

杜邦财务分析中,净资产收益率的比较对象,既可以是同行业其他公司的同期数据,也可以是同一家公司的历史数据。现以D公司2022年与上一年(2021年)的比较为例,简要说明杜邦财务分析法的应用。

1.D公司基本财务数据

D公司2020—2022年末的净利润、营业收入和资产总额等基本财务数据如表5-16所示。

表5-16　　　　　　D公司2020—2022年末基本财务数据表

项　　目	2020年	2021年	2022年
净利润(亿元)	174.0	199.5	233.8
营业收入(亿元)	501.2	573.2	662.1
资产总额(亿元)	1 064.0	1 139.0	1 356.0
负债总额(亿元)	303.0	261.3	342.3
所有者权益总额(亿元)	761.0	877.6	1 014.0

2.D公司财务比率及杜邦分析图

根据杜邦财务分析法的主要财务指标关系公式5-49至公式5-55,计算D公司财务指标如表5-17所示。

表5-17　　　　　　D公司财务比率计算结果

项　　目	2021年	2022年	变　动
净资产收益率	24.44%	24.70%	0.26%
总资产净利率	18.10%	18.71%	0.61%
营业净利率	34.80%	35.31%	0.51%
总资产周转率	0.52	0.53	0.01
权益乘数	1.35	1.32	−0.03
资产负债率	0.26	0.24	−0.02

注:表中的净资产收益率是由总资产净利率乘以权益乘数得出;总资产净利率由营业净利率与总资产周转率相乘得出;资产负债率使用平均负债总额除以平均资产总额;计算结果四舍五入,可能导致一定误差。

根据表5-17的计算结果,分别绘制D公司2021年和2022年的杜邦分析图(如图5-3和图5-4所示),以直观表达各指标之间的关系。①

```
              净资产收益率
                24.44%
        ┌──────────┴──────────┐
     总资产净利率      ×       权益乘数
      18.10%                   1.35
   ┌─────┴─────┐         ┌─────┴─────┐
营业净利率 × 总资产周转率   1÷(1-资产负债率)
 34.80%       0.52          1÷(1-0.26)
 ┌─┴─┐    ┌─┴─┐         ┌─┴─┐
净利润÷营业总收入 营业总收入÷资产总额 负债总额÷资产总额
199.5亿 573.2亿 573.2亿 1 101.5亿 282.2亿 1 101.5亿
```

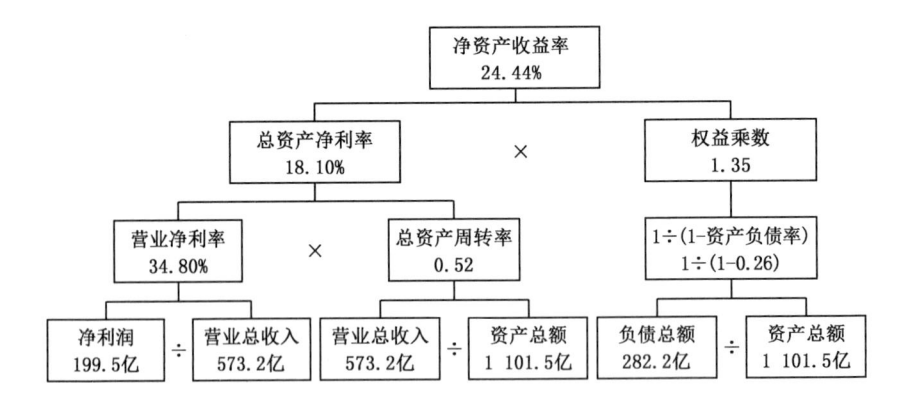

图5-3　2021年D公司财务分析图

```
              净资产收益率
                24.70%
        ┌──────────┴──────────┐
     总资产净利率      ×       权益乘数
      18.71%                   1.32
   ┌─────┴─────┐         ┌─────┴─────┐
营业净利率 × 总资产周转率   1÷(1-资产负债率)
 35.31%       0.53          1÷(1-0.24)
 ┌─┴─┐    ┌─┴─┐         ┌─┴─┐
净利润÷营业总收入 营业总收入÷资产总额 负债总额÷资产总额
233.8亿 662.1亿 662.1亿 1 247.5亿 301.8亿 1 247.5亿
```

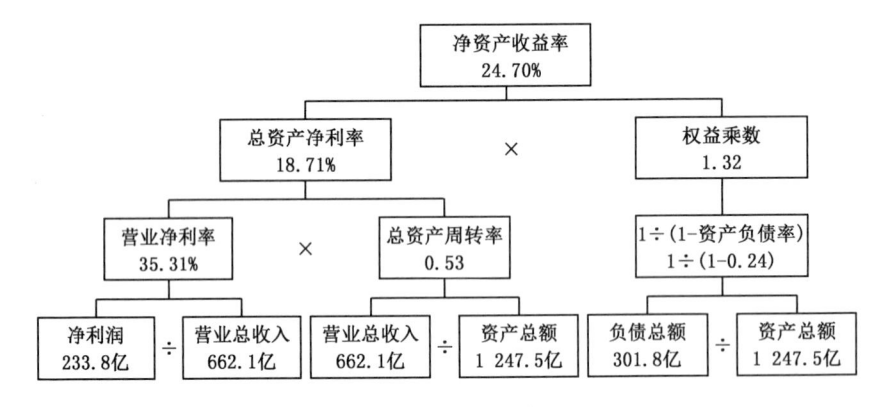

图5-4　2022年D公司财务分析图

3.因素分析

D公司的净资产收益率由2021年的24.44%上升到2022年的24.70%,上升了0.26%。2021年,D公司财务指标的杜邦等式为:

净资产收益率=34.80%×0.52×1.35=24.44%

使用因素分析法,对净资产收益率变动的原因及影响程度进行分析如下:

(1)营业净利率变动的影响

依据2022年D公司的营业净利率计算2021年修正的净资产收益率=35.31%×0.52×1.35=24.79%。

营业净利率变动对净资产收益率的影响程度:24.79%-24.44%=0.35%。

(2)总资产周转率变动的影响

---

① 图5-3和图5-4中,资产总额和负债总额使用的均为上年与当年年末数据的平均值。

依据2022年D公司的营业净利率、总资产周转率计算2021年修正的净资产收益率＝35.31％×0.53×1.35＝25.26％。

总资产周转率变动对净资产收益率的影响程度：25.26％－24.79％＝0.47％。

(3)权益乘数变动的影响

2022年D公司的净资产收益率＝35.31％×0.53×1.32＝24.70％。

权益乘数变动对净资产收益率的影响程度：24.70％－25.26％＝－0.56％。

综合上述分析计算结果，D公司2022年净资产收益率比2021年上升了0.26％，营业净利率和总资产周转率的变动是净资产收益率上升的因素，权益乘数变动是净资产收益率下降的因素。其中，2022年营业净利率较2021年上升了0.051，使净资产收益率上升了0.35％；2022年总资产周转率较2021年上升了0.01，使净资产收益率上升了0.47％，是净资产收益率上升的最主要原因；而2022年权益乘数较2021年下降了0.03，使净资产收益率下降了0.56％。

本章小结

现代公司管理的核心是财务管理。财务状况分析是用价值形态反映的公司经营活动状况，分析内容通常包括偿债能力、营运能力、盈利能力和发展能力四个方面及财务状况综合分析。

偿债能力，是指公司偿还到期债务的能力。按照偿还期限，公司负债可以分为短期负债和长期负债，因此，偿债能力分析可以分为短期偿债能力分析和长期偿债能力分析。短期偿债能力主要是指公司使用流动资产偿还流动负债的现金保障能力。公司如果不能保持一定的短期偿债能力，将面临生存危机。短期偿债能力的评价指标主要包括流动比率、速动比率、现金比率和营运资本等。长期偿债能力是指公司对还款期在一年以上债务的承担能力和偿还保障能力，是反映公司财务安全性和稳定性的重要指标。长期偿债能力的分析指标主要有资产负债率、产权比率、有形资产净值债务率、已获利息倍数、长期债务与营运资金比率等。

营运能力主要是指公司资金利用效率或资产管理效率，是公司利用资金开展业务活动的能力。营运能力有助于了解公司财务状况稳定性和获利能力强弱的关键环节，主要体现在对资产的利用效率和最终收益上，公司生产经营资源配置组合先进合理、资金周转速度越快，表明公司资金利用的效果越好、效率越高，公司经营管理当局的经营能力越强。常用的营运能力分析指标包括存货周转率和存货周转天数、应收账款周转率和应收账款周转天数以及资产周转率指标(流动资产周转率、固定资产周转率和总资产周转率等)。

公司从事生产经营,最主要目的是获取最大化利润并维持可持续的经营和发展。盈利能力指公司在一定时期内赚取利润的能力,是公司赖以生存和发展的基本条件。公司盈利能力分析对股东和债权人都至关重要,且受到国家政策、公司经营模式、利润构成和资本结构等因素影响。公司盈利能力通常是一个相对值,在盈利能力具体衡量指标上,可以选择以营业收入为基础的盈利能力分析指标、以资产为基础的盈利能力分析指标以及上市公司市场价值分析指标。其中,以营业收入为基础的盈利能力分析指标主要包括营业毛利率、营业利润率和营业净利率等;以资产为基础的盈利能力分析指标主要包括总资产收益率(ROA)和净资产收益率(ROE);上市公司市场价值分析指标主要包括每股收益、每股净资产、市盈率、市净率和股利支付率等。

公司发展能力,又称成长能力,是指公司在生存的基础上,对公司扩展经营潜力的分析,反映了公司实现盈利的持续程度以及价值增长的可能性。公司发展能力主要体现在公司未来发展的趋势与速度,包括公司资产、利润和所有者权益等主要指标的增长趋势和速度,公司发展能力通常也是一个相对概念。公司发展能力分析的具体衡量指标,可以选择以营业收入为增长率指标、资本扩张指标和发展潜力指标。其中,增长率指标包含主营业务收入增长率、主营业务利润增长率、总资产增长率和净利润增长率;资本扩张指标包括资本保值增值率和资本积累率;发展潜力指标主要是技术投入比率。

偿债能力、营运能力、盈利能力和发展能力四个方面的关键指标计算公式汇总如表 5—18 所示。

表 5—18　　　　　　反映公司财务状况的关键指标汇总表

项目	分类	指标	主要计算公式
偿债能力	短期偿债能力	流动比率	流动比率 = $\dfrac{\text{流动资产}}{\text{流动负债}}$
		速动比率	速动比率 = $\dfrac{\text{速动资产}}{\text{流动负债}}$
		现金比率	现金比率 = $\dfrac{\text{现金类资产}}{\text{流动负债}} \times 100\%$
		营运资本	营运资本 = 流动资产 − 流动负债
	长期偿债能力	资产负债率	资产负债率 = $\dfrac{\text{负债总额}}{\text{资产总额}} \times 100\%$
		产权比率	产权比率 = $\dfrac{\text{负债总额}}{\text{股东权益总额}} \times 100\%$
		有形资产净值债务率	有形资产净值债务率 = $\dfrac{\text{负债总额}}{\text{有形资产净值}} \times 100\%$
		利息保障倍数	利息保障倍数 = $\dfrac{\text{息税前利润}}{\text{利息费用}}$
		长期债务与营运资金比率	长期债务与营运资金比率 = $\dfrac{\text{长期债务}}{\text{流动资产} - \text{流动负债}}$

续表

项目	分类	指标	主要计算公式
营运能力	存货周转率和存货周转天数	存货周转率	$存货周转率 = \dfrac{主营业务成本}{平均存货余额}$
		存货周转天数	$存货周转天数 = \dfrac{360}{存货周转率}$（天）
	应收账款周转率和应收账款周转天数	应收账款周转率	$应收账款周转率 = \dfrac{赊销收入净额}{平均应收账款余额}$ $= \dfrac{主营业务收入}{平均应收账款余额}$（次）
		应收账款周转天数	$应收账款周转天数 = \dfrac{360}{应收账款周转率}$（天）
	资产周转率	流动资产周转率	$流动资产周转率 = \dfrac{主营业务收入}{平均流动资产总额}$
		固定资产周转率	$固定资产周转率 = \dfrac{主营业务收入}{平均固定资产净值}$
		总资产周转率	$总资产周转率 = \dfrac{主营业务收入}{平均资产总额}$
盈利能力	营业收入为基础的盈利能力指标	营业毛利率	$营业毛利率 = \dfrac{营业毛利润}{营业收入} \times 100\%$
		营业利润率	$营业利润率 = \dfrac{营业利润}{营业收入} \times 100\%$
		营业净利率	$营业净利率 = \dfrac{净利润}{营业收入} \times 100\%$
	以资产为基础的盈利能力指标	总资产收益率	$总资产收益率 = \dfrac{净利润}{平均总资产} \times 100\%$
		净资产收益率	$净资产收益率 = \dfrac{净利润}{平均净资产} \times 100\%$
	市场价值相关的盈利能力指标	每股收益	$每股收益 = \dfrac{归属于普通股股东的当期净利润}{当期发行在外普通股的加权平均数}$
		每股净资产	$每股净资产 = \dfrac{年末净资产}{发行在外的年末普通股股数}$
		市盈率	$市盈率 = \dfrac{普通股每股市价}{普通股每股收益}$
		市净率	$市净率 = \dfrac{普通股每股市价}{普通股每股净资产}$
		股利支付率	$股利支付率 = \dfrac{普通股每股股利}{普通股每股收益} \times 100\%$

续表

项目	分类	指标	主要计算公式
发展能力	增长率指标	主营业务收入增长率	主营业务增长率 = $\dfrac{\text{本年主营业务收入增长额}}{\text{上年主营业务收入}} \times 100\%$
		主营业务利润增长率	主营业务利润增长率 = $\dfrac{\text{本年主营业务利润增长额}}{\text{上年主营业务利润}} \times 100\%$
		总资产增长率	总资产增长率 = $\dfrac{\text{本年总资产增长额}}{\text{年初资产总额}} \times 100\%$
		净利润增长率	净利润增长率 = $\dfrac{\text{本年净利润增长额}}{\text{上年净利润}} \times 100\%$
	资本扩张指标	资本保值增值率	资本保值增值率 = $\dfrac{\text{扣除客观因素后的期末所有者权益}}{\text{期初所有者权益}} \times 100\%$
		资本积累率	资本积累率 = $\dfrac{\text{本年所有者权益增长额}}{\text{年初所有者权益}} \times 100\%$
	发展潜力指标	技术投入比率	技术投入比率 = $\dfrac{\text{科技支出}}{\text{主营业务净收入}} \times 100\%$

财务报表的综合分析法,将公司的偿债能力、营运能力、盈利能力和发展能力等多方面的分析纳入有机整体,对公司的财务状况和经营成果进行全面分析。综合分析法克服了孤立的财务指标分析难以全面反映公司经营状况全部信息的问题,基于对公司综合绩效评价视角,目前较为流行的财务报表综合分析方法主要是沃尔比重评分法和杜邦财务分析法。

沃尔比重评分法将选定的财务比率用线性关系组合起来进行综合评价分析,其基本分析程序可分为选定评价财务状况的财务比率指标、确定财务比率指标的标准评分值(权数)、确定财务比率指标的标准值、确定财务比率指标评分值的上限和下限、计算财务比率指标的相对比值、计算出财务比率指标的综合得分六个步骤。

杜邦等式和杜邦分析图可以帮助财务信息使用者清晰地看到净资产收益率的决定性因素,以及营业净利率、总资产周转率和权益乘数之间的相互关系。杜邦财务分析法的基本思想是将公司净资产收益率逐级分解成多项财务比率的乘积,使得公司财务比率的层次清楚,管理层更加清晰地认识到权益资本收益率的决定因素和重要财务指标之间的相互关系,深入分析公司经营业绩。杜邦财务分析法为公司管理层和投资者提供了考察公司资产管理是否是股东投资回报最大化的清晰路线图。

复习思考题

1. 简述偿债能力分析的概念及作用。
2. 与短期偿债能力分析相关的主要指标有哪些?
3. 与长期偿债能力分析相关的主要指标有哪些?
4. 简述营运能力分析的概念及作用。
5. 营运能力分析相关的主要指标有哪些?
6. 简述盈利能力分析的概念及作用。
7. 盈利能力分析相关的主要指标有哪些?
8. 简述发展能力分析的概念及作用。
9. 发展能力分析相关的主要指标有哪些?
10. 沃尔比重评分法的原理和基本程序分别是什么?
11. 杜邦财务分析的内容和步骤分别是什么?

第六章　上市公司价值评估——绝对估值法

估值是价值管理的基础，合理评估公司价值是进行投资决策的重要依据。无论是资产管理还是投资管理，本质都是价值管理，科学合理的公司价值评估有助于治理者形成正确的财务决策以及投资者做出正确的投资决策。根据不同估值原理，常用估值方法大致可分为绝对估值法和相对估值法两类。第六章重点讲述绝对估值法，第七章重点讲述相对估值法，第八章将对联合估值、实务期权定价模型等其他估值方法进行讲述。理论上，绝对估值法考虑的因素更加全面，可更加精确地估计上市公司股票的内在价值，但是难度和复杂程度相对较高。本章共分四节，第一节对上市公司估值的概念及估值模型进行总体介绍，为后续具体估值模型方法讲解奠定基础；第二节为绝对估值法概述，讲解绝对估值法的原理、基本公式和优缺点；第三节讲解股利折现模型，包括股利折现模型的一般公式以及不同股利增长情境下的具体模型；第四节讲解自由现金流折现模型，主要包括公司自由现金流（FCFF）折现模型和股权自由现金流（FCFE）折现模型。

第一节　上市公司价值的评估方法

一、公司估值

（一）内在价值和市场价值

公司的价值通常可以分为内在价值和市场价值。日常生活中，消费者都希望能够买到物美价廉的商品，"物美价廉"的"美"可以理解为商品的内在价值；"廉"是指价格，即市场价值。

1. 内在价值

公司内在价值等于公司在未来的寿命中可以产生现金流量的折现值，是公司自身所具有的价值，是公司的内在属性，是长期来看合理的市场价值。内在价值决定于公司的资产及其获利能力，为评估投资和公司的相对吸引力提供了极为重要的逻辑手段。

随着以价值发现、价值培养、价值提升和价值实现的价值投资理念逐渐成为市场的主流,上市公司内在价值越来越受到证券市场投资者和管理层的极大关注。巴菲特曾强调,"内在价值为评估投资和企业的相对吸引力提供了唯一符合逻辑的手段",内在价值是公司值得价值投资者购买的唯一理论依据。

2. 市场价值

市场价值是指自愿买方和自愿卖方在各自理想行事且未受任何强迫的情况下,评估对象在评估基准日进行正常公平交易的价值估计数额。上市公司市场价值最直接的表现形式是普通股股票的价格,在有效市场中,股票价格完全由交易双方的供求关系决定,是完全市场化的结果,直接反映上市公司各方面的信息。

(二)公司估值的作用

公司价值评估根据从市场及公司层面获得的信息,对公司的内在价值进行全面深入的分析和评估。随着全球资本市场的蓬勃发展,公司价值评估已成为投融资、交易决策的重要依据,对公司进行合理估值是投资的前提和基础。

对公司进行合理估值是获得投资回报的重要基础,通过相对适宜的估值方法得到的公司理论股票价格与市场价格的差异,为投资运作提供有效参考,从而指导投资者的实际投资行为。当公司的理论股票价格高于当前市场价格时,该公司具有投资价值;当公司的理论股票价格低于当前市场价格时,该公司通常不具有投资价值。

(三)公司估值的理论基础

公司估值是着眼于公司本身,对公司的内在价值进行评估。公司的内在价值是决定公司市场价值的最重要因素,但二者经常表现出不一致。在现实经济运行中,一方面,公司的内在价值制约并影响市场价值;另一方面,市场价值对内在价值也会产生影响。

公司估值的理论基础是商品价值决定价格,价格围绕价值波动的原理(如图 6—1 所示)。首先,任何一种投资对象都有内在价值作为价格基准,并且这种内在价值可以通过该投资对象现状及未来前景的分析而获得;其次,市场价格和内在价值之间的差距最终会被市场纠正,当市场价格低于(或高于)内在价值时,就出现买(卖)机会,通过市场买卖最终实现市场价格与内在价值的基本相等。

二、估值模型

(一)估值模型类别

由于公司内在价值取决于公司未来获取现金流量的规模和速度,是一种客观存在且动态变化的价值,因此并不存在一个能够精确计算公司内在价值的公式。人们往往通过不同的估值方法和模型来估算公司的内在价值,现有上市公司估值方法包括绝对估值法、相对估值法、联合估值法和实务期权定价模型等。其中,绝对估值法和相对估

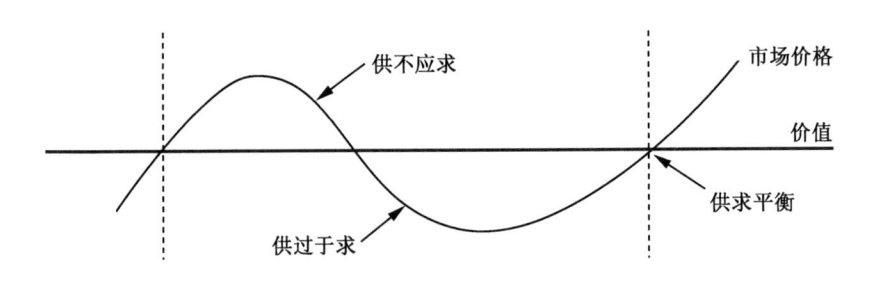

图 6-1 商品价值规律图

值法是上市公司估值中成熟度高、应用广泛的两大类方法。

估值模型的出发点是找到一个内在的价值基础。绝对估值法通过对上市公司历史及当前的基本面进行分析，并对未来反映公司经营状况的财务指标进行预测，从而获得上市公司股票的内在价值；相对估值法使用可比公司股票市盈率(PE)、市净率(PB)、市售率(PS)等价格指标的平均值(或中位数)估计上市公司相应价格指标，通过市场比较的方法，求取上市公司股票价格。上市公司各类型估值模型汇总见表 6-1。

表 6-1　　　　　　　　　　上市公司主要估值模型情况汇总

类　型	常用模型	
绝对估值法	股利折现模型	
	自由现金流折现模型	公司自由现金流(FCFF)
		股权自由现金流(FCFE)
相对估值法	市盈率估值法	
	市净率估值法	
	市销率估值法	
	市现率估值法	
	市盈率相对盈利增长比率(PEG)法	
	企业价值倍数法(EV/EBIT 和 EV/EBITDA)	
其他估值法	联合估值法	
	实务期权定价模型	
	剩余收益估值模型	
	经济增加值估值模型	

(二)估值模型仅仅是计算工具

所有估值模型都是计算工具，方法本身只是将基本的输入变量数据依照计算规律得出估值结果。这意味着得到的估值完全取决于输入的变量值，只要方法的使用符合条件要求,不同模型对同一公司的价值估计应该差距不大。

因此,只要估值方法是正确的,估值结果就是次要的。为了决定模型方法所需要输入的变量,必须对公司进行基础分析。这种基础分析是公司估值最重要的环节之一,通常占用大量的估值时间,并且耗费很大的精力,对于公司价值产生的影响是巨大的。

需要注意的是,无论哪种估值方法,都有许多艺术成分在里面。内在价值是估计值,而且还是在利率变化或未来现金流等预测修正的估计值。须知"模糊的正确远远胜过精确的错误",对于估值来说,永远没有精确的正确可言,只能追求一个模糊的正确。

第二节　绝对估值法概述

一、绝对估值法的原理

(一)预期收益原理

资产价值等于其全部预期收益的现值之和,是堪称当代财务学基石的现值恒等式,贯穿整个金融学的发展历程。绝对估值法以预期收益原理为基础,即某个资产的客观合理价格或价值为该资产的产权人在拥有该资产期间从中能够获得的各期净收益的现值之和。绝对估值法认为,价值来源于未来的收益现金流,将每一期的收益现金流以合理的折现率折现到估值时点,然后将折现值加总就得到了相应估值(如图6-2所示)。不同绝对估值模型的差异主要体现在折现因子及折现系数的选择上。根据预期收益原理,对财产当前价值评估起决定作用的是估值对象未来经营过程中的相关因素,而非历史因素。

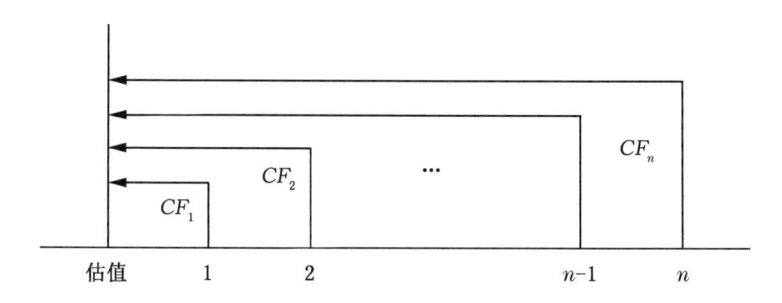

注:CF_n 表示未来第 n 期的净收益。

图 6-2　绝对估值法的原理图

(二)资金的时间价值原理

绝对估值法的另一个原理为资金的时间价值。资金时间价值是资源稀缺性的体现,生产经营活动中,资金能够在周转使用过程中产生增值,被称为资金具有时间价值的属性。因此,在市场经济条件下,即使不存在通货膨胀,等量资金在不同时点上也具有不同的价值,通俗理解为现在的资金比将来某个时点的等量资金更有价值。

二、绝对估值法的基本公式

资产价值等于其全部预期收益的现值之和,使用绝对估值法首先需要回答两个问题:如何选择能够恰当代表预期收益的指标,以及如何预测这些指标。现实估值中,现金流往往作为预期收益的替代。

1906年,欧文·费雪(Irving Fisher)在《资本和收入的性质》中提出资产价值高低取决于未来现金流,资产价值就体现在它未来能够带来的现金流入的多少。当期的投资会在未来各期产生收益现金流,未来收益现金流在当期的价值被称为现值。资产价值就等于该项资产未来能够产生的收益现金流的现值之和。假设某投资在下一时期带来的现金流量为 C_1,则该现金流量的现值为:

$$现值 = 折现因子 \times C_1 \tag{6-1}$$

若使用 r 表示折现率(通常等于资本成本率、预期收益率),则折现因子的计算方法为:

$$折现因子 = \frac{1}{1+r} \tag{6-2}$$

绝对估值法基本公式就是将未来各期收益现金流折现后进行加总。假设收益期限为 n,且折现率为 r(通常假定各期折现率保持不变),则具体计算公式推导如下:

$$V = \frac{CF_1}{1+r} + \frac{CF_2}{(1+r)^2} + \frac{CF_3}{(1+r)^3} + \cdots + \frac{CF_n}{(1+r)^n} \tag{6-3}$$

所以:

$$V = \sum_{t=1}^{n} \frac{CF_t}{(1+r)^t} \tag{6-4}$$

公式6—4中,V 为资产总价值,t 为时期,n 为总收益期,CF_t 为第 t 期的现金净流入,r 为折现率。若收益期限为无限期,则绝对估值法公式可改写为如下形式:

$$V = \sum_{t=1}^{\infty} \frac{CF_t}{(1+r)^t} \tag{6-5}$$

【**例6—1**】 若银行按照复利计息,年存款利率为4%,计划当前时刻向银行账户存入一笔现金,两年后能够从银行获得10 000元的本息。那么,当前应向银行账户存入多少现金?

【解】 银行年存款利率4%,存款时间2年(即折现两次),将10 000元的现金总额折现为:

$$现值=折现因子 \times C_1 = \frac{1}{(1+r)^2} \times C_1 = \frac{1}{(1+4\%)^2} \times 10\,000 = 9\,245.66(元)$$

三、绝对估值法的优缺点

(一)优点

第一,逻辑严密。与相对估值法相比,理论上,绝对估值法能够更加精确地揭示上市公司股票的内在价值。

第二,更有可信度和说服力。绝对估值法的理论模型完整,并且直接采用目标公司的相关数据来估算其内在价值。

第三,发现公司价值的核心驱动因素。绝对估值法通过深入分析财务数据和基本面,可帮助分析者发现公司价值的核心驱动因素,从而得到合理的估值区间。

第四,受短期市场情绪的影响较小。绝对估值法主要评估公司的内在价值,因此受市场短期变化、非经济因素影响较小。

(二)缺点

绝对估值法需要预测未来的自由现金流,在预测公司未来相关财务和经营信息时往往需要较多的主观假设,并且绝对估值法比较复杂,工作量较大。

第一,模型涉及的参数较多,且选择比较困难。绝对估值法涉及未来股利、现金流、折现率、未来增长率等较多参数,参数估计与未来真实值的偏差将会影响最终估值的准确性。

第二,对公司的长期预测存在较大不确定性。绝对估值法需要对公司进行长期预测,而越长期的预测往往越不准确。如绝对估值法严重依赖于5~10年的现金流预测结果,而实践中,超过1年的预测结果就非常不精确了。

第三,对分析者的分析能力有较强要求。绝对估值法操作比较复杂,所需数据较多。对未来数据的预测估计需要一定的主观假设,主观假设的因素影响估值的精确性。这些均对分析者的分析能力提出了较高的要求。

第四,估值结果难以直接作为最终目标价。绝对估值法中,未来增长率难以精确预测,折现率也没有统一标准,这两个数字的微小变化却会对估值结果产生巨大影响;绝对估值法不能及时反映市场的变化,对短期交易价格的指导意义较小。因此,绝对估值法所得结论的主要意义在于定性分析和参考,难以直接作为最终目标价。

第三节　股利折现模型

一、股利折现模型的基本形式

(一)股利折现模型的概念

股利折现模型(Dividend Discount Model, DDM)是用来对股权资本进行估价的模型,基本原理是股票内在价值等于其预期股利的现值之和,即股利折现模型是通过折现"预期未来现金股利"为股票估值的一套模型。

股票是股份公司依法发行的具有表决权和剩余索取权的证券类资产。股东持有股票能够获得的现金流包括两部分:现金股利和出售时的股价。因此,股票的内在价值由一系列的现金股利折现值和股票出售时股价的折现值构成。

股利是股息和红利的总称,是公司向股东分配的公司盈余。就其性质而言,股利是公司历年实现的累积盈余中的一部分。大多数投资者购买股票主要以获取未来支付的股利以及买卖差价为主要目的,预期现金流即为预期未来支付的股利及未来的卖出价格。

(二)股利折现模型的基本公式

假设投资者 1 购买某上市公司 1 股股票,计划持有一年。此时,年折现率为 r(必要收益率,是一定风险程度下现金流的适宜折现率,并假定各年的折现率不变),股票的内在价值 V 就等于预期第一年年末获得的股利 D_1 和出售该股票预期价格 P_1 的折现值之和:

$$V = \frac{D_1}{1+r} + \frac{P_1}{1+r} \qquad (6-6)$$

投资者 2 在第一年年末以 P_1 的价格买入该股票,计划持有一年,此时,股票的内在价值 P_1 就等于预期第二年年末获得的股利 D_2 和出售该股票预期价格 P_2 的折现值之和:

$$P_1 = \frac{D_2}{1+r} + \frac{P_2}{1+r} \qquad (6-7)$$

将公式 6-7 代入公式 6-6 可得:

$$V = \frac{D_1}{1+r} + \left(\frac{D_2}{1+r} + \frac{P_2}{1+r}\right) \div (1+r)$$

$$= \frac{D_1}{1+r} + \frac{D_2}{(1+r)^2} + \frac{P_2}{(1+r)^2} \qquad (6-8)$$

以相同方法,可以用 $(D_3 + P_3)/(1+r)$ 代替 P_2,从而将 V 与持有期为三年的股

利加上售出价格的折现值关联起来。不断继续上述代入过程,则可得到:

$$V = \frac{D_1}{1+r} + \frac{D_2}{(1+r)^2} + \frac{D_3}{(1+r)^3} + \frac{D_4}{(1+r)^4} + \cdots$$
$$= \sum_{t=1}^{\infty} \frac{D_t}{(1+r)^t} \tag{6-9}$$

公式 6—9 是股利折现模型的基本形式。在实际应用时,该模型面临的主要问题是准确预测未来每年的股利 D_t,并合理确定折现率 r。

(三)股利折现模型的类型

公司股利通常不是一成不变的,因此,股利折现模型的一般公式要求无限期地预测未来每年的股利(D_t),而实际上不可能做到。实际应用的股利折现模型都是各种简化方法,根据股利增长的不同情景,股利折现模型可简化为零增长模型、不变增长模型及可变增长模型。

股利折现模型中,折现率 r 和股利增长率 g 的估计是难点。能否准确估计折现率 r 和股利增长率 g,对估值结果具有重要影响。有研究表明,当估计折现率 r 或股利增长率 g 的估计误差达到 20 个基点后,就会使公司股票估值出现重大差异。

通常情况下,股利折现模型适用于平稳发展、股利分配政策较为稳定且能够对股利进行合理预测的公司估值。由于我国上市公司分红比例较低,且分红不具有长期稳定性,所以股利折现模型在我国上市公司内在价值评估中的实用性受到较大限制。

二、零增长模型

零增长模型假定股利是固定不变的,即股利的增长率等于零,也就是说,未来的股利按一个固定数量支付。零增长模型是股票估价中最简单的情况,实际上是不变增长模型的一个特例。在每年股利保持稳定($D = D_1 = D_2 = \cdots = D_t$),投资者在长期持有的情况下,股票的投资价值为:

$$V = \frac{D}{r} \tag{6-10}$$

公式 6—10 中,V 为公司股票的内在价值,D 为长期不变的公司股利,r 为年折现率,通常为投资者要求的投资回报率或资本成本。

【例 6—2】 若 E 公司每股的年分配股利为 2.5 元,必要报酬率为 12%,且股利和必要报酬率长期不变。请计算 E 公司股票价值。

【解】 已知 E 公司每股的年分配股利 D 为 2.5 元,折现率 r 为 12%,E 公司股票价值为:

$$V = \frac{D}{r} = \frac{2.5}{12\%} = 20.83(元)$$

由计算结果可知,每股 E 公司股票每年能给投资者带来 2.5 元的报酬,在必要报酬率为 12% 的情况下,每股股票相当于 20.83 元资本的报酬,所以其价值是 20.83 元。

三、不变增长模型

不变增长模型,又称固定增长模型、戈登模型(Gordon Model),该模型假设股利永远按不变的增长率变化,即股利以一个稳定的增长率永续增长,将未来期间所有股利现金流折现到基准时点并加总。现实中,当一个公司进入可持续增长状态时,其股利增长率是相对固定的,因此,不变增长模型是一个被广泛接受和运用的股票估值模型。

假设某上市公司最近支付的股利为 D_0,且以永续增长率(股利长期稳定增长率)g 稳定增长,则未来每年股利的预期值为:

$$第一年 \quad D_1 = D_0(1+g)$$
$$第二年 \quad D_2 = D_0(1+g)^2$$
$$第三年 \quad D_3 = D_0(1+g)^3$$
$$\cdots\cdots$$
$$第 n 年 \quad D_n = D_0(1+g)^n$$
$$\cdots\cdots$$

将各年的股利预测值代入股利折现模型的一般公式 6-9,可以得出该公司股票的内在价值为:

$$V = \frac{D_0(1+g)}{1+r} + \frac{D_0(1+g)^2}{(1+r)^2} + \frac{D_0(1+g)^3}{(1+r)^3} + \cdots + \frac{D_0(1+g)^n}{(1+r)^n} + \cdots \quad (6-11)$$

公式 6-11 可以被简化得到不变增长模型公式为:

$$V = \frac{D_0(1+g)}{r-g} = \frac{D_1}{r-g} \quad (6-12)$$

由公式 6-12 可知,在 D_1 和 r 给定时,g 增大,上市公司股票价格会越高。不变增长模型的应用包含了三个假定条件:①股利的支付在时间上是永久性的;②股利的增长速度是一个常数;③模型中的折现率大于股利增长率。

零增长模型实际上是不变增长模型的一个特例。公式 6-12 中使用的是永续现金流的折现值,如果预期股利不会增长,即 $g=0$,股利将简单地延续下去,估值公式就变为零增长模型公式 $V = D_1/r$。

【例 6-3】 E 公司处于可持续增长阶段,若今年每股股利为 4 元,预计未来每年股利增长率均为 4%,投资者要求的投资回报率为 14%。计算 E 公司股票的内在价值。

【解】 处于可持续增长阶段的 E 公司,今年每股股利 D_0 为 4 元,折现率 r 为 14%,股利增长率 g 为 4%,使用不变增长模型计算其股票价值为:

$$V = \frac{D_0(1+g)}{r-g} = \frac{4 \times (1+4\%)}{14\% - 4\%} = 41.6(元)$$

四、可变增长模型

(一)可变增长模型的必要性

零增长模型和不变增长模型不能很好地在现实中对股票的价值进行评估。因为在现实经济中,公司的股利增长率是变化不定的,股利在较长时期是复杂多变的,较少出现股利在较长时期内固定不变或固定增长的情况。

可变增长模型中的"可变"是指股利增长率是可变的。正常情况下,公司在一段时间内股利高速增长(如初创期和成长期),而在另一段时间内固定增长或保持固定不变(如成熟期),甚至股利减少(如衰退期)。这种情况下,就需要使用可变增长模型,通过分段计算,合理确定公司股票的内在价值。当股利增长率分阶段变化时,估价实务中使用较多的是二阶段股利增长模型和三阶段股利增长模型。

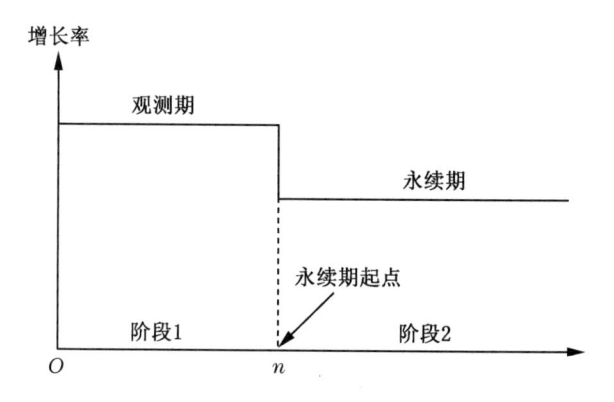

(二)二阶段股利增长模型

1. 二阶段股利增长模型的阶段划分

二阶段股利增长模型(Two-Stage-Growth Model)假设公司股利的增长分为两个阶段。在这两个阶段中,股利的增长率各不相同,呈现明显不同的两个增长阶段(如图 6—3 所示)。

图 6—3 二阶段股利增长模型示意图

第一阶段为超常增长阶段,又称为观测期,其增长率高于永续增长率。通常假设观测期为一个不稳定的发展期,即投资资本回报率与资本成本不相等。实务中,观测期一般为5~7年。

第二阶段是永续增长阶段,又称永续期,增长率为正常稳定的增长率,在可以预期的将来保持不变。长久的竞争最终使投资报酬率等于其资本成本,也就是最终会达到稳定期,因此观测期的长短会间接影响公司价值的大小。

二阶段股利增长模型对公司股权价值计算的核心是正确区分观察期和永续期,并正确计算两个阶段的现金流量和折现系数。判断公司是否进入永续增长状态的标志有两个:第一,在永续增长状态下,公司具有稳定的销售增长率,大约等于宏观经济的名义增长率;第二,公司具有稳定的投资资本回报率,并与资本成本接近。

2.二阶段股利增长模型公式

二阶段股利增长模型中,股票价值 V 等于超常增长阶段股利的现值加上稳定增长阶段股票的现值,如公式6—13所示。

$$V=\sum_{t=1}^{n}\frac{D_t}{(1+r_h)^t}+\frac{P_n}{(1+r_h)^n} \quad (6-13)$$

公式6—13中,D_t 为第 t 年预期的股利收入;r_h 为前 n 年超常增长阶段公司的必要收益率(股票资本成本);P_n 为第 n 年年末的预期股票价格。

从第 n 年开始股利进入永续增长阶段,假定该阶段公司的必要收益率(股票资本成本)为 r_s,g_s 为第 n 年以后股利永续增长率,D_n 为第 n 期的股利收入。此时,实质等同于一个不变增长模型,因此,第 n 年年末的股票价格 P_n 可通过公式6—14估算:

$$P_n=\frac{D_n\times(1+g_s)}{r_s-g_s} \quad (6-14)$$

如果超常增长阶段内股利按照不变的增长率 g 增长,股利支付率在初始 n 年内也不发生变化,则:

$$V=\frac{D_0\times(1+g)}{r_h-g}\times\left[1-\frac{(1+g)^n}{(1+r_h)^n}\right]+\frac{D_n\times(1+g_s)}{(r_s-g_s)(1+r_h)^n} \quad (6-15)$$

【例6—4】 若E公司股票初期支付的股利为1元/股,且前5年股利增长率为7%,从第6年开始,股利增长率每年保持4%的增长率。假定折现率为8%,且长期不变。请使用二阶段股利增长模型评估E公司股票价值。

【解】 E公司股票初期支付的股利为1元/股。第一阶段,股利增长率 g 为7%,折现率 r_h 为8%;第二阶段,股利增长率 g_s 为4%,折现率 r_s 为8%。公司股票价值为:

$$\begin{aligned}V&=\frac{D_0\times(1+g)}{r_h-g}\times\left[1-\frac{(1+g)^n}{(1+r_h)^n}\right]+\frac{D_n\times(1+g_s)}{(r_s-g_s)(1+r_h)^n}\\&=\frac{1\times(1+7\%)}{8\%-7\%}\times\left[1-\frac{(1+7\%)^5}{(1+8\%)^5}\right]+\frac{1\times(1+7\%)^5\times(1+4\%)}{(8\%-4\%)\times(1+8\%)^5}\\&=29.68(元)\end{aligned}$$

3. 二阶段股利增长模型的适用性

二阶段股利增长模型一般适用于处在高增长状态并预期一定时期内保持高增长，其后高增长来源消失，公司逐渐进入稳定增长阶段的公司估值。这种高增长的原因可能是国家政策、基础设施限制等壁垒造成的，并且是可以预测其存在时期的。

不同公司在相同生命周期阶段表现出的股利政策、股利和盈利状况等特征差别较大，据此，高劲（2007）等将二阶段股利增长模型进一步拓展归纳为表 6－2 中的五种模式。根据五种模式特征，公式 6－15 简单调整后即可对公司股票进行估值，具体调整本文不再赘述。

表 6－2　　　　　　　　　两阶段增长模型的五种模式

模式	第一阶段特点	第二阶段特点
恒恒模式	股利超常增长，股利增长率较高且不变	股利稳定增长，股利增长率较低且长期稳定
恒零模式	股利超常增长，股利增长率较高且不变	股利零增长，股利长期稳定
零恒模式	股利零增长，股利长期稳定	股利稳定增长，股利增长率长期稳定
无恒模式	零股利	股利稳定增长，股利增长率长期稳定
无零模式	零股利	股利零增长，股利增长率为零

恒恒模式：第一阶段，公司可供再投资的净现值为正的项目较多，留置盈利较多，股利派发率较低，这使得公司盈利和股利的增长率较高且不变；第二阶段，市场竞争趋于白热化，公司可供再投资的盈利机会逐步减少，公司留置盈利较少，股利派发率提高，公司盈利和股利的增长率下降到新的稳定水平。

恒零模式：第一阶段，公司可供再投资的净现值为正的项目较多，留置盈利较多，股利派发率较低，公司盈利和股利的增长率较高且不变；第二阶段，市场高度饱和导致可供再投资的盈利机会几乎为零，公司把股利全部派发给股东，盈利和股利的增长率都降为零。

零恒模式：第一阶段，公司有较多的再投资盈利机会，公司留置较多收益，且股利派发率经常向下变动，以保持一个较少而稳定的股利金额，因而股利金额较少，保持不变，即增长率为零；第二阶段，行业趋于饱和使得公司再投资的盈利机会逐步减少，因而公司减少留置盈利，股利派发率处于稳定的较高水平，盈利和股利都保持长期稳定的增长率。

无恒模式：第一阶段，公司有很多可供再投资的净现值为正的项目机会，因而不派发股利；第二阶段，公司再投资的盈利机会逐步减少，公司提高股利派发率，盈利和股利保持一个较低的长期稳定增长率。

无零模式：第一阶段，公司有很多可供再投资的净现值为正的项目机会，因而不派发股利;第二阶段,市场高度饱和导致可供再投资的盈利机会几乎为零,公司把股利全部派发给股东,盈利和股利的增长率都降为零。

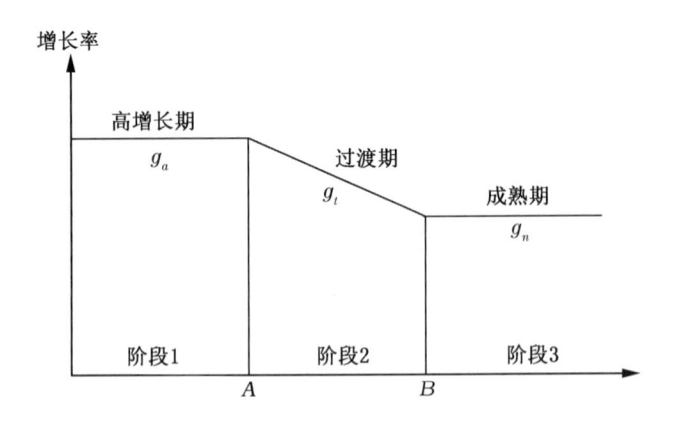

(三)三阶段股利增长模型

1. 三阶段股利增长模型的阶段划分

实践中最常用的 DDM 模型是三阶段股利增长模型(Three-Stage-Growth Model),该模型最早由莫洛多斯基(N. Molodovsky)在 1965 年提出。三阶段股利增长模型比二阶段股利增长模型多假设一个股利增长率的过渡阶段,如图 6—4 所示,根据企业生命周期理论,三阶段股利增长模型假设所有公司的发展都经历股利高速增长的高增长期、股利增长减缓的过渡期和最终稳定的成熟期三个阶段。

图 6—4 三阶段股利增长模型示意图

第一阶段(高增长期,期限为 A),公司不断生产新产品并扩大市场份额,公司收益快速增长,假设高增长期的股利增长率为常数(g_a)。

第二阶段(过渡期,期限为 $A+1$ 到 $B-1$),股利增长的转折期,公司从高速增长转向收益成熟,公司整体经济增长率不断减速。股利增长率以线性的方式从 g_a 变化为 g_n(g_n 是第三阶段的股利增长率)。

第三阶段(成熟期,期限为 B 之后,一直到永远),公司收入以整体经济发展速度增长。股利的增长率是一个常数(g_n),该增长率在可以预期的将来保持不变,是公司长期的正常增长率。

2. 三阶段股利增长模型公式

过渡期内任何时点上的股利增长率 g_t 均可使用公式 6—16 计算。例如,当 t 等于 A 时,股利增长率等于高增长期的常数增长率 g_a;当 t 等于 B 时,股利增长率等于成熟期的常数增长率 g_n。

$$g_t = g_a - (g_a - g_n)\frac{(t-A)}{(B-A)} \tag{6—16}$$

三阶段股利增长模型的股票价值等于三个阶段股利现值之和,即等于高增长期股利的现值加上过渡期股利的现值,再加上成熟期股票价值的现值。模型的公式为:

$$V = D_0 \sum_{t=1}^{A} \left(\frac{1+g_a}{1+r}\right)^t + \sum_{t=A+1}^{B-1} \left[\frac{D_{t-1}(1+g_t)}{(1+r)^t}\right] + \frac{D_{B-1}(1+g_n)}{(1+r)^{B-1}(r-g_n)} \quad (6-17)$$

公式 6—17 中,等式右侧的三项分别对应于股利的三个增长阶段。在满足三阶段股利增长模型的假定条件下,如果已知初期的股利水平 D_0、股利增长率 g_a 和 g_n,时间节点 A 和 B,就可以计算出所有各期的股利;然后,根据折现率 r,计算出公司股票的内在价值。

【例 6—5】 假定 E 公司股票初期支付的股利为 1 元/股。今后两年的股利增长率为 6%,股利增长率从第 3 年开始递减,从第 6 年开始,股利增长率每年保持 3% 的增长率。另外,假定折现率为 8%,且长期不变。请使用三阶段股利增长模型评估 E 公司股票价值。

【解】 三阶段股利增长模型中的 $A=2, B=6, g_a=6\%, g_n=3\%, r=8\%, D_0=1$。

(1)根据过渡期股利增长率公式 $g_t = g_a - (g_a - g_n)\frac{(t-A)}{(B-A)}$,计算过渡期各年的股利增长率为:

$$g_3 = 6\% - (6\% - 3\%) \times \frac{(3-2)}{(6-2)} = 5.25\%$$

$$g_4 = 6\% - (6\% - 3\%) \times \frac{(4-2)}{(6-2)} = 4.5\%$$

$$g_5 = 6\% - (6\% - 3\%) \times \frac{(5-2)}{(6-2)} = 3.75\%$$

(2)依据历年股利增长率,计算第 1 年至第 6 年的股利,如表 6—3 所示。

表 6—3　　　　　E 公司股票第 1 年至第 6 年的股利增长率和当年股利

阶段	年份	股利增长率(%)	股票当年股利(元/股)
第一阶段	第 1 年	6	1.060
	第 2 年	6	1.124
第二阶段	第 3 年	5.25	1.183
	第 4 年	4.5	1.236
	第 5 年	3.75	1.282
第三阶段	第 6 年	3	1.320

(3)将表 6—3 中的数据代入三阶段增长模型公式,计算 E 公司股票的内在价值为:

$$P_0 = D_0 \sum_{t=1}^{A} \left(\frac{1+g_a}{1+r}\right)^t + \sum_{t=A+1}^{B-1} \left[\frac{D_{t-1}(1+g_t)}{(1+r)^t}\right] + \frac{D_{B-1}(1+g_n)}{(1+r)^{B-1}(r-g_n)}$$

$$= 1 \times \sum_{t=1}^{2} \left(\frac{1+0.06}{1+0.08}\right)^t + \sum_{t=3}^{5} \left[\frac{D_{t-1}(1+g_t)}{(1+0.08)^t}\right] + \frac{D_5 \times (1+0.03)}{(1+0.08)^5 \times (0.08-0.03)}$$

$$= 22.64(元)$$

3. 三阶段股利增长模型的适用性

(1)优缺点

三阶段股利增长模型易于理解,且不存在太多人为的限制条件,提供了一个能够反映不同类型公司生命循环周期本质的分析框架。模型更加符合公司发展实际,能较好地反映公司股票的理论价格,具有广泛的应用性。

但三阶段股利增长模型有一定程度的复杂性,在实际估值中存在较多困难,如需要输入较多的变量,难以确定的股权收益率,过渡期的股利折现计算较为复杂(需要人为假设)等。

(2)适用性

三阶段股利增长模型适用于如下公司:当期以超常增长率增长,并且在初始阶段保持这种高增长率;随后,公司的高增长优势因素耗尽,增长率逐步下降,直至稳定增长率。相对于不变增长模型和二阶段股利增长模型,现实中,三阶段股利增长模型的这种转换期更加普遍。

三阶段股利增长模型是相对一般化的模型,具有较大的灵活性。如果前两个阶段的增长率和折现率保持一致,则模型变为二阶段股利增长模型;如果三个阶段的增长率和折现率保持一致,模型就成了不变增长模型。

五、股利折现模型的评价

股利折现模型通过对公司未来股利的合理预测,估算出公司股票的价值,方法简单直观且易于理解。但股利折现模型假设现金股利是股东投资股票获得的唯一现金流,这一假设使得其在实际应用时存在一定的局限性,具体表现为:

(1)不同公司的股利政策差别很大,许多公司甚至不支付现金股利,限制了股利折现模型的应用;

(2)现金股利支付受人为影响较大,不能全面反映公司股票的内在价值;

(3)现金股利相对于公司收益长期明显滞后,主要适用于少部分股利政策稳定、股利支付率高的公司,对于盈利能力强但实际支付股利较低的公司,有低估公司价值的倾向;

(4)股利预测本身就带有很大的主观性,长期股利预测难度很大,投资者要求的折现率(资本成本)不尽相同。

拓展阅读

分红与再融资挂钩实际上形同虚设

为了鼓励上市公司现金分红,几年前证监会出台《关于修改上市公司现金分红若干规定的决定》,将上市公司再融资与现金分红挂钩,这一规定被媒体解读为强制分红的规定。

根据这一规定,上市公司如要通过公开发行股份(配股、公开增发、发行可转债等)再融资,"最近三年以现金方式累计分配的利润不少于最近三年实现的年均可分配利润的百分之三十"。否则,上市公司就会不符合公开发行股份的条件。

然而实际上,这几年虽然上市公司分红稍显积极,但实际效果并不大。究其原因,主要就是把定向增发排除在再融资的范围之外。也就是说,上市公司哪怕不现金分红,只要其他条件许可,也完全可以通过定向增发进行再融资。这也是近几年A股市场定向增发融资额激增的重要原因。在大多数情况下,证监会的强制分红规定实际上已形同虚设。

独立财经撰稿人皮海洲认为,要改变许多上市公司一毛不拔的现状,现在的现金分红制度有待优化。如应该取消红利税,不能让投资者因为分红实际上反而蒙受损失;高管薪酬增长的幅度不能超过现金分红增长的幅度;现金分红与融资金额、IPO价格挂钩,如规定融资金额不能超过分红金额的两倍或三倍等。

钱哥理财专家、申万宏源证券投资顾问李青认为,A股上市公司不热衷于现金分红的现象确实一直存在,其中一部分原因是部分成长性公司需要投入再生产。但更主要的原因是A股市场的投机性,使得投资者并不钟情现金分红,而更喜欢高送转这样的数字游戏。"在A股市场,只有价值投资者注重现金分红,但这样的投资者在A股市场屈指可数。"

浙江财经大学金融学院国际金融系主任武鑫表示,A股市场"铁公鸡"多,业绩不好确实是一个主因,不少公司上市之前业绩很漂亮,一上市之后就变脸。另外一个主要原因就是以前不分红并不影响再融资,现在有了强制分红规定后,不分红对定向增发影响有限。"此外,中小投资者往往没有话语权,影响不了决策,受保护程度不够。"

而A股市场的投机性,则使得靠分红进行价值投资丧失了意义。"与国际成熟市场相比,A股市场的波动性特别大。许多投资者(包括基金等机构投资者)喜欢做技术分析、做差价，喜欢讲故事，对公司的基本面反而不重视；喜欢高送转这样的游戏，对现金分红无所谓。另外，由于投资者投资成本高，十多元、几十元的成本价，靠分红也没有多大意义。"武鑫分析说。

——资料来源：王燕平.分红与再融资挂钩实际上形同虚设[N].钱江晚报，2016—05—07.

第四节　自由现金流折现模型

一、自由现金流

（一）自由现金流的概念

自由现金流（Free Cash Flow，FCF）是指在不危及公司生存与发展的前提下可供分配给资本供应者（股东和债权人）的最大现金额，是美国西北大学拉巴波特（Alfred Rappaport）、哈佛大学詹森（Michael Jensen）等学者于20世纪80年代提出的一种公司价值评估方法。如果公司自由现金流丰富，表示公司有较多的可自由支配的现金用于偿还债务、开发新产品、回购股票、增加股息支付。特定年度的自由现金流计算公式如下所示：

$$自由现金流＝税后净营业利润－资本性支出＋折旧摊销＋/－营运资金的变化 \quad (6-18)$$

$$税后净营业利润＝营业利润\times(1-所得税税率) \quad (6-19)$$

资本性支出简单来说是指公司机器设备的投资，资本性支出发生在当年，影响当年的现金流量；折旧是按照确定的方法将投资成本在资产的经济寿命内进行分摊，维持投资损耗的均衡，折旧并不是现金流出，当收益的基准是息税前利润时，计算自由现金流需要将折旧加回来；营运资金是与流动资金、商业信用、存货、赊销和赊购间的净额及其他无息债务相关联的资本，营运资本的增加意味着公司自由现金流量的减少，营运资本的减少意味着公司自由现金流量的增加。

（二）自由现金流的分类

自由现金流量意味着可以满足股东权益和债权人要求的现金流量，也是归属于全部利益相关者的现金流量，是在不影响公司持续发展的前提下可供分配给公司资本供应者的最大现金额。自由现金流折现法是对公司未来的现金流量及其风险进行预期，选择合理的折现率，把公司未来特定期间内的预期现金流量折合成现值的估值方法。

如图6-5所示，自由现金流可以分为公司自由现金流（FCFF）和股权自由现金流（FCFE）两种，相对应的，自由现金流折现模型可分为公司自由现金流（FCFF）折现模型和股权自由现金流（FCFE）折现模型。

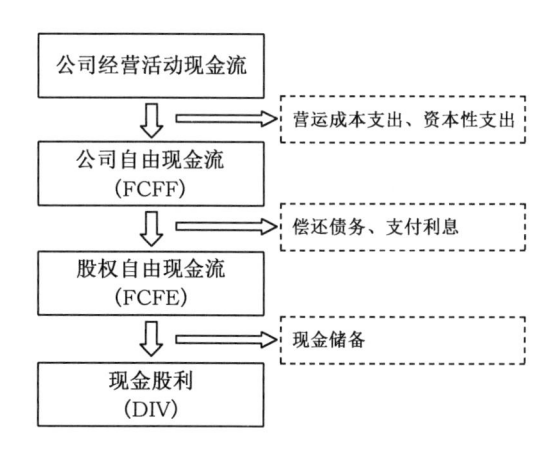

图6-5 不同层次的公司现金流

现金流折现估值法是理论上最科学、最准确的一种估值法，被巴菲特认为是唯一正确的估值方法。实践中由于诸多变量选择的困难，使其应用有很大的局限性，也大大降低其准确度。尽管如此，现金流折现估值法仍然是一种每一个价值投资者应该学习、了解的估值法。

上一节已经介绍了股利折现模型，股利是一种实际发生的现金流，因此，股利的估计相对容易，但是由于股利政策在很大程度上被公司管理层的主观意志所左右，导致该模型在大多数情况下不能得到准确的估值结果。

自由现金流是公司履行财务义务和满足在投资需求之后的全部剩余现金流，与公司各期股利相比，自由现金流受公司管理层的主观意志影响较小，是一种较少受到人为干扰的财务指标。因此，自由现金流折现模型是具有更广泛实用性的一种现金流折现模型。

二、自由现金流折现模型的步骤

（一）自由现金流折现模型基本过程

1. 自由现金流折现模型的一般公式

自由现金流折现模型适用于被评估公司经营稳定、未来期间有持续的现金流流入，且能够对未来现金流做出合理预测的情形。公司发展具有一定的规律性，在公司持续经营的假设下，根据公司发展周期不同将使用不同的存续期增长率。基于此，自由现金流折现估值模型可分为稳定增长模型、两阶段模型和多阶段模型，其中，两阶段模型应用最为广泛,本书以两阶段模型为主,讲解自由现金流折现估值模型。[①]

根据公司自由现金流(FCFF)和股权自由现金流(FCFE)两种自由现金流类型,可将自由现金流折现模型分为公司自由现金流(FCFF)折现模型和股权自由现金流(FCFE)折现模型。两种估值模型的思路相似,估值结果理论上应偏差不大。

在计算自由现金流量时,两阶段模型将公司的未来收益期分为两个阶段——可明确预测期阶段和终值阶段。在可明确预测期阶段的少数几年,现金流量的预测相对准确,并且是分别预测各年的现金流;在终值阶段,需要预测的是在未来很久以后产生的现金流,想要准确预测难度大且耗费时间,因此通常会计算一个终值,等同于可明确预测期后到无穷期之间的自由现金流量现值。自由现金流折现模型对公司价值的计算一般可以表达为:

$$公司价值 = \frac{可明确预测期}{现金流量的现值} + \frac{可明确预测期后(终值期)}{现金流量的现值} \quad (6-20)$$

2. 自由现金流折现模型的分析步骤

第一,可明确预测期现金流量预测:运用调研成果等,分析预测目标公司未来5~10年期的现金流量。

第二,终值预测:估计公司在预测周期结束时的公开交易价值(或其收购价值,即终值)。

第三,折现率预测:计算适当的折现率,使用该折现率对预测的现金流进行折现。

第四,公司价值计算:将预测的现金流量和折现率代入公式6-20,计算出公司价值(总现金流量净现值)。

第五,每股价值计算:用估算出来的总现金流量净现值除以相应的股数,即得到公司每股价值。

(二)可明确预测期现金流量预测

可明确预测期的长短取决于公司自身、行业状况及整体经济形势。在计算终值时,假定存在一个永续增长率,即一个持续至期末的稳定增长率。可明确预测期必须持续到增长率达到稳定不变的那年。例如,当目标公司的增长率在8年内处于无规律的变动状态时,可明确预测期就需要从第1年持续到第8年。

可明确预测期的长短还受到公司成长率的限定。只要成长率高于加权平均资本成本,就可以进行可明确预测期的价值估算,但是随着预测期的增加,预测的准确度不断降低,通常可明确预测期超过10年的状况是很少见的。当公司的增长率持续稳定,且接近国内生产总值的增长率水平时,可认为进入了终值期。不同行业和公司的终值

---

① 对于连续多年增长率都很高的公司估值,预测期可以分成三阶段来进行,当公司的增长率持续稳定地接近国内生产总值(GDP)增长水平时,进入终值期,本书不再对三阶段估值进行讲述。

期起点并没有标准化的衡量方法,有的公司进入终值期较早,如 2~3 年即进入终值期,有些则会较晚,可能 10 多年后才进入终值期。

(三)可明确预测期后(终值期)现金流量预测

自由现金流折现模型估值结果的准确性,首先取决于自由现金流量预测的准确性。使用一个较长的可预测期,从理论上是可行的。当可明确预测期不断延长,可明确预测期后(终值期)的自由现金流量折现值将不断减小。例如,当可明确预测期延长至 60 年,自由现金流就必须逐年预测 60 年,在这种状况下,可明确预测期后(终值期)的自由现金流量折现值就会非常小,甚至可以忽略不计。但是,想要准确预测未来如此长的时期,是非常困难甚至不现实的。

终值(或者持续价值)是指从可明确预测最后一年到无穷期的自由现金流量的现值,公司绝大部分价值都来自终值,实务中,公司价值的 70%~80% 源自其终值是很常见的。使用永续增长法间接估算从稳定增长出现的第一年到无穷年之间的自由现金流,主要分为如下三个步骤:

(1)增长率估算。估算从终值开始的第一年到无穷年之间稳定的现金流量持续增长率 g。

(2)终值第一年现金流量估算。使用估算的可明确预测期最后一年的自由现金流量乘以 $(1+g)$。

(3)终值估算。终值的计算如公式 6-21 所示:

$$TV_t = \frac{FCF_{t+1}}{i_c - g} \tag{6-21}$$

公式 6-21 中,TV_t 为终值期现金流量在 t 年的价值;FCF_{t+1} 为终值第一年现金流量;t 表示可明确预测期的年数;i_c 为恰当的折现率,不同现金流类型的折现率不同;g 表示终值期自由现金流量的持续增长率。

(4)终值的现值估算。如公式 6-22 所示,将终值期所有自由现金流量合计折现为现实价值 TV:

$$TV = \frac{TV_t}{(1+i_c)^t} \tag{6-22}$$

(四)折现率预测

折现率是理性投资者预期从目标投资中获取的年化收益率。自由现金流折现模型估值结果的准确性,也取决于选择的折现率是否适当。自由现金流折现模型不同,应该选择的折现率通常也不同,公司自由现金流(FCFF)折现模型选择加权平均资本成本(WACC),股权自由现金流(FCFE)折现模型选择股权资本成本(K_e)。

1. 加权平均资本成本(WACC)

公司自由现金流(FCFF)折现模型的折现率使用加权平均资本成本(WACC)。加权平均资本成本反映一个公司通过股权和债务两种方式融资的平均成本,项目融资的收益率高于加权平均资本成本时,该项目才具有投资价值。

加权平均资本成本(WACC)的表达式为:债权和股权在当前市场条件下的税后要求回报率,分别乘以两者在公司融资中的比重,具体如公式 6—23 所示。

$$WACC=(K_e \times W_e)+(K_d(1-t) \times W_d) \tag{6-23}$$

公式 6—23 中,K_e 为公司股权资本成本,W_e 为股东权益比(权益资本在资本结构中的百分比),K_d 为公司债权资本成本,W_d 为资产负债率(债务资本在资本结构中的百分比),t 为公司有效的所得税率。

【例 6—6】 若 E 公司债务成本为 5.80%,资产负债率为 60.00%,权益资本成本为 16.00%,股东权益比例为 40.00%,公司所得税率为 15%。试计算 E 公司的 WACC。

【解】 E 公司的 WACC 计算如下:

$$\begin{aligned}WACC &=(K_e \times W_e)+(K_d(1-t) \times W_d) \\ &=(16.00\% \times 40.00\%)+(5.80\% \times (1-15\%) \times 60.00\%) \\ &=9.37\%\end{aligned}$$

2.股权资本成本(K_e)

公司股权资本成本的计算可选择资本资产定价模型、套利定价模型、三因素模型、风险累加法等方法。实务中,常常使用资本资产定价模型(CAPM)来计算股权成本。

根据资本资产定价模型,竞争性的投资是可以测量和定价的。CAPM 模型认为,溢价是对投资者承担风险的补偿,收益率的不可预见性和波动性是令人厌恶的,要使投资者愿意承担更多投资风险,必须给予相应的收益补偿。股权投资要求的回报率等于相对无风险回报率加上投资者承担风险所要求的收益补偿。股权资本成本(K_e)的计算公式为[①]:

$$K_e=R_f+\beta \times (R_m-R_f) \tag{6-24}$$

公式 6—24 中,K_e 为股权资本成本,R_f 为无风险收益率,通常选择基本不存在投资风险和违约风险的长期国债利率来替代,R_m 为市场的期望收益率,β 为股票的市场风险系数。

使用资本资产定价模型,关键是 β 值的获得。实务中上市公司常使用历史的 β 值,可通过回归分析获得。使用历史的 β 值反映未来的风险,历史的 β 值需具有一定的稳定性才可靠,才能较好代表公司的未来风险状态。

---

① 为简化分析,此处未考虑优先股的影响。

【例 6—7】 假设中国 2022 年发行的 5 年期凭证式国债票面利率为 5.50%，E 公司市场风险系数（β 系数）为 1.20，市场的期望收益率为 8.50%。试计算 E 公司的股权资本成本。

【解】 E 公司的股权资本成本计算如下：

$$K_e = R_f + \beta \times (R_m - R_f)$$
$$= 5.40\% + 1.20 \times (8.50\% - 5.50\%)$$
$$= 9.00\%$$

对于没有太多可比公司数据的上市公司，股权资本成本的计算可使用积层法。该方法可以概述为：公司股票的期望回报率是在无风险利率的基础上逐层叠加风险溢价，因此，可以把无风险利率与一组公司股票不同风险对应的利率"堆积"起来视为股东权益收益率。公司股票通常有 4 个风险溢价，因此，积层法的计算如下所示：

$$\text{股权资本成本} = \text{无风险收益率} + \text{权益风险溢价} + \text{行业风险溢价}$$
$$+ \text{规模风险溢价} + \text{公司特定风险溢价} \quad (6-25)$$

（五）公司每股价值计算

使用股权自由现金流（FCFE）折现模型时，将计算出来的现金流量现值除以公司普通股的流通股股数，就可得到公司每股价值。

使用公司自由现金流（FCFF）折现模型时，首先在估算出的公司价值中扣除负债得到权益的价值，再除以公司的总股本数，就可以得到公司的每股价值。

三、自由现金流折现模型的适用场合

自由现金流折现模型解决了上市公司不分红的问题，并且对折现因子做了规定，应用范围更广、标准性更强，但也面临未来现金流的估计问题，尤其是时间跨度很长时，模型应用难度较大。

当上市公司符合以下条件的一种或多种情形时，自由现金流是公司预期收益的有效替代指标，自由现金流折现模型更为适用：

（1）公司不支付股利。如微软公司股票于 1986 年 3 月在美国纳斯达克上市，直至 2003 年 3 月才首次向股东分发红利，而公司同期市值高达 2 845 亿美元，现金储备高达 460 亿美元。

（2）公司虽然支付股利，但是实际支付金额与公司的支付能力出入很大，存在支付不足或支付超额等现象。在成熟的资本市场中，由于投资者与公司之间的信息不对称，部分公司采用保持股利稳定或稳中有升的股利分配政策，制造可以使投资者获得稳定现金回报的烟雾，以树立稳健经营的好形象。

（3）从投资者拥有公司控制权的角度进行估价。投资者计划获得一家公司的控制权时,由于投资者一旦取得公司控制权,新的管理层往往会变更公司原有资产结构,改变股利分配政策,此时,自由现金流折现模型优于股利折现模型。

(4)在可以合理估计的期间,分析师有充分理由认为自由现金流与公司获利能力较好吻合的其他公司估值情形。

四、自由现金流折现模型的主要类型

(一)公司自由现金流(FCFF)折现模型

1. 公司自由现金流计算

公司自由现金流,是公司在保持正常经营的情况下,能够向所有出资人(股东和债权人)进行自由分配的现金流。公司自由现金流的计算公式为[①]:

$$FCFF = EBIT \times (1-T_C) + D\&A - CAPX - NWC \quad (6-26)$$

公式6-26中,$FCFF$为公司自由现金流,$EBIT$为息税前利润,T_C为公司所得税率,$D\&A$为折旧[②]与摊销,$CAPX$为资本性支出,NWC为净营运资金变动。

2. 公司自由现金流折现模型公式

公司自由现金流折现模型由汤姆·科普兰(Tom Copeland)教授在1990年提出。公司自由现金流折现模型是应用最广泛的绝对估值法,受市场检验的次数更多。

公司自由现金流不需要单独考虑与债务相关的现金流量,公司自由现金流折现模型的一般形式为:

$$公司价值 V = \sum_{t=1}^{\infty} \frac{FCFF_t}{(1+WACC)^t} \quad (6-27)$$

如果公司自由现金流在T年后达到稳定状态,并一直以稳定的增长率g增长,则公司的自由现金流折现模型为:

$$公司价值 V = \sum_{t=1}^{T} \frac{FCFF_t}{(1+WACC)^t} + \frac{P_T}{(1+WACC)^T} \quad (6-28)$$

其中:

$$P_T = \frac{FCFF_{T+1}}{WACC - g} \quad (6-29)$$

公式6-27至公式6-29中,V为标的公司的价值,$FCFF_t$为第t期的公司自由现金流,T为可明确预测期数,$WACC$为加权平均资本成本,P_T为公司自由现金流的终值,g为永续增长率(现金流长期稳定增长率)。

[①] 公司自由现金流公式还可表述为:公司自由现金流(FCFF)=息税前利润-调整的所得税+折旧+摊销-营运资金的增加+长期经营性负债的增加-长期经营性资产的增加-资本性支出。

[②] 折旧指的是企业购买固定资产时,钱已经付出去了,但这个购买成本要分摊到资产的使用周期中,这部分是作为企业的经营费用在利润中扣除的,但并没有实际的支付现金出去,所以在计算现金流时需要加回去。

【例 6-8】 若 F 公司预期 2023—2027 年能创造的公司自由现金流量如表 6-4 所示，自 2028 年进入永续增长期，永续增长率为 4%。公司所有投资者的必要报酬率为 10%，流通在外的普通股股数为 1 500 万股。所有债务的当前市场价值为 4 650 万元。请计算 F 公司股票的价值（基期为 2022 年）。

表 6-4　　　　　　　　　　F 公司预期自由现金流

年份	2023	2024	2025	2026	2027
自由现金流（万元）	816.00	864.14	906.18	975.44	1 056.84

【解】（1）可明确预测期的现金流量现值为：

$$V_1 = \sum_{t=1}^{T} \frac{FCFF_t}{(1+WACC)^t}$$

$$= \frac{816.00}{(1+10\%)^1} + \frac{864.14}{(1+10\%)^2} + \frac{906.18}{(1+10\%)^3} + \frac{975.44}{(1+10\%)^4} + \frac{1\,056.84}{(1+10\%)^5}$$

$$= 3\,459.26（万元）$$

（2）公司自由现金流的终值为：

$$P_T = \frac{FCFF_{T+1}}{WACC-g} = \frac{1\,056.84 \times (1+4\%)}{10\%-4\%} = 18\,318.56（万元）$$

公司自由现金流终值的现值为：

$$V_2 = \frac{P_T}{(1+WACC)^T} = \frac{18\,318.56}{(1+10\%)^5} = 11\,374.38（万元）$$

（3）F 公司的价值为：

$$V = V_1 + V_2 = 14\,833.64（万元）$$

（4）F 公司股票的总价值为：

股票总价值＝公司价值－净债务价值
　　　　　＝14 833.64－4 650.00
　　　　　＝10 183.64（万元）

（5）F 公司股票的价值为：

每股价值＝10 183.64÷1 500.00＝6.79（元/股）

将上述 F 公司股票价值的计算过程汇总，如表 6-5 所示。

表 6-5　　　　　　　　　　F 公司股票价值计算过程

年　份	2023	2024	2025	2026	2027	2028
自由现金流（万元）	816.00	864.14	906.18	975.44	1 056.84	1 099.11
折现系数（10%）	0.909 1	0.826 4	0.751 3	0.683 0	0.620 9	

续表

年 份	2023	2024	2025	2026	2027	2028
可明确预测期自由现金流折现(万元)	741.82	714.17	680.83	666.24	656.21	
可明确预测期现值(万元)			3 459.26			
未折现终值(万元)			18 318.56			
终值现值(万元)			11 374.38			
公司价值(万元)			14 833.64			
净债务价值(万元)			4 650.00			
股权价值(万元)			10 183.64			
股数(万股)			1 500.00			
每股价值(元)			6.79			

(二)股权自由现金流(FCFE)折现模型

1. 股权自由现金流计算

股权自由现金流(FCFE)也被称为权益自由现金流。1996年,达姆达兰(Aswath Damodaran)教授提出股权自由现金流的概念,认为股权资本自由现金流量就是在扣除经营费用、本息偿还和为保持预定现金流量增长率所需的资本支出、增加的营运资本支出之后的现金流量。股权自由现金流可能为正,也可能为负。

股权自由现金流的计算公式为:

$$FCFE = NI + NCC - (FCI_{nv} + WCI_{nv}) + Netborrowing \quad (6-30)$$

公式6—30中,$FCFE$为股权自由现金流,NI为净利润,NCC为非现金支出净额,FCI_{nv}为资本性支出,WCI_{nv}为营运资本追加,$Netborrowing$是负债净增加额。[①]

在已知公司自由现金流(FCFF)时,股权自由现金流的计算公式为:

$$FCFE = FCFF - 用现金支付的利息费用 + 利息税收抵减 - 优先股股利 \quad (6-31)$$

FCFF和FCFE的主要分歧点在于是否将筹资活动产生的现金流量,即发行和偿还债务本息纳入自由现金流量的范畴。如无特殊说明,自由现金流指的就是公司整体自由现金流,包括股东和债权人两部分的现金流总和。

2. 股权自由现金流折现模型公式

作为最主要的两种自由现金流折现模型,股权自由现金流折现模型与公司自由现金流折现模型在公式形式上基本相同,差别主要为自由现金流和折现率的类型不同。

股权自由现金流是满足了所有支付需求后支付给股东的现金流,使用K_e(股权要求的回报率)折现后便可得到公司股权的价值。股权总价值除以发行在外的普通股股

[①] 股权自由现金流公式还可表述为:股权自由现金流(FCFE)=净收益+折旧与摊销-资本支出-营运资本追加额-债务本金偿还+新发行债务。

数就可以得到公司每股价值。股权自由现金流折现模型的一般形式为：

$$股权价值 V = \sum_{t=1}^{\infty} \frac{FCFE_t}{(1+K_e)^t} \qquad (6-32)$$

如果股权自由现金流在 T 年后达到稳定状态，并一直以稳定的增长率 g 增长，则公司的股权自由现金流折现模型公式为：

$$股权价值 V = \sum_{t=1}^{T} \frac{FCFE_t}{(1+K_e)^t} + \frac{P_T}{(1+K_e)^T} \qquad (6-33)$$

其中：

$$P_T = \frac{FCFE_{T+1}}{K_e - g} \qquad (6-34)$$

公式 6-32 至公式 6-34 中，V 为标的公司的股权价值，$FCFE_t$ 为第 t 期的股权自由现金流，T 为可明确预测期数，K_e 为股权资本成本，P_T 为股权自由现金流的终值，g 为永续增长率（现金流长期稳定增长率）。

实务中，公司股权自由现金流量的预测一般采用 5 年的预测期。通常认为对于一般公司，五年的时间足以经历一个完整的商业或经济周期，且足以实现一些计划或措施。但该预测期不可一概而论，对于生产周期较长、处于不同发展阶段的公司，可适当改变预测期限。

【例 6-9】 上市公司 G 是中国制药行业的龙头之一，公司当年（2022 年）的股权自由现金流为 76.07 亿元，总流通股数为 245.49 亿股。请结合 G 公司相关历史数据，估算 G 公司股票的价值。

【解】 (1) G 公司是中国制药行业的龙头之一，根据公司历史数据，公司未来增长率会逐渐下降。估值采用两阶段的增长模型，第一阶段的预测期取 5 年（2023—2027 年），2028 年开始达到稳定状态，进入终值期。

(2) 结合 G 公司历史数据及当前所处发展环境，预测 2023—2028 年各年股权自由现金流及增长率，如表 6-6 所示。

表 6-6　　　　G 公司 2023—2028 年股权自由现金流及增长率

年份	2022	2023	2024	2025	2026	2027	2028
股权自由现金流（亿元）	76.07	87.48	99.29	110.71	120.67	130.33	140.10
增长率（%）	—	15.00	13.50	11.50	9.00	8.00	7.50

(3) 将财政部 2022 年 12 月的国债票面利率 5 年期 5.02% 作为无风险利率值；根据 Wind 资讯查询的数据，计算 3 年平均 A 股平均收益率为 11.40%，G 公司平均 β 值为 0.518。计算 G 公司的股权资本成本为：

$$K_e = R_f + \beta \times (R_m - R_f) = 5.02\% + 0.518 \times (11.40\% - 5.02\%) = 8.32\%$$

(4) 2027年时未折现终值的预期值为：

$$P_T = \frac{FCFE_{T+1}}{K_e - g} = \frac{140.10}{8.32\% - 7.50\%} = 17\,085.37(亿元)$$

(5) G公司股票的总价值为：

$$V = \sum_{t=1}^{T} \frac{FCFE_t}{(1+K_e)^t} + \frac{P_T}{(1+K_e)^T}$$

$$= \frac{87.48}{(1+8.32\%)^1} + \frac{99.29}{(1+8.32\%)^2} + \frac{110.71}{(1+8.32\%)^3}$$

$$+ \frac{120.67}{(1+8.32\%)^4} + \frac{130.33}{(1+8.32\%)^5} + \frac{17\,085.37}{(1+8.32\%)^5}$$

$$= 11\,884.81(亿元)$$

(6) 2022年G公司总流通股数为245.49亿股，G公司股票的价值为：

每股价值 = 11 884.81 ÷ 245.49 = 48.41(元)

(三) FCFE和FCFF模型的适用场合比较

公司自由现金流折现模型和股权自由现金流折现模型都是基于现金流量折现的思路。只要合理选择并预测未来现金流和相应的折现率（如图6-6所示），完全贯彻货币的时间价值理念，用现金流去折现，模型最终估值结果应该是一致的。

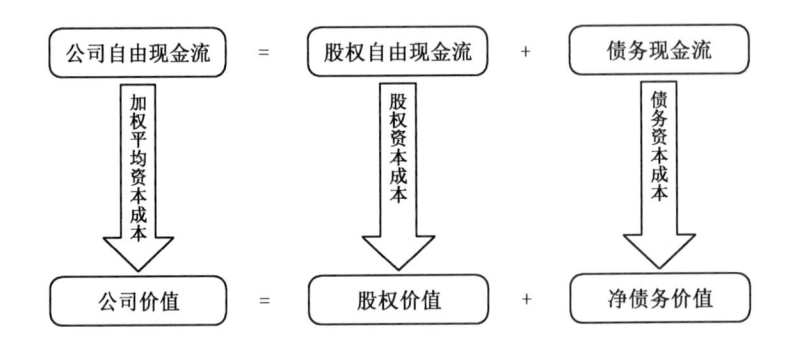

图6-6 现金流、成本和价值关系对应图

但实际估值中，FCFE和FCFF模型的估值结果往往不一致，甚至出现较大差别，主要原因是精确计算净现值需要用每一期的现金流与折现率进行折现，而估值时往往取同一个近似的折现率。实践中，公司估值更多会采用FCFF方法，当存在如下三种情况下，使用FCFF折现模型能得到更可靠的估价结果：

第一，财务杠杆高，财务杠杆容易发生变化的公司。财务杠杆不稳定会导致公司负债的波动，从而使得公司自由现金流中的新增债务确定具有相当的难度，并且财务杠杆的变化将改变对公司增长率和风险因素的估计。对此，公司股票价值比公司整体价值反应更为敏感，定价更为不易。

第二，并购领域，财务杠杆预期将发生变化的公司。在并购领域，尤其是以杠杆并购这种高比例融资方式实施并购时，通常被并购的公司在开始时有很高的负债比率，但是新任股东在随后几年内会大幅度调整期初的财务杠杆比率，所以FCFF折现模型在并购领域有很强的操作价值。

第三，股权自由现金流经常小于零的公司。债务负担很重，一定时期内固定资产投资需求巨大，或属于周期性行业的公司，容易出现股权自由现金流为负值的情况。

本章小结

上市公司价值评估是公司投融资、交易决策的重要依据，对公司进行合理估值是投资的前提和基础。公司价值通常可以分为内在价值和市场价值。公司内在价值等于公司在未来的寿命中可以产生现金流量的折现值，是公司自身所具有的价值。公司市场价值是指自愿买方和自愿卖方在各自理想行事且未受任何强迫的情况下，评估对象在评估基准日进行正常公平交易的价值估计数额。

公司估值是着眼于公司本身，对公司的内在价值进行评估。公司的内在价值是决定公司市场价值的最重要因素。公司估值的理论基础是商品的价值决定价格、价格围绕价值波动的原理。绝对估值法和相对估值法是上市公司估值中成熟度高、应用广泛的两大类方法。必须注意的是，估值模型仅是计算工具，方法本身只是将基本的输入变量数据依照计算规律得出估值结果，估值的准确程度完全取决于输入的变量值。为了决定模型方法所需要的输入变量而对公司进行的基础分析，是公司估值最重要的环节之一，对于估值结果产生巨大影响。

常用的绝对估值法包括股利折现模型和自由现金流折现模型。绝对估值法的原理包括预期收益原理和资金的时间价值原理。绝对估值法认为，价值来源于未来的收益现金流，将每一期的收益现金流以合理的折现率折现到估值时点，然后将折现值加总就得到了相应估值。绝对估值法的基本公式为：

$$V = \sum_{t=1}^{n} \frac{CF_t}{(1+r)^t}$$

式中，V为总价值，t为时期，n为总收益期，CF_t为第t期的现金净流入，r为折现率。若收益期限为无限期，则绝对估值法公式可改写为如下形式：

$$V = \sum_{t=1}^{\infty} \frac{CF_t}{(1+r)^t}$$

绝对估值法逻辑严密,能发现公司价值的核心驱动因素,受短期市场情绪影响较小,估值结果更具可信度和说服力。同时,绝对估值法涉及参数较多,且选择比较困难,对公司的长期预测存在较大不确定性,因此该方法对分析者的分析能力有较强要求,估值结果难以直接作为最终目标价。

股利折现模型(Dividend Discount Model,DDM)是用来对股权资本进行估价的模型,即股利折现模型通过折现"预期未来现金股利"为股票估值。股利折现模型的一般公式为:

$$V = \sum_{t=1}^{\infty} \frac{D_t}{(1+r)^t}$$

式中,V 为公司股票的内在价值,D_t 为第 t 年的股利,r 为年折现率。

股利折现模型中,折现率 r 和股利增长率 g 的估计是难点。能否准确估计折现率 r 和股利增长率 g,对估值结果具有重要影响。根据公司股利增长的不同情景,股利折现模型可简化为零增长模型、不变增长模型及可变增长模型。

零增长模型假定股利是固定不变的,即股利的增长率等于零,零增长模型实际上是不变增长模型的一个特例;不变增长模型,又称为固定增长模型、戈登模型(Gordon Model),该模型假设股利永远按不变的增长率变化,即股利以一个稳定的增长率永续增长,将未来期间所有股利现金流折现到基准时点并加总;可变增长模型中的"可变"是指股利增长率是可变的,当股利增长率分阶段变化时,估价实务中使用较多的是二阶段股利增长模型和三阶段股利增长模型。

自由现金流(Free Cash Flow,FCF)是指在不危及公司生存与发展的前提下可供分配给资本供应者(股东和债权人)的最大现金额,意味着可以满足股东权益和债权人要求的现金流量。在计算自由现金流量时,两阶段模型将公司的未来收益期分为两个阶段——可明确预测期阶段和终值阶段。自由现金流折现模型的分析可分为可明确预测期现金流量预测、终值预测、折现率预测、公司价值计算和每股价值计算 5 个步骤。自由现金流折现模型对公司价值的计算一般可以表达为:

$$公司价值 = \frac{可明确预测期}{现金流量的现值} + \frac{可明确预测期后(终值期)}{现金流量的现值}$$

自由现金流可以分为公司自由现金流(FCFF)和股权自由现金流(FCFE)两种,相对应的,自由现金流(FCF)折现模型分可为公司自由现金流(FCFF)折现模型和股权自由现金流(FCFE)折现模型。

公司自由现金流,是公司在保持正常经营的情况下,能够向所有出资人(股东和债权人)进行自由分配的现金流。公司自由现金流折现模型是应用最广泛的绝对估值法,受市场检验的次数更多。模型的一般形式为:

$$V = \sum_{t=1}^{\infty} \frac{FCFF_t}{(1+WACC)^t}$$

如果公司自由现金流在 T 年后达到稳定状态,并一直以稳定的增长率 g 增长,则公司的自由现金流折现模型为:

$$V = \sum_{t=1}^{T} \frac{FCFF_t}{(1+WACC)^t} + \frac{P_T}{(1+WACC)^T}$$

$$P_T = \frac{FCFF_{T+1}}{WACC - g}$$

式中,V 为标的公司的价值,$FCFF_t$ 为第 t 期的公司自由现金流,T 为可明确预测期数,$WACC$ 为加权平均资本成本,P_T 为公司自由现金流的终值,g 为永续增长率(现金流长期稳定增长率)。

股权自由现金流(FCFE)是在扣除经营费用、本息偿还和为保持预定现金流量增长率所需的资本支出、增加的营运资本支出之后的现金流量,是满足了所有支付需求后支付给股东的现金流,其值可能为正,也可能为负。股权自由现金流折现模型的一般形式为:

$$V = \sum_{t=1}^{\infty} \frac{FCFE_t}{(1+K_e)^t}$$

如果股权自由现金流在 T 年后达到稳定状态,并一直以稳定的增长率 g 增长,则公司的股权自由现金流折现模型公式为:

$$\text{股权价值} V = \sum_{t=1}^{T} \frac{FCFE_t}{(1+K_e)^t} + \frac{P_T}{(1+K_e)^T}$$

$$P_T = \frac{FCFE_{T+1}}{K_e - g}$$

式中,V 为标的公司的股权价值,$FCFE_t$ 为第 t 期的股权自由现金流,T 为可明确预测期数,K_e 为股权资本成本,P_T 为股权自由现金流的终值,g 为永续增长率(现金流长期稳定增长率)。

三种主要绝对估值法的区别如表 6—7 所示。

表 6—7　　　　　　　　　　　绝对估值法的主要区别

模　型	现金流	折现率
股利折现模型	股利	与股利匹配的折现率
公司自由现金流折现模型	公司自由现金流	加权平均资本成本
股权自由现金流折现模型	股权自由现金流	股东要求的必要回报率(股权资本成本)

复习思考题

1. 什么是公司估值,有何作用?
2. 什么是公司的内在价值和市场价值?
3. 简述绝对估值法的原理和优缺点。
4. 简述不同类型股利折现模型的划分方式、公式形式及适用性。
5. 公司自由现金流和股权自由现金流的概念及区别分别是什么?
6. 应用自由现金流折现模型主要分为哪几个步骤?
7. 简述公司自由现金流(FCFF)折现模型的公式和估值应用。
8. 简述股权自由现金流(FCFE)折现模型的公式和估值应用。

第七章　上市公司价值评估——相对估值法

相对估值法是根据某一变量考察可比公司的价值，以确定被评估公司的价值。相对估值法是公司价值评估的主流方法，Asquith等（2005）研究美国金融分析师报告后指出，大部分的分析师使用相对估价模型，仅少量分析师使用现金流折现模型。与绝对估值法相比，相对估值法的估值步骤较为简单，并且不需要进行过多的财务预测，只需将目标公司与可比公司的财务数据和对应指标进行比较分析，便可得出目标公司相应的股权价值或公司价值。本章共分四节：第一节为相对估值法概述，讲解相对估值法的定义、原理和优缺点；第二节讲解相对估值法的基本步骤，主要为选择可比公司、确定可比指标、计算可比指标值和计算目标公司价值；第三节对相对估值法的具体方法和使用场合进行具体讲解，相对估值法主要分为两大类，一类是基于股票价格或股权价值的股票价格倍数法，包括市盈率（PE）倍数法、市净率（PB）倍数法、市销率（PS）倍数法、市现率（PCF）倍数法，另一类是基于企业价值的企业价值倍数法，包括企业价值/息税前利润（EV/EBIT）倍数法和企业价值/息税折旧摊销前利润（EV/EBITDA）倍数法；第四节以市盈率倍数法为例，举例说明相对估值法的具体应用。

第一节　相对估值法概述

一、相对估值法的定义

相对估值法，也称可比公司法（简称可比法）或价格乘数法等，是根据同价理论，以可比资产在市场上的当前定价为基础，评估目标资产价值的一种方法。相对估值法基于有效市场理论，相对简洁和实用，是公司价值评估中的主流方法。

相对估值法评估公司价值，是将目标公司与可比公司对比，用可比公司的价值衡量目标公司的价值，其特点就是用可比公司的价格作为目标公司定价的依据。可比公司往往受到某些共同的价值驱动因素影响，如果大量的可比公司在资本市场上进行交易，并且市场对这些公司定价正确的话，相对估值法就尤其有用。

相对估值法容易将市场对可比公司偏离价值的定价（高估或低估）引入对目标公司的估值中。如果可比公司的价值被高估了，则目标公司的价值也会被高估。实际上,相对估值法所得结论是相对于可比公司来说的,以可比公司价值为估价基准,是一种相对价值,而非目标公司的内在价值。

二、相对估值法的原理

相对估值法的基本原理是一价定律(The Law of One Price)。一价定律是指在完全竞争的市场上,同一个资产即便在不同的市场上也只有一个均衡价格,或者内在价值相等的两种资产,其市场价值会趋于一致。

应用在上市公司估值中,具有相同特征公司的股票价值与诸多因素(这些因素可能已知,也可能未知)存在密切的关系,一系列关联关系集合表现为该类股票在市场中的平均价格。理论上,没有人愿意以低于市场平均的价格出售股票,也没有人愿意以高于市场平均的价格去购买股票。市场参与者存在着"低买高卖"的套利心理,这使得存在价差的股票不断流动并且最终价差消失,达到均衡状态,使得内在价值相等的股票最终具有同样的价格。

一价定律揭示了一个重要思想:同质应该同价。相对估值法假定市场是有效的,利用与目标公司具有相同特征的可比公司相关财务指标,对目标公司股票价值进行评估。

三、相对估值法的优缺点

(一)相对估值法的优点

1. 运用简单,易于理解

相对估值法以市场上具有相似性的一组可比公司的数据进行比较估价,原理简单。与绝对估值法相比,相对估值法不需要进行财务预测,只需要有当前目标公司和可比公司的财务数据以及可比公司的市价数据就可以进行,计算相对简单,可根据少得多的假设和快得多的速度完成估值。

2. 受主观因素影响较小,更能客观反映市场情况

相对估值法以可比资产在市场上的当前定价为基础,使用的假设参数较少,估价数据基本都是市场实际数据,能够相对客观地反映市场情况,更加容易被理解和展示给雇主或客户。

3. 基于市场估值,应用范围广

相对估值法基于公司市场表现进行估值,既可以对公开交易公司进行估值,也可以为未上市公司建立估值基准,对公司经营状况进行比较和分析,甚至可以通过对公司每种业务建立估值基准来分析一个跨行业综合性公司的拆分价值。

(二)相对估值法的局限性

1.市场有效性假设有待商榷

相对估值法以整个市场的有效性为基本假设前提,假定股票的市场价格包含了所有信息,目标公司和可比公司完全具有可比性,股票价格和特定指标之间存在线性关系。这种很强的假定导致相对估值法的估值结果准确性有待商榷,一旦市场不是有效的,相对估值法就缺少了市场基础。

2.可比公司的选择容易受到人为影响

相对估值法核心步骤是正确选择拥有相似经营和财务特征的同行业公司作为可比公司。然而,世界上没有两片完全相同的树叶,现实中也不存在规模、组织结构、运营机制、公司战略和财务特征等完全一样的公司。因此,很难找到大量的可比公司,对可比公司业务差异也很难进行准确调整,相对估值法可比公司的选择存在一定的主观性,分析师只能尽可能寻找与目标公司具有较多共同点的公司作为可比公司。

3.可比公司价值的合理性问题

相对估值法估算的结果是相对价值而非内在价值,可比公司对目标公司的估值影响较大,可比公司在估价时的市场价值是否合理直接影响目标公司估价结果的合理性。如果市场对某行业所有股票甚至市场上几乎所有股票出现整体估价错误,那么使用相对估值法的估值将会有整体上被高估或低估的风险,或者说在市场高涨或者低迷时,因为行业整体高估或者低估导致相对估值法估价结果不合理。

第二节 相对估值法的步骤

一、选择可比公司

(一)可比公司的概念

可比公司指的是所处的行业、市场环境、公司的主营业务或主导产品、公司规模、资本结构、盈利能力以及风险程度等方面相同或者相近的公司。在相对估值法中,选择的可比资产应当是与目标资产在最大限度上有相同属性,可比公司与目标公司越相近或相似越好。

日常购物中,消费者通常会"货比三家",将两种或多种属性和用途相同或相似的商品放在一起进行比较,选择"质优价廉"的商品。相对估值法中,首先要做的就是合理选择可比公司。

(二)可比公司的选择方法

选择可比公司常用的方法是依靠行业分类。如果两个公司同属一个行业,原则上它们的现金流量能够反映相似的市场力量,公司之间会高度相关。行业分类通常依据中国证券监督管理委员会(CSRC)行业分类和全球行业分类标准(GICS)等。

但是,行业分类是一种相对粗糙的划分。在行业分类的基础上,需要通过产品、资本结构、盈利能力、竞争性质等更多的信息来选择可比公司,评估师通常会利用证券分析师的报告来选择可比公司。评估师还可以通过财务比率来选择可比公司,变现能力比率、资产管理比率、负债比率以及盈利比率常常被用作评价选择标准。

在实践中,找到一组合适的可比公司不是轻而易举的,一般应选取在行业、主营业务或主导产品、资本结构、公司规模、市场环境以及风险度等方面相同或相近的公司。如果不能同时满足,可优先考虑下列靠前的可比公司特征:

(1)可比公司与目标公司的业务和行业背景类似;
(2)可比公司与目标公司的规模类似;
(3)可比公司与目标公司的预计增长率类似;
(4)可比公司与目标公司的股权结构类似;
(5)可比公司与目标公司的资本结构类似;
(6)可比公司与目标公司的地域特点类似。

二、确定适用于目标公司的可比指标

选择适用于目标公司的可比指标,就是要确定比较基准,即比什么,选择何种估值倍数。通常是比较目标公司与可比公司的基本财务指标,实践中经常使用的有两类:一类基于股票价格或股权价值的方法,又称为股票价格倍数法,常见的有市盈率(PE)倍数、市净率(PB)倍数、市销率(PS)倍数、市现率(PCF)倍数等;另一类基于企业价值的方法,又称为企业价值倍数法,最常见的是 EV/EBIT 倍数法。

实务中,不同公司可能在业务类型、资本构成、经营效果、所处生命周期等诸多方面存在差异。估值时具体选择何种估值指标,需要对公司经营情况有清晰的认知,对公司经营状况的定性分析是定量估值的基础。本书将在相对估值具体方法部分讲述主要估值指标适用的公司类型,此处不再赘述。

三、计算目标公司的可比指标值

通常选取可比公司可比指标的平均值或者中位数作为目标公司的指标值。当个别可比公司的可比指标显著异常时,需进行剔除。需要注意的是,评估师可以根据目标公司与可比公司间的差异(应结合公司基本情况、行业分析和财务分析等几个方面判断),对平均值或中位数做进一步调整。

例如,目标公司是所属行业的龙头企业,技术先进、盈利能力好、具有较强的竞争

优势和发展前景,评估师可以在可比指标平均值或中位数的基础上相应给予一定的溢价调整。

四、计算目标公司的价值

相对估值法以可比公司的价格为基础,评估目标公司的相应价值。公式 7-1 是相对估值法的一般公式,使用可比公司的可比指标倍数乘以目标公司相应的财务指标,即可计算出目标公司的价值或股价。评估所得的价值,可以是股权价值(股票价值),也可以是公司价值。当评估得到公司价值时,可以通过价值等式换算成股权价值(股票价值)。

$$目标公司价值 = 目标公司某种指标 \times \frac{可比公司价值}{可比公司某种指标} \quad (7-1)$$

公式 7-1 中,"可比公司价值/可比公司某种指标"被称为倍数,常用的倍数包括市盈率(P/E)倍数、市净率(P/B)倍数、市销率(P/S)倍数、企业价值/息税前利润(EV/EBIT)倍数、企业价值/息税折旧摊销前利润(EV/EBITDA)倍数等。

需要注意的是,在计算目标公司每股价值时,有两种选择:①如果可比公司的比较基准(PE、PB、PS 等)计算采用的是当期数据,得到的是当期比较基准,则目标公司相应的财务指标(每股盈利、每股净资产、每股销售收入等)也要用当期的数值;②如果可比公司的比较基准计算采用的是预期数据,则目标公司相应的财务指标也要采用预期的数值。理论上,如果目标公司预期财务指标变动与可比公司相同,则两种选择的估价结果是相同的。

第三节 相对估值具体方法

相对估值法便捷实用,成为公司价值评估中的主流方法。实务中,不同行业和生命周期的公司具有不同的特点,适用不同的估值方法。本节重点介绍相对估值具体方法的使用和适用场合。

一、市盈率倍数法

(一)方法介绍

市盈率(P/E),也称本益比、股价收益比率或市价盈利比率,是指在一个考察期(通常为 12 个月的时间)内,公司股票每股价格与每股收益间的比例关系或者公司股票市值对其净利润的倍数。市盈率是股票估值最常运用的指标之一,其高低取决于公司及其所处行业的发展阶段、发展前景等。市盈率是基于损益的估价形式，背后的支撑是利润表。

市盈率的计算公式如下：

$$市盈率 = \frac{每股价格}{每股收益} = \frac{股票市值}{净利润} \quad (7-2)$$

市盈率把价格和收益联系起来，直接反映投入产出关系，告诉投资者，假定公司利润不变的情况下，以交易价格买入股票，依靠利润回报需要多长时间才能够实现回本，在一定程度上代表了投资者对公司股票的悲观或者乐观程度。市盈率越高，通常反映了投资者对公司发展潜力的认同，愿意为公司的盈利支付较高的价格，如高科技板块公司的股票市盈率普遍高于传统制造业公司的股票市盈率。

根据经验判断，对于正常盈利的公司，净利润保持不变的话，给予10倍左右的市盈率较为合适。因为市盈率的倒数可以衡量该股票的收益率，10倍的倒数为10%，基本对应一般投资者要求的股权投资回报率或者长期股票的投资报酬率。

在使用市盈率倍数估值时，先确定可比公司的市盈率平均值或中位数作为目标公司估值的市盈率倍数，然后使用下述公式对目标公司进行估值：

$$目标公司股权价值 = 目标公司净利润 \times 市盈率倍数 \quad (7-3)$$

或

$$目标公司每股价格 = 目标公司每股收益 \times 市盈率倍数 \quad (7-4)$$

使用市盈率倍数法估值需要注意的一个问题是选用哪一时期的盈利数据。对于盈利数据，通常面临三种选择：一是最近一个完整会计年度的历史数据；二是最近12个月的数据；三是预测年度的盈利数据。

使用历史数据的好处在于盈利数据和估价都是已知的，数据资料来源客观可靠，如果使用历史数据计算市盈率，应尽可能使用最新公开的信息，通常会使用最近12个月的数据。也有观点质疑使用历史数据的合理性，认为股票价格是股票未来价值的体现，使用预测的年度盈利数据更为合理。

(二)适用场合

市盈率计算数据容易取得且计算简单。市盈率倍数法适用于周期性较弱、盈利相对稳定行业中的公司估值，如业绩较稳定的公用事业、服务业和一般制造业等。由公式7-3和公式7-4可知，若目标公司的市盈率倍数为负数，则该指标失真，不能作为参考指标；根据公式7-2，对于每股收益非常小的公司，公式中的分母非常小，得到的市盈率会非常高，导致估值结果与公司实际价值明显不符。

因此，市盈率倍数法强调周期性较弱、正常盈利状态的公司，而下列类型的公司通常不适用市盈率倍数法：①每股收益为负数的公司；②房地产等项目性较强的公司；

③银行保险等流动资产比例高的公司；④元化经营、产业转型频繁的公司。

二、市净率倍数法

（一）方法介绍

市净率（P/B），又称市价/账面比例，表示一家公司股票的每股市场价格与每股净资产的比值，或者公司市场价值与账面净资产的比值。市净率是基于公司净资产的估价形式，背后的支撑是资产负债表。市净率倍数法要注意把商誉剔除。

市净率的计算公式如下：

$$市净率 = \frac{每股价格}{每股净资产} = \frac{市值}{净资产} \qquad (7-5)$$

市净率侧重于对未来盈利能力的期望，可用于上市公司股票的投资分析。在市场持续上涨或经济基本面较好时，投资者更关心市盈率；而市场持续下跌或经济基本面较差时，投资者往往更愿意使用市净率。

通常认为，市净率在3～10之间比较合理。市值高于净资产时，公司资产的质量较好，有发展潜力；市值低于净资产时，公司资产的质量较差，没有发展前景。在合理的市净率范围内，市净率较低的股票，投资价值较高而投资风险较低；市净率较高的股票，投资价值较低而投资风险较高。此外，在投资价值分析时，还需要考虑市场环境、公司经营情况、盈利能力等。

市净率倍数法以可比公司平均市净率或市净率中位数作为目标公司估值的市净率倍数。模型假设公司股权价值是净资产的函数，每股净资产与每股价格同向变动，同类公司具有相似的市净率。目标公司的股权价值等于目标公司净资产乘以可比公司的市净率倍数，即：

$$目标公司股权价值 = 目标公司净资产 \times 市净率倍数 \qquad (7-6)$$

或

$$目标公司每股价格 = 目标公司每股净资产 \times 市净率倍数 \qquad (7-7)$$

（二）适用场合

市净率倍数法也是比较常用的相对倍数法。因为市净率极少为负，并且净资产价值相对稳定不易被操纵。但是，市净率计算使用的账面价值会受会计政策选择的影响，如果公司执行不同的会计标准，计算出的市净率就不具有可比性。

市净率倍数法适用于大多数公司的估计，如盈利波动较大的公司、周期性较强行业中的公司、银行保险等流动资产比例高的公司、业绩差及重组型公司、收益容易受到不同折旧摊销政策的影响而失真的公司等，这些公司不适宜选择市盈率倍数法，均可考虑使用市净率倍数法。尤其是银行、保险等流动资产比例较高的金融机构，其公司资产账面价值更加接近市场价值,市净率具有更深刻的意义和更普遍的应用。

市净率倍数法不适用于账面价值的重置成本变动较快的公司、公司价值与净资产关系不大的公司(如固定资产较少、商誉或智能财产权较多的服务行业和高科技公司)以及净资产为负的公司。例如,运营历史悠久的制造业企业和新兴产业企业的估值往往不适合使用市净率倍数法。

三、市销率倍数法

(一)方法介绍

市销率(P/S)反映了一家公司的股权价值对其销售收入的倍数,等于总市值除以主营业务收入,或者股价除以每股销售收入。市销率是基于损益的估价形式,背后的支撑是利润表。与净利润等财务指标相比,销售收入更加稳定,当公司经营过程中净利润发生特别变化时,市销率指标能够克服相应的问题。

市销率的计算公式如下:

$$市销率 = \frac{总市值}{主营业务收入} = \frac{每股价格}{每股销售收入} \quad (7-8)$$

没有销售,就没有收益,收入分析是公司经营前景评估中至关重要的内容。市销率越低,通常说明该公司股票的投资价值越大。

在使用市销率倍数法估值时,以可比公司平均市销率或市销率中位数来估计目标公司的价值。模型假设每股价格是每股销售收入的倍数,公司的市值与销售收入具有正向变动关系,同类公司具有相似的市销率。目标公司的股权价值等于目标公司销售收入乘以可比公司的市销率估值,即:

$$目标公司股权估值 = 目标公司主营业务收入 \times 市销率倍数 \quad (7-9)$$

或

$$目标公司每股价格 = 目标公司每股销售收入 \times 市销率倍数 \quad (7-10)$$

(二)适用场合

市销率不会出现负值,数据较为稳定,不易被公司经营者操纵,因此其适用范围较市盈率倍数法和市净率倍数法更广。只有收入没有利润、收入规模大而净利润率极低的公司估计,市销率倍数法更为实用,如为快速开拓市场、抢占市场份额而选择短期"战略性亏损"的公司,其估值通常就选市销率倍数法。市销率倍数法可以和市盈率倍数法形成良好的补充。

市销率倍数法不能反映成本的影响。市销率倍数法的局限之处是不能反映成本的变化对公司经营收益和公司价值的影响,只要不影响销售收入,即使公司成本上升、利润下降,市销率依然不变。因此,市销率倍数法主要适用于销售成本率较低的收入驱动型公司估值,而不适用于销售成本较高的公司估值。

四、市现率倍数法

(一)方法介绍

市现率指的是公司股权价值与税息折旧摊销前收益(EBITDA)的比值,也等于公司每股价格除以每股现金流量,其中,EBITDA 为税后净利润、所得税、利息费用、折旧和摊销之和。

市现率计算公式如下:

$$市现率 = \frac{总市值}{EBITDA} = \frac{每股价格}{每股现金流量} \qquad (7-11)$$

支撑市现率的是现金流量表。公司为健全内部控制,保证财务的真实和完整,通常会建立盘点和对账制度,对公司现金、账面和物资进行严格管理,因此,其现金流的审核要比公司净收益、净资产和销售额等指标更为严格,可靠性更高。

市现率越小,表明公司的每股现金流越多、经营压力越小。公司拥有的现金能够充分覆盖投资成本,对该公司的投资较为安全。需要注意的是,如果公司负债率过高,大量现金流来源于债务融资,则公司可能面临较大的财务风险。

市现率倍数法是基于自由现金流的估价形式,抓住了公司估值的关键。模型假设每股价格是每股现金流量的倍数,公司股权价值与现金流量具有正向变动关系,同类公司具有相似的市现率。市现率倍数法的公式为:

$$目标公司股价价值 = 目标公司\ EBITDA \times 市现率倍数 \qquad (7-12)$$

或

$$目标公司每股价格 = 目标公司每股现金流量 \times 市现率倍数 \qquad (7-13)$$

(二)适用场合

市现率倍数法适用于业绩相对稳定、现金流波动较小的公司估值。当自由现金流为负的时候,市现率倍数法失效,公司现金流波动较大,估值结果准确度也较低。因此,市现率倍数法往往不适合成长初期或某个特殊时期需要大量资本支出的公司估值。

五、PEG 比率法

(一)方法介绍

市盈率相对盈利增长(PEG)比率是用上市公司的市盈率除以公司盈利增长速度。与前述几种相对估值法相比,PEG 估值法更加简单实用,分析过程也与相对估值法的一般步骤不同。市盈率相对盈利增长(PEG)比率的计算公式为:

$$PEG = \frac{市盈率(PE)}{公司年盈利增长率} \quad (7-14)$$

具体计算 PEG 时,有学者建议 PE 使用当期滚动 PE[①],并使用公司的市盈率(PE)除以公司未来 3 或 5 年的每股收益复合增长率。由于很多公司投资收益、营业外收益等可能不稳定,并存在利用投资收益操纵净利润指标的情况,年盈利增长率可以合理选择使用税前利润的成长率、营业利润的成长率、营收的成长率和每股收益年增长率等指标。

PEG 比率可以全面评估目标公司的价值和成长性,表示投资者为未来每单位的盈利增长率需要支付多少。当 PEG 比率等于 1 时,意味着市场给予该公司股票一个比较合理的价格;当 PEG 比率大于 1 时,意味着该公司的股票价值被市场高估,或市场认为这家公司的业绩成长性会高于市场的预期(如上市后的成长型公司的股票 PEG 往往高于 1,甚至在 2 以上,这家公司未来很有可能会保持业绩的快速增长);当 PEG 比率小于 1 时,意味着该公司的股票价值被市场低估。

此外,PEG 估值法还应该考虑其他成长性相似的同行业公司的 PEG。如果某公司股票的 PEG 为 8,而其他成长性相似的同行业公司的 PEG 都在 10 以上,则该公司可能被低估,尽管其 PEG 已经远高于 1。

(二)适用场合

PEG 是在 P/E 估值法的基础上发展起来的,将市盈率与公司成长率结合起来,弥补了 PE 对公司动态成长性估计不足的缺陷。但 PEG 估值法也有一个缺陷,即需要预测公司未来的盈利增长率,而未来盈利变化难以预测,通常一个微小的变动都会使计算结果有较大差别。事实上,只有当投资者能对公司未来 3~5 年业绩作出准确预测时,PEG 的价值才能体现,否则可能产生误导作用。

PEG 比率法兼顾公司的价值和成长性,适合对保持稳定增长的成长股估值,即适用于业绩稳定增长、可预测性强的公司估值;不适用于业绩增速个位数以下、业绩增速超过 25% 以上以及业绩反反复复波动很大的公司估值,如业绩很不稳定的小公司、处于发展初期的公司或周期性行业中的公司等。

【例 7-1】 甲乙两家上市公司,甲公司股票市盈率为 30,预期每股年盈利增长率为 15%;乙公司股票市盈率为 20,预期每股年盈利增长率为 20%。试计算两家公司的 PEG 比率,并判断哪家公司更具有投资吸引力。

---

① 市盈率分为静态 PE、动态 PE、滚动 PE 三种。通常说的市盈率一般指静态市盈率,等于当前的总市值除以上一年的净利润,因为过去的数值不能充分反映公司未来发展,会给投资者的决策带来不利影响;动态市盈率的计算有两种方式:一是以未来一年的预测净利润作为分母进行计算;二是以静态市盈率为基数,乘以动态系数。滚动市盈率的计算分母是最近四个季度(仍以一年为周期)的净利润之和。

【解】 根据公式 $PEG=\dfrac{市盈率}{公司年盈利增长率}$,可计算甲乙两个上市公司 PEG 比率:

甲公司的 PEG=30/15=2

乙公司的 PEG=20/20=1

根据 PEG 比率,甲公司股票价格可能被市场高估,乙公司股票价格估值合理,所以乙公司更具有投资吸引力。

六、企业价值/息税前利润(EV/EBIT)倍数法

(一)方法介绍

企业价值(EV)是市场公认的企业业务价值,而不是其内在价值。企业价值(EV)指标可以派生出两种估值模型,企业价值/息税前利润(EV/EBIT)倍数法是其中一种。[①]

企业价值/息税前利润(EV/EBIT)倍数法的企业价值计算公式为:

$$目标企业价值(EV)=目标企业\ EBIT\times(EV/EBIT\ 倍数) \quad (7-15)$$

息税前利润(EBIT)是在扣除债权人利息和所得税之前的利润,所有出资人(股东和债权人)对息税前利润都享有分配权,因此,息税前利润对应的价值是企业价值(EV)。

息税前利润的计算公式为:

$$息税前利润(EBIT)=净利润(E)+所得税+利息 \quad (7-16)$$

企业价值倍数法中的企业价值不是指上市公司的资产价值,而是其业务价值,如果需要计算公司的股权价值,则可以通过价值公式由企业价值得出股权价值。

企业价值的计算公式为:

$$\begin{aligned}企业价值(EV)&=企业市值+企业债务净额\\&=市值+负债-现金\end{aligned} \quad (7-17)$$

(二)适用场合

市盈率倍数法是以利润指标作为估值基础,而净利润归属于股东,无法反映债权人的求偿权,如果目标公司与可比公司的资本结构差异较大,可能导致估值错误;而息税前利润是向所有股东和债权人分配前的利润,因此不受股权和债务的比例即资本结构的影响。

企业价值/息税前利润(EV/EBIT)倍数法因为剔除了资本结构的影响,可以不必

---

① 另一种估值模型为企业价值/息税折旧摊销前利润(EV/EBITDA)倍数法,将在下一小节内容讲到。

考虑公司股票间的资本结构差异,而是将估值基础选为企业业务的盈利能力层面,可广泛应用于那些资本结构复杂或者暂时还没有盈利的企业估值。

【例7—2】 假设H公司2022年的净利润是150亿元,所得税20亿元,利息10亿元,市值1 600亿元,负债600亿元,账面现金200亿元。试通过EV/EBIT来判断H公司的企业价值是否低估。

【解】 已知净利润是150亿元,所得税20亿元,利息10亿元,市值1 600亿元,负债600亿元,账面现金300亿元,可计算如下:

企业价值(EV)=市值+负债-现金=1 600+600-300=1 900(亿元)
息税前利润(EBIT)=净利润(E)+所得税+利息=150+20+10=180(亿元)
EV/EBIT=1 900/180=10.56

理论上,EV/EBIT计算值越小越可能被低估,但是,不能仅仅依据EV/EBIT估值来判断企业价值是否低估。选择与H公司相似度极高的上市公司H_1、H_2、H_3、H_4作为可比公司进行比较。通过查阅四家公司相关数据,按照与H公司相同的方法分别计算其EV/EBIT,如表7—1所示。

表7—1　　　　　　　　可比公司的EV/EBIT计算结果

公司	H_1	H_2	H_3	H_4	均值
EV/EBIT	12.66	13.89	9.90	11.70	12.04

由计算结果可知,H公司的EV/EBIT为10.56,可比公司平均EV/EBIT为12.04,H公司的企业价值被低估。

七、企业价值/息税折旧摊销前利润(EV/EBITDA)倍数法

(一)方法介绍

企业价值/息税折旧摊销前利润(EV/EBITDA)倍数法,是基于企业价值(EV)指标派生出的另一种估值模型,兴起于20世纪80年代的华尔街,最早被用作收购兼并的定价标准,目前已广泛应用于公司价值评估和股票定价。EV/EBITDA从全体出资人的角度出发反映企业市场价值和收益指标间的比例关系。一般来说,不同的行业及板块有不同EV/EBITDA水平,如果计算结果高于行业平均水平或历史水平,通常表明该企业价值(EV)被高估,较低则是低估。

企业价值/息税折旧摊销前利润倍数法的企业价值计算公式为:

目标企业价值(EV)=目标企业EBITDA×(EV/EBITDA倍数)　　(7—18)

EV/EBITDA模型在于对企业经营业绩的评估,既不考虑税收、利息,也不考虑摊销和折旧。其中,企业价值(EV)是指市场公认的业务价值,被认为是更加市场化及准确的

公司价值标准。如购买一家持续经营的公司需要支付的价钱,这笔钱不仅包括对公司盈利的估值,还包括需承担的公司负债。企业价值(EV)的计算如公式7—17所示。

息税折旧摊销前利润(EBITDA)是在扣除利息、所得税、折旧及摊销之前的利润。其算公式为:

$$息税折旧摊销前利润(EBITDA)=净利润(E)+所得税+利息+折旧+摊销$$
$$(7-19)$$

(二)适用场合

企业价值/息税折旧摊销前利润(EV/EBITDA)倍数法不但剔除了资本结构的影响,还剔除了折旧摊销的影响,因此该方法不受公司财务杠杆、折旧摊销等会计政策的影响,适用于很多类行业的公司估值。对于折旧摊销和财务杠杆影响比较大的公司(如重资产公司),尤其是净利润亏损,而毛利和主营业务利润为正的公司,特别适合使用企业价值/息税折旧摊销前利润倍数法进行估值。

拓展阅读

认识 EBIT、EBITDA 与净利润

一、概念与计算

息税前利润(EBIT),是扣除利息、所得税之前的利润。EBIT 主要用来衡量企业主营业务的盈利能力,有两种计算方法:

$$EBIT=净利润+所得税+利息$$
$$EBIT=经营利润+投资收益+营业外收入-营业外支出+以前年度损益调整$$

息税折旧摊销前利润(EBITDA),是扣除利息、所得税、折旧和摊销之前的利润,即 EBITDA 比 EBIT 增加了折旧和摊销。EBITDA 主要用于衡量企业主营业务产生现金流的能力,其计算方法为:

$$EBITDA=净利润+所得税+利息+折旧+摊销$$
$$EBITDA=EBIT+折旧+摊销$$

净利润是企业经营的最终成果,净利润多,企业的经营效益就好;反之,则经营效益就差。净利润的计算方法为:

$$净利润=利润总额×(1-所得税率)$$

二、指标内涵

EBIT 是企业收益分配的"大蛋糕",是债权人、政府和股东三方面分配主体总的分配来源,是一块完整的"大蛋糕"。EBIT 就是企业的营业利润,如图7—1

所示,利息(财务费用)是给债权人的,所得税是上交政府的,剩下的(净利润)分配给股东。EBIT 反映了企业主营核心业务的经营成果。

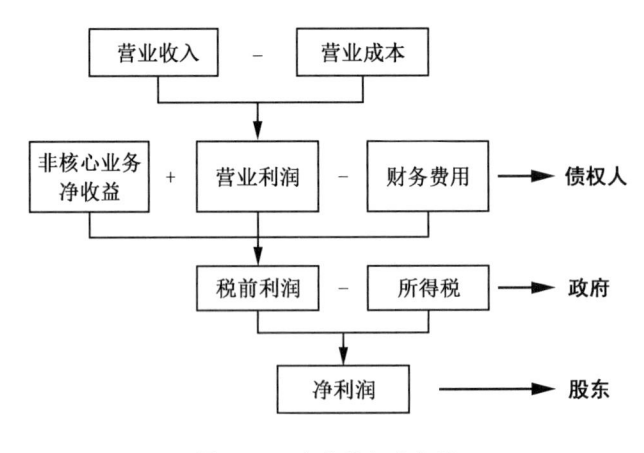

图 7—1　企业收入去向图

EBITDA 可以由 EBIT 加上折旧和摊销获得,与 EBIT 一样,也是完整的且尚未对债权人、政府和股东进行分配的"大蛋糕"。EBITDA 反映了企业未受其资本结构和税收影响的净现金流情况,可以看作企业经营现金流的代表。

净利润直接反映在企业的利润表上,是经过上缴所得税、向债权人支付利息、向优先股股东派发股息,并考虑了企业的非核心经营(如政府补助、变卖资产等利得损失)之后留给持有普通股股东的经营成果,是衡量一个企业经营效益的主要指标。净利润是普通股股东分得收益蛋糕的最后一块,股东可以选择分配净利润,也可以选择继续投入企业之中扩大再生产。

三、选择使用

EBIT 与 EBITDA 没有包含企业的非核心经营利得和损失,也没有包含优先股息和税收;而净利润把这些全都计算在内。企业股东依照净利润来发放现金红利或扩大再生产,因此更加关注净利润指标;债权人和政府更多的是关心 EBIT 和 EBITDA,关注企业的总体价值。

EBIT 和 EBITDA 的选择,首先考虑行业因素。如果想反映资本性支出的影响,EBIT 比 EBITDA 优,因为 EBIT 能通过折旧的形式反映资本性支出的影响。EBITDA 常用于分析资本性支出影响不是很大的公司,如软件、互联网、咨询公司等。其次,还要看企业发展阶段,如果企业成长迅速,有大量的资本性支出,则优先考虑 EBIT;如果企业已进入稳定成熟期,没有大量的资本性支出,则可以考虑 EBITDA。

第四节 相对估值法应用举例

一、估价对象概述

I公司为一家上市银行,改制成立于2001年,2016年9月30日于上海证券交易所上市。经营业务范围包括吸收公众存款;发放短期、中期和长期借款;办理国内结算;办理票据承兑与贴现;代理发行、代理兑付、承销政府债券;买卖政府债券、金融债券;从事同业拆借;从事银行卡借记卡业务;代理收付款项及代理保险业务;提供保管箱服务;经银行业监督管理机构批准的其他业务。

原持股股东拟转让I公司的股份,本次估值的目的是为转让提供评估基准日(2022年12月31日)的股票市场价值,作为转让I公司股权价值的参考依据。I公司在评估基准日前三年财务状况良好,收入稳步上升。截至评估基准日,其公司净资产价值为4 208 759 367元,总股本422 385 598股。

二、估值过程

(一)选择可比公司

通过比较产业、行业、资产规模以及收入、盈利能力、现金流量、股权结构、资本结构等方面,选取了I_1、I_2、I_3和I_4四家上市公司作为可比公司。

(二)确定目标公司的可比指标

查看四家可比公司最近12个月的市盈率、市净率,具体情况如表7—2所示。

表7—2　　　　　　　　　　可比公司具体情况表

可比公司	总股本数(交易日期为2022年12月31日,单位:万股)	总市值(交易日期为2022年12月31日,单位:万元)	市盈率(PE,TTM,交易日期为最新)	市净率(PB,交易日期为最新)
I_1	67 868.32	766 347.17	1.99	1.24
I_2	23 460.00	361 077.20	3.45	2.17
I_3	26 513.00	221 701.41	12.02	2.43
I_4	48 645.88	599 467.00	2.55	1.55

由表7—2可知,可比公司的市盈率差别较大,且I为上市银行,银行、保险等流动资产比例较高的金融机构,其公司资产账面价值更加接近市场价值,市净率具有更深

刻的意义和更普遍的应用,因此,本次估值选用的可比指标为市净率。

(三)计算目标公司的可比指标值

四家可比公司的市净率也有较大差异。分析原因可知是业务结构中主要业务(个人业务和公司业务)质量的区别导致,因此,通过计算各可比公司主要业务(个人业务和公司业务)营业利润占总营业利润的比例来对市净率进行修正[①],各可比公司主要业务(个人业务和公司业务)营业利润状况如表7—3所示。

表7—3　　　　可比公司主要业务(个人业务和公司业务)营业利润状况

	I_1	I_2	I_3	I_4
总营业利润(万元)	48 226.55	17 075.52	16 999.76	34 511.90
主要业务营业利润(万元)	30 581.18	12 890.04	13 177.55	23 886.04
其他业务营业利润(万元)	17 645.37	4 185.48	3 822.21	10 625.86
主要业务营业利润占比(%)	63.41	75.49	77.52	69.21

建立可比公司市净率与主要业务营业利润占比的拟合方程。当使用线性关系进行拟合时,得到拟合方程一:

$$市净率 = 8.462 \times 主要业务营业利润占比 - 4.19$$

当使用二次曲线进行拟合时,得到拟合方程二:

$$市净率 = 36.32 \times 主要业务营业利润占比^2 - 42.79 \times 主要业务营业利润占比 + 13.77$$

方程一的拟合优度 R^2 为0.975,方程二的拟合优度 R^2 为1.000,因此,估值选择方程二对市净率进行修正。

表7—4　　　　　　I公司主要业务营业利润占比状况表

类　　型	数　值
个人业务营业利润(万元)	17 981.55
公司业务营业利润(万元)	11 079.17
资金业务营业利润(万元)	5 213.90
其他业务营业利润(万元)	3 033.60
营业利润合计(万元)	37 308.21
主要业务(个人业务和公司业务)营业利润占比(%)	77.89

如表7—4所示,计算被评估公司I主要业务(个人业务和公司业务)营业利润占总营业利润的比例为77.89%,将其代入方程二,可得修正后的市净率为2.475 7。

[①] 可比指标的修正无统一方法,需要根据实际状况选择可行方法进行修正。具体修正时,估价人员可依据估值经验和公司基本情况进行主观调整,也可以依据指标之间的关系进行相对客观的量化调整。

调整市净率＝36.32×主要业务营业利润占比^2－42.79×主要业务营业利润占比
　　　　　＋13.77
　　　　＝36.32×0.778 9^2－42.79×0.778 9＋13.77
　　　　＝2.475 7

(四)计算目标公司的价值

已知评估基准日时，公司Ⅰ的净资产价值为 4 208 759 367 元，总股本数为 422 385 598 股，可计算公司总体股权价值及每股价值。

目标公司股权价值＝目标公司净资产×市净率倍数
　　　　　　　　＝4 208 759 367×2.475 7
　　　　　　　　＝10 419 625 565(元)

目标公司每股价值＝目标公司股权价值/总股本数
　　　　　　　　＝10 419 625 565/422 385 598
　　　　　　　　＝24.67(元/股)

本章小结

相对估值法基于有效市场理论，方法简洁和实用，是公司价值评估中的主流方法。相对估值法评估公司价值，是将目标公司与可比公司对比，用可比公司的价值衡量目标公司的价值。实际上，相对估值法的估值结果是相对于可比公司来说的，以可比公司价值为估价基准，是一种相对价值，而非目标公司的内在价值。当大量的可比公司在资本市场上进行交易，并且市场对这些公司定价正确的话，相对价值法就尤其有用。

相对估值法的基本原理是一价定律(The Law of One Price)。一价定律揭示同质应该同价的思想。在资本市场中，表现为具有相同特征公司的股票价值与诸多因素存在密切的关系，一系列关联关系集合表现为该类股票在市场中的平均价格。因此，在理论上，内在价值相等的股票最终应该具有同样的价格。

相对估值法具有运用简单、易于理解、受主观因素影响较小、更能客观反映市场情况、基于市场估值、应用范围广等优点。同时，相对估值法也存在市场有效性假设有待商榷、可比公司的选择容易受到人为影响、可比公司价值的合理性等问题。

相对估值法便捷实用，实务中，不同行业和生命周期的公司具有不同的特点，适用不同的估值方法。常见的相对估值法主要分为两大类：一类是基于股票价格或股权价值的股票价格倍数法，包括市盈率(PE)倍数法、市净率(PB)倍数法、市销率(PS)倍数法、市现率(PCF)倍数法；另一类是基于企业价值的企业价值倍数法，包括企业价值/息税前利润(EV/EBIT)倍数法和企业价值/息税折旧摊销前利润(EV/EBITDA)倍数法。不同相对估值法的主要公式和使用场合如表 7—5 所示。

表 7—5 相对估值法的主要公式和适用场合

估值方法		主要公式	适用场合
股票价格倍数法	市盈率倍数法	目标公司股权价值＝目标公司净利润×市盈率倍数 目标公司每股价格＝目标公司每股收益×市盈率倍数	适用于周期性较弱、盈利相对稳定行业中的公司估值,如业绩较稳定的公用事业、服务业和一般制造业等
	市净率倍数法	目标公司股权价值＝目标公司净资产×市净率倍数 目标公司每股价格＝目标公司每股净资产×市净率倍数	适用于大多数公司的估计,如盈利波动较大的公司、周期性较强行业中的公司、银行保险等流动资产比例高的公司、业绩差及重组型公司、收益容易受到不同折旧摊销政策的影响而失真的公司等
	市销率倍数法	目标公司股权价值＝目标公司主营业务收入×市销率倍数 目标公司每股价格＝目标公司每股销售收入×市销率倍数	只有收入没有利润、收入规模大而净利润率极低的公司估计,市销率倍数法更为实用,市销率倍数法可以和市盈率倍数法形成良好的补充,但市销率倍数法不能反映成本的影响
	市现率倍数法	目标公司股权价值＝目标公司EBITDA×市现率倍数 目标公司每股价格＝目标公司每股现金流量×市现率倍数	市现率倍数法适用于业绩相对稳定、现金流波动较小的公司估值。当自由现金流为负的时候,市现率倍数法失效,公司现金流波动较大,估值结果准确度也较低
	PEG比率法	PEG＝市盈率(PE)/公司年盈利增长率	适合对保持稳定增长的成长股估值;不适用于业绩增速个位数以下、业绩增速超过25%以上以及业绩反反复复波动很大的公司估值
企业价值倍数法	企业价值/息税前利润倍数法	目标企业 EV＝目标企业 EBIT×(EV/EBIT 倍数)	剔除了资本结构的影响,可以不必考虑公司股票间的资本结构差异,可广泛应用于资本结构复杂或者暂时还没有盈利的企业估值
	企业价值/息税折旧摊销前利润倍数法	目标企业 EV＝目标企业 EBITDA×(EV/EBITDA 倍数)	不受企业财务杠杆、折旧摊销等会计政策的影响,适用于很多类行业的企业估值。对于折旧摊销和财务杠杆影响比较大的公司,尤其是净利润亏损而毛利和主营业务利润为正的公司,特别适合使用该方法

复习思考题

1. 相对估值法的定义、原理及优缺点分别是什么?
2. 应用相对估值法主要分为哪几个步骤?
3. 可比公司的概念及如何选取合适的可比公司?
4. 相对估值法的估值结果是否是公司(股票)的内在价值?
5. 简述各类相对估值具体方法的公式及适用场合。

第八章 上市公司价值评估——其他估值法

随着估值理论的不断发展和公司价值构成的多样性,传统的绝对估值法和相对估值法无法很好地解决所有上市公司的价值评估问题,因此,需要结合上市公司价值特点来构建新的价值评估模型,以期能更加合理地得出上市公司价值。本章共分为四节,对绝对估值法和相对估值法以外的几种重要估值方法进行讲解。第一节介绍联合估值法,将绝对估值结果和相对估值结果加权叠加,以得到目标公司资产价格;第二节讲解实物期权定价模型,在概述实物期权和实物期权模型内涵、估值思路等的基础上,讲述布莱克-舒尔斯模型和二叉树模型的应用;第三节讲解剩余收益模型相关理论及常用模型形式;第四节讲述经济增加值估值模型相关理论及常用模型形式。

第一节 联合估值法

一、联合估值法的含义

联合估值法就是将绝对估值和相对估值结果进行加权叠加,以得到目标公司资产价格的一种估值方法。

公司股价既受到公司资产质量、管理层等绝对因素的影响,也受到市场上其他同质资产价格的制约。联合估值法从公司资产的内在价值出发,考虑资产价格的"绝对性",结合市场整体的价格,考虑资产价格的"相对性",以此进行联合估值,最终为公司股票确定一个合理价格。

二、联合估值法的思想

相对与绝对的统一,从资产价格由资产数量和资产质量共同决定这一思想出发,以绝对估值法和相对估值法为支撑,得出联合估值模型。

绝对估值法中的自由现金流折现,代表着资产未来给所有者创造现金流的能力,是资产内在质量的反映。绝对估值法提供了股票"真实的内在的参考价值",内在价值决定投资价值,并且价格围绕价值波动,估值结果具有绝对性和长久性的特点,为投资者提供了一个重要的客观参考依据或范围。

相对估值法中的比率(市盈率、市净率等),是资产数量的一种表现方式,代表着资产初始投入的数量(初始禀赋)。相对估值法依据由同质的其他资产的价格进行估值,具有相对性和时效性的特点,但没有考虑整个市场的估值水平,在使用过程中容易出现系统性的错误。

因此,实际估值中,不但要考虑"绝对",还要考虑"相对"。联合估值法取长补短,既看好资产的内在价值,也兼顾资产价格的时效性,对实际投资具有重要的参考价值。

三、基于 FCFF 折现模型与市净率倍数法的联合估价方法

(一)估值方法选择

绝对估值法中,公司自由现金流(FCFF)折现模型能够避免绝大多数的会计造假,更能体现公司价值,并且能够弥补股利折现模型中的大多数缺陷,因此,联合估值时更多选择公司自由现金流(FCFF)折现模型。

相对估值法中,市盈率倍数法与绝对估值法类似,均选择收益作为模型重点,联合估值时容易出现变量间的共线性问题,且都不体现初始投入资本的重要性。而市净率倍数法理论上不存在共线性,且能够更好弥补绝对估值法未考虑初始投入资本的问题,因此,联合估值时更多选择市净率倍数法。

(二)主要估值公式

联合估价法从资产价格由资产数量和资产质量共同决定这一思想出发,得出基于公司自由现金流(FCFF)折现模型和市净率倍数法的联合估值模型。

公司自由现金流(FCFF)折现模型公式为:

$$P_1 = \left\{ \sum_{t=1}^{\infty} \left[\frac{FCFF_t}{(1+WACC)^t} \right] - V_0 \right\} / N_0 \quad (8-1)$$

公式 8-1 中,P_1 表示目标公司股票的公司自由现金流估值结果;$FCFF_t$ 表示 t 时期公司自由现金流;$WACC$ 表示加权平均资本成本;V_0 表示估值时点公司债务资本的市场价值;N_0 表示估值时点公司总股本数。

市净率倍数法的模型公式为:

$$P_2 = PB \times B_0 = \left(\sum_{i=1}^{K} \frac{PB_i}{K} \right) \times B_0 \quad (8-2)$$

公式 8-2 中,P_2 代表目标公司股票的市净率估值结果;PB 为市净率倍数,即可比公司个股的平均市净率(或中位数等);B_0 代表目标公司股票的账面价值;PB_i 代表可比公司中第 i 个公司的股票市净率;K 为可比公司数。

由公司自由现金流(FCFF)折现模型和市净率倍数法相结合的联合估值公式:

$$P = \alpha_1 P_1 + \alpha_2 P_2 + \varepsilon \quad (8-3)$$

公式 8-3 中，P 表示联合估值结果；α_1、α_2 为系数，分别反映资产质量和资产数量对资产现实价格的解释能力；P_1 和 P_2 分别代表绝对估值和相对估值结果；ε 为随机扰动项。

计算联合估值的系数 α_1 和 α_2 时，可以通过回归估计得到结果，在公式 8-3 中代入估计值 P_1 和 P_2，便可得到目标公司股票价格的理论估计值 P。

四、联合估值法的评价

联合估值法结合了相对估值和绝对估值的思想，将实际价格分解为绝对估值价格（P_1）和相对估值价格（P_2）两大部分，既考虑到资产的数量——初始禀赋，又考虑到资产的内在质量——获利能力。公式 8-3 的可决系数 R^2 直接说明了公司股票实际价格对理论估计值 P_1 和 P_2 的依赖程度。

联合估值法中的系数 α_1 和 α_2 实质上反映了投资者对不同因素的偏好程度。如果市场处于相对稳定状态，且投资者的偏好不发生剧烈变化，则 α_1 和 α_2 就具有稳定性，公式 8-3 计算得出的估价结果就可以作为判断股票实际价格高低的重要参考。

联合估值法融合了绝对估值和相对估值的优点，估价结果对实际投资有很高的参考价值。同时需要注意的是，联合估值法仍存在一定争议，使用时需要谨慎。通常情况下，如果联合估值法寻找到绝对估值和相对估值同时被低估的公司股票，则该公司股价最有希望上涨。

第二节　实物期权定价模型

一、实物期权

（一）实物期权的含义

20 世纪 70 年代以后发展起来的期权定价理论为公司价值评估提供了新思路。实物期权（Real Option）是指投资者因为初始投资而具有的一系列后续决策的权利，是对实物资产进行决策分析时体现的柔性投资策略。实物期权借助期权理论，为决策的灵活性赋值，将不确定性转化为公司价值，公司面临的不确定性越大，实物期权的价值就越大。

根据我国《实物期权评估指导意见》，实物期权是指附着于公司整体资产或者单项资产上的非人为设计的选择权，即指现实中存在的发展或者增长机会、收缩或者退出机会等。相应公司或者资产的实际控制人在未来可以执行这种选择权，并且预期通过执行这种选择权能带来经济利益。

实物期权是金融期权的衍生理论，把金融市场中的规则引入公司投资和管理中来，是处理不确定性投资的非金融资产的一种投资决策工具。实物投资具有投资的复杂性和多阶段性，因此，实物期权的应用要比金融期权更为复杂。

(二)实物期权的类型

实物期权可以从不同角度进行分类。在执行资产评估业务时，评估人员可能涉及的实物期权主要包括增长期权和退出期权等。

增长期权是在现有基础上增加投资和资产，从而扩大业务规模或者扩展经营范围的期权。常见的增长期权包括实业项目进行追加投资的期权，分阶段投资或者战略进入下一个阶段的期权，利用原有有形和无形资产扩大经营规模或者增加新产品、新业务的期权，文化艺术品以及影视作品开发实物衍生产品或者演绎作品的期权，等等。

退出期权指在前景不好的情况下，可以按照合理价格部分或者全部变卖资产，或者低成本地改变资产用途，从而收缩业务规模或者范围以至退出经营的期权。常见的退出期权包括房地产类资产按接近或者超过购置成本的价格转让，制造业中的通用设备根据业务前景而改变用途，股权投资约定退出条款等形成的期权。

二、实物期权定价模型概述

(一)实物期权定价模型的内涵

实物期权定价模型是利用金融期权的思维方式和技术方法进行定价，考虑公司经营过程中的选择权和未来投资机会，把风险和不确定性看作一种期权，认为其具有很高的期权价值，从而对传统定价方法无法解决的不确定性价值和经营灵活性价值加以模型化和量化。

实物期权定价模型把公司未来的投资机会当作一项权利，不确定性越高，期权的价值反而越大。与传统的价值评估方法相比，实物期权定价模型不是仅仅对现金流进行折现预测，而是将注意力放在公司那些可能会影响现金流的事项上，如正在研发中的项目，传统的估值方法无法对这部分价值进行评估。

实物期权定价模型蕴含着从不确定中捕捉盈利机遇的价值创造思想。不确定性是实物期权存在的客观条件，管理柔性则是管理者对不确定性作出积极反应的主观能力。管理柔性对于实物期权至关重要，如果缺乏管理柔性，即使有不确定性，实物期权的价值也不高。

(二)实物期权定价模型的估值思路

公司价值由实体价值与期权价值两部分组成。其中，实体价值又被称为稳定性收益，来源于公司原有资产的盈利能力，包括实体产品和持有债券等的收益；期权价值，是公司潜在投资带来的风险性收益，可被视为公司实物期权价值。

如公式 8-4 所示，EV 为目标公司的整体价值；EV_1 为目标公司的实体价值，风险性较小，受市场影响产生的波动较小，一般使用公司现有财务数据，可用现金流折现（DCF）法进行估算；EV_2 为目标公司的期权价值，是对公司潜在投资带来的风险性收益的估值。

$$EV = EV_1 + EV_2 \qquad (8-4)$$

到目前为止，理论上合理、应用上方便的实物期权定价模型主要有布莱克-舒尔斯模型（Black-Scholes Model）和二叉树模型（Binomial Model）。

使用布莱克-舒尔斯模型时，可使用现金流（DCF）折现法估算目标公司的实体价值 EV_1，布莱克-舒尔斯模型估算目标公司的期权价值 EV_2，然后两者加总得出目标公司整体价值 EV；使用二叉树模型时，可使用现金流（DCF）折现法估算目标公司的实体价值 EV_1，使用二叉树模型估算目标公司整体价值 EV，然后将总体价值 EV 减去实体价值 EV_1，得到目标公司的期权价值 EV_2。

三、常用的实物期权定价模型

本书第六章已经对现金流折现（DCF）法进行了详细介绍，本章不再赘述。本部分主要对经常使用的布莱克-舒尔斯模型和二叉树模型进行讲解说明。

（一）布莱克-舒尔斯模型

1. B-S 模型的基本假设

布莱克-舒尔斯模型（Black-Scholes Model），也称为布莱克-舒尔斯-默顿模型（Black-Scholes-Merton Model），通常简写为 B-S 模型。1973 年，布莱克和舒尔斯提出了 B-S 模型，墨顿对该模型进行了完善。B-S 模型是连续型模型的典型代表，其假设条件包括：

（1）标的资产价格是连续波动的，其特点是每一个小区间内的资产收益率服从对数正态分布，且不同的两个区间内的收益率相互独立；

（2）标的资产收益率和无风险利率在期权有效期内恒定存在，且市场交易者能够以无风险利率借得任何数量的资金；

（3）市场无摩擦，即股票或期权的买卖不存在税收和交易成本（佣金、买卖差价、市场冲击等），没有保证金要求，卖空者在卖空的当天可以立即得到资金；

（4）标的资产在期权有效期内无红利及其他所得（该假设后被放弃）；

（5）期权是欧式期权，即在期权到期前不可实施；

（6）标的资产在市场上可以连续不间断地进行交易。

2. B-S 模型公式

公司的实物期权主要为看涨期权，使用 B-S 模型计算公司的实物期权价值

(EV_2),其模型公式为①:

$$EV_2 = S(0) \cdot N(d_1) - X \cdot e^{-rT} \cdot N(d_2) \tag{8-5}$$

$$d_1 = \frac{\ln\left(\frac{S(0)}{X}\right) + \left(r + \frac{\sigma^2}{2}\right) \cdot T}{\sigma\sqrt{T}} \tag{8-6}$$

$$d_2 = d_1 - \sigma\sqrt{T} \tag{8-7}$$

公式 8-5 至公式 8-7 中,EV_2 为期权价值;$S(0)$ 为标的资产评估基准日价值;$N(d)$ 为标准正态分布中离差小于 d 的概率;X 为期权的执行价格;r 为无风险收益率;T 为期权时间长度(行权期限);σ 为收益波动率,其含义为期权价值在其有效期内的波动幅度,一般选取在有效期内的市场价格波动率作为参数参考。

3. B-S 模型的应用

(1)B-S 模型估值步骤

第一步,估计有关参数数据:观察 B-S 模型的数学公式,期权价值(EV_2)由标的资产评估基准日价值($S(0)$)及其收益波动率(σ)、期权行权价格(X)、行权期限(T)、无风险收益率(r)五大因素决定。其中,收益波动率(σ)可以公司历史数据或与同类且可比的公司对比分析得到推算结果,其他相关参数比如无风险利率(r)都可以从市场中或者查询公司相关数据获得。

第二步,计算 d_1 和 d_2:依据公式 8-6 和公式 8-7,计算 d_1 和 d_2。

第三步,求解 $N(d_1)$ 和 $N(d_2)$:$N(d_1)$ 和 $N(d_2)$ 可通过查询标准正态分布表或者在 Excel 中使用 NORMSDIST 函数得到。

第四步,计算期权价值:将所得参数结果代入公式 8-5,即可求得相应的期权价值。

(2)B-S 模型估值举例——基于 DCF 和 B-S 组合模型对 J 公司的价值评估

J 公司于 2016 年在 A 股上市,其主营业务包括在线教育、电子商务、在线音乐和网络信息服务等。近年来,随着互联网技术的迅猛发展,互联网经济蓬勃发展,成为目前一个热门话题,J 公司获得了良好的发展环境。案例选取 2022 年 12 月 31 日作为评估基准日,使用现金流量折现法(DCF)和 B-S 组合模型评估 J 公司的价值。

通过分析 J 公司经营现状和未来投资战略,对公司自由现金流折现模型中的一些参数进行预测,结果如表 8-1 所示。

---

① B-S 模型评估看跌期权价值公式为 $V_2 = X \cdot e^{-rT} \cdot N(-d_2) - S(0) \cdot N(-d_1)$。

表 8-1　　　　　　　　　　　J 公司部分参数预测

基期	高速成长期	稳定增长期	稳定增长率	无风险收益率	WACC
2022 年 12 月 31 日	2023—2027 年	2028 年及以后	5.10%	3.20%	6.78%

根据 J 公司 2016—2022 年财务报告及其他相关资料,预测 2023—2027 年 J 公司的自由现金流量,如表 8-2 所示。

表 8-2　　　　　　　　　2023—2027 年 J 公司自由现金流量预测值

年　份	2023	2024	2025	2026	2027
自由现金流量(万元)	-46 730.56	-26 882.29	-6 789.45	3 000.9	12 632.96

使用公司自由现金流折现模型,估算 J 公司的实体价值(EV_1)为:

$$EV_1 = \sum_{t=1}^{T} \frac{FCFF_t}{(1+WACC)^t} + \frac{FCFF_{T+1}}{(1+WACC)^T \times (WACC-g)}$$

$$= \frac{-46\,730.56}{(1+6.78\%)^1} + \frac{-26\,882.29}{(1+6.78\%)^2} + \frac{-6\,789.45}{(1+6.78\%)^3} + \frac{3\,000.9}{(1+6.78\%)^4}$$

$$+ \frac{12\,632.96}{(1+6.78\%)^5} + \frac{12\,632.96 \times (1+5.10\%)}{(1+6.78\%)^5 \times (6.78\%-5.10\%)}$$

$$= 507\,260.29(万元)$$

运用 B-S 模型评估 J 公司的期权价值,评估公式中的参数估计具体如下:

①标的资产的现值 $S(0)$ 选用公司总资产的账面数值,$S(0)=308\,521.25$ 万元;

②预测 5 年后公司经营趋于稳定,故取 $T=5$;

③无风险收益率的选取与评估公司现有资产价值时的选取相同,即 $r=3.20\%$;

④标的资产的收益波动率 σ 用公司股权价值的波动率代替,选取 2020—2022 年每个交易日的收盘价,求出年波动率 $\sigma=68.44\%$;

⑤选择 J 公司每年销售费用和管理费用增加额的现值作为期权的执行价格,执行价格 $X=40\,892.56$ 万元。

将上述参数代入 B-S 模型可得:

$$d_1 = \frac{\ln\left(\frac{S(0)}{X}\right) + \left(r + \frac{\sigma^2}{2}\right) \cdot T}{\sigma\sqrt{T}}$$

$$= \frac{\ln\left(\frac{308\,521.25}{40\,892.56}\right) + \left(3.20\% + \frac{68.44\%^2}{2}\right) \times 5}{68.44\% \times \sqrt{5}}$$

$$= 2.890\,6$$

$$d_2 = d_1 - \sigma\sqrt{T} = 2.8906 - 68.44\% \times \sqrt{5} = 0.3602$$

$$EV_2 = S(0) \cdot N(d_1) - X \cdot e^{-rT} \cdot N(d_2)$$

$$= 308521.25 \times 0.9981 - 40892.56 \times e^{-3.20\% \times 5} \times 0.9131$$

$$= 276109.23(万元)$$

J公司在评估基准日2022年12月31日的整体价值为:

$$EV = EV_1 + EV_2 = 507260.29 + 276109.23 = 783369.52(万元)$$

(二)二叉树模型

1.二叉树模型的基本假设

二叉树模型(Binomial tree),又称为二项式模型(Binomial Model),由约翰·考克斯(John Cox)、斯蒂芬·罗斯(Stephen Ross)和马克·鲁宾斯坦(Mark Rubinstein)等人提出的一种期权定价模型,主要用于计算美式期权的价值。二叉树模型是在每一时期将出现上升和下降两种可能性的假设下,构建的现金流量和期权价格波动模型。二叉树期权定价方法考虑了投资项目的不确定性和弹性,是一种能够处理复杂多重实物期权相互作用的风险中性定价方法,且计算相对简单。

二叉树模型是离散型模型的主要展现,模型假设包括如下几点:

(1)在给定的时间间隔内,标的资产的运动只有上涨或下跌两种可能方向;

(2)不支付股票红利;

(3)交易成本与税收为零,即市场无摩擦;

(4)借贷利率均相等,投资者可以无风险利率拆入或拆出资金;

(5)市场无风险利率为常数;

(6)标的资产价值的波动率为常数。

2.二叉树模型公式

二叉树模型可分为单期和多期,评估公司价值通常运用多期二叉树模型。二叉树定价模型假设资产价格波动只有向上和向下两个方向,且假设在整个时期内,股价每次向上或向下波动的概率和幅度都不变。

单期二叉树模型假设标的资产当前的市场价值为S_0,一年后市场价值上行至S_u的概率为p,下行至S_d的概率为$1-p$,如图8—1所示。

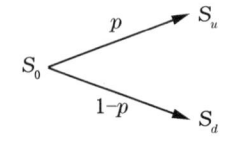

图8—1 单期二叉树模型示意图

二叉树示意图表示的是标的资产价格在有限期内可能遵循的路径,计算出期权价值之后再加总求和折现就可计算出期权价值。单期二叉树期权定价公式为:
$$C_0 = [pC_u + (1-p)C_d]/R$$
其中:
$$p = \frac{R-d}{u-d} \tag{8-8}$$

公式 8-8 中,C_0 表示期权的价值,C_u 表示股价上涨时期权的收益,C_d 表示股价下跌时期权的收益,R 表示利率因子;p 常被称为风险中性概率,是使得风险性的股票投资和看涨期权投资的期望收益率等于无风险利率的概率;u 表示上行乘数,即上涨后的股价是原股价的倍数,d 表示下行乘数,即下跌后的股价是原股价的倍数。

u、d、R 的取值可以根据实际情况专门估计,也可以根据公式计算确定。u、d、R 的计算公式如下:
$$u = e^{\sqrt{t}} \tag{8-9}$$
$$d = e^{-\sqrt{t}} \tag{8-10}$$

利率因子 R 有两种计算方法,当连续计算复利时:
$$R = e^{rh} \tag{8-11}$$

当离散计算复利时:
$$R = (1+r)^h \tag{8-12}$$

公式 8-9 至公式 8-12 中,e 为自然对数的底,表示标的资产收益率的标准差,r 表示无风险利率,t 表示每期期权到期期限,h 表示期数。

离散复利是指以一个固定时间周期进行复利计算的形式。相对于离散复利,连续复利时计息周期无限缩短,是无限进行复利的形式,连续复利其实就是求离散复利的极限值。连续复利,是一种理论上的付息方式,现实中不存在,也不具备可操作性,因此,利率因子 R 通常采用公式 8-12 的形式。对于单期二叉树,期数 h 等于 1,此时,单期二叉树期权定价公式 8-8 转换为如下形式:
$$C_0 = \frac{pC_u + (1-p)C_d}{1+r}$$
其中:
$$p = \frac{1+r-d}{u-d} \tag{8-13}$$

在实际中,标的资产的市场价格往往是一个连续的随机过程,不可能只有两种状态,因此,单期二叉树模型并不具有应用价值。

在应用二项树模型时,多期二叉树模型可以将整个时期分为若干期,从而可以增加在期权到期时标的资产价值及对应的期权价值的可能值。在任意一期,标的资产的价值都有两种可能,即以概率 p 上涨或以 $1-p$ 下跌,图 8－2 为一个三期的二叉树期权定价模型。

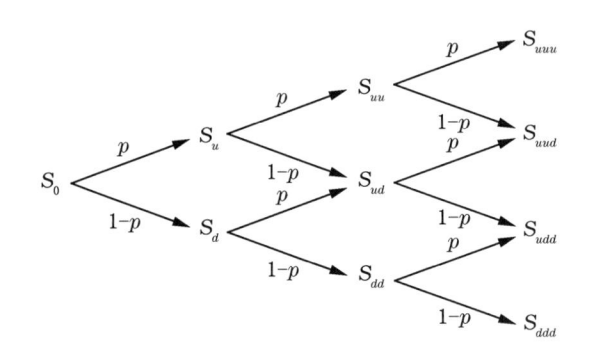

图 8－2　三期二叉树模型示意图

根据历史波动率模拟出标的资产在整个时期内所有可能的路径,并对每一路径上的每一节点计算期权收益,再用折现法计算出期权价格。多期二叉树模型相当于多个单期二叉树模型的组合,按照时间由后向前、位置由上到下的顺序,逆向递推计算各个节点上的资产价值,最终得出 0 时点(基期)的资产价值。

二叉树模型是一种近似方法,理论上,模型划分的期数越多,最终估值结果越精确。但是,在实际估价中,由于基础数据的估计不可能很准确,标的资产价格在未来上涨或下降的幅度难以把握,对决策的准确性、合理性存在不良影响,通过增加期数提高评估结论的准确性意义不大。

3.二叉树模型的应用

(1)二叉树模型估值步骤

二叉树模型估算实物期权价值的主要步骤如下:

第一步,计算上行乘数 u、下行乘数 d 和风险中性概率 p。各参数的计算分别依据公式 8－9、公式 8－10 和公式 8－12。

第二步,计算到期实物期权的各种可能值,构造期权到期日价值的二叉树模型。结合基期标的资产价值 S_0、上行乘数 u 和下行乘数 d,计算二叉树各节点的可能价值,如一期二叉树中,上行节点价值 $S_u=u\times S_0$,下行节点价值 $S_d=d\times S_0$,多期二叉树节点价值计算方式相同。

第三步,计算未经调整的实物期权到期的期望价值。根据公式 $C_0=\dfrac{pC_u+(1-p)C_d}{1+r}$,按照时间由后向前、位置由上到下的顺序,逆向递推计算各个节点上的资产价值,在 0 时点(基期)得到包含了期权价值但未考虑公司放弃期权的标的资产价值。

第四步,计算经过调整的实物期权到期的期望价值。将第三步中得到的各节点价值与相应放弃期权时候的价值进行比较,选择较大的价值重新计算标的资产的价值。按照时间由后向前、位置由上到下的顺序,逆向递推计算各个节点上的资产价值,最终在0时点(基期)得到经过调整的实物期权到期的期望价值。

(2)二叉树模型估值举例

假设K是一家创业板上市公司,投资3 250万元开发一套新产品生产线,新产品目前销售收入为1 000万元,预计销售收入平均每年上涨10%,但是收入很不稳定,其标准差为20%,因此销售收入的折现率采用含有风险的必要报酬率9.5%。假设不考虑税收成本等问题,且每年的生产经营将产生320万元的固定成本,该固定成本是比较稳定的,因而采用5%的无风险报酬率作为其折现率。假设K公司开发的新产品生产线的使用寿命为4年,第1年至第4年末K公司的残值分别为1 800万元、1 600万元、900万元和400万元。根据上述信息,使用二叉树模型评估K公司的价值。

第一步,未考虑期权的K公司净现值计算。

采用现金流折现法来计算K公司的净现值 NPV,具体过程如表8-3所示。由计算结果可知,未考虑期权时,K公司的总价值为3 189.41万元,公司投资3 250万元,K公司的净现值为-60.59万元。因此,如果不考虑期权价值,K公司的价值为负,投资失败。

表8-3　　　　　　　　未考虑期权的K公司价值

年　份	0(基期)	1	2	3	4
收入增长率(%)		10	10	10	10
预期收入(万元)	1 000.00	1 100.00	1 210.00	1 331.00	1 464.10
含风险的折现因子(9.5%)		0.913 2	0.834 0	0.761 7	0.695 6
各年收入现值(万元)		1 004.57	1 009.15	1 013.76	1 018.39
收入现值合计(万元)	4 045.87				
固定成本支出(万元)		-320	-320	-320	-320
无风险的折现因子(5%)		0.952 4	0.907 0	0.863 8	0.822 7
各年固定成本现值(万元)		-304.76	-290.25	-276.43	-263.26
固定成本现值合计(万元)	-1134.70				
回收残值(万元)					400
含风险的折现因子(9.5%)					0.695 6

续表

年 份	0(基期)	1	2	3	4
残值折现(万元)	278.24				
未考虑期权总价值(万元)	3 189.41				
投资(万元)	−3 250				
净现值(万元)	−60.59				

注:基于K公司视角,资金流入记为正数,资金流出记为负数。

第二步,包含期权价值的K公司价值计算。

①计算 u、d 和 p

$$u = e^{\sqrt{t}} = e^{0.20\sqrt{1}} = 1.221\ 4$$

$$d = e^{-\sqrt{t}} = e^{-0.20\sqrt{1}} = 0.818\ 7$$

$$p = \frac{1+r-d}{u-d} = \frac{1+0.05-0.818\ 7}{1.221\ 4-0.818\ 7} = 0.574\ 3$$

②构造销售收入的二叉树

由于当前(基期年)K公司可以实现1 000万元的销售收入,因此可以根据计算出的上行乘数 u 和下行乘数 d 来构造销售收入的二叉树,以确定基期后第一年的上行收入与下行收入:

基期后第1年的上行收入=1 000×u=1 221.40(万元)

基期后第1年的下行收入=1 000×d=818.73(万元)

K公司第2年至第4年的销售收入二叉树也可以根据此类推,结果如表8—4所示。

表8—4　　　　　　　　　　　销售收入二叉树

年份	0(基期)	1	2	3	4
销售收入(万元)	1 000.00	1 221.40	1 491.82	1 822.12	2 225.54
		818.73	1 000.00	1 221.40	1 491.82
			670.32	818.73	1 000.00
				548.81	670.32
					449.33

③构造经营现金流量二叉树

经营现金流量二叉树可以根据销售收入二叉树各节点扣除320万元的年固定成本来构造,结果如表8—5所示。

表 8—5　　　　　　　　　　　经营现金流量二叉树

年份	1	2	3	4
经营现金流量＝销售收入－年固定成本(万元)	901.40	1 171.82	1 502.12	1 905.54
	498.73	680.00	901.40	1 171.82
		350.32	498.73	680.00
			228.81	350.32
				129.33

④未经调整资产价值的确定

由于 K 公司的生产线将在第 4 年年末报废，各条选择路径下的最终清算价值都是未来第 4 年的清算价值，即生产线的残值 400 万元，所以第 4 年各条路径未经调整的资产价值均为 400 万元。

根据公式 $C_0=\dfrac{pC_u+(1-p)C_d}{1+r}$，按照从后向前、先上后下的顺序，确定第 3 年末最上方路径未经调整的资产价值：

$$第3年末未经调整的资产价值=\dfrac{上行概率\times\left(\begin{array}{c}第4年上行\\经营现金流\end{array}+\begin{array}{c}第4年末未经\\整的资产价值\end{array}\right)+下行概率\times\left(\begin{array}{c}第4年下行\\经营现金流\end{array}+\begin{array}{c}第4年末未经\\整的资产价值\end{array}\right)}{1+无风险报酬率}$$

$$=\dfrac{0.574\ 3\times(1\ 905.54+400)+0.425\ 7\times(1\ 171.82+400)}{1+5\%}$$

$$=1\ 898.31(万元)$$

其余各年及路径的公司未经调整的资产价值以此类推，结果如表 8—6 所示。

表 8—6　　　　　　　　　　　未经调整的资产价值

年　份	0(基期)	1	2	3	4
未经调整资产价值＝[上行概率×(下期上行经营现金流量＋下期未经调整的资产价值)＋下行概率×(下期下行经营现金流量＋下期未经调整的资产价值)]/(1＋无风险报酬率)(万元)	3 194.38	3 138.30	2 751.45	1 898.31	400.00
		1 930.29	1 767.80	1 297.59	400.00
			1 108.44	894.92	400.00
				625.00	400.00
					400.00

⑤经过调整的资产价值的确定

第 1 年至第 4 年末 K 公司的残值分别为 1 800 万元、1 600 万元、900 万元和 400 万元，残值为相应节点放弃期权所能获得的清算价值。比较表 8—6"未经调整的资产价值"中各个节点价值与清算价值，第 4 年各路径的期末价值均为 400 万元，不需要调整,直接填入"调整后的资产价值"二叉树相应节点;第3年由上而下进行比较,第三和第四个节点的价值低于同期清算价值(900万元),清算比继续经营更有利,因此将清算价值填入"调整后的资产价值";第2年最下方节点1 108.44万元,小于清算价值,用清算价值1 600万元取代。

完成节点价值调整后,重新计算各节点的资产价值,计算从后向前、从上到下依次进行,并将计算结果填入相应的位置,最后得出0时点(基期)的K公司的价值为3 276.07万元,具体如表8—7所示。

表8—7　　　　　　　　　　　调整后的资产价值

年份	0(基期)	1	2	3	4
修正公司现值(清算价值大于经营价值时,用清算价值取代经营价值,并重新从后向前推导)(万元)	3 276.07	3 139.14	2 751.45	1 898.31	400.00
		2 130.69	1 769.86	1 297.59	400.00
			1 600.00	900.00	400.00
				900.00	400.00
					400.00

从表8—3可知,使用传统的现金流折现法得到的未考虑期权的K公司价值是3 189.41万元;从表8—6可知,包含了期权价值但未考虑公司清算价值的K公司价值是3 194.38万元;从表8—7可知,包含了期权价值且考虑了公司清算价值基础上确定的K公司价值为3 276.07万元。

考虑了清算价值的期权价值基础上确定的K公司价值(3 276.07万元)与未考虑期权的K公司价值(3 189.41万元)之间的差值86.66万元为期权价值,反映了K公司管理柔性价值。

(三)布莱克—舒尔斯模型与二叉树模型比较

B-S期权定价模型和二叉树期权定价模型是两种互相补充的方法,均可应用于公司估值领域,甚至是资本定价及投资决策分析等投资活动。但两者相比,二叉树期权定价模型在公司价值评估上的应用更为广泛。

表8—8是B-S模型和二叉树模型的主要区别。与B-S模型相比,二叉树模型推导简单、易理解、使用范围更广、评估结果更精准、能运用于复杂期权的计算,因此成为全世界各大证券交易所的首选定价模型之一。

表8—8　　　　　　　　　B-S模型和二叉树模型的比较

比较因素	B-S模型	二叉树模型
适用期权	欧式期权	欧式、美式以及复合期权

续表

比较因素	B-S 模型	二叉树模型
推导过程	极其复杂	相对简单
标的资产价格变化	连续	连续或离散
假设条件	苛刻	宽松
到期日	已知	已知或未知
评估精准度	较为精准	精准

二叉树模型更符合标的资产期权的实际状况。现实中,公司的期权多是美式期权,并无固定到期日,而 B-S 模型只适用于欧式期权,有确定的到期日。二叉树模型假设在给定的时间间隔内,标的资产的运动只有上涨或下跌两种可能方向,并且可以把一个给定的时间段细分为更小的时间单位,因而适用于处理更为复杂的期权,更适用于用来评估公司价值。

四、实物期权定价模型的评价

(一)实物期权定价模型的优点

实物期权定价模型利用期权的思维方式和技术方法进行定价,充分考虑了公司经营管理中的选择权和投资机会,与传统定价方法相比,具有如下优点:

1. 考虑了公司运营中的不确定性价值

传统的公司价值评估方法缺乏对未来不确定性的反映,容易造成对投资项目真实价值的低估,而实物期权定价模型考虑了这种不确定性,能正确判断公司的隐含价值。特别是处于成长阶段的公司,未来收益难以确定,使用现金流折现等传统估值方法受到很大的局限,而实物期权定价模型能较好解决这一问题。

2. 考虑公司的长期收益和经营灵活性价值

传统公司价值评估方法更关注短期经营的现金流,忽视公司战略性经营以及管理灵活性和创新性;而实物期权定价模型具有长远的"眼光",不但着眼于公司当前的现金流,而且更加重视公司战略性经营、管理灵活性和研发创新等未来发展潜力,并将之量化,表现为公司的期权价值。

3. 实物期权定价模型把一个投资项目拆分为几个阶段

现实中,重要投资项目在不同阶段往往会有不同的战略选择。传统公司价值评估方法孤立地看待一个投资项目,而实物期权定价模型可以根据不同阶段的投资策略进行价值评估,更加符合项目实际。

4. 实物期权定价模型有助于改善业务决策,激发管理者工作积极性当公司处于不确定环境中时,需要公司管理者做出相机决策。传统的公司价值评估方法无法评估出相机决策的价值,这些灵活投资决策权可视为实物期权,实物期权定价模型可以将实物期权价值纳入公司价值当中。

(二)实物期权定价模型的缺点

实物期权定价模型在估值结果的准确性上优于传统的公司价值评估方法,但其在公司价值评估时也存在不足:

1. 实物期权定价模型并非适合所有的公司类型和情况

只有公司存在不确定性,并且这种不确定性对公司影响较大时,期权定价法的使用才具有合理性。实物期权定价模型依靠公司账面价值计算资产现值和相关参数,但账面价值往往难以反映公司真实状况,特别是无形资产比重很大的科技型创业公司。

2. 计算方法较为复杂

一是选择估值采用的期权类型较为复杂,需要根据应用领域进行具体选择;二是实物期权定价模型涉及的参数较多,如收益波动率、上行乘数、下行乘数等,参数的确定和计算过程增加了方法的复杂程度。

3. 假设条件较多

现实中的经济活动较为复杂,实物期权定价模型通过一系列假设对复杂情形进行了抽象简化,过多的假设条件反过来限制了估值结果准确性。

(三)实物期权定价模型的适用场合

实物期权定价模型重点考虑了选择权或不同投资机会所创造的价值,在传统估值方法不太适用或很难适用时,期权定价模型可以以独特的视角达到理想的估值结果:

1. 资产方的期权价值评估

在公司价值评估中,资产负债中的资产方可能拥有期权。资产方的期权主要是开发选择权、固定资产选择权,以及一些无形资产包括合同、契约的选择权等。这些选择权,提供了投资经营的灵活性,具有期权价值。例如矿产资源的开采权,合同中不仅表达了双方的意愿,而且对何时开业、关闭以及放弃经营都有明确的规定。类似的合同比其他条件相同但没有选择权的合同灵活,因而更有价值,对这些具有选择权的合同价值进行评估,就需要用到期权定价模型。

2. 负债方的期权价值评估

在公司价值评估中,资产负债中的负债方也可能拥有期权。随着我国证券市场的发展,大量公司在其资产负债表上出现了各种证券,如认股权证、可赎回债券、可转换债券、规定最高最低限额的可变利率贷款等,这些证券都包含了期权。这些证券影响到公司净资产和整体价值的价值评估结果。

3. 特殊类型公司的期权价值评估

特殊类型的公司包括高新技术公司、独角兽公司、濒临破产的公司、初创公司和并购中的公司等。高新技术公司和独角兽公司等，其发展势头强劲、研发投入高、非收益性价值多；濒临破产的公司、初创公司和并购中的公司也面临着较大的不确定性。传统的估值方法往往难以可靠地评估这些特殊公司的价值，而实物期权定价模型更加适用于高风险高收益、不确定性大的公司估值。

第三节　剩余收益估值模型

一、剩余收益

（一）剩余收益的含义

公司利润表包含了债务资本成本，但没有包含股权资本成本，如果公司的利润小于股权资本成本，那么即使公司的利润大于零，依然无法增加股东的价值。剩余收益（Residual Income，简称 RI），指的是公司盈余减去正常资本成本后的剩余值，理论上，就是净利润减去创造净利润的股权资本的机会成本。

剩余收益承认了创造利润的全部资本成本。会计核算时，利润表中的净利润，通常是扣除了债务资本成本，但没有扣除股权资本成本的金额，需要投资者自己判断公司盈利能否覆盖其股权资本成本。而剩余收益不仅考虑公司的债务资本成本，还考虑股权资本成本。相对会计利润，剩余收益才是一家公司所创造的真正利润。

股权资本成本，也被称为股权要求回报率，是投资者投资公司股权时所要求的收益率，是衡量投资者机会成本的财务概念，反映了新增股权（内部融资或发行新股）的成本。股权资本成本的估算方法有很多，国际上最常用的有红利增长模型、资本资产定价模型和套利定价模型等。

（二）剩余收益的计算

剩余收益明确扣除了股权资本成本，等于公司盈余减去所有资本成本（债权成本和股权成本），也等于公司净利润减去股权资本成本，其基本公式为：

$$RI_t = NI_t - rB_{t-1} \qquad (8-14)$$

公式 8—14 中，NI_t 是 t 期净利润，B_{t-1} 是 $t-1$ 期账面净资产，r 为股权要求回报率（也是折现率，股权资本成本）。

剩余收益是公司净利润超过股东要求回报的部分，反映了公司创造价值能力的高低。剩余收益的隐含意义在于，公司经营不仅需要达到盈亏平衡点，还需要创造出足够的价值来弥补其正在占用的资本成本。

如果公司经营产生的利润大于获得资本需要付出的成本，即剩余收益为正，那么公司是可以创造价值的；如果公司经营产生的利润小于获得资本需要付出的成本，即剩余收益为负，那么公司是破坏价值的；当剩余收益等于零的时候，意味着公司的价值仅仅等于股东所要求的必要报酬。只有当剩余收益的数值大于零、公司经营产生的利润大于获得资本需要付出的成本时，公司才算是真正实现了收益。

【例 8-1】 L公司是一家总资产4 000万元的上市公司，债务融资和股权融资资金各占50%，公司息税前利润为600万元，企业所得税税率为28%。公司利息在税前扣除，税前债务成本为8%，股权资本成本为10%。试判断L公司的盈利能否覆盖其股权资本成本。

【解】 根据已有数据可计算如下：

公司税前利润＝息税前利润－利息费用＝600－4 000×50%×8%＝440(万元)

公司净利润＝税前利润－所得税＝440－440×28%＝316.8(万元)

公司股权资本费用＝股权资本×股权资本成本＝4 000×50%×10%＝200(万元)

剩余收益＝净利润－股权资本费用＝316.8－200＝116.8(万元)

由计算结果可知，L公司剩余收益为正，公司的盈利足以覆盖其股权资本成本。

二、剩余收益估值模型

(一)剩余收益估值模型的假设

剩余收益估值模型(Residual Income Valuation Model)，也称为超常收益折现模型和Edwards-Bell-Ohlson模型，由Edwards和Bell(1961)首次提出，1991年Ohlson对剩余收益估值模型进行了修正，建立了会计变量和股权价值之间的联系，使得对于股权价值的估计有了更科学的方法，得到投资界的广泛认可。剩余收益估值模型有三大假设：

假设一：股利折现模型

股利折现模型是剩余收益估值模型建立的基础。股票价值的具体含义是上市公司未来经营期间的股利收益，这个含义是在股利折现模型中阐述的。股利折现模型的基本形式为：

$$V = \sum_{t=1}^{\infty} \frac{D_t}{(1+r)^t} \tag{8-15}$$

公式8-15中，V是股票的内在价值，D_t为第t期预期股利，r为折现率。

假设二：干净盈余关系(Clean Surplus Relation)

干净盈余关系表示净利润、股利和账面价值之间的关系。长期来看，公司的期末账面价值只会受到期初账面价值、本期净利润、本期股利发放的影响。除了所有权交

易外,股权期末账面价值等于期初账面价值加上净利润减去股利,具体关系为:
$$B_t = B_{t-1} + NI_t - D_t \qquad (8-16)$$

公式 8-16 中,B_t 是 t 时期净资产账面价值,$NI_t - D_t$ 可视为 t 时期留存收益。从公式 8-16 可以发现,上市公司发放股利不影响公司盈利能力,只会影响股权账面价值。

假设三:动态线性信息假设

Ohlson(1995)提出,剩余收益不仅受到会计变量以及非会计变量的影响,还满足自回归关系,即假设当期剩余收益与上一期剩余收益线性相关,下一期剩余收益受当期剩余收益影响。线性动态假设方程可以表示为:

$$\begin{aligned} RI_t &= \omega RI_{t-1} + V_{t-1} + \varepsilon_t \\ V_t &= \varphi V_{t-1} + \mu_t \end{aligned} \qquad (8-17)$$

公式 8-17 中,RI_t 表示第 t 期的剩余收益,V_t 表示 t 期的非会计信息,ε_t 和 μ_t 是随机干扰项;ω 和 φ 表示 0~1 之间的系数。

(二)一般剩余收益估值模型

剩余收益估值模型通过会计净资产和剩余收益来度量资产价值。剩余收益估值模型估价时,将上市公司股权内在价值视为如下两部分之和:

(1)公司股本权益的当期账面价值,即公司现在所拥有的资产价值;

(2)公司预期未来剩余价值的现值,即公司利用现有的资产在未来创造的增值。

换言之,在考虑货币时间价值以及投资者所要求的风险报酬情况下,将上市公司预期剩余收益按照一定的折现率进行折现以后加上当期权益价值就是股权的内在价值,即:

$$公司价值 = 股本权益账面价值 + 预期剩余收益的折现值 \qquad (8-18)$$

当剩余收益估值模型评估上市公司每股价值时,股票的内在价值公式可以表达为:

$$V = B_0 + \sum_{t=1}^{\infty} \frac{RI_t}{(1+r)^t} \qquad (8-19)$$

公式 8-19 中,V 表示当前上市公司每股内在价值,B_0 表示当前每股账面价值,RI_t 表示预期时间点 t 时的每股剩余收益,r 表示股权投资的要求回报率(股权资本成本)。

每股剩余收益 RI_t 等于每股收益(EPS)减去每股股权费用,即 RI_t 等于 $E_t - rB_{t-1}$ 或 $(ROE_t - r) \times B_{t-1}$,此时,公式 8-19 可改写为:

$$V = B_0 + \sum_{t=1}^{\infty} \frac{E_t - rB_{t-1}}{(1+r)^t} = B_0 + \sum_{t=1}^{\infty} \frac{(ROE_t - r)B_{t-1}}{(1+r)^t} \qquad (8-20)$$

在公式 8—20 中，E_t 表示在第 t 期的每股收益（EPS），ROE 表示净资产收益率；输入数据中，除了股权投资的要求回报率（股权资本成本）r，其他数据均来自会计数据。需要注意的是，公式 8—20 中的净资产收益率（ROE_t）是以期初的股权账面价值（B_{t-1}）作为分母，而财务报表分析的 ROE 往往是用股权平均账面价值作为分母。

使用剩余收益估值模型评估上市公司股票内在价值的原理如图 8—3 所示。一般剩余收益估值模型对未来盈利和股权回报率都没有做出假设，根据对未来盈利和股权回报率的不同特点，剩余收益估值模型可划分为单阶段剩余收益估值模型和多阶段剩余收益估值模型。

(三) 单阶段剩余收益估值模型

单阶段剩余收益估值模型假设上市公司在各个时期均有着稳定的股权回报率（ROE）和盈利增长率。用符号 g 表示不变的稳定盈利增长率，单阶段剩余收益估值模型公式可表示为：

$$V = B_0 + \frac{ROE - r}{r - g} B_0 \tag{8-21}$$

单阶段剩余收益估值模型简化了一般剩余收益估值模型公式，但单阶段剩余收益估值模型关于盈利增长率（g）会永远持续的假设与实际不符。现实中，如果一个公司或行业有超高的股权回报率（ROE），其他公司通常就会进入该领域，从而增加竞争，降低股权回报率（ROE）；如果一个公司或行业有较低的股权回报率（ROE），就会有公司退出该领域，股权回报率（ROE）逐渐上升。在市场的作用下，公司的股权回报率（ROE）趋于一个均值，在这个时点，公司的剩余收益变为零。因此，需要多阶段剩余收益估值模型对上市公司股票进行更加准确的估值。

【例 8—2】 若 L 公司股票的当期每股账面价值为 22.78 元，当前每股市场价格为 44.09 元，公司股权投资的要求回报率（股权资本成本）为 12%。公司经营前景好，未来盈利增长率长期保持在 9%，股权回报率（ROE）为 20%，且保持长期不变。试计算 L 公司股票的内在价值，并判断当前股价是被高估还是低估。

【解】 L 公司经营前景好，未来股权回报率（ROE）和盈利增长率均保持长期稳定，因此选择单阶段剩余收益估值模型对其股票内在价值进行评估。

$$V = B_0 + \frac{ROE - r}{r - g} B_0 = 22.78 + \frac{20\% - 12\%}{12\% - 9\%} \times 22.78 = 83.53 (\text{元/股})$$

L 公司股票的内在价值为 83.53 元/股，而当前市场价格为 44.09 元/股，L 公司当前股价被低估。

(四) 多阶段剩余收益估值模型

多阶段剩余收益估值模型将估值期分为可预测期和持续期（或稳定发展期），以解

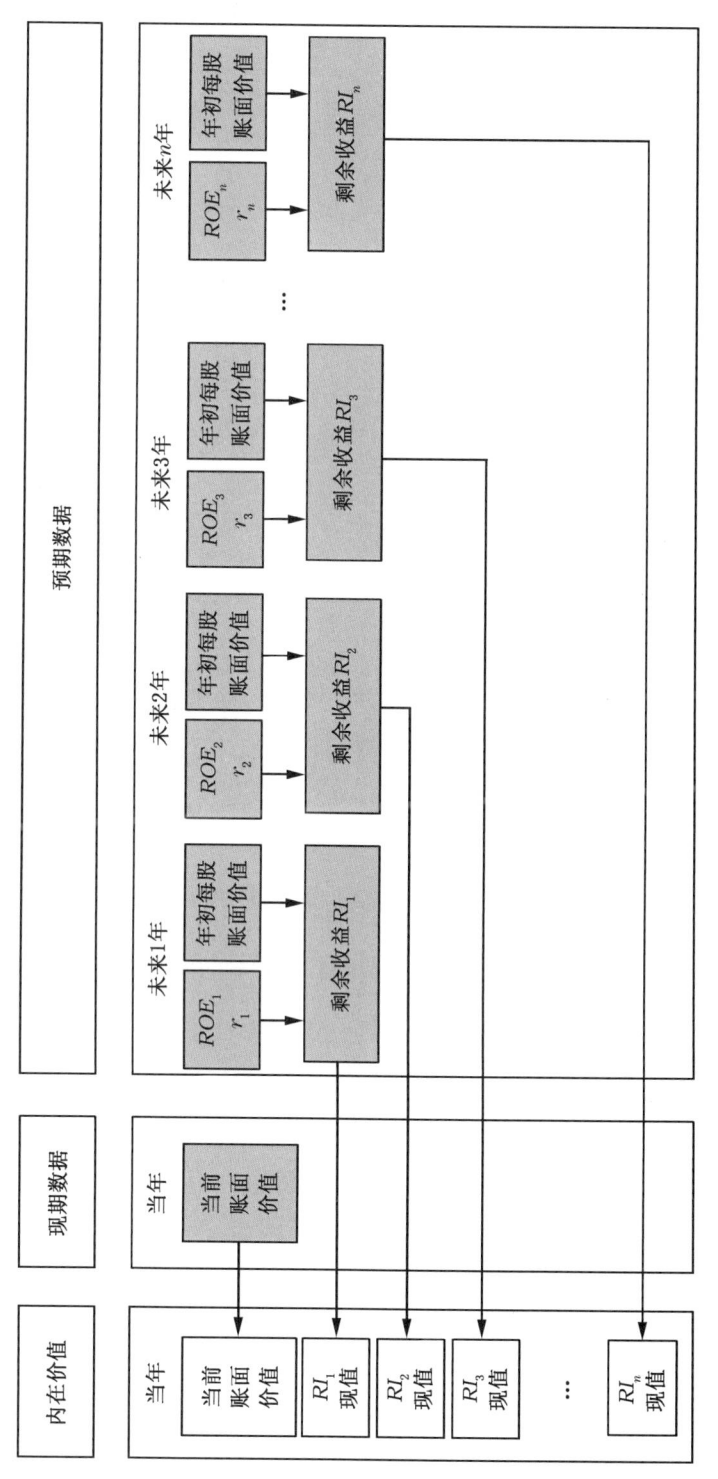

图8-3 剩余收益估值模型估价原理图

决预测无限期剩余的缺陷。持续剩余收益是指可预测期后的剩余收益。学界普遍认为，在可预测期（假设为 T 年）里，每期的剩余收益可以较为准确地预测，度过可预测期后，公司进入持续期，公司剩余收益趋于稳定，将持续期各期剩余收益折现到 T 时期并加总，得到持续期价值 PV_T。

此时，剩余收益估值模型可以改写为：

$$V = B_0 + \sum_{t=1}^{T} \frac{E_t - rB_{t-1}}{(1+r)^t} + \frac{PV_T}{(1+r)^T} \tag{8-22}$$

或

$$V = B_0 + \sum_{t=1}^{T} \frac{(ROE_t - r)B_{t-1}}{(1+r)^t} + \frac{PV_T}{(1+r)^T} \tag{8-23}$$

对于持续剩余收益的假设有多种，鲍曼（Bauman）在 1999 年提出一种有限预测期的剩余收益估值模型，模型假设在可预测期 T 结束时，公司具有一定的高于账面价值的溢价（$P_T - B_T$），此时，剩余收益估值模型可表述为：

$$V = B_0 + \sum_{t=1}^{T} \frac{E_t - rB_{t-1}}{(1+r)^t} + \frac{P_T - B_T}{(1+r)^T} \tag{8-24}$$

或

$$V = B_0 + \sum_{t=1}^{T} \frac{(ROE_t - r)B_{t-1}}{(1+r)^t} + \frac{P_T - B_T}{(1+r)^T} \tag{8-25}$$

公式 8-24 和公式 8-25 中，$\frac{P_T - B_T}{(1+r)^T}$ 代表了在可预测期期末的高于账面价值溢价的现值。可预测期越长，可预测期期末的溢价就越趋近于零。因此，如果预测期很长，$\frac{P_T - B_T}{(1+r)^T}$ 可以当作 0 处理；如果可预测期较短，则需要计算溢价的预测值。

另一个多阶段剩余收益估值模型假设 ROE 随时间推移衰减至股权资本成本。该模型明确假设每一期的 ROE，直到 ROE 等于股权资本成本。剩余收益随时间衰减的剩余收益估值模型为：

$$V = B_0 + \sum_{t=1}^{T} \frac{E_t - rB_{t-1}}{(1+r)^t} + \frac{E_T - rB_{T-1}}{(1+r-\omega)(1+r)^{T-1}} \tag{8-26}$$

公式 8-26 中，ω 为持久性因子，其取值范围为 $[0,1]$。持久性因子考虑了 ROE 在长期均值回归的情况下，假设 ROE 在一定时间后回归至股权资本成本 r，从而导致剩余收益衰减至 0。

当 ω 等于 0 时，意味着剩余收益在初始预测期结束后不会持续；当 ω 等于 1 时，意味着剩余收益在初始预测期结束后完全不会衰减，而是无限地维持在同一水平；当 $0 < \omega < 1$ 时，数值越大，最后阶段的剩余收益越多，公司股票估值越高。

不同公司的持久性因子存在较大差异,通常情况下,有强势市场领导地位的公司 ω 数值较大,公司拥有较低的预期衰减率。

【例 8—3】 投资者使用剩余收益估值模型对 M 公司进行估值,基期为 2022 年,对未来 20 年(2023—2042 年)进行预测,2042 年后,公司停止经营,且残值为 0。

根据 M 公司财务报表,2022 年末,M 公司股票的账面价值为 24.80 元/股,受整体经济环境影响,2023 年和 2024 年经营不稳定,预测 ROE(期初股权账面价值为分母)分别为 22.25% 和 26.88%,每股盈利留存分别为 3.10 元/股和 3.35 元/股。

预测 2025—2042 年,盈利留存比率均为 75%。

预测 2025—2032 年,各年 ROE 均为 24%,2033—2042 年,各年 ROE 均为 18%。

根据以上数据信息,对 M 公司股票进行估值。

【解】 预测利润 NI_t = 上期股票账面价值 × 预测的 ROE(期初股权账面价值为分母),据此逐期计算 M 公司的预测利润,结果列入表 8—9 第 3 列。如 2023 年的预测利润 NI_t 计算为:

$$2023 \text{ 年的预测利润 } NI_t = 2022 \text{ 年股票账面价值} \times 2023 \text{ 年预测的 } ROE$$
$$= 24.800\ 0 \times 22.25\%$$
$$= 5.518\ 0(元)$$

2023 年和 2024 年已知每股盈利 D_t 分别为 3.10 元/股和 3.35 元/股,预测 2025—2042 年,盈利留存比率均为 75%,因此,2025—2042 年各年每股股利的预测值 D_t = 预测的利润 $NI_t \times (1-75\%)$,计算结果列入表 8—9 第 4 列。如 2025 年的每股股利的计算为:

$$2025 \text{ 年每股股利的预测值 } D_t = \text{预测的利润 } NI_t \times (1-75\%)$$
$$= 7.484\ 2 \times (1-75\%)$$
$$= 1.871\ 1(元)$$

第 t 期账面价值 B_t 等于期初账面价值加上净利润减去股利,即 $B_t = B_{t-1} + NI_t - D_t$。2022 年每股账目价值 24.800 0 元,可逐期计算 2023—2042 年的每股账面价值,结果列入表 8—9 第 1 列。如 2023 年每股账面价值的计算为:

$$B_t = B_{t-1} + NI_t - D_t = 24.800\ 0 + 5.518\ 0 - 3.100\ 0 = 27.218\ 0(元)$$

M 公司的收益期为 2022—2042 年,总的收益期为 21 期(1 个基期和 20 个预测期)。

据此,股票的内在价值公式 $V = B_0 + \sum_{t=1}^{T} \dfrac{(ROE_t - r)B_{t-1}}{(1+r)^t} + \dfrac{P_T - B_T}{(1+r)^T}$ 变为:

$$V = B_0 + \sum_{t=1}^{20} \dfrac{(ROE_t - r)B_{t-1}}{(1+r)^t}$$

结合表8—9中已预测出的每股账面价值 B_t、预测的 ROE、股权成本率 r，可计算 M 公司各年剩余收益(列入表8—9第7列)以及各年剩余收益的现值(列入表8—9第8列)。最后将基期的每股账面价值 B_0 与各年剩余收益现值加总后，即可得到 M 公司的股票估值 46.083 4 元/股。

表8—9　　　　　　　　　　M公司剩余收益模型计算表

年度	账面价值 B_t（元）	预测的利润 NI_t（元）	每股股利 D_t（元）	预测的 ROE（期初股权,%）	股权成本率 $r(\%)$	剩余收益 RI_t（元）	剩余收益现值（元）
2022（基期）	24.800 0						24.800 0
2023	27.218 0	5.518 0	3.100 0	22.25	16.00	1.550 0	1.336 2
2024	31.184 2	7.316 2	3.350 0	26.88	16.00	2.961 3	2.200 7
2025	36.797 4	7.484 2	1.871 1	24.00	16.00	2.494 7	1.598 3
2026	43.420 9	8.831 4	2.207 8	24.00	16.00	2.943 8	1.625 8
2027	51.236 6	10.421 0	2.605 3	24.00	16.00	3.473 7	1.653 9
2028	60.459 2	12.296 8	3.074 2	24.00	16.00	4.098 9	1.682 4
2029	71.341 9	14.510 2	3.627 6	24.00	16.00	4.836 7	1.711 4
2030	84.183 4	17.122 1	4.280 5	24.00	16.00	5.707 4	1.740 9
2031	99.336 5	20.204 0	5.051 0	24.00	16.00	6.734 7	1.770 9
2032	117.217 0	23.840 7	5.960 2	24.00	16.00	7.946 9	1.801 4
2033	133.041 3	21.099 1	5.274 8	18.00	16.00	2.344 3	0.458 1
2034	151.001 9	23.947 4	5.986 9	18.00	16.00	2.660 8	0.448 3
2035	171.387 1	27.180 3	6.795 1	18.00	16.00	3.020 0	0.438 6
2036	194.524 4	30.849 7	7.712 4	18.00	16.00	3.427 7	0.429 1
2037	220.785 2	35.014 4	8.753 6	18.00	16.00	3.890 5	0.419 9
2038	250.591 2	39.741 3	9.935 3	18.00	16.00	4.415 7	0.410 8
2039	284.421 0	45.106 4	11.276 6	18.00	16.00	5.011 8	0.402 0
2040	322.817 8	51.195 8	12.798 9	18.00	16.00	5.688 4	0.393 3
2041	366.398 3	58.107 2	14.526 8	18.00	16.00	6.456 4	0.384 8
2042	415.862 0	65.951 7	16.487 9	18.00	16.00	7.328 0	0.376 6
现值							46.083 4

三、剩余收益估值模型的评价

（一）剩余收益估值模型的优点

与其他估值方法相比，剩余收益估值模型具有以下优点：

(1)模型用到的值多数是近期或未来几年的估值,终值相对容易估计,且在总现值中占的比例不大,定价误差较小;

(2)模型使用的数据主要基于标准的会计报表科目,基础数据获得难度相对较小;

(3)模型对经济盈利性的关注具有吸引力,剩余收益估值模型对公司利用股权资本创造的价值进行了单独测量,从价值创造的角度测量价值更有经济意义。

(二)剩余收益估值模型的缺点

剩余收益估值模型估值涉及财务数据的计算调整和预测,存在一定的局限性,具体表现如下:

(1)模型以会计数据为基础,而会计数据容易被管理层操纵;

(2)模型要求干净盈余会计成立,或要求分析师在干净盈余会计不成立时做出合适的调整,因此,使用会计数据作为输入值可能需要重大的调整;

(3)剩余收益估值模型对公司进行价值评估,准确的剩余收益预测尤为重要,而准确的未来剩余收益预测比较困难;

(4)剩余收益估值模型理论不易懂且计算复杂,大量参数的选取影响估值准确性,在实务中较少使用该模型。

(三)剩余收益估值模型的适用场合

剩余收益估值模型最适用于如下几类情形:

(1)公司不分配股利或者股利不可预测;

(2)预测期内,公司的预期自由现金流是负数;

(3)用其他折现方法预测终值时有巨大的不确定性。

剩余收益估值模型不适用于以下情形:

(1)干净盈余关系是剩余收益估值模型的基本假设之一,若公司财务严重偏离干净盈余关系,则不适用剩余收益估值模型;

(2)当公司 ROE、账面价值等剩余收益估值模型估值所需决定因素无法预测时,剩余收益估值模型也无法使用。

第四节 经济增加值估值模型

一、经济增加值

(一)经济增加值的含义

经济增加值(Economic Value Added,EVA)也称为经济利润,是指公司税后净营业利润(Net Operating Profit After Taxes，NOPAT)[①]减去资本成本后的余额。最初的经济增加值主要作为衡量经济表现的指标，20世纪末，被美国Stern Stewart咨询公司用作绩效考核的指标，并逐渐在全球范围内得到推广应用。

经济增加值可以作为一种衡量收益的口径。经济增加值估值考虑了权益资本的机会成本，阐述的是公司的经济利润，其正负可以反映公司是否创造价值。经济增加值与公司价值是正相关的，如果EVA为正，表示公司的回报率高于股东的预期最低回报率，公司创造了股东价值；反之，如果EVA为负，则意味着公司的盈利能力未达到股东期望的最低盈利能力，公司的价值会下降。

(二)经济增加值的特点

经济增加值指标最突出的特点是从股东视角定义公司的利润，股东财富增长成为关注中心，简言之就是倡导股东价值最大化。计算利润时，全面考虑公司的所有资本成本，同时从公司价值增值出发，对依据一般公认会计原则得出的利润进行调整，以全面衡量生产经营周期内公司的真实价值，体现投资者能够获得的真实收益，客观反映公司的经济效益。

(三)经济增加值的计算

1.财务数据调整

经济增加值的计算，需要对公司财务报表中税后净营业利润和年初资本总额相关数据进行调整，使其转化为可供计算使用的统计数据。需调整的项目可归类如下：

(1)将权责发生制转换为收付实现制[②]；

(2)从清算观念转换为持续经营观念；

(3)剔除非正常状态下的损失或收入。

2.经济增加值计算公式

经济增加值的计算是经济增加值估值模型的重要前提，经济增加值的计算公式为：

$$EVA = NOPAT - (WACC \times IC_0) \qquad (8-27)$$

公式8—27中，EVA表示经济增加值；$NOPAT$表示税后净营业利润，其值等于营业利润×(1—所得税率)；$WACC$表示加权平均资本成本；IC_0表示年初资本总额，通常为股本账面价值加上有息负债。

[①] 税后净营业利润又称息前税后利润，指将公司不包括利息收支的营业利润扣除实付所得税税金之后的数额加上折旧及摊销等非现金支出，再减去营运资本的追加和物业厂房设备及其他资产方面的投资。

[②] 权责发生制是按照收益、费用是否归属本期为标准来确定本期收益、费用的一种方法；收付实现制是按照收益、费用是否在本期实际收到或付出为标准确定本期收益、费用的一种方法。财务会计通常实行的是权责发生制。

经济增加值还等于公司收入减去运营成本和资本成本后所获得的超额收益,即年初资本总额乘以投入资本回报率和资本成本的差额。计算公式如下:

$$EVA = (ROIC - WACC) \times IC_0 \qquad (8-28)$$

其中:

$$ROIC = \frac{NOPAT}{IC_0} \qquad (8-29)$$

公式 8-28 和公式 8-29 中,EVA 表示经济增加值;$ROIC$ 表示年投入资本回报率;$WACC$ 表示加权平均资本成本;IC_0 表示年初资本总额;$NOPAT$ 表示税后净营业利润。

二、经济增加值估值模型

(一)模型假设

经济增加值估值模型是基于剩余收益思想发展起来的价值评估模型,认为公司价值等于公司当前权益资本与所有未来经济增加值的折现值之和。使用该模型评估公司价值需满足如下假设:

(1)可持续经营。公司在未来不存在破产清算和大规模削减业务等情况,能以现有经营和技术持续平稳地开展业务。

(2)资本结构保持不变。公司在预测期中没有股权融资的计划,同时当旧债务到期之后会举借相同数额的新债务。

(3)外部环境平稳。政治经济等大环境保持基本稳定,确保资本成本率和折现率不变。

(二)基本公式

公司经营中,管理团队和股东的目标通常不是某一年的经济增加值最大化,而是公司整体价值最大化,即公司未来各年经济增加值的现值与公司资本总额之和的最大化。因此,基于经济增加值的公司价值评估中,公司整体价值等于公司最初的资本投入量加上其预期的经济增加值的现值,即:

$$公司整体价值 = 投入全部资本的价值 + 预期 EVA 的现值 \qquad (8-30)$$

经济增加值估值模型的基本公式可表述如下:

$$EV = IC_0 + \sum_{t=1}^{n} \frac{IC_{t-1} \times (ROIC - WACC)}{(1 + WACC)^t} \qquad (8-31)$$

公式 8-31 中,EV 表示公司整体价值;IC 表示投资资本总额,IC_0 表示初始投资总额;$ROIC$ 表示投入资本回报率;$WACC$ 表示加权平均资本成本;t 表示收益年期。

(三)基本公式的扩展

根据公司发展经营过程中的增长率变化,经济增加值估值模型通常可分为一阶段增长模型、两阶段增长模型和三阶段增长模型。

1. 一阶段增长模型

一阶段增长模型适用于经营状况较为成熟并处于稳定增长阶段的公司估值。此时公司经济增加值呈等比级数变化，在收益年期无限的条件下，采用经济增加值估值模型计算公司整体价值的公式如下：

$$EV = IC_0 + \frac{IC_{t-1} \times (ROIC - WACC)}{WACC - g} = IC_0 + \frac{EVA_1}{WACC - g} \quad (8-32)$$

公式8-32中，EV表示公司整体价值，IC表示投资资本，IC_0表示初始投资总额，$ROIC$表示投入资本回报率，$WACC$表示加权平均资本成本，EVA为经济增加值，g为经济增加值的增长率，t表示收益年期。

2. 两阶段增长模型

两阶段增长模型适用的公司，收益期限内的经营状况依次呈现出高速增长阶段和稳定增长阶段。在高速增长阶段，经济增加值的增长率较高且不稳定，稳定增长期阶段，经济增加值的增长率呈等比级数变化。

用于评估公司整体价值的两阶段经济增加值估值模型公式如下：

$$EV = IC_0 + \sum_{t=1}^{n} \frac{IC_{t-1} \times (ROIC - WACC)}{(1 + WACC)^t} + \frac{IC_n \times (ROIC - WACC)}{(1 + WACC)^n \times (WACC - g)}$$

$$= IC_0 + \sum_{t=1}^{n} \frac{EVA_t}{(1 + WACC)^t} + \frac{EVA_{n+1}}{(1 + WACC)^n \times (WACC - g)} \quad (8-33)$$

公式8-33中，n为高速增长阶段的期限，g为稳定增长阶段的经济增加值增长率；EVA_{n+1}表示稳定增长阶段第一年的EVA值；其他符号的含义与公式8-32相同。

【例8-4】 N公司初始投资资本160万元。根据预测，N公司经营状况将依次呈现出两阶段增长，其投入资本回报率在前5年为高速增长期，第5年后进入稳定增长期，对N公司的有关预测数据如表8-10所示。请根据预测资料，使用经济增加值估值模型对N公司整体价值进行评估。

表8-10　　　　　　　　　　　　N公司有关预测数据

项　目	高速增长期	稳定增长期
时间长度	5年	5年后
投入资本回报率($ROIC$)	16%	12%
留存比率(b，税后净营业利润的留存比例)	74%	40%
年增长率(g)	—	7%
加权平均资本成本率($WACC$)	10%	10%

【解】 根据 EVA 两阶段增长模型和已有预测数据，对 N 公司的估价需要求解 1~6 年的经济增加值。

根据预测数据，第一年年初投资资本（IC_0）为 160 万元，投入资本回报率（$ROIC$）为 16%，加权平均资本成本（$WACC$）为 10%，则第一年的经济增加值为：

$$EVA = (ROIC - WACC) \times IC_0 = (16\% - 10\%) \times 160 = 9.60 (万元)$$

第一年的税后净营业利润为：

$$NOPAT = ROIC \times IC_0 = 16\% \times 160 = 25.60 (万元)$$

第一年的留存比率（b）为 74%，即第一年的税后净营业利润有 74% 被用来继续投资，第一年末（也就是第二年初）的投资资本额为：

$$IC_1 = IC_0 + NOPAT \times b = 160 + 25.60 \times 74\% = 178.94 (万元)$$

依据计算得出的 IC_1 和已有预测数据，与第一年的相关计算类似，可依次计算出第 2 年至第 6 年的经济增加值（EVA），相关计算结果如表 8-11 所示。

表 8-11　　　　　　　　　N 公司估价相关数据计算结果汇总

年度（t）	0	1	2	3	4	5	6
年初投资资本（IC_{t-1}）		160.00	178.94	200.13	223.83	250.33	279.97
税后营业净利润（$NOPAT$）		25.60	28.63	32.02	35.81	40.05	33.60
投资资本变动		18.94	21.19	23.70	26.50	29.64	13.44
年末投资资本（IC_t）	160.00	178.94	200.13	223.83	250.33	279.97	293.40
经济增加值（EVA）		9.60	10.74	12.01	13.43	15.02	5.60

N 公司的最终估价结果为：

$$EV = IC_0 + \sum_{t=1}^{n} \frac{EVA_t}{(1+WACC)^t} + \frac{EVA_{n+1}}{(1+WACC)^n \times (WACC - g)}$$

$$= 160.00 + \frac{9.60}{(1+10\%)^1} + \frac{10.74}{(1+10\%)^2} + \frac{12.01}{(1+10\%)^3} + \frac{13.43}{(1+10\%)^4}$$

$$+ \frac{15.02}{(1+10\%)^5} + \frac{5.60}{(1+10\%)^5 \times (10\% - 7\%)}$$

$$= 321.01 (万元)$$

3. 三阶段增长模型

三阶段增长模型为公司在收益期内依次呈现高速增长阶段、增长率下降的转换阶段和稳定增长阶段。用于评估公司整体价值的三阶段经济增加值估值模型公式如下：

$$EV = IC_0 + \sum_{t=1}^{n_1} \frac{EVA_0 \times (1+g_a)^t}{(1+WACC)^t} + \sum_{t=n_1+1}^{n} \frac{EVA_t}{(1+WACC)^t}$$

$$+\frac{EVA_{n+1}}{(1+WACC)^n \times (WACC-g)} \qquad (8-34)$$

公式 8—34 中，n_1 为高速增长阶段的期限，n_1+1 和 n 分别为转换阶段的第一年和最后一年；g_a 表示高速增长阶段的增长率，g 为稳定增长阶段的经济增加值增长率；EVA_t 表示第 t 年的 EVA 值；其他符号的含义与公式 8—32 中相同。

三、经济增加值估值模型的评价

(一)经济增加值估值模型的优点

1.原理易懂，基础数据易得

经济增加值模型是基于剩余收益估值模型稍做改动后的估值模型，其理论和模型较为简单、易于理解，估值所需数据主要通过对财务报表等基础数据进行调整后获得，实际估值时相对容易获取。

2.客观反映公司价值，注重可持续发展

经济增加值模型的核心理念是价值创造，估值结果代表公司"真正"的经济利润。会计利润容易使管理层为了账面美观而着眼于短期效果，造成公司长期价值的下降；而 EVA 估值模型引导公司更加关注价值增值，激励管理层注重公司可持续发展的决策。

3.将绩效评估与公司估值有效联系起来

经济增加值模型可以将绩效评估与公司估值有效地联系起来，确保了公司对员工及其管理层的评估奖励与公司的经营状况保持一致。EVA 指标还可以独立开展不同部门、生产线、分公司等经营状况的计算，在薪酬管理方面的作用突出。

(二)经济增加值估值模型的缺点

1.经济增加值的准确计量难度较大

计算经济增加值的基本公式并不复杂，但实务中进行准确计量难度较大。在实际计算经济增加值时，必须对会计数据进行大幅调整，以消除可能的会计失真。

2.经济增加值指标的有效性未得到有效验证

学术界对于 EVA 的实证研究结果多是非结论性的。大量实证研究结果显示股票报酬与 EVA 的相关性并不近乎完美，并且不能证明 EVA 在解释股票报酬变化方面能够提供比其他指标(如会计收益)更多的增量信息。

3.无法评价公司的成长性

盈利能力和成长能力是公司价值评估最重要的两个方面。经济增加值模型评估公司价值更多关注于盈利能力，较少关注公司的成长性，无法帮助管理者找出公司经营无效的原因。

(三) 经济增加值估值模型的适用场合

经济增加值模型的主要用途在于当现金流折现模型不能很好发挥作用时，EVA 指标可以作为公司各个时期经营状况的衡量标准。

经济增加值模型比较适合高科技公司的估值。高科技公司的研发费用占比通常较大，对高科技公司来说，研发费用是对未来的重要投资，将会影响公司未来的增长潜力，经济增加值模型把研发费用进行调整并资本化比较符合高科技公司的特点。

经济增加值模型不适用于金融机构、新成立公司、周期性公司及资源型公司等的估值。

拓展阅读

盈利能力指标 ROA、ROE 与 ROIC

盈利能力指公司在一定时期内赚取利润的能力，是公司赖以生存和发展的基本条件。ROA、ROE 和 ROIC 是衡量盈利能力的三个指标。

一、ROA：Return on Assets，总资产收益率

ROA 是净利润与平均资产总额的比率。总资产收益率是反映公司资产利用的综合指标，从所有者和债权人两方面共同考察整个公司的盈利水平，与公司经营管理的各个方面相关。

$$总资产收益率 = \frac{净利润}{平均总资产} \times 100\%$$

ROA 从资产的角度衡量回报，而不关注资本结构。ROA 在不考虑资产融资来源时，测度特定期间内公司使用全部资产创造利润的能力，其高低直接反映了公司的竞争能力和发展能力，是决定公司是否举债经营的重要依据。总资产收益率越高，表明公司资产利用效率越高，公司在增加收入和节约资金等方面取得良好效果。

二、ROE：Return on Equity，净资产收益率

ROE 是净利润与净资产的百分比，等于公司税后利润除以净资产得到的百分比率。公司资本结构中，净资产占总资产的比重越高，公司的财务结构就越安全，风险程度就越低。巴菲特曾经说过，"我们判断一家公司经营好坏的主要依据，取决于其 ROE"。

$$净资产收益率 = \frac{净利润}{平均净资产} \times 100\%$$

ROE 从股东的角度看问题,单纯从股权的角度衡量回报,反映公司为股东创造盈利的能力,而不考虑公司的资本结构和负债情况。该指标越高,说明投入公司的资本的回报率水平越高,公司的获利能力越强,公司为所有者投资带来的收益越高。在相同的总资产收益率水平下,净资产占总资产的比重越高,净资产收益率就越低;反之,净资产收益率就越高。

三、ROIC: Return on Invested Capital,资本回报率

ROIC 是生产经营活动中所有投入资本赚取的收益率,剔除了资本结构变动的影响,而不论这些投入资本是债务还是权益。ROIC 的目标就是除去公司不同融资决定造成的影响,使公司可以尽可能聚焦在核心业务的盈利能力上。

$$投入资本收益率=\frac{税后净营业利润(NOPAT)}{投资资本}\times 100\%$$

其中,投资资本=总资产-不附带利息的流动负债(通常是应付账款和其它流动资产)-超额现金,如果商誉占资产一个很大的比例,也可以减去。

ROIC 从资本的角度看问题,综合考虑了股权与债权,衡量投资的效率。与 ROIC 对应的是平均资金成本(WACC),一般而言,公司的 ROIC 相对而言要高于 WACC(加权资本成本)较好,如果 ROIC 小于 WACC,就说明投入资本的回报小于平均资本成本,公司是在浪费资本。

本章小结

传统的绝对估值法和相对估值法是上市公司价值评估最常用的方法,但也无法很好地解决所有上市公司的价值评估问题。随着估值理论的不断丰富,发展出联合估值法、实物期权定价模型等其他估值方法。

联合估值法是将绝对估值结果和相对估值结果进行加权叠加,以得到目标公司资产价格的一种估值方法。联合估值法从资产价格由资产数量(初始禀赋)和资产质量(获利能力)共同决定这一思想出发,以绝对估值法和相对估值法为支撑,取长补短,得出估值模型。联合估值法的估值结果对实际投资有很高的参考价值,但联合估值法也存在一定争议,使用时需要谨慎。

期权定价理论为公司价值评估提供了新思路。实物期权是指投资者因为初始投资而具有的一系列后续决策的权利,是对实物资产进行决策分析时体现的柔性投资策略。实物期权定价模型利用金融期权的思维方式和技术方法进行定价,为决策的灵活

性赋值,将风险和不确定性转化为公司价值,从而对传统定价方法无法解决的不确定性价值和经营灵活性价值加以模型化和量化。

实物期权定价模型认为公司价值(EV)由实体价值(EV_1)与期权价值(EV_2)两部分组成。目前为止,理论上合理、应用上方便的实物期权定价模型主要有布莱克—舒尔斯模型(Black-Scholes Model)和二叉树模型(Binomial Model)。使用布莱克—舒尔斯模型估值时,将实体价值与期权价值分开评估,然后将实体价值(EV_1)与期权价值(EV_2)加总得出公司总体价值(EV);使用二叉树模型估值时,分别评估出公司的总体价值(EV)和实体价值(EV_1),然后得出公司的期权价值(EV_2)。

公司利润表包含了债务资本成本,但没有包含股权资本成本,如果公司的利润小于股权资本成本,那么即使公司的利润大于零,依然无法增加股东的价值。剩余收益指的是公司盈余减去正常资本成本后的剩余值,理论上,就是净利润减去创造净利润的股权资本的机会成本。

剩余收益估值模型建立了会计变量和股权价值之间的联系,使得对于股权价值的估计有了更科学的方法。剩余收益估值模型定位了会计信息与公司价值之间的关系,得到投资界的广泛认可。剩余收益估值模型建立在股利折现模型、干净盈余关系和动态线性信息三大假设之上,将上市公司股权内在价值视为公司股本权益的当期账面价值(公司现在所拥有的资产价值)和公司预期未来剩余价值的现值(公司利用现有的资产在未来创造的增值)之和,剩余收益估值模型的一般形式为:

公司价值=股本权益账面价值+预期剩余收益的折现值

一般剩余收益估值模型对未来盈利和股权回报率都没有做出假设,根据对未来盈利和股权回报率的不同特点,剩余收益估值模型可划分为单阶段剩余收益估值模型和多阶段剩余收益估值模型。

剩余收益估值模型最适用的情形:①公司不分配股利或者股利不可预测;②预测期内,公司的预期自由现金流是负数;③用其他折现方法预测终值时有巨大的不确定性。

经济增加值估值模型是基于剩余收益思想发展起来的价值评估模型。经济增加值(EVA)也称为经济利润,是公司税后净营业利润($NOPAT$)减去资本成本后的余额。经济增加值估值考虑了的权益资本的机会成本,阐述的是公司的经济利润,其正负可以反映公司是否创造价值。经济增加值指标最突出的特点就是从股东视角定义公司的利润。

经济增加值的计算是经济增加值估值模型的重要前提,其主要计算公式为:

$$EVA = NOPAT - (WACC \times IC_0)$$

公式中,EVA 表示经济增加值;$NOPAT$ 表示税后净营业利润;$WACC$ 表示加权平均资本成本;IC_0 表示年初资本总额。

经济增加值估值模型认为公司价值等于公司当前权益资本与所有未来经济增加值的折现值之和,使用该模型需满足可持续经营、资本结构保持不变和外部环境平稳的假设条件。经济增加值估值模型的基本公式为:

$$公司价值=投入全部资本的价值+预期 EVA 的现值$$

根据公司发展经营过程中的增长率变化,经济增加值估值模型通常可分为一阶段增长模型、两阶段增长模型和三阶段增长模型。经济增加值模型主要用途在于当现金流折现模型不能很好地发挥作用时,EVA 指标作为公司各个时期经营状况的衡量标准,如高科技公司的估值,而不适用于金融机构、新成立公司、周期性公司及资源型公司等的估值。

复习思考题

1. 联合估值法的含义、思想及主要估值公式分别是什么?
2. 实物期权定价模型的内涵、估价思路,该模型适用于哪些类型的公司估值?
3. 布莱克—舒尔斯模型和二叉树模型的主要区别是什么?
4. 布莱克—舒尔斯模型和二叉树模型分别有哪些优缺点?
5. 简述剩余收益的含义。如何计算剩余收益?
6. 剩余收益估值模型的假设、原理及优缺点分别是什么?
7. 剩余收益估值模型主要适用于哪些类型的公司估值?
8. 剩余收益估值模型有哪些不同的公式形式?
9. 简述经济增加值的含义、特点。如何计算经济增加值?
10. 经济增加值估值模型的假设、基本公式及优缺点分别是什么?
11. 经济增加值估值模型主要适用于哪些类型的公司估值?
12. 经济增加值估值模型的基本公式有哪些扩展形式?

第九章　投资建议与风险提示

上市公司投资价值分析报告是公司内部和外部使用者制定与公司相关决策的基础。撰写报告的目标不是走过场,而是最终的投资决策,因此,报告需给出一定的投资建议,以便于报告使用者阅读和使用分析成果,为报告使用者进行决策提供辅助和参考。本章即为报告的结论部分,对上市公司做出总结性判断。第一节介绍投资建议的基本内容,包括股价中长期趋势判断和投资评级;第二节讲解主要风险提示,市场有风险,投资需谨慎,上市公司投资价值分析报告中,需要明确列出可能对上市公司生产经营状况、财务状况和持续盈利能力等产生直接或间接重大不利影响的风险因素。

第一节　投资建议

一、股价趋势

股价趋势是股票市场价格运动的方向。股价中长期趋势持续时间相对较长,是上市公司股价波动的大方向,在一定程度上反映了上市公司当前经营管理状况和未来发展潜力。中长期趋势是股价波动的主要趋势,是投资者进行投资决策的重要信息,只有了解了中长期主要趋势,才能顺势而为。

因此,在对上市公司基本情况、所属行业、财务状况以及价值评估分析总结的基础上,上市公司投资价值分析报告需要对所研究上市公司股票的中长期趋势进行判断。上市公司股价趋势运行主要有上涨、下跌和横向盘整三个方向。

(1)上涨:亦称上升方向,表现为股价低点依次高于前一低点,高点依次高于前一高点的股价变动趋势。

(2)下跌:亦称下降方向,表现为股价低点依次低于前一低点,高点依次低于前一高点的股价变动趋势。

(3)横向盘整:也称水平方向,表现为股价在一段时间内波动幅度小,无明显的上涨或下降趋势。盘整是股价经过一段急速的上涨或下跌后,遇到阻力或支撑,开始小幅度地上下变动,其幅度大约在15%左右。根据盘整在股价波动中出现的阶段不同,盘整可进一步分为上涨中的盘整、下跌中盘整、高档盘整、低档盘整四种情形。

二、投资评级

结合上市公司经营管理、内在价值及中长期趋势判断,上市公司投资价值分析报告需给出一定的投资建议,实践中通常是给出上市公司股票投资评级。投资评级大多采用的是相对评级体系,即选定一个股票群体(如大盘、沪深300指数、上证指数等)建立基准(通常以群体平均水平作为基准),然后将上市公司股票与基准进行比较,从而评价出上市公司在基准群体中的相对优势。

相对评级比较客观,较少受到评价者主观标准差异性的影响。不同证券研究机构采用评级术语及评价标准不尽相同,表9—1收集整理了我国部分证券研究机构的股票评级及评价标准,供读者参考使用。

表9—1　　　　　　　　　证券研究机构股票评级及评价标准

研究机构	说明	评级	体系
海通国际证券(2020年6月30日前)	(1)自报告日后12～18个月内,预期相对基准指数涨幅 (2)各地股票基准指数:日本-TOPIX,韩国-KOSPI,中国台湾-TAIEX,印度-Nifty100,其他所有中国概念股-MSCI China	买入	预期相对基准指数涨幅在10%以上
		中性	预期相对基准指数变化不大(根据FINRA/NYSE的评级分布规则,将中性评级划入持有这一类别)
		卖出	预期相对基准指数跌幅在10%以上
海通国际证券(2020年7月1日开始)		优于大市	预期相对基准指数涨幅在10%以上
		中性	预期相对基准指数变化不大(根据FINRA/NYSE的评级分布规则,将中性评级划入持有这一类别)
		弱于大市	预期相对基准指数跌幅在10%以上
平安证券	自报告日后6个月内,股价相对市场表现	强烈推荐	股价表现强于市场表现20%以上
		推荐	股价表现强于市场表现10%～20%之间
		中性	股价表现相对市场表现在±10%之间
		回避	股价表现弱于市场表现10%以上
招银国际证券	自报告日后12个月股价的潜在涨幅	买入	潜在涨幅超过15%
		持有	潜在变幅在-10%～+15%之间
		卖出	潜在跌幅超过10%
		未评级	招银国际未给予投资评级
太平洋证券	自报告日后6个月内个股相对大盘涨幅	买入	个股相对大盘涨幅在15%以上
		增持	个股相对大盘涨幅介于5%与15%之间
		持有	个股相对大盘涨幅介于-5%与5%之间
		减持	个股相对大盘涨幅介于-5%与-15%之间

续表

研究机构	说 明	评级	体系
天风证券	自报告日后 6 个月内,相对同期沪深 300 指数的涨跌幅	买入	预期股价相对收益 20%以上
		增持	预期股价相对收益 10%~20%
		持有	预期股价相对收益-10%~10%
		卖出	预期股价相对收益-10%以下
银河证券	自报告日后 6~12 个月,公司股价相对分析师(或分析师团队)所覆盖股票平均回报	推荐	超越所覆盖股票平均回报 20%及以上
		谨慎推荐	超越所覆盖股票平均回报 10%~20%
		中性	与所覆盖股票平均回报相当
		回避	低于所覆盖股票平均回报 10%及以上
东海证券	自报告日后 6 个月股价涨幅	买入	股价涨幅≥20%
		增持	股价涨幅为 10%~20%
		中性	股价涨幅为-10%~+10%
		减持	股价跌幅>10%
国元证券	自报告日后 6 个月内,公司股价涨幅相对同期上证指数涨跌幅	强烈推荐	股价涨幅优于上证指数 20%以上
		推荐	股价涨幅介于上证指数 5%~20%之间
		中性	股价涨幅介于上证指数±5%之间
		回避	股价跌幅劣于上证指数 5%以上
国联证券	自报告日后 6 个月内,公司股价相对大盘	强烈推荐	股票价格超过大盘 20%以上
		推荐	股票价格超过大盘 10%以上
		谨慎推荐	股票价格超过大盘 5%以上
		观望	股票价格相对大盘变动幅度-10%~10%
		卖出	股票价格相对大盘下跌 10%以上
首创证券	报告发布日后的 6 个月内,公司股价的涨跌幅相对同期沪深 300 指数的涨跌幅	买入	相对沪深 300 指数涨幅 15%以上
		增持	相对沪深 300 指数涨幅 5%~15%之间
		中性	相对沪深 300 指数涨幅-5%~5%之间
		减持	相对沪深 300 指数跌幅 5%以上

续表

研究机构	说 明	评级	体 系
光大证券	(1)报告发布日后6~12个月,投资收益率相对于市场基准指数 (2)A股主板基准为沪深300指数;中小盘基准为中小板指;创业板基准为创业板指;新三板基准为新三板指数;港股基准指数为恒生指数	买入	投资收益率领先市场基准指数15%以上
		增持	投资收益率领先市场基准指数5%~15%
		中性	投资收益率与市场基准指数的变动幅度相差－5%~5%
		减持	投资收益率落后市场基准指数5%~15%
		卖出	投资收益率落后市场基准指数15%以上
		无评级	因无法获取必要的资料,或者公司面临无法预见结果的重大不确定性事件,或者其他原因,致使无法给出明确的投资评级
东兴证券	报告日后的6个月内,公司股价相对同期市场基准指数(沪深300指数)的表现	强烈推荐	相对强于市场基准指数收益率15%以上
		推荐	相对强于市场基准指数收益率5%~15%之间
		中性	相对于市场基准指数收益率介于－5%~＋5%之间
		回避	相对弱于市场基准指数收益率5%以上

第二节　主要风险提示

市场有风险,投资需谨慎。根据上市公司基本情况、所属行业、财务状况以及价值评估的相关数据和分析,分析报告中应对可能影响上市公司生产经营状况、财务状况和持续盈利能力等造成不利影响的风险进行提示说明。

一、风险分类

公司风险,指未来的不确定性对公司实现其经营目标的影响。根据能否为公司带来盈利机会为标志,风险可以分为纯粹风险(只有带来损失一种可能性)和机会风险(带来损失和盈利的可能性并存)。根据产生的原因,风险主要分为运营风险、行业风险、市场风险等多种类型。

(一)运营风险

公司大部分风险源于公司内部,主要是在公司运营过程中产生的。公司运营风险就是公司在运营过程中,由于外部环境的复杂性和变动性以及主体对环境认知能力和适应能力的有限性,导致运营失败或使运营活动达不到预期目标的可能性及其造成的损失。成本、质量、效率和柔性构成了运营风险的四个因素。公司运营风险具体包含控制权变更风险、核心资产变动风险、人力资源风险、产品设计风险、采购风险、生产风险、销售风险、质量风险、服务风险、财务风险等一系列风险。

(二)行业风险

行业的基本状况和发展趋势是公司发展的基础。行业风险是指由于一些不确定因素的存在,导致对某行业生产、经营、投资或授信后偏离预期结果而造成损失的可能性。行业风险是同行业中公司所面临的共同风险,包括周期性风险、成长性风险、产业关联度风险、市场集中度风险、行业壁垒风险、宏观政策风险等。

(三)市场风险

市场风险是指由于市场价格的不确定性对公司实现其既定经营目标的不利影响,可进一步分为利率风险、汇率风险、股票价格指数风险、商品价格风险和原材料价格风险等。宏观经济状况、行业状况、需求市场及供应市场、替代者及替代品方面以及新市场开发和市场营销等方面的变化,都可能对公司市场风险产生直接或间接的影响。

(四)政策风险

政府可以通过政策制定对公司活动进行规范,约束公司的违法违规行为,鼓励重点行业发展。随着宏观环境的变化,政府将制定新的政策,政策风险就是因国家或地区宏观政策发生变化,导致市场价格波动而产生风险。政策风险由一国的政治制度结构对于政策制定者的限制程度决定,反映政策被有效制定与执行的程度,主要包括货币政策风险、税收政策风险、财政政策风险、行业发展政策风险、地区发展政策风险等。

(五)法律风险

公司法律风险,是指法律实施过程中,由于公司自身缺乏相关法律法规知识,行为人错误的作为或者国家政策等客观情况的变化,导致与公司自身预期利益不同,从而给公司带来负面法律责任的可能性。法律风险具备法律层面的强制执行性质,具有显著的强制性、广泛影响等特征。我国公司经营中常见的法律风险包括合同风险、知识产权风险、并购融资操作风险、盲目担保风险、会计政策差异和变动带来的风险、人力资源管理法律风险等。

(六)自然风险

自然风险是指自然灾害等纯粹性风险等,对农业相关上市公司的经营发展具有极其重要的影响。农业系统具有高风险性,在极端天气以及重大自然灾害面前,几乎没有农业公司能独善其身;普通区域性、季节性灾害则体现出经营领域不同,自然风险对公司的影响具有不同的特点,如烟草、茶叶等产业受气候、灾害性天气影响较大,蔬菜、果树、经济林等受病虫害影响较大。因此,在分析农业类上市公司投资价值时,应特别关注自然风险发生的可能性。

二、风险内容

根据《公开发行证券的公司信息披露内容与格式准则第 1 号——招股说明书（2015 年修订）》,可能直接或间接对上市公司生产经营状况、财务状况和持续盈利能力产生重大不利影响的风险因素包括但不限于如下内容：

(1)产品或服务的市场前景、行业经营环境的变化、商业周期或产品生命周期的影响、市场饱和或市场分割、过度依赖单一市场、市场占有率下降等。

(2)经营模式发生变化,经营业绩不稳定,主要产品或主要原材料价格波动,过度依赖某一重要原材料、产品或服务,经营场所过度集中或分散等。

(3)内部控制有效性不足导致的风险、资产周转能力较差导致的流动性风险、现金流状况不佳或债务结构不合理导致的偿债风险、主要资产减值准备计提不足的风险、主要资产价值大幅波动的风险、非经常性损益或合并财务报表范围以外的投资收益金额较大导致净利润大幅波动的风险、重大担保或诉讼仲裁等或有事项导致的风险。

(4)技术不成熟、技术尚未产业化、技术缺乏有效保护或保护期限短、缺乏核心技术或核心技术依赖他人、产品或技术面临被淘汰等。

(5)投资项目在市场前景、技术保障、产业政策、环境保护、土地使用、融资安排、与他人合作等方面存在的问题,因营业规模、营业范围扩大或者业务转型而导致的管理风险、业务转型风险,因固定资产折旧大量增加而导致的利润下滑风险,以及因产能扩大而导致的产品销售风险等。

(6)由于财政、金融、税收、土地使用、产业政策、行业管理、环境保护等方面法律、法规、政策变化引致的风险。

(7)可能严重影响公司持续经营的其他因素,如自然灾害、安全生产、汇率变化、外贸环境等。

本章小结

结论是在一定分析论证后得到的结果,是对研究对象做出的总结性判断。上市公司投资价值分析报告中,在详细分析的基础上,可给出上市公司股价中长期趋势判断、投资建议及风险提示等结论性信息。

股价中长期趋势是上市公司股价波动的大方向,反映上市公司当前经营管理状况和未来发展潜力。中长期趋势是投资者投资决策的重要信息,趋势方向可分为上涨、下跌和横向盘整,而盘整可进一步分为上涨中的盘整、下跌中盘整、高档盘整和低档盘整。投资建议通常以上市公司股票投资评级的形式给出,评级标准以相对评级为主,不同证券研究机构采用评级术语及评价标准不尽相同,分析师可参考借鉴,并在报告中清晰注明所使用的上市公司投资评级标准。

公司风险,指未来的不确定性对公司实现其经营目标的影响,包括纯粹风险(只有带来损失一种可能性)和机会风险(带来损失和盈利的可能性并存)。根据风险产生的原因,风险可分为运营风险、行业风险、市场风险、政策风险、法律风险和自然风险等。风险的具体种类较多,《公开发行证券的公司信息披露内容与格式准则第1号——招股说明书(2015年修订)》中,给出了部分可能直接或间接对上市公司生产经营状况、财务状况和持续盈利能力产生重大不利影响的风险因素。

需要特别注意的是,上市公司投资价值分析报告中的信息或所表达观点不构成所述上市公司股票买卖的出价、询价或对任何人的个人推荐,报告内容仅供报告使用者参考,不能仅依靠报告而取代行使独立判断。除非法律法规有明确规定,分析报告不对因使用该报告内容而引致的损失负任何责任。

复习思考题

1. 上市公司投资价值分析报告的投资建议主要包括哪些内容?
2. 上市公司面临的风险有哪些?
3. 上市公司投资价值分析报告能否代替报告使用者的独立判断?

参考文献

[1]安博.迈克尔·波特五力模型在市场营销管理实践中的应用研究[D].石家庄:石家庄铁道大学,2015.

[2]白雅洁,张铁刚.资本市场开放与大股东掏空抑制——掏空动机及约束的调节效应[J].宏观经济研究,2021(10):36－49.

[3]蔡泽举.阿里巴巴"合伙人制度"形成动因及对企业创新影响研究[D].呼和浩特:内蒙古财经大学,2021.

[4]柴斌锋,叶彬,朱朝晖.股东关系、现金持有水平与价值[J].经济经纬,2016,33(6):113－118.

[5]陈昌龙.资产评估学(第3版)[M].北京:北京交通大学出版社,2021.

[6]陈鑫.金融科技上市公司投资价值分析报告——以恒生电子为例[D].南京:南京大学,2018.

[7]陈运佳,吕长江,黄海杰,丁慧.上市公司为什么选择员工持股计划？——基于市值管理的证据[J].会计研究,2020(5):91－103.

[8]程黄维.投资组合管理[M].上海:复旦大学出版社,2019.

[9]程敏英,郑诗佳,刘骏.供应商/客户集中度与企业盈余持续性:保险抑或风险[J].审计与经济研究,2019,34(4):75－86.

[10]邓欣倩.乡村振兴视域下安徽省中小微企业法律风险防范体系构建研究[J].南方农机,2021,52(24):78－82,95.

[11]丁诚.上市公司员工持股计划与企业创新绩效关系的实证研究——基于产权性质和产业性质的差异[J].预测,2021,40(5):76－82.

[12]杜亚飞,杨广青,汪泽镕.管理层股权激励、机构投资者持股与经营分部盈余质量[J].现代财经(天津财经大学学报),2020,40(12):33－49.

[13]冯邦彦,徐枫.实物期权理论及其应用评介[J].经济学动态,2003(10):74－77.

[14]冯晓青.企业品牌建设及其战略运用研究[J].湖南大学学报(社会科学版),2015,29(4):142－149.

[15]付洁茹.上市公司会计信息披露问题和提高披露质量建议[J].现代企业,2022(1):170－171.

[16]高鸿业.西方经济学(第七版)[M].北京:中国人民大学出版社,2020.

[17]高劲.两阶段增长模型的五种模式——股票定价的股利贴现模型的新思考[J].广西师范大学学报(哲学社会科学版),2007(5):51−54.

[18]高艳慧,万迪昉,蔡地.政府研发补贴具有信号传递作用吗?——基于我国高技术产业面板数据的分析[J].科学学与科学技术管理,2012,33(1):5−11.

[19]耿雅君.恒瑞医药股票投资价值分析报告[D].武汉:华中科技大学,2016.

[20]郭立.企业集团总部的管理风格[J].企业管理,2007(7):101−102.

[21]何世文.股权激励五大动因[J].新理财,2015(1):43−45.

[22]何世祯,戴永务,邱香,黄衍.林业上市公司绿色竞争力指标体系构建及实证研究——基于熵权模糊一致性互补判断矩阵[J].林业经济,2021,43(11):84−96.

[23]简建辉.公司财务管理[M].北京:清华大学出版社,2021.

[24]姜付秀,刘志彪,陆正飞.多元化经营、企业价值与收益波动研究——以中国上市公司为例的实证研究[C].两岸会计与管理学术研讨会,2006.

[25]焦争昌.沃尔评分法的改进及其在家电企业的应用研究[J].会计之友,2017(12):81−84.

[26]杰弗里·C.胡克.华尔街证券分析:股票分析与公司估值(原书第2版)[M].林东,刘潇然,译.北京:机械工业出版社,2016.

[27]杰拉尔德·E.平托,伊莱恩·亨利,托马斯·R.罗宾逊,约翰·D.斯托.股权资产估值(原书第2版)[M].刘醒云,译.北京:机械工业出版社,2012.

[28]金继刚.企业经营理念先进与落后的阐释[J].中国经贸导刊,2011(2):67−68.

[29]金占明.企业管理学(第三版)[M].北京:清华大学出版社,2021.

[30]柯昌文.基于动态能力的剩余收益模型:一种经济价值测量方法[J].财会月刊,2022(4):88−92.

[31]雷汉云.基于二项式实物期权的探矿权转让的价值评估[J].中南大学学报(社会科学版),2014,20(6):102−107.

[32]李丹丹.政府研发补贴对企业创新绩效的影响研究——基于企业规模和产权异质性视角[J].经济学报,2022,9(1):141−161.

[33]李黎."方格理论"在社会管理中的运用研究[J].领导科学,2012(35):33−35.

[34]李青原,史珂.IPO募资监管制度变迁与投向变更——基于1996—2017年的经验数据[J].会计与经济研究,2021,35(1):23−42.

[35]李涛.奇虎360投资价值分析报告[D].成都:西南财经大学,2014.

[36]李维安,李滨.机构投资者介入公司治理效果的实证研究——基于CCGI～(NK)的经验研究[J].南开管理评论,2008(1):4−14.

[37]李文立,杜盼盼,李小娜.基于因子分析法的上市证券公司竞争力研究[J].财会学习,2017(13):1−4.

[38]李义龙,徐伟川,吕重犁.证券投资分析[M].北京:清华大学出版社,2018.

[39]李永森,陆超,卫剑波,徐悦.增持、减持和回购:基于市场动态平衡的制度设计[J].金融监管研究,2013(3):33−56.

[40]李越恒.基于委托代理的高校教师学术寻租行为的博弈分析[J].系统工程,2008,26(11):85—89.

[41]梁国萍,聂洁琳.京东双重股权结构与阿里合伙人制度的比较研究[J].财会通讯,2021(2):95—100.

[42]林乐芬.中国上市公司股权集中度研究[M].北京:经济管理出版社,2005.

[43]刘昌富.基于实物期权二叉树模型的企业估值[D].武汉:中南财经政法大学,2020.

[44]刘李胜.上市公司财务分析(第二版)[M].北京:经济科学出版社,2011.

[45]刘瑞佳.基本企业价值评估方法介绍及案例分析[J].时代金融,2018(5):148—149,153.

[46]刘文军.大股东股权动态变化原因研究[J].经济与管理研究,2014(5):23—32.

[47]刘香.基EVA的马应龙企业价值评估[D].成都:西南财经大学,2020.

[48]刘新琳,刘建梅.上市公司股本结构对盈余管理的影响——来自沪深两市上市公司的经验数据[J].财会通讯,2010(27):82—83,91.

[49]刘益.波特"五力模型"的缺陷及其改进[J].管理工程学报,1999(S1):13—16,68—69.

[50]刘迎秋,刘霞辉.中国非国有经济改革与发展三十年:成就、经验与展望[J].社会科学战线,2008(11):1—16.

[51]刘有贵,蒋年云.委托代理理论述评[J].学术界,2006(1):69—78.

[52]卢宁文,杨广星.民营上市公司税收规避、管理层持股与企业价值[J].财会通讯,2021(17):62—66.

[53]卢庆华.公司控制权:用小股权控制公司的九种模式(第2版)[M].北京:机械工业出版社,2021.

[54]陆贞.上市公司募集资金投向变更问题研究[J].纳税,2020,14(2):219.

[55]陆正华,陈敏仪.稳健型财务战略下技术创新对企业价值的影响——以华兴源创为例[J].财会月刊,2020(21):13—20.

[56]罗爱芳.浅议沃尔评分法的改进[J].财会通讯,2011(35):110—111.

[57]马俊捷.实物期权法在生物医药企业价值评估中的应用研究——以安科生物为例[J].上海商业,2022(2):183—185.

[58]马忠明,易江.专利价值评估的实物期权方法[J].价值工程,2004(1):36—39.

[59]孟庆斌,李昕宇,张鹏.员工持股计划能够促进企业创新么——基于企业员工视角的经验证据[J].管理世界,2019(11):209—228.

[60]孟祥展,张俊瑞,白雪莲.外聘CEO职业经历、任期与公司经营战略变革的关系[J].管理评论,2018,30(8):168—181.

[61]潘曦.行业研究方法与案例[M].成都:西南财经大学出版社,2016.

[62]彭进军.财务报表粉饰:识别与防范[J].会计之友,2013(2):22—24.

[63]齐林.浅析农业保险对西南地区中小型农业企业的保障作用[J].企业经济,2010(8):131—133.

[64]齐宇,刘汉民.国外同股不同权制度研究进展[J].经济社会体制比较,2019(4):169—178.

[65]钱佳慧.基于二叉树模型的转型升级企业价值评估研究[D].杭州:浙江工商大学,2021.

[66]卿陶,黄先海.国内市场分割、双重市场激励与企业创新[J].中国工业经济,2021(12):88-106.

[67]申丹琳,文雯,靳毓.社会信任与企业多元化经营[J].财经问题研究,2022(1):80-90.

[68]沈红波,华凌昊,许基集.国有企业实施员工持股计划的经营绩效:激励相容还是激励不足[J].管理世界,2018(11):121-133.

[69]沈乐平,张咏莲.公司治理学(第2版)[M].大连:东北财经大学出版社,2015.

[70]师芙琴,林黎."两阶段增长"模型应用探析[J].财会通讯(理财版),2007(1):26-27.

[71]宋世炜.基于DCF及B-S期权定价模型的游戏企业价值评估[D].石家庄:河北经贸大学,2022.

[72]苏畅,陈承.新发展理念下上市公司ESG评价体系研究——以重污染制造业上市公司为例[J].财会月刊,2022(6):155-160.

[73]孙即,张望军,周易.员工持股计划的实施动机及其效果研究[J].当代财经,2017(9):45-58.

[74]汤智.国有企业法律风险防控的重要性及要点探析[J].法制博览,2022(1):167-168.

[75]汤玉萍.多元导向对零售企业经营效率的影响分析[J].商业经济研究,2021(14):4.

[76]唐轶之,赵振智.改进沃尔评分法在石油工程企业财务预警中的应用[J].财会通讯,2014(35):106-107.

[77]天明教育证券业从业资格考试研究组.发布证券研究报告业务(上册)[M].北京:团结出版社,2021.

[78]田文斌.证券投资学(第三版)[M].北京:中国人民大学出版社,2020.

[79]童利忠,李国祥,王旭香.基于价值链的企业运营风险因素分析[J].商业时代,2008(17):49-50.

[80]童珍珍.基于EVA估值方法的郑州银行企业价值评估研究[D].青岛:青岛理工大学,2020.

[81]万志宏.证券投资分析[M].厦门:厦门大学出版社,2009.

[82]王博君.我国节能环保产业上市公司投资价值分析[D].唐山:华北理工大学,2020.

[83]王国平.论产业升级的区位环境[J].上海行政学院学报,2019,20(6):4-9.

[84]王化成,曹丰,叶康涛.监督还是掏空:大股东持股比例与股价崩盘风险[J].管理世界,2015(2):45-57,187.

[85]王克强,刘红梅,姚玲珍.房地产估价(第2版)[M].上海:上海财经大学出版社,2020.

[86]王立元.上市公司IPO募资投向变更后公司绩效的实证检验[J].金融纵横,2012(2):43-45,72.

[87]王志强,任振超.多元化经营对企业偿债能力的影响[J].统计与决策,2021,37(22):181-184.

[88]吴巧君,王海民.财务报表编制与分析[M].北京:中国人民大学出版社,2018.

[89]吴晓春.股票估值方法研究[D].成都:西南财经大学,2010.

[90]《西方经济学》编写组.西方经济学(下册)(第二版)[M].北京:高等教育出版社,2022.

[91]肖光亮.LD公司投资价值分析报告[D].郑州:郑州大学,2014.

[92]谢香兵,张肖飞.财务分析与公司估值[M].北京:经济科学出版社,2021.

[93]胥悦红.企业管理学(第二版)[M].北京:经济管理出版社,2013.

[94]杨超,山立威.创始人家族控股、股权分置与现金股利之谜——基于上市家族企业的实证研究[J].经济评论,2018(2):147—160.

[95]杨全文,薛清梅.IPO募资投向变更、经营业绩变化和市场反应[J].会计研究,2009(4):69—77.

[96]杨鑫慧,张丽静.财务报表编制与分析(第二版)[M].上海:上海财经大学出版社,2022.

[97]杨雪,侯剑平.上市公司募资投向变更问题研究[J].当代经济,2017(32):48—49.

[98]杨亦林,张红.房地产行业周转率相关指标梳理与分析[J].中国房地产,2022(3):11—16.

[99]尹健均.中国半导体行业上市公司估值研究[D].上海:东华大学,2020.

[100]喻笠.大股东增持动机及财富效应的实证研究[D].南昌:江西财经大学,2013.

[101]袁冬梅,王海娇,肖金利.机构投资者持股、信息透明度与企业社会责任[J].重庆社会科学,2021(10):82—107.

[102]翟静,曹俊.基于时间序列ARIMA与BP神经网络的组合预测模型[J].统计与决策,2016(4):29—32.

[103]张纯.公司财务[M].上海:上海财经大学出版社,2021.

[104]张继德,刘卓.我国在美上市互联网企业创始人控制权保护研究——以阿里巴巴实行"合伙人制度"为例[J].北京工商大学学报(社会科学版),2018,33(5):64—72.

[105]张璐,李秀芹.国际投资学——理论·政策·案例[M].北京:清华大学出版社,2014.

[106]张先治,池国华.企业价值评估(第4版)[M].大连:东北财经大学出版社有限责任公司,2020.

[107]张欣楚.双层股权结构:演进、价值、风险及其应对进路[J].西南金融,2019(6):37—44.

[108]张玉利.竞争力热潮——市场占有率[J].销售与市场,1995(7):7—9.

[109]赵贺春,聂凤娜.管理风格对企业预算管理的影响分析[J].会计之友,2012(4):62—63.

[110]郑志刚,雍红艳,黄继承.员工持股计划的实施动机:激励还是防御[J].中国工业经济,2021(3):118—136.

[111]周任重.全球价值链中领导企业横向一体化、技术溢出与创新[J].产经评论,2018,9(3):89—96.

[112]周云凤.从行业生命周期变化看企业收益分配战略抉择[J].商业会计,2011(10):69—70.

[113]祝波.投资项目管理[M].上海:复旦大学出版社,2009.

[114]朱继民.财务报表编制与分析(第三版)[M].大连:东北财经大学出版社有限责任公司,2021.

[115]朱周帆,郝鸿,张立文.基于机器学习与时间序列组合模型的中国汽车市场预测[J].统计

与决策,2020,36(8):177—180.

[116]邹帅.基于 DCF 和 B-S 期权定价模型的高新技术企业价值评估研究[D].阜阳:阜阳师范大学,2020.

[117]中国证券业协会.金融市场基础知识[M].北京:中国财政经济出版社,2020.

[118]中国注册会计师协会.公司战略与风险管理[M].北京:中国财政经济出版社,2022.

[119]Asquith P.,Mikhail M. B.,Au A. S.,Schwert G. W. Information Content of Equity Analyst Reports[J]. *Journal of Financial Economics*,2005,75(2):245—282.

[120]Bauman M. P. Importance of Reported Book Value in Equity Valuation[J]. *Journal of Financial Statement Analysis*,1999,4(2):31—40.

[121]Chaplinsky S.,Niehaus C. G. The Role of ESOPs in Takeover Contests[J]. *The Journal of Finance*,1994,49(4):1451—1470.

[122]Damodaran A. Valuation Approaches and Metrics:A Survey of the Theory and Evidence [J]. *Foundations and Trends in Finance*,2005,1(8):693—784.

[123]Dechow P. M.,Hutton A. P.,Sloan R. G. An Empirical Assessment of the Residual Income Valuation Model[J]. *Journal of Accounting and Economics*,1999,26:1—34.

[124]Demirakos E. G.,Strong N. C.,Walker M. Does Valuation Model Choice Affect Target Price Accuracy?[J]. *European Accounting Review*,2010,19(1):35—72.

[125]Howell J. W. The Survival of the U. S. Dual Class Share Structure[J]. *Journal of Corporate Finance*,2017,44(C):440—450.

[126]Jo H.,Harjoto M. A. The Causal Effect of Corporate Governance on Corporate Social Responsibility[J]. *Journal of Business Ethics*,2012,106(1):53—72.

[127]Rauh J. D. Own Company Stock in Defined Contribution Pension Plans:A Takeover Defense?[J]. *Journal of Financial Economics*,2006,81(2):379—410.

[128]Slangen A. H. L. Greenfield or Acquisition Entry? The Roles of Policy Uncertainty and MNE Legitimacy in Host Countries[J]. *Global Strategy Journal*,2013,3(3):262—280.